KB269812

Re-클래식 명반 가이드북

Re-클래식 명반 가이드북

일러두기

- 본문의 외래어 표기는 국립국어원의 외래어표기법과 외래어 표기 용례 찾기를 적용하되, 몇몇의 표기는 관례와 원어 발음을 존중한다.
- 본문에서 작품명의 표기는 안나푸르나 앨범 가이드북 시리즈의 일반적인 앨범명과 곡명 표기(겹밑줄과 홑밑줄의 사용)와 달리, 클래식 음악과 음반의 일반적인 특성을 고려해 앨범과 모음곡, 오페라는 겹낫표(『 』)를 사용하고, 일반적인 곡명은 홑낫표(「 」)를 사용한다. 또한 곡의 일부인 세부 수록곡과 곡의 표제는 작은따옴표(' ')를 사용한다. 아울러 서책과 신문·잡지명은 겹화살괄호(《 》)를 사용하고, 시와 영화·그림 등의 개별 작품명은 홑화살괄호(〈 〉)를 사용한다.

서사에 신뢰를 부여하는 음악의 힘

Re-클래식 명반 가이드북

류동성·이재승·문형식 지음

안나푸르나

스크린 속 음악과 아날로그 음반의 따스한 울림이 어우러진 순간

우리는 영상 시대를 살아가며 스크린 속에서 수많은 이야기와 감정을 마주한다. 스크린 속 장면은 우리의 시선과 마음을 사로잡고, 그 안에서 흐르는 음악은 이야기에 생명력을 불어넣는다. 특히 클래식 음악은 단순한 배경 음악을 넘어 장면의 감정을 더 깊이 살리고 숨겨진 의미를 전하는 또 하나의 언어다.

클래식 음악은 때로는 장면과 완벽히 조화를 이루며 감동을 더하고, 때로는 의외의 배치로 강렬한 인상을 남기기도 한다. 살인 장면에 흐르는 우아한 선율은 잔혹함을 역설적으로 강조하며, 총성이 울리는 전쟁 속에서 따뜻한 클래식 음악은 폭력성과 인간의 연약함을 더욱 극적으로 부각한다. 이러한 스크린 속 장면마다, 그 장면에서 음악이 흐르는 순간마다 음악은 우리의 감정과 생각을 흔드는 강렬한 힘을 발휘한다.

이 책은 바로 그러한 순간을 탐구하고자 만들어졌다. 영화와 드라마 속에 울려 퍼지는 클래식 명곡이 품고 있는 의미, 그리고 그 음악을 담아낸 오리지널 LP 명반이 지닌 예술적 가치와 시대의 숨결을 함께 살펴보고자 한다. 음악은 한 편의 영화처럼, 한 장의 음반처럼 시대와 예술가의 이야기를 품고 있다. 이 책은 음악과 영상이 만나 빚어낸 특별한 순간을 여러분과 나누는 기회가 될 것이다.

클래식 음악은 단순히 듣는 음악이 아니다. 그것은 시대를 초월한 울림이며, 인간의 내면을 깊이 들여다보는 창이다. 이 가이드북이 여러분의 감상에 작은 길잡이가 되어, 스크린 속 음악의 감동적인 장면과 아날로그 음반의 따스한 울림이 어우러진 순간을 더욱 풍부하게 즐길 수 있기를 바란다. 클래식 명곡과 명반이 전하는 깊은 감동이 여러분의 마음속에 오래도록 남아, 영화와 음악을 바라보는 새로운 시선을 선사하길 진심으로 바란다.

류동성

왜 클래식 LP인가?

2022년, 미국에서 아날로그 매체인 LP가 CD를 밀어내고 실물 음반 판매에서 1위에 올랐다. 1980년대 후반, CD에 뒷전으로 밀려난 LP의 화려한 부활도 이제는 옛말이 되어 버렸다. 디지털 매체인 CD가 오히려 아날로그로 취급받는 디지털 스트리밍 시대에 진정한 아날로그 매체인 LP의 부활이 어색할 것도 없다. 요즘은 LP만 발매하고 CD를 발매하지 않는 경우도 많다. 그렇다고 LP가 음악 감상의 대세가 될 수는 없다. 여전히 대중은 디지털 스트리밍으로 음악을 듣는다. 하지만 디지털 스트리밍은 요즘 말로 덕질의 대상이 될 수 없다. 덕후는 자기 손에 잡히는 실물 매체를 여전히 원한다. 여기서 굿즈로서의 LP가 등장한다.

MZ라는 말로 대표되는 젊은이들은 굿즈로써 LP에 접근한다. 가로세로 약 30센티미터의 LP 재킷은 CD가 줄 수 없는 아름다운 감동을 선사한다. 유행하는 일체형 턴테이블에 재생하니 신기하게 소리도 난다. 그 소리는 디지털이 내주는 소리와는 다른 색다른 맛이다. 그렇게 인기 가수의 LP가 품절되면 프리미엄이 붙어 중고 시장에 등장한다. 투자 대상으로서의 LP가 탄생한다. 신보가 나오면 두 장, 세 장씩 구매해 되파는 사람들. 일부 소매상은 일부러 품절될 때까지 기다렸다가 프리미엄을 붙여 온라인 중고 시장에 등록한다.

전통적인 음악 애호가는 LP가 투자 대상이 되어 버린 것에 슬퍼한다. 우리는 그저 시대에 맞게 음악을 즐겨 왔을 뿐인데, 요즘 유행하는 LP가 날이 갈수록 비싸지는 것에 조바심을 낸다. LP 가격이 오르는 것은 요즘 나와서 품절된 음반에 국한되지 않는다. 가요가 재평가받으면서 과거에 발매된 중고 가요 LP 가격이 최근 몇 년 사이 배 이상으로 뛰었다. 재즈의 황금기인 1950-60년대 LP 역시 오늘이 제일 싸다는 말이 생각날 정도로 가격이 오르고 있다. 우리나라의 경우 환율까지 널뛰면서 이제는 중고 재즈 LP 사기가 겁이 날 정도다.

시장에는 항상 소외되는 종목이 있기 마련이다. 바로 클래식 LP이다. 클래식 공연장에 가면 항상 만원이지만, 그들 중에 LP로 클래식을 듣는 사람들은 소수에 불과하다. 클래식이라는 장르는 좋은 음질로 들을 때 그 참맛을 느끼는 경우가 많기 때문에, 오디오파일 중에는 압도적으로 클래식 마니아가 많은 편이다. 집에서 좋은 오디오 시스템을 갖추고 클래식 LP를 재생하는 집의 숫자가 점점 줄어 가고 있다. 수요와 공급의 원리는 레코드 시장에서도 작용하기 마련이다. 클래식 LP를 사려는 사람이 많지 않아, 클래식 LP 가격은 가요나 재즈와 달리 언제나 그 자리에 머물러 있다.

　　물론 요한나 마르치가 연주한 바흐의 「무반주 바이올린 소나타와 파르티타」라던가, 므스티슬라프 로스트로포비치가 연주한 슈베르트의 「아르페지오네 소나타」처럼 시장에서 꾸준하게 관심을 받으며 가격이 오르는 음반도 있다. 여기에는 컬렉터의 세계가 있다. 클래식 초반을 수집한다는 것은 1960년대 데카, EMI, 도이체 그라모폰의 스테레오 음반을 모은다는 것을 의미한다. 1950년대 중후반에 등장한 스테레오 기술이 레코드 시장을 바꿔 놓았다. 클래식 음반사는 앞다투어 그 시대의 거장과 계약을 맺고 스테레오 레코드를 발매했다. 당시 레코드는 사치품이었기에 최상의 품질을 유지해야 했다. 발매된 지 60년이 지난 지금 봐도 1960년대 클래식 레코드는 레코드의 품질은 물론, 재킷의 만듦새까지 최상급이다. 공장에서 찍어 냈다지만 수제품 같은 매력을 자랑한다. 이 시기에 발매된 초반의 가격은 여전히 비싸다.

　　초반에 대한 욕심만 내려놓으면 클래식 LP만큼 가성비를 자랑하는 취미도 없다. 초반의 가격이 수십만 원에서 100만 원 이상을 호가하는 음반이라 해도, 재반을 구한다면 대부분 10만 원 아래 선에서 구할 수 있다. 사실 대부분의 재반이나 삼반은 5만 원 이하에서 상태 좋은 음반을 구할 수 있다. 음질은 초반과 비교해 크게 차이가 나지도 않는다. 1970-80년대 대량 생산된 LP는 초반이더라도 가격이 2~3만 원에 불과하다. 몇만 원도 비싸다고 생각하면, 국내에서 발매된 라이선스 음반을 구하면 된다. 우리나라에서도 1970년대부터 90년대까지 클래식 라이선스 음반을 꾸준히 찍어 냈다. 그 음반들은 시장에서 철저히 소외되어 중고 LP 매장에 가면 대부분 5천 원에서 1만 원이면 구할 수 있다. 그렇게 저렴한 가격의 라이선스 LP가 요즘 4만 원 넘게 발매되는 리이슈 신품 LP보다 음질이 훌륭하다. 클래식 LP를 사지 않을 이유가 없다.

　　아날로그 레코드는 음질이 훌륭하다. 특히 클래식 LP의 경우 당시 레코드사의 모든 최신 기술이 제일 먼저 적용되었다. 카트리지의 바늘이 레코드의 소릿골을 긁으며 내는 소리를 포노앰프가 1차 증폭하고, 프리앰프와 파워앰프에서 2차, 3차 증폭해 스피커로 신호를 전송한다. 스피커는 LP 특유의 따스한 배음이 나는 소리를 우리에게 전달한다. 단순히 이것만이 아니다. 오래된 레코드는 특히 좋다. 그 시대 음악가는 낭만이 있었다. 지금은 보기 힘든 다비드 오이스트라흐 같은 바이올리니스트, 블라디미르 호로비츠 같은 피아니스트, 헤르베르트 폰 카라얀 같은 지휘자가 즐비했었다. 이른바 거장의 시대였다.

　　그때의 예술가들은 기량도 훌륭했지만, 저마다 개성이 있었다. 카라얀의 오케스트라를 통제하는 완벽함과 레너드 번스타인의 감정선을 이끌어 내는 천재성은

지휘의 양극단에 자리했다. 바이올리니스트 미샤 엘만은 일명 '엘만 톤'이라 불리는
독특한 톤을 지닌 연주자였다. 글렌 굴드는 라이브 연주를 그만두고 스튜디오 녹음에
전념하며 많은 피아노 녹음을 완성했다. 이미 지나가 버린 오래된 녹음이지만, 그 안에는
고독과 환희, 개성과 천재성이 공존한다.

소설가 무라카미 하루키는 소문난 레코드광이다. 그는 주로 재즈 레코드를 모으는데,
초반 여부나 음반 상태를 까다롭게 따져 모았다. 그에 반해 두 번째로 많이 듣는 클래식
레코드는 세일 코너에서 100엔, 500엔짜리를 심심할 때마다 사서 들었다. 그렇게
모아놓은 레코드를 듣고《오래되고 멋진 클래식 레코드》라는 멋진 책을 두 권이나 썼다.
LP는 본인의 가치관과 경제력에 따라 구매하면 된다는 진리를 보여 준 사례이다. 클래식
레코드에 진심인 컬렉터이거나 경제적 여유가 있다면 초반을 구매하고, 그렇지 않다면
재반이나 라이선스 음반을 즐기면 된다. 그 안에 들어 있는 감동의 크기는 전적으로
받아들이기 나름이다.

지금은 나오기 힘든 거장들이 연주하는 음악을 최고의 엔지니어가 아날로그 매체에
저장해 음반으로 만들어 낸, 아우라가 넘치는 클래식 LP를 저렴하게 즐길 수 있는 시점이
바로 지금이다. 턴테이블을 이미 가지고 있다면, 클래식 LP에 당장 관심을 가지라고
말하고 싶다. 오디오는 있는데 턴테이블이 없다면, 레가나 티악 같은 회사에서 만드는
보급형 턴테이블로 시작해도 좋다. 저렴하고 음질 좋고 연주까지 훌륭한 클래식 LP를
하루라도 빨리 만나기를 기원한다.

클래식 LP를 사기로 마음먹었다면 당부할 사항은 딱 한 가지다. 초반이든 재반이든
그에 연연해하지 말고 무조건 상태 좋은 음반을 구입해야 한다. 가요나 팝, 재즈 LP는
상태가 덜 좋아도 잡음이 음악에 묻히는 경우가 있다. 오히려 장작 타는 듯한 잡음이
낭만적으로 들린다는 이야기도 있다. 하지만 섬세한 클래식 음악은 약간의 잡음도
음악 감상을 방해하기 일쑤다. 좋아하는 연주자의 음반을 꼭 상태 좋은 음반으로 구해
감상하기를 바란다. 클래식이 한 발 더 내 곁으로 오고 있음을 느낄 수 있다.

이재승

아날로그로 듣는 음악 여행

어렸을 때부터 다양한 장르의 음악을 듣고 자랐다. 초등학생 시절에는 최신 가요와 팝을 들었으며, 중고등학생 시절부터 대학생 때까지는 주로 록 음악을 들었다. 클래식 음악은 사회 초년생 시절부터 듣기 시작해 지금까지 꾸준히 즐겨 듣고 있다. 이처럼 음악은 늘 내 곁에 있었으며, 희로애락을 함께하는 친구다. 내 삶의 공기와도 같은 존재이며, 내 모든 순간에 깊이 스며들어 있는 인생의 동반자와 같다. 음악을 좋아하는 사람을 만나 이야기해 보면, 나와 비슷한 경험과 감정을 지니고 있다는 사실이 흥미롭다. 한순간도 음악과 떨어지지 못하는 사람들이 주변에 제법 된다.

여러 음악 중에서 클래식 음악을 듣게 된 것은 단순한 우연이었다. 어느 날 친구의 화실에 놀러 갔다가 그곳에서 클래식 음반 몇 장을 발견했다. 팝과 록 음악을 듣는 친구에게 무슨 일이냐고 묻자, 플루트 연주자인 사촌 언니가 가져다 놓은 음반이라고 말한다. 당시 록 음악에 심취해 있던 나는 심드렁한 표정으로 클래식 음반을 CD 플레이어에 넣고 재생 버튼을 눌렀다. 그 순간 놀라운 일이 벌어졌다. 지루하고 재미없다고만 생각했던 클래식 음악이 내 마음 깊은 곳의 감정을 건드린 것이다. 세상에나 이렇게 고상하고 우아한 선율의 음악이 있다니. 놀라웠다. 음악을 들으면서 행복하다는 생각까지 들었다. 그날 이후 나는 클래식 음악을 본격적으로 듣기 시작했다. 요즘 말로 클래식 음악에 '입덕'한 셈이다. 그날 들었던 나의 첫 클래식 음반은 빌리 보스코프스키(Willi Boskovsky)가 지휘한 요한 슈트라우스 부자(Johann Strauss)의 왈츠 작품이었다.

늦게 배운 도둑질에 날 새는 줄 모른다고 잠자는 시간과 밥 먹는 시간까지 아껴 가며 클래식 음악에 몰두했다. 버스를 탈 때면 작품의 마지막 여운을 더 느끼고 싶어 집 앞 정류장을 다섯 정거장이나 지나쳐 내린 적도 있었고, 밝은 대낮 길거리를 걸으며 캐슬린 페리어(Kathleen Ferrier)의 '이별'을 주제로 한 노래를 들을 때는 큰 소리로 흐느껴 울기도 했다. 콘서트홀에서는 음악에 몰입한 나머지 정신을 잃을 뻔한 적도 여러 번 있었다. 클래식 음악을 들으면서 비로소 음악을 진심으로 좋아하게 되었다. 클래식 음악은 나에게 그만큼 소중한 의미가 아닐 수 없다.

클래식 음악을 들으면서 자연스럽게 좋은 사운드에도 관심이 생겼다. 오디오 쇼에도 가보고 지인의 집을 방문해 좋은 소리가 어떤 것인지 직접 듣고 배우기도 했다. 무엇보다 음반에 따라 음악의 분위기가 달라진다는 사실을 깨닫게 되었다. 평소 즐겨 듣던 리하르트 슈트라우스(Richard Strauss)의 「4개의 마지막 노래(Vier Letzte Lieder)」를 LP로 처음 들었을 때의 충격은 아직도 잊을 수 없다. 섬세하고 부드러운 고음을 가진 엘리자베트 슈바르츠코프(Elisabeth Schwarzkopf)의 노래가 LP와 턴테이블, 앰프, 스피커를 거쳐 내게 전달되는 느낌은 그야말로 황홀했다. 카를로스 클라이버(Carlos Kleiber)가 지휘한 유명한 베토벤 「교향곡 제5번」은 그 풍부한 사운드에 감탄하기도 했다. 다른 음반들도 CD와 LP를 번갈아 가며 들어본 끝에, 나는 가지고 있던 CD를 모두 정리하고 LP만 모으기로 했다.

나는 LP가 왜 좋은 것일까? 따스하고 풍부한 음색이 주는 아날로그적 감성 때문에? 물론, 그런 점도 있다. 어느 날 필름과 디지털 사진의 결과물을 보고 깨달았다. 필름은 입체적이고, 디지털은 평면적이라는 것을. CD는 배경음이 깨끗하고 선명하지만, 음악 자체는 다소 평면적이다. 반면 LP는 물리적 한계 때문에 잡음이 생기지만, 음악 자체는 필름 사진처럼 입체감이 느껴진다. 두 음반 매체의 우열을 떠나, 나는 LP의 입체적인 소리가 더 마음에 와 닿았다. LP에 대해 너무 찬양한 것 같기도 하지만, 괜찮다. 이 책은 LP로 음악을 듣는 사람과 앞으로 듣고자 하는 사람을 위한 가이드북이기 때문이다.

책을 쓰면서 독자들이 클래식 음악에 더 쉽게 다가갈 방법을 고민했다. 그 과정에서 떠오른 아이디어가 바로 음악과 영화의 만남이었다. 음악이 주는 감정적 자극과 영상 매체의 서사적 요소를 결합하면, 음악이 더 오래 기억에 남을 것이라는 믿음에서였다. 다행히 우리 세 사람 모두 음악뿐 아니라 영화를 좋아했기에 가능한 일이었다.

문형식

머리말 · 4

1부 교향곡과 관현악곡

뒤카, 마법사의 제자 Dukas, The Socerer's Apprentice · 14

브람스, 교향곡 제3번 Brahms, Symphony No.3 in F major, Op.90 · · · · · · · · · · · · · 18

리하르트 슈트라우스, 차라투스트라는 이렇게 말했다 Richard Strauss, Also sprach Zarathustra · · · · · · · · · · · 22

로시니, 서곡집 Rossini, Overtures · 26

베를리오즈, 환상 교향곡 Berlioz, Symphonie Fantastique Op.14 · · · · · · · · · · · · · · 30

바버, 현을 위한 아다지오 Barber, Adagio for Strings · 34

헨델, 수상음악 G.F. Handel, Water Music, HWV 348, 349, 350 · · · · · · · · · · · · · 38

슈베르트, 교향곡 제8번 '미완성' Schubert, Symphony No.8 in B minor, D.759 'Unfinished' · · · · · · · · · · · · · · 42

드보르작, 교향곡 제9번 '신세계로부터' Dvorak, Symphony No.9 'From the New World' · · · · · · · · · · · · · · 46

차이콥스키, 1812 서곡 Tchaikovsky, 1812 Overture, Op.49 · · · · · · · · · · · · · · · · 50

베토벤, 교향곡 제9번 '합창' Beethoven, Symphony No.9 in D minor, Op.125 "Choral" · · · · · · · · · · · · · · 54

홀스트, 행성 Holst, The Planets, Op.32 · 58

베토벤, 교향곡 제7번 Beethoven, Symphony No.7 in A major, Op.92 · · · · · · · · · · · 62

그리그, 페르 귄트 모음곡 Grieg, Peer Gynt Suite · 66

차이콥스키, 백조의 호수 Tchaikovsky, Swan Lake Op.20 · · · · · · · · · · · · · · · · · · 70

엘가, 위풍당당 행진곡 1번 Elgar, Pomp and Circumstance March, Op.39 No.1 · · · · · · · · · · · · · · 74

라벨, 볼레로 Ravel, Boléro · 78

엘가, 수수께끼 변주곡 Elgar, Enigma Variations, Op.36 · · · · · · · · · · · · · · · · · · · 82

본 윌리엄스, 그린슬리브즈 주제에 의한 환상곡 Vaughan Williams, Fantasia on Greensleeves · · · · · · · · · · · · · · 86

말러, 교향곡 제5번 Mahler, Symphony No.5 in C# minor · · · · · · · · · · · · · · · · · · · 90

말러, 교향곡 제2번 '부활' Mahler, Symphony No.2 in C minor 'Resurrection' · · · · · · · · · · · · · · · · 94

2부 협주곡

라흐마니노프, 파가니니 주제에 의한 광시곡 Rachmaninov, Rhapsody on a Theme of Paganini, Op.43 · · · · 100

로드리고, 아랑후에스 협주곡 Rodrigo, Concierto de Aranjuez · · · · · · · · · · · · · · · · 104

쇼팽, 피아노 협주곡 제1번 Chopin, Piano Concerto No.1 in E minor, Op.11 · · · · · · · 108

차이콥스키, 바이올린 협주곡 Tchaikovsky, Violin Concerto in D major, Op.35 · · · · · · · · 112

모차르트, 클라리넷 협주곡 Mozart, Clarinet Concerto in A major, K.622 · · · · · · · · · · · 116

비발디, 사계 Vivaldi, Le Quattro Stagioni, Op.8 · 120

라흐마니노프, 피아노 협주곡 제2번 Rachmaninov, Piano Concerto No.2 in C minor, Op.18 ·············· 124

슈만, 피아노 협주곡 Schumann, Piano Concerto in A minor, Op.54 ································· 128

모차르트, 플루트와 하프를 위한 협주곡 Mozart, Flute and Harp Concerto in C major, KV299 ············ 132

베토벤, 피아노 협주곡 제5번 '황제' Beethoven, Piano Concerto No.5, Op.73 'Emperor' ·················· 136

거슈인, 랩소디 인 블루 Gershwin, Rhapsody In Blue ······························· 140

엘가, 첼로 협주곡 Elgar, Cello Concerto in E minor, Op.85 ······················· 144

3부 독주곡과 소나타

바흐, 토카타와 푸가 F장조 BWV540 Bach, Toccata and Fugue in F major, BWV540 ······················· 150

바흐, 평균율 클라비어곡집 Bach, The Well-tempered Clavier Book 1, 2, BWV846-843 ···················· 154

베토벤, 피아노 소나타 제8번 '비창' Beethoven, Piano Sonata No.8, Op.13 'Pathetique' ·················· 158

바흐, 무반주 바이올린 파르티타 2번 중 '샤콘' Bach, 'Chaconne' from Partita No.2 in D minor, BWV1004 ······
162

바흐, 비올라 다 감바 소나타 제1번 Bach, Viola da Gamba Sonata No1, BWV1027 ······················· 166

파가니니, 바이올린과 기타를 위한 소나타 Op.3 Paganini, Sonata for Violin and Guitar in E minor, Op.3 ·· 170

바흐, 골드베르크 변주곡 Bach, Goldberg Variations, BWV988 ······················· 174

슈베르트, 즉흥곡 Schubert, 4 Impromptus, D.899 ······················· 178

쇼팽, 발라드 제1번 Chopin, Ballade No.1 in G minor Op.23 ······················· 182

베토벤, 피아노 소나타 제14번 '월광' Beethoven, Piano Sonata No.14 Op.27-2 'Moonlight' ··············· 186

브람스, 6개의 피아노 소품 Op.118 Brahms, 6 Piano Pieces Op.118 ······················· 190

드뷔시, 베르가마스크 모음곡 중 '달빛' Debussy, 'Clair de lune' from Suite Bergamasque ················ 194

쇼팽, 녹턴 Chopin, Nocturnes ······························· 198

쇼팽, 24개의 전주곡 중 제15번 '빗방울' Chopin, 24 Preludes No.15, Op.28 ······················· 202

슈베르트, 피아노 소나타 제19번 Schubert, Piano Sonata No.19, D.958 ······················· 206

바흐, 코랄 전주곡- '주여 당신을 소리쳐 부르나이다' BWV639 Bach, Choral Prelude 'Ich ruf zu dir, Herr Jesu Christ' BWV639 ······················· 210

슈베르트, 피아노 소나타 제21번 Schubert, Piano Sonata No.21, D.960 ······················· 214

라모, 하프시코드 작품집 Rameau, Pièces de clavecin ······················· 218

쇼팽, 연습곡 Chopin, Etudes Op.10 & 25 ······················· 222

브람스, F-A-E 소나타 3악장 '스케르초' Brahms, F-A-E Sonata 3rd movement 'Scherzo' ······················· 226

쇼팽, 피아노 소나타 제2번 Chopin, Piano Sonata No.2 Op.35 ······················· 230

리스트, 사랑의 꿈 S.541 Liszt, Liebesträume S.541 ······················· 234

4부 실내악곡

브람스, 현악 6중주 제1번 Brahms, String Sextet No.1 in B♭ major, Op.18 ······················· 240

슈베르트, 피아노 트리오 제2번 Schubert, Piano Trio No.2, D.929 ······················· 244

슈베르트, 현악 5중주 Schubert, String Quintet in C major, D.956 ···········248
슈베르트, 피아노 5중주 '송어' Schubert, Piano Quintet, D.667 'The Trout' ···········252
베토벤, 현악 4중주 제14번 Beethoven, String Quartet No.14 in C# minor, Op.131 ···········256
아르보 패르트, 거울 속의 거울 Arvo Part, Spiegel Im Spiegel ···········260
막스 리히터, On The Nature Of Daylight M. Richter, On The Nature Of Daylight ···········262
하이든, 현악 4중주 제77번 '황제' Haydn, String Quartet No.77 in C major, Op.76-3 'Emperor' ···········264
드보르작, 현악 4중주 제12번 '아메리카' Dvorak, String Quartet No.12 in F major, Op.96 'American' ···········268

5부 오페라와 성악곡

바그너, 니벨룽의 반지 중 발퀴레 Wagner, Die Walküre from Der Ring des Nibelungen ···········274
마스카니, 카발레리아 루스티카나 Mascagni, Cavalleria Rusticana ···········278
페르골레시, 스타바트 마테르 Pergolesi, Stabat Mater ···········282
슈베르트, 겨울나그네 Schubert, Die Winterreise, D.911 ···········286
말러, 뤼케르트 가곡 중 '나는 세상에서 잊혀졌네' Mahler, Rückert-Lieder, 'Ich bin der Welt abhanden gekommen' ···········290
베르디, 라 트라비아타 Verdi, La Traviata ···········294
모차르트, 피가로의 결혼 Mozart, Le Nozze Di Figaro, K.492 ···········298
베토벤, 장엄 미사 Beethoven, Missa Solemnis ···········302
오펜바흐, 호프만 이야기 Offenbach, Les Contes d'Hoffmann (The Tales of Hoffmann) ···········306
퍼셀, 디도와 아이네이아스 Purcell, Dido and Aeneas ···········310
말러, 죽은 아이를 그리는 노래 Mahler, Kindertotenlieder ···········314
바흐, 나는 만족하나이다 Bach, Cantata 'Ich habe genug', BWV82 ···········318
바그너, 니벨룽의 반지 중 라인의 황금 Wagner, Das Rheingold from Der Ring des Nibelungen ···········322
베르디, 레퀴엠 Verdi, Messa da Requiem ···········326
바그너, 탄호이저 서곡 Wagner, Tannhäuser Overture ···········330
비제, 카르멘 Bizet, Carmen ···········334
슈베르트, 마왕 Schubert, Erlkönig, D.328 ···········338
포레, 레퀴엠 Fauré, Requiem, Op.48 ···········342

찾아보기 ···········346

1부

교향곡과 관현악곡

교향곡과 관현악곡은 큰 규모의 합주를 위해 작곡된 음악 형식이다. 영화에서는 웅장하고 풍성한 사운드를 통해 하이라이트 장면에 강렬한 인상을 남기고, 등장인물의 감정과 상황을 극적으로 대비시켜 몰입감을 주기도 한다.

뒤카, 마법사의 제자
Dukas, The Socerer's Apprentice

에르네스트 앙세르메 / 스위스 로망드 오케스트라
Ernest Ansermet / L'Orchestre de la Suisse Romand
1963

DECCA SXL 6065

리드미컬한 전개

에르네스트 앙세르메가 스위스 로망드 오케스트라를 이끌고 지휘하는
관현악은 아날로그 마니아에게 성전과도 같다. 하물며 뒤카 같은 프랑스
음악은 믿고 들을 수 있는 보증수표 같은 결과물이다. 템포가 느린 듯하지만
총연주 시간은 짧은 편이며, 「마법사의 제자」 특유의 리드미컬한 전개가 매우
극적으로 이어진다.

연주 ★★★★★ 음질 ★★★★☆

발라드에서 음악 그리고 애니메이션까지

1797년, 독일의 문호 요한 볼프강 폰 괴테(Johann Wolfgang Von Goethe, 1749~1832)는 〈마법사의 제자〉라는 제목의 시를 발표했다. 마법사가 여행을 떠난 사이, 제자는 틈틈이 익힌 마법을 사용해 빗자루로 욕조에 물을 채운다. 그러나 제자는 마법을 멈추는 주문을 알지 못해 곤경에 빠진다. 사면초가에 몰린 제자는 도끼로 빗자루를 내리치지만, 조각난 빗자루 모두가 물을 나르기 시작하며 사방이 온통 물바다가 된다. 마법사가 나타나 마법을 멈춘 후 "오직 노련한 스승만이 자신의 목적에 맞게 영들로서 너희를 불러내느니라"라고 말하며 시는 끝을 맺는다.

프랑스 작곡가 폴 뒤카(Paul Dukas, 1865~1935)는 100년 후 괴테의 시에서 영감을 얻어 교향시 「마법사의 제자」를 작곡했다. 이는 일종의 표제음악으로 시의 내용을 음악으로 표현한 작품이다. 중간중간 펼쳐지는 오케스트레이션은 시의 장면을 적절하게 묘사한다. 음악을 듣고 있으면 눈앞에 애니메이션이 펼쳐진다. 뮤트 트럼펫과 바순 등의 관악기 군이 표현하는 주제부는 재즈적인 느낌을 연상시킨다. 1897년은 아직 재즈가 세상에 자리 잡기 전이었음을 생각한다면 시대를 앞서나가는 음악이다.

문학과 그를 표현한 음악이 세상에 나왔으니 이를 영상화하는 작업이 이어진다. 몇몇 작품들이 있었지만, 1940년에 월트 디즈니가 발표한 애니메이션 〈판타지아〉가 정점을 찍는다. 〈판타지아〉는 「마법사의 제자」를 위한 뮤직비디오였다. 하늘에 있는 괴테와 뒤카가 흡족한 표정으로 〈판타지아〉를 관람하지 않았을까 하는 상상도 해 본다.

21세기에는 애니메이션을 실사 영화로 재현하는 것이 유행이다. 2010년에 월트 디즈니는 〈마법사의 제자〉를 실사 영화로 제작했다. 109분의 장편 영화로 원작을 그대로 재현하기보다는 괴테의 원작을 모티브로 새로운 작품을 만들었다고 할 수 있다. 괴테와 뒤카의 '마법사의 제자'는 21세기에도 현재진행형이다.

폴 뒤카는 1888년 로마 대상 2등을 수상한 천재적인 작곡가였지만, 본인이 마음에 들지 않은 작품 모두를 폐기해 버렸다. 그가 남긴 작품은 고작 10편 남짓에 불과하지만, 다양한 장르에 걸쳐 있다. 가장 유명한 작품이 교향시 「마법사의 제자」이며, 이외에도 「라모 주제에 의한 변주곡」 등이 있다. 뒤카는

파리음악원에서 후학 양성에도 힘을 기울였다. 20세기의 대표적인 작곡가라고 할
수 있는 올리비에 메시앙, 호아킨 로드리고 등이 그의 제자였다.

월트 디즈니 – 판타지아 (1940)

월트 디즈니는 미키 마우스를 주인공으로 한 짧은 필름을 계획했으나,
음악감독을 맡은 지휘자 레오폴트 스토코프스키의 조언으로 장편 애니메이션이
탄생했다. 바흐「토카타와 푸가 F장조」, 차이콥스키「호두까기 인형」,
스트라빈스키「봄의 제전」등이 애니메이션과 함께 새롭게 재탄생했다. 새로운
곡으로 완성한 〈판타지아 2000〉에도 「마법사의 제자」가 포함되었다.

〈판타지아〉의 「마법사의 제자」 파트는 제임스 엘가가 연출했으며, 제자 역은
미키 마우스였다. 미키 마우스는 마법사가 외출하자 마법사의 모자를 쓰고 마법을
시전한다. 본인이 해야 할 물을 길어 가마솥에 채우는 일을 빗자루가 대신하도록
마법을 건다. 뒤카의 음악에 맞춰 빗자루는 일사불란하게 일하지만, 미키 마우스는 그만 잠들고 만다. 그 사이 가마솥의 물이 넘쳐흐르고 깨어난 미키 마우스가 사태를 수습하려 하지만, 오히려 일하는 빗자루가 늘어나며 사방에 물난리가 난다. 마법사가 돌아와 물바다를 해결하고 미키 마우스를 노려본다. 마법사의 눈치를 보며 모자아 빗자루를 반납하고 물을 길으러 가는 미키 마우스의 엉덩이를 빗자루로 때리는 마법사. 「마법사의 제자」의 마지막 총주와 절묘하게 리듬을 맞추며 미키 마우스는 줄행랑을 친다.

에르네스트 앙세르메(Ernest Ansermet)가 스위스 로망드

1938년에서 1940년 사이에 녹음되었으나,
LP는 1957년 영화의 스테레오 리이슈에 맞춰
발매되었다. 최초 영화가 개봉한 1940년은
LP가 보급되기 8년 전의 모노 SP 레코드
시대였다. 레오폴트 스토코프스키가 필라델피아
오케스트라를 이끌고 녹음했으며, 「마법사의
제자」는 LA 음악가로 구성된 오케스트라가
연주했다. 3장의 LP로 구성되었고, 「마법사의
제자」, 「호두까기 인형」 등 영화에 사용된 클래식
8곡이 빠짐없이 수록되었다.

오케스트라를 이끌고 지휘하는 관현악은 아날로그
마니아에게 성전과도 같다. 특히, 뒤카와 같은 프랑스
음악은 믿고 들을 수 있는 보증수표 같은 결과물을
제공한다. 템포는 느린 듯하지만 총연주 시간은 짧은
편이며,「마법사의 제자」특유의 리드미컬한 전개가
매우 극적으로 이어진다. 원반을 구하면 더없이
좋겠지만 성음 라이선스반의 음질도 훌륭하다.

제임스 레바인(James Levine)은 베를린 필하모닉을
이끌고 디지털 시대의 명반을 만들었다. 그가
지휘하는 오케스트라의 발걸음이 가볍다. 쉽게
프레이즈가 완성되는 느낌이지만, 결코 가볍지
않으며 오히려 원곡의 의도가 잘 표현된 연주다.
빗자루가 걸어가는 애니메이션이 절로 연상된다.
제임스 레바인은 이후 〈판타지아 2000〉의 음악감독도
맡았다. 아마도 그의「마법사의 제자」녹음이
훌륭했기 때문일 것이다.

제임스 레바인
베를린 필하모닉
1986 / DG 419 617
연주 ★★★★☆
음질 ★★★★☆

앙드레 프레빈(André Previn)은 런던 심포니
오케스트라 상임지휘자 시절, BBC 방송국과 함께
〈Music Night〉라는 프로그램을 진행했다. 그는 많은
클래식 레퍼토리를 소화하며 청중에게 클래식의
즐거움, 나아가 음악의 즐거움을 알리려고 노력했다.
앙드레 프레빈과 런던 심포니 오케스트라는 시리즈
내내 즐겨 연주했던 프로그램을 두 장의 음반으로 남겼는데,「마법사의 제자」는
첫 번째 음반에 실렸다. 프레빈은 음악을 즐겨야 한다는 마음으로「마법사의
제자」를 녹음한 것으로 보인다. 오케스트라의 울림이 상쾌하다. 클래식
음악이라고 해서 심각할 필요 없다. 즐거운 음악 시간이다. 녹음이 훌륭해 TAS
List(The Absolute Sound List)에도 선정되었다.

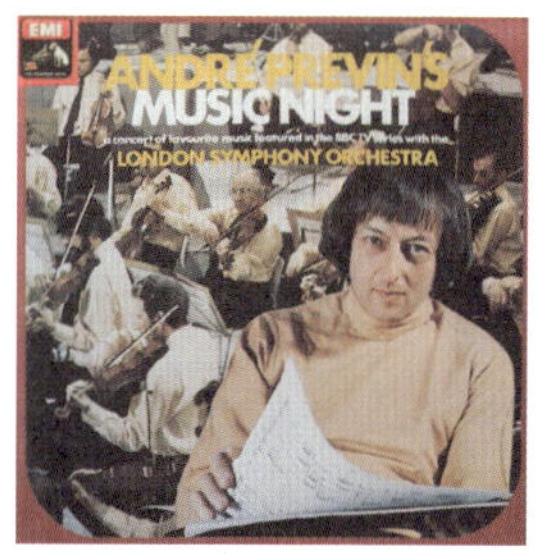

앙드레 프레빈
런던 심포니 오케스트라
1975 / HMV ASD 3131
연주 ★★★★
음질 ★★★★☆

브람스, 교향곡 제3번

Brahms, Symphony No.3 in F major, Op.90

존 바비롤리 / 빈 필하모닉
John Barbirolli / Wiener Philharmoniker
1967

농익은 포도주

존 바비롤리는 보수적인 브람스 내면의 따뜻함을 잘 살려내고 있다. 그의
지휘는 화려함을 버리고 관조적으로 브람스를 탐구한다. 구조적 안정성과
섬세한 표현이라는 두 마리 토끼를 잡고 있다. 이런 해석이 브람스 음악에는
제격이다. 잘 숙성된 포도주를 마시는 기분이다.

연주 ★★★★★ 음질 ★★★★☆

고전주의 형식 속에 꽃핀 낭만의 선율

클래식을 입문하려는 이에게 어떤 음반을 추천해야 할까? 베토벤「교향곡 제5번 '운명'」을 이야기하자니 너무 빤하다는 이야기를 들을 것이고, 슈베르트「아르페지오네 소나타」같은 실내악으로 가자니 왠지 상대방은 교향곡을 원할 것 같다. 이럴 때 꺼낼 수 있는 카드가 브람스 교향곡이 아닌가 한다. 베토벤처럼 너무 유명하지 않고, 말러처럼 너무 무겁지도 않다. 그렇다고 모차르트처럼 가볍지도 않은 안성맞춤 선곡이 될 수 있다. 브람스는 4개의 교향곡을 남겼다. 베토벤의 10번째 교향곡이라 불리는 왠지 정석처럼 느껴지는「교향곡 제1번」이나 불후의 명곡이지만 너무 심각하게 들릴 수 있는「교향곡 제4번」대신에 서정적인「교향곡 제3번」을 선택해 보자. 가을이면 더욱 효과적일 수 있다.

요하네스 브람스(Johannes Brahms, 1833~1897)는 요즘 말로 애늙은이였다. 그가 활동한 시기는 후기 낭만주의 시대로 바그너는 이미 표제음악을 넘어 시대를 초월한 음악을 작곡하고 있었다. 베토벤의 음악을 계승한 것처럼 보이는 브람스의 음악은 고전주의와 낭만주의 사이 어디에인가 위치한 것처럼 보였다. 나이가 스무 살이나 많은 바그너 입장에서는 절대음악을 추구하는 브람스가 애늙은이처럼 보였을지 모르겠다. 게다가 신중하기까지 해서 작곡해 놓고 출판하지 않고 폐기한 악보가 출판된 악보보다 더 많을지도 모른다. 그렇게 남겨진 4개의 교향곡은 모두 명곡으로 인정받고 있고, 작품 수는 많지 않지만 협주곡 분야에서도 후대 작곡가가 범접하기 힘든 금자탑을 쌓아 올렸다.

브람스는 22세 때「교향곡 제1번」의 작곡을 시작했지만, 1876년 43세가 되어서야 완성할 수 있었다. 무려 21년이 걸린 것이다. 신중하고 내성적이었던 브람스는 완벽하지 않은 작품을 남기지 않았다. 이후 3개의 교향곡은 단숨에 작곡했다. 하지만 다작하지 않았다.「교향곡 제3번」이 탄생한 것은 1번이 나오고 7년이 지난 1833년으로, 당시 브람스는 50세였다. 브람스가 음악적으로 절정기를 보낸 시기에 나온 교향곡이지만, 무겁지 않고 서정적이어서 쉽게 감상할 수 있다. 특히 3악장 'Poco Allegretto'는 가을이 되면 여기저기서 흘러나오는 유명한 선율이다. 아마도 브람스의 음악 중에서 가장 낭만적인 선율이 아닌가 한다. 선율이 낭만적이고 아름다워 팝 음악에 사용되기도 했다. 1983년에 제인 버킨은 「Baby alone in Babylone」을 히트시켰다. 기타리스트 카를로스 산타나 역시 1999년에 발표한『Supernatural』앨범의「Love of my life」라는 곡에 브람스

「교향곡 제3번」 3악장을 사용했다. 주선율을 현악으로 산타나의 기타로 채워 색다른 맛을 느낄 수 있다.

아나톨 리트박 – 이수 (1961)

"어제는 미안했어요. 브람스 좋아하세요?" 폴라의 가정부가 필립(안소니 퍼킨스)의 메시지를 전달하며 브람스가 누구냐고 묻는다. 폴라는 레코드를 재생하라고 하자 브람스 「교향곡 제3번」 3악장이 흘러나온다. 폴라는 미국인 청년 필립을 만나고 필립은 폴라에게 첫눈에 반한다. 폴라는 필립과 음악회에서 브람스 교향곡을 관람하는 등 데이트를 즐기고 동거를 시작한다. 하지만 폴라는 자신을 진심으로 좋아해 주는 젊은 필립을 포기하고 자신을 방치하는 옛 애인 로제(이브 몽탕)를 선택한다. 폴라의 나이는 39세. 가슴 떨리는 설렘보다는 익숙함을 선택한 것이다. 새로운 만남을 기대할 수 있어야 청춘이라는 말이 떠오르는 순간이다. 폴라는 청춘을 포기한 것이다.

프랑수아즈 사강(Francoise Sagan)의 소설《브람스를 좋아하세요》를 원작으로 만든 영화 〈이수〉(Goodbye Again)의 배경은 파리, 흐르는 음악은 브람스 「교향곡 제3번」 3악장. 파리와 독일 사람 브람스가 이리 잘 어울릴 수 있나 하는 생각을 할 틈도 없이 장면 장면이 흘러간다. 아름답시만 어딘가 쓸쓸함이 느껴지는 브람스의 음악처럼 필립은 쓸쓸하게 폴을 떠날 수밖에 없다. 실연당한 필립이 클럽에서 비통해할 때, 무대 위의 재즈 가수 다이앤 캐롤은 3악장을 모티브로 한 「Say no more, It's goodbye」를 부른다.

1961년에 영화와 동시에 발매된 『Goodbye Again OST』에는 브람스 「교향곡 제3번」을 피아노로 편곡한 「Theme from Goodbye Again」이 실려있다. 3번을 모티브로 한 재즈곡 「Say no more, It's goodbye」도 만날 수 있다. 재즈 가수 다이앤 캐롤이 불렀다. OST를 구성하는 전체적인 스코어는 프랑스 작곡가 조르주 오릭의 곡이다. LP로만 발매되었으며 CD로는 발매된 적은 없다.

브람스 「교향곡 제3번」은 전통적으로는 빌헬름
푸르트벵글러(Wilhelm Furtwängler)의 EMI 녹음을
명반으로 치지만, 모노 녹음이라 추천에서 제외한다.
교향곡은 좋은 연주와 오디오의 쾌감이 함께 할 때
진심으로 즐길 수 있기 때문이다.

존 바비롤리(John Barbirolli)는 보수적인 브람스
내면의 따뜻함을 잘 살려내고 있다. 그의 지휘는
화려함을 버리고 관조적으로 브람스를 탐구한다.
구조적 안정성과 섬세한 표현이라는 두 마리 토끼를
잡고 있다. 이런 해석이 브람스 음악에는 제격이다. 잘
숙성된 포도주를 마시는 기분이다. 그래서 바비롤리
음반은 스테디셀러로 자리매김했고, LP의 가격도
다소 고가에 거래된다. 바비롤리의 얼굴과 브람스의
얼굴이 교차하는 재킷도 인상적이다.

오토 클렘페러(Otto Klemperer)의 음을 툭툭 던지는
듯한 무심한 지휘는 브람스 음악의 내면을 드러내는
듯한 색다른 매력이 있다. 영국 컬럼비아 초반의
가격이 부담된다면 컬러 독 스탬프 라벨로 재발매한
박스반을 사는 것이 경제적이다. 교향곡 네 곡과 서곡
등 브람스 관현악의 진수를 한 번에 맛볼 수 있다.
클렘페러의 박스반은 브람스 교향곡 전집을 구하고자
하는 이에게 첫 번째로 추천할 수 있는 녹음이다.

헤르베르트 폰 카라얀(Herbert von Karajan)은 브람스 「교향곡 제3번」을 최소
3번 이상 녹음했다. 1970년대 녹음한 음반이 많이 보이지만, 카라얀이 1980년대
디지털 녹음으로 완성한 브람스 교향곡 녹음은 그의 말년 걸작으로 인정받는다.
현악에서 독보적이라는 베를린 필하모닉이 거장의 지휘에 맞춰 브람스의 낭만적인
선율을 수채화처럼 투명하게 그려낸다. 초반은 희소성으로 인해 디지털 LP치고는
비교적 고가이고 구하기 쉽지 않다. 디지털 녹음이라서 성음 라이선스 음반이나
2018년 아날로그포닉에서 재발매한 LP를 구하는 것도 대안이다.

오토 클렘페러
필하모니아 오케스트라
1957 / Columbia SAX 2351
연주 ★★★★☆
음질 ★★★★

헤르베르트 폰 카라얀
베를린 필하모닉
1988 / DG 427 496
연주 ★★★★☆
음질 ★★★★☆

리하르트 슈트라우스, 차라투스트라는 이렇게 말했다
Richard Strauss, Also sprach Zarathustra

헤르베르트 폰 카라얀 / 빈 필하모닉
Herbert von Karajan / Wiener Philharmoniker
1959

DECCA SXL 2154

카라얀은 카라얀

다소 난해하게 펼쳐지는 파트에서도 허둥대지 않고 모는 악기가 시밀하고
정확하게 포착된다. 헤르베르트 폰 카라얀의 또 다른 명연 1973년과 83년
연주에 비해 음향의 스케일은 다소 작지만, 해석은 더욱 탁월하다. 음악을
쉽게 풀어 연주하기 때문에 이 곡을 처음 듣는 이에게는 필청 음반이다.

연주 ★★★★★ 음질 ★★★★☆

니체의 철학을 음악으로 승화하다

리하르트 슈트라우스(Richard Strauss, 1864~1949)는 프리드리히 니체(Friedrich Nietzsche, 1844~1900)의 저서 《차라투스트라는 이렇게 말했다(Also Sprach Zarathustra)》를 읽고 영감을 받아 교향시를 만들었는데, 니체의 책 제목을 그대로 가져와 1896년에 작품을 완성했다. "어린아이 같은 순수한 의지로 자신의 삶을 창조하는 인간이 초인으로 거듭나 세상을 향해 힘차게 나아가"라는 니체의 철학 사상을 기본 바탕으로 자신의 주관적인 견해와 감동을 탁월한 관현악 기법을 통해 음악으로 표현한 것이다. 이 곡은 모두 아홉 부분으로 구성됐으며, '일출'을 시작으로 아름답게 끝나는 '밤의 노래'까지 쉬지 않고 연주된다. 특히 이 작품에서 가장 유명한 '일출'은 오르간의 어두운 지속음 위로 금관악기군의 우렁찬 팡파르와 팀파니의 장대한 타격음이 압권인데, 웅장하고 엄숙한 곡은 듣는 이로 하여금 커다란 감동을 준다.

제1곡 '일출(Sonnenaufgang)', 제2곡 '배후 세계론자에 대하여(Von den Hinterweltlern)', 제3곡 '위대한 동경에 대하여(Von der großen Sehnsucht)', 제4곡 '환희와 열정에 대하여(Von den Freuden und Leidenschaften)', 제5곡 '무덤의 노래(Das Grablied)', 제6곡 '학문에 대하여(Von der Wissenschaft)', 제7곡 '치유되고 있는 사람들(Der Genesende)', 제8곡 '춤곡(Das Tanzlied)', 제9곡 '밤의 노래(Nachtwandlerlied)'

리하르트 슈트라우스는 뮌헨 궁정관현악단에서 호른 수석으로 활약했던 아버지에게서 음악 교육을 받았다. 고전주의와 낭만주의 음악에 영향을 받은 그는 스무 살 때 바그너와 리스트의 영향을 받아 독자적인 관현악 기법으로 오케스트라 세계에 새로운 가능성을 제시한 작품을 쏟아내기 시작한다. 「차라투스트라는 이렇게 말했다」는 그중의 하나로 오늘날 많은 사람에게 사랑받는 작품이다. 초연은 1896년 프랑크푸르트에서 작곡가 자신이 직접 지휘했다. 초연 당시 '철학의 음악화'에 대한 거부감 때문에 비난받기도 했지만, 리하르트 슈트라우스는 "인류의 기원부터 점점 발전하는 과학과 철학에 대해 음악이라는 도구를 이용해 니체의 철학에 이르기까지를 표현한 것"이라고 해명하기도 했다.

스탠리 큐브릭 – 2001 스페이스 오디세이 (1968)

〈2001 스페이스 오디세이〉는 SF 영화의 걸작으로, 스탠리 큐브릭이 연출한 작품이다. 아서 클라크의 단편소설 〈파수병(The Sentinel)〉을 원작으로 각본도 스탠리 큐브릭과 아서 클라크가 함께 집필했다. 인류 기원에서부터 미래까지 지구와 우주를 배경으로 한 영화는, 신에 가까운 초월적인 존재 모노리스(직육면체 형태의 구조물)가 인류 앞에 나타날 때마다 인류는 한 단계 더 진화한다는 설정에서부터 출발한다.

영화는 처음 3분 동안 검은 화면만 나오는데, 아마도 태초의 상태를 묘사한 것 같다. 3분이 지나고 영화 시작과 끝을 알리는 음악, 리하르트 슈트라우스 「차라투스트라는 이렇게 말했다」가 오프닝곡으로 등장한다. 장엄하게 울리는 곡은 인류의 시작을 알리는 장면으로 전환되면서 곧 인류의 조상인 유인원이 등장한다. 유인원은 모노리스와 만난 후, 뼛조각을 도구로 인식하며 그 놀라운 발견의 기쁨으로 뼛조각을 하늘 위로 올린다. 이때 뼛조각은 우주선으로 바뀌며, 영화는 미래 시대로 바뀐다. 미래의 인류는 달에서 모노리스를 다시 발견하고, 그 정체를 밝히고자 인공지능 컴퓨터 HAL9000과 승무원을 태운 우주선을 목성으로 보낸다. 목성으로 향하는 중 HAL9000은 알 수 없는 오작동을 일으키고, 선장 보우만만 남기고 모두 살해한다. 보우만은 HAL9000을 제압하고 목적지인 목성을 홀로 향한다.

결국 보우만은 모노리스를 만나 시공간을 초월하는 완전히 다른 세계로 진입하게 되는데, 외계 행성에 도착한 보우만은 홀로 늙어 가다가 태아 상태로 지구로 다시

『2001: A Space Odyssey OST』 우리에게 익숙한 클래식 음악으로 구성되어 있다. 리하르트 슈트라우스와 죄르지 리게티, 요한 슈트라우스의 곡이 적재적소에 배치되어 영화만큼이나 강렬한 인상을 남긴다. 「차라투스트라는 이렇게 말했다」의 경우에는 음악이 영화의 분위기를 결정짓는 중요한 역할을 한다고 믿는 스탠리 큐브릭의 의도에 꼭 맞는 선택이다. 1968년에 영화와 동시에 OST 음반이 발매됐다.

돌아온다. 이때 엔딩곡으로 카라얀과 빈 필하모닉이
연주한 「차라투스트라는 이렇게 말했다」가
등장하며, 영화는 마지막까지 모든 해석을 관객에게
맡기면서 막을 내린다. 「차라투스트라는 이렇게
말했다」가 흘러나오는 이 영화의 오프닝과 엔딩 신은
영화사에 길이 남을 명장면임이 틀림없다.

카를 뵘
베를린 필하모닉
1958 / DG 136 001
연주 ★★★★★
음질 ★★★★

　　헤르베르트 폰 카라얀(Herbert von Karajan)은 십여
차례 음반으로 남겼을 만큼 이 곡에 대한 애정이
깊다. 그중에서 빈 필하모닉과 함께 데카에서 남긴
연주는 곡이 지닌 다층적이고 복합적인 부분을
차분하게 풀어 가는 해석이 아주 뛰어나다. 카라얀의
또 다른 명연으로 기록되는 1973년, 1983년 녹음도
각각 웅장함과 섬세한 해석을 들려주지만, 1959년
연주에 미치지 못한다. 이 녹음은 〈2001 스페이스
오디세이〉에도 삽입되었다. LP 초반은 비싼 편이며,
음질은 녹음 연도에 비해 좋은 편이다.

프리츠 라이너
시카고 심포니 오케스트라
1954 / RCA LSC-1806
연주 ★★★★☆
음질 ★★★★

　　카를 뵘(Karl Böhm)과 베를린 필하모닉이 연주한
1958년 녹음은 이 곡의 전통적인 명반이다. 팽팽한
긴장감과 악기들이 뿜어내는 열기가 무시무시하다.
카를 뵘은 슈트라우스와 바그너만 만나면 정신을 못
차릴 만큼 과격해진다. 그렇다고 흐트러지는 일은
없다. 설명이 필요 없는 동 곡 최고의 녹음 중 하나이지만, 최근에는 잘 보이지
않는다. LP 초반의 경우 DG 음반으로서는 비교적 비싼 편이지만 음질은 좋은
편이다.

　　마지막 추천 연주는 프리츠 라이너(Fritz Reiner)와 시카고 심포니 오케스트라와
함께한 1954년 녹음이다. 라이너는 시원한 해석으로 이 곡을 정확하고, 과장되지
않는 몸짓으로 연주한다. 1954년 연주라고는 믿기 어려울 만큼 뛰어난 녹음도
이 연주를 오래도록 사랑하게 되는 이유 중 하나다. LP 초반은 꽤 높은 가격에
거래되지만, 최근 아날로그 프로덕션에서 좋은 음질로 재발매했다.

로시니, 서곡집
Rossini, Overtures

헤르베르트 폰 카라얀 / 필하모니아 오케스트라
Herbert Von Karajan / Philharmonia Orchestra
1960

경쾌, 유쾌, 상쾌!

정교하고 일사불란한 오케스트라 사운드를 만드는 데 그 누구보다도 탁월한
헤르베르트 폰 카라얀은 로시니 서곡 연주에서도 빛을 발한다. 음반에
수록된 모든 곡을 정교한 사운드로 리드미컬하게 전개해 듣는 이에게 최상의
즐거움을 선사한다. 60년이 넘은 꽤 오래된 녹음이지만 음질도 상당히 좋다.

연주 ★★★★★ 음질 ★★★★☆

자! 이제 시작합니다

서곡은 오페라의 시작이다. 서곡은 공연의 시작과 동시에 연주되고 가수들은 연기를 시작한다. 청중은 잡담을 멈추고 음악과 무대에 집중한다. 오늘날에는 클래식 공연 에티켓이 세계적으로 자리 잡아, 공연 시작 후에는 입장할 수 없고 악장이 끝나도 곡이 끝날 때까지 박수칠 수 없다. 그러나 이러한 공연 에티켓은 19세기 낭만주의 시대에야 정립된 것으로, 그전까지 클래식 음악은 귀족의 여흥 같은 오락거리였다. 당연히 공연장은 시끄러웠고, 귀족은 자신의 자택에서 연주를 들으며 식사하거나 담소를 나눴다. 오페라 작곡가는 청중의 주의를 끌고자 서곡에 더 많은 노력을 기울여야 했다. 그 결과, 서곡만으로도 기승전결이 완벽한 음악이 탄생했다.

17세기에 시작된 오페라는 18세기 후반 모차르트 시대에서 예술적으로 한 차원 올라서게 되었다. 오페라의 종주국 이탈리아로서는 자존심 상하는 일이 아닐 수 없었다. 그러나 종주국의 자존심은 로시니의 등장으로 회복되었다. 이후 베르디와 푸치니 등이 많은 오페라 명작을 발표하면서 이탈리아는 오페라 강국으로서의 면모를 여실히 보여 주었다.

조아키노 로시니(Gioacchino Rossini, 1792~1868)는 10대에「현악 소나타」를 작곡할 정도로 천재였으며,『세비야의 이발사』와 같은 수많은 오페라를 작곡해 동시대 인기 면에서는 베토벤을 압도한 인물이었다. 그의 오페라는 서곡조차 범상치 않았다. 로시니의 오페라 서곡은 단순한 오페라의 부속품이 아니라 그 자체로 완성된 완벽한 구조를 갖추어 많은 지휘자들이 그의 서곡집을 별도의 음반으로 발매했다.

특히『윌리엄 텔』서곡은 협주곡이나 교향곡으로 발전되어도 좋을 만큼 완벽한 작품이다. '새벽', '폭풍우', '고요함', '스위스 군대의 행진'의 4부로 이루어진 『윌리엄 텔』서곡은 첼로의 독주로 새벽을 알린다. 팀파니, 바이올린, 금관악기로 이루어진 폭풍우가 몰아친 후, 오보에와 플룻 등의 목관악기로 고요한 분위기를 형성한다. 이후 잘 알려진 '스위스 군대의 행진곡' 멜로디가 나오면 누구나 어깨를 들썩인다.

『도둑 까치』서곡 역시 행진곡풍의 멜로디가 돋보인다. 오늘날『도둑 까치』가 상연되는 일은 드물지만, 서곡은 교향악 공연의 1부 또는 앙코르곡으로 자주 연주된다. 스네어 드럼으로 오페라의 시작을 알리고 행진이 시작된다. 2부에서는

시원한 오케스트레이션이 리드한다. 엘가는 「위풍당당 행진곡」을 작곡할 때
『도둑 까치』서곡을 참고했음이 틀림없다.

스탠리 큐브릭 – 시계태엽 오렌지 (1971)

〈시계태엽 오렌지〉의 주인공 알렉스(말콤 맥도웰)는 극악무도한 악당이다. 그는
아무 이유 없이 길을 가던 사람을 폭행하고, 친구들과 어울려 민가에 쳐들어가
남편을 폭행하고 아내를 강간한다. 그런 악당이지만 어울리지 않게 클래식
음악을 좋아한다. 그의 집에는 베토벤 초상화가 걸려있으며, 프릭차이가 연주하는
베토벤의 「교향곡 제9번 '합창'」을 듣는다. 밖에서는 「Singin' in the rain」을
흥얼거리며 폭력을 행사하기도 한다.

알렉스는 레코드점에서 음악을 듣는 두 여성에게 자기 집에 좋은 오디오가
있으니 함께 음악을 듣자고 말한다. 세 남녀가 알렉스의 집에서 혼음을 즐기는
장면에서 감독은 이 선정적인 신을 테이프 레코더를 빠르게 돌리며 코믹하게
연출한다. 자세히 보지 않으면 무엇을 하는지 헷갈리는 세 남녀의 빠른 움직임에 맞춰 로시니의 『윌리엄 텔』서곡의 4부 '스위스 군대의 행진곡'이 흐른다.

알렉스는 다시 부녀자를 겁탈하려고 민가에 침입한다. 여자는 문을 열어주지 않고 경찰에 신고하며 저항하지만, 창문으로 침투한 알렉스는 여자를 제압한다. 이때 로시니의 『도둑 까치』서곡이 흐른다. 그러나 알렉스의 만행은 여기까지. 친구들의 배신으로 경찰에 붙들린다. 『도둑 까치』서곡을 배치한 감독의 의도가 절묘하다.

1971년에 발매된 『A Clockwork Orange
OST』에는 영화에 사용된 대부분의 음악이
수록되어 있다. 로시니의 『도둑 까치』서곡과
『윌리엄 텔』서곡, 베토벤의 「교향곡 제9번 '합창'」,
엘가의 「위풍당당 행진곡」 등은 웬디 카를로스의
편곡으로 영화에 사용되었다. 또한, 스탠더드 넘버
「Singin' in the rain」은 명배우 진 켈리 버전으로
수록되었다.

　　이탈리아 지휘자들의 연주가 일반적으로
훌륭하지만, 클래식계의 제왕 헤르베르트 폰
카라얀(Herbert von Karajan)의 녹음을 빼놓을 수 없다.
유려하고 정교한 오케스트라 사운드를 뽑아내는 데
탁월한 카라얀은 서곡 연주에 누구보다 최적화된
지휘자이며, 그런 명성에 걸맞게 수많은 서곡집과
간주곡집 음반을 여러 차례 녹음했다. 로시니
오페라 서곡집도 여러 번 녹음했지만, 1960년 영국
컬럼비아에서 필하모니아 오케스트라와 녹음한
연주를 최우선으로 추천한다. Columbia SAX의
LP 가격이 부담된다면, 1971년 그의 분신과도 같은
베를린 필하모닉을 이끌고 도이체 그라모폰에서
녹음한 연주를 택해도 된다.

　　로시니 서곡집으로 일반적으로 추천되는 연주는
이탈리아 지휘자 피에리노 감바(Pierino Gamba)가 런던
심포니 오케스트라와 함께한 1960년 데카 녹음이다.
감바는 마치 군악대를 지휘하듯 절도 있는 음으로
데카가 자랑하는 FFSS 사운드가 이를 극대화한다. 이
음반은 오디오파일에게 특히 인기가 많다.

　　클라우디오 아바도(Claudio Abbado) 또한
이탈리아 출신 지휘자로서 로시니 서곡집을 여러
번 녹음했다. 1975년 런던 심포니 오케스트라와
도이체 그라모폰에서 녹음을 남겼지만, 뭔가 부족했는지 1978년 RCA에서 다시
녹음했다. RCA 녹음도 훌륭하지만, 1989년에 유럽 체임버 오케스트라를 이끌고
녹음한 최후기 연주를 추천한다. 『세비야의 이발사』, 『윌리엄 텔』, 『도둑 까치』
서곡 등 유명한 곡들이 빠짐없이 담겨 있고, 디지털 녹음으로 발매된 LP 음질도
훌륭하다. 사실 아바도의 레코드 중 어느 것을 선택해도 훌륭한 연주를 감상할 수
있다.

피에리노 감바
런던 심포니 오케스트라
1960 / DECCA SXL 2266
연주 ★★★★★
음질 ★★★★★

클라우디오 아바도
유럽 체임버 오케스트라
1989 / DG 431 653
연주 ★★★★☆
음질 ★★★★☆

베를리오즈, 환상 교향곡
Berlioz, Symphonie Fantastique Op.14

샤를 뮌슈 / 파리 오케스트라
Charles Munch / Orchestre de Paris
1967

La Voix De Son Maître CVAP 2037

환상을 환상적으로…

기괴한 내용과 음산한 분위기의 곡을 압도적인 스케일과 에너지로 채운 연주.
선이 굵고 열정적인 역사적 명연으로 프랑스 지휘자가 프랑스 악단을 이끌고
프랑스 작곡가의 곡을 지휘한 이 곡의 필청 음반!

연주 ★★★★☆ 음질 ★★★☆

실연의 막장 드라마

루이 엑토르 베를리오즈(Louis-Hector Berlioz, 1803~1869)의 「환상 교향곡」은
실연당한 어느 예술가가 자살을 시도한 후 혼수상태에서 기괴한 환상에 빠진다는
내용을 담고 있다. 이 곡은 고전주의와 낭만주의 시대의 전통적인 4악장 형식의
교향곡과 달리 5악장으로 구성되어 있으며, 악장마다 제목이 있다. 그래서 이
곡을 교향곡 최초의 표제음악으로 여긴다. 1악장은 '꿈, 정열'이라는 제목으로
어느 예술가가 꿈속에서 사랑하는 여인을 만난다는 내용을 담고 있다. 2악장은
'무도회'에서 축제를 즐기지만, 그 여인의 환상이 나타나 그의 마음을 괴롭히는
내용이다. 3악장은 '전원 풍경'을 그리며, 이 곡에서 잠시 숨을 고를 수 있는
부분이다. 탁 트인 들판의 시골에서 두 명의 목동이 피리를 불자 예술가의 마음은
한층 평온해진다. 그러나 멀리서 천둥소리가 들려오며 서서히 불안감이 밀려오는
모습을 묘사하고 있다. 4악장은 '단두대로의 행진'이다. 꿈속에서 자신이 사랑했던
여인을 죽이고, 교수대로 끌려가 목이 잘린다는 내용이다. 마지막 5악장인
'마녀들의 밤의 꿈'에서는 예술가의 장례식장에 모인 마녀들이 악마적인 밤의
향연을 벌이는 모습이 그려진다. 그들 사이에는 죽은 그녀도 함께 있고, 죽음을
알리는 종소리가 울리며 음악은 마무리된다.

베를리오즈는 1827년에 셰익스피어 연극에서 오필리아와 줄리엣을 연기한
해리엇 스미드슨(Harriet Smithson, 1800~1854)을 보고 사랑에 빠진다. 그는
그녀에게 여러 차례 편지를 보내며 그녀의 환심을 사고자 노력했지만, 당시 인기
정점에 있던 스미드슨은 무명 작곡가에게 관심을 주지 않았다. 실연을 겪은
베를리오즈는 우울과 고통, 절망적인 상황에서 곡을 쓰게 되었는데, 이 곡이
「환상 교향곡」이다. 「환상 교향곡」은 전통적인 교향곡 형태와 다른 지극히
연극적인 작품이라 볼 수 있다. 교향곡에 특정 사건이나 인물을 음악으로 담아낸
것으로, 당시로서는 상당히 파격적인 시도였다. 베를리오즈가 이 곡을 작곡한
1830년은 아직 고전주의 형식이 강하게 남아 있던 낭만주의 초기 시기였고,
그런 점을 고려하면 이 작품은 매우 독창적이었다. 그만큼 반응도 뜨거웠으며,
베를리오즈의 작곡 기법은 이후 리스트와 바그너 같은 작곡가에게 큰 영향을
주었다.

스탠리 큐브릭 – 샤이닝 (1980)

1980년에 개봉한 영화 〈샤이닝〉은 스탠리 큐브릭이 연출한 작품으로, 공포 영화 역사에서 손꼽히는 작품이다. 1977년 스티븐 킹의 동명 소설 원작이지만, 두 작품은 주제를 바라보는 시각이 많이 다르기 때문에 내용의 전개와 엔딩은 다르다. 오버룩 호텔은 매년 반복되는 폭설로 인해 겨울철에는 영업을 중지하고, 관리인을 고용해 호텔을 관리해 왔다. 마침 소설 집필을 준비하던 잭 토랜스(잭 니콜슨)는 사람이 없는 조용한 호텔 생활이 책을 쓰기에 좋은 기회라고 생각했기 때문에 호텔 임시 관리인으로 지원한다. 그렇게 그는 가족과 함께 호텔에서 겨울을 보내고자 오버룩 호텔로 향한다. 그러나 샤이닝(다른 존재와 정신적으로 교감하는 능력)을 가진 아들 대니(대니 로이드)는 호텔에서 이상한 기운을 느낀다. 대니의 염려가 현실이 되는데, 잭은 자신도 모르게 화내는 경우가 많아지며 조금씩 광기에 사로잡혀 아내와 아들을 학대한다. 폭설로 호텔이 고립되자, 잭은 환상과 현실의 경계에서 점점 미쳐 간다. 마침내 그는 극심한 환상에 사로잡혀 아내와 아들을 해치려 한다.

〈샤이닝〉은 공포 영화답게 시공간적 효과와 더불어 청각적 효과가 대단히 뛰어난 영화다. 영화 진행 중에 적절히 사용되는 효과음과 음악은 불안과 공포를 극대화한다. 영화 오프닝에서 흘러나오는 베를리오즈의 「환상 교향곡」은 죽음을 상징하는 5악장이 등장한다. 영화 시작부터 '혼수상태에 빠져 기괴한 환상'이 벌어지는 음악을 사용한 것은 앞으로 이 영화가 어떻게 전개되는지 압축적으로 보여 준다.

『The Shining OST』에는 베를리오즈의 「환상 교향곡」을 포함해 죄르지 리게티(Gyorgy Ligeti), 크시슈토프 펜데레츠키(Krzysztof Penderecki)의 곡이 오리지널 사운드트랙에 포함되어 있다. 모두 불안감과 공포감을 불러일으키는 곡이다. LP는 영화와 발매와 동시에 이뤄졌으며, 초반이 상당히 비싼 가격에 거래되고 있다.

샤를 뮌슈(Charles Munch)가 지휘한 1967년 녹음은 베를리오즈의 「환상 교향곡」을 논할 때 가장 먼저 떠오르는 대표적인 명연이다.
과감하면서도 다소 과장된 표현을 통해 작품에
강렬한 생명력을 불어넣은 뮌슈는 76세의 노익장을
과시하듯, 작품의 개성과 극적인 요소를 여과
없이 펼쳐낸다. 해석은 역동적이고 열정적이며,
특히 5악장의 광기와 기괴함은 압도적이어서 많은
청중에게 잊기 힘든 인상을 남긴다. 다만 녹음
면에서는 다소 아쉬움이 남는데, CD에서는 음상이
선명하지 않아 몰입이 떨어질 수 있다. 이 경우
LP 감상을 권하며, 그 아날로그적 질감이 연주의
생동감을 한층 돋운다.

헤르베르트 폰 카라얀
베를린 필하모닉
1974 / DG 2530 597
연주 ★★★★☆
음질 ★★★★☆

　　헤르베르트 폰 카라얀(Herbert von Karajan)은
1950년대부터 1970년대까지 10년 간격으로 세
차례 이 작품을 녹음했다. 그중 1974년 베를린
필하모닉과의 연주는 카라얀 특유의 섬세함과
유려함이 절정을 이룬 연주로 평가된다. 복잡하게
얽힐 수 있는 관현악을 정제된 음색과 완벽한
합주력으로 명료하게 정리하며, 작품의 본질을
투명하게 드러낸다. 연주에 비해 LP 가격이 매우
합리적이고, 구하기도 쉽다. 무엇보다 음질이 탁월해,
하이엔드 오디오 시스템으로 감상하면 전율이 온몸을
타고 흐를 만큼의 짜릿함을 선사한다.

장 마르티농
프랑스 국립 오케스트라
1973 / La Voix De Son Maître 2C
069-12512
연주 ★★★★☆
음질 ★★★★☆

　　장 마르티농(Jean Martinon)이 프랑스 국립
오케스트라를 지휘한 1973년 녹음은 앞선 두 연주와 달리 한층 절제되고 차분한
해석을 들려준다. 작품의 세밀한 디테일을 치밀하게 살리면서, 「환상 교향곡」의
기괴함을 좀 더 은근하고 세련된 방식으로 표현한다. LP 음질 또한 뛰어나, 연주가
마치 눈앞에서 펼쳐지는 듯한 현장감과 함께 악기의 미세한 뉘앙스까지 섬세하게
전달한다.

바버, 현을 위한 아다지오

Barber, Adagio for Strings

레너드 번스타인 / LA 필하모닉
Leonard Bernstein / LA Philharmonic
1982

Deutsche Grammophon 2532 084

느림의 미학

1986년 LA 필하모닉을 이끌고 녹음한 새뮤얼 바버의 「현을 위한
아다지오」를 레너드 번스타인은 한없이 느리게 연주한다. 느리게 연주하는
것이 능사는 아니지만, 곡에 자리 잡은 감정선을 극대화하는 힘이 있다.
번스타인은 가끔 오버한다는 평을 듣지만, 이 곡에서만큼은 감정의 과잉이
오히려 설득력이 있다.

연주 ★★★★★ 음질 ★★★★★

깊은 슬픔 그리고 애도

영국에 에드워드 엘가의 「Nimrod」가 있다면, 미국에는 새뮤얼 바버(Samuel Barber, 1910~1981)의 「Adagio for Strings」가 있다. 1945년 프랭클린 루스벨트 대통령의 사망을 알리는 라디오 방송, 1955년 알베르트 아인슈타인의 장례식, 존 F. 케네디 대통령의 장례식에 이어진 라디오 방송에서 애도의 마음을 표현하고자 사용된 음악은 바로 「현을 위한 아다지오」였다. 1981년, 레너드 번스타인은 새뮤얼 바버의 사망을 기리는 콘서트에서 「현을 위한 아다지오」를 지휘했다. 「현을 위한 아다지오」는 미국인을 위한 애도 음악이 되었다.

바버는 1935년에 퓰리처 장학금과 로마 대상을 받았다. 이를 통해 2년간 로마의 아메리칸 아카데미(American Academy)에서 공부하게 되었고, 이 시기에 「현악 4중주 제1번 Op.11」을 작곡했다. 그중 2악장을 오케스트라로 편곡한 작품이 「현을 위한 아다지오」이다. 제목처럼 편성에 현악기만을 사용했다. 바버는 「현을 위한 아다지오」와 「오케스트라를 위한 에세이」를 아르투로 토스카니니에게 보냈고, 토스카니니는 1938년에 NBC 심포니 오케스트라를 이끌고 두 곡을 초연했다. 이를 통해 바버는 국제적인 명성을 얻게 되었다.

바버의 작품에서 음악적 특징을 살펴보자면, 형식적인 면에서는 전통적인 성향의 신고전주의라고 분류할 수 있다. 하지만 선율이나 화성적인 면에서는 서정적이고 낭만적인 선율, 반음계적 선율 등을 사용하기 때문에 신낭만주의라 볼 수 있다. 바버와 동시대에 활약한 미국 작곡가들이 현대적인 성향의 작곡을 한 것과는 상반되는 면이 많다. 그래서 바버는 동시대 작곡가에 비해 접근하기 쉬운 면이 많은 것도 사실이다.

바버는 상복이 많은 작곡가였다. 1928년에 작곡한 「바이올린 소나타 Op.4」로 번즈상을 수상했고, 1931년에 작곡한 「학교 스캔들 Op.5」로 또 수상했다. 제2차 세계대전에서 군복무를 마친 후 미국작곡가연맹의 위촉으로 작곡한 「피아노 소나타 Op.26」은 블라디미르 호로비츠에 의해 초연되면서 국제적으로 큰 성공을 거두었다. 1958년에 작곡한 오페라 「바네사」로 퓰리처상을 수상했으며, 1962년에는 「피아노 협주곡 Op.38」으로 퓰리처상을 다시 한번 수상했다.

「현을 위한 아다지오」를 들으면 왠지 모를 깊은 슬픔에 잠기게 된다. 깊은 슬픔을 느낀 후 돌아오는 것은 따뜻한 위로이다. 슬픔은 기쁨으로 위로받는 것이 아니라, 깊고 슬픈 감정의 교감으로 위로받게 된다. 기승전결이 뚜렷한 소나타

형식과 달리 목적지를 모르고 달려가는 현의 물결은 끝없이 흘러가는 인간의
인생을 의미하는 것과 같다.

올리버 스톤 – 플래툰 (1986)

올리버 스톤 감독은 베트남전에 참전했던 자신의 경험을 바탕으로, 베트남전의
참혹함을 어느 영화보다도 리얼하게 묘사했다. 이 영화는 "누구를 위한
전쟁인가?"라는 사회적 문제의식을 환기하는 전쟁 영화의 대표작 중 하나이다.

제25사단 B중대 2소대는 무능한 소대장 울프 중위 대신 선임하사 반즈(톰
베린저)와 분대장 일라이어스(윌렘 대포)가 실질적인 리더십을 행사하고 있다.
소대는 전투력이 뛰어나지만 잔혹한 성격의 반즈파와 인간적인 면모를 지닌
일라이어스파로 양분되어 있다. 작전 수행 중, 홀로 남은 일라이어스를 구하러
간다던 반즈는 자신에게 반감을 가진 일라이어스에게 총을 쏘고 소대원들에게 그가 베트콩에게 살해되었다고 거짓말한다.

소대원들은 헬기를 타고 작전 지역을 빠져나가던 중, 부상당한 일라이어스가 베트콩에게 쫓기며 달려오는 모습을 발견하고 구출 작전을 실시하지만, 일라이어스는 총에 난사당하며 무릎을 꿇으며 죽는다. 죽기 전 일라이어스가 양손을 드는 장면에서 바버의 「현을 위한 아다지오」가 흘러나온다. 일라이어스의 죽음을 애도하면서 베트남전의 참상을 느끼게 하는 최고의 장면에서 흐르는 「현을 위한 아다지오」는 영화의 하이라이트를 더욱 처절하게 만든다.

『Platoon OST』는 새뮤얼 바버의 「현을 위한
아다지오」의 두 가지 버전을 담고 있다. 「The
Village-Adagio For Strings」는 쇼트 버전으로,
총성이 들리는 효과음이 음악과 적절하게
어우러진다. 쇼트 버전과 롱 버전 모두 밴쿠버
심포니 오케스트라의 연주다. 이외의 곡은 모두
팝 또는 록 음악으로 구성되어 있다. 도어즈의
「Hello, I love you」, 제퍼슨 에어플레인의 「White
Rabbit」 등 록의 명곡이 적절하게 조합된 오리지널
사운드트랙의 명반이다.

    레너드 번스타인(Leonard Bernstein)은 미국
작곡가의 음악을 누구보다 잘 연주하는 지휘자로
알려져 있다. 그는 뉴욕 필하모닉과 함께 바버의
죽음을 애도하는 콘서트를 지휘하기도 했다. 1982년
LA 필하모닉과 함께한 녹음에서 바버의 「현을 위한
아다지오」를 번스타인은 한없이 느리게 연주한다.
느린 연주가 항상 좋은 것은 아니지만, 이 곡의
슬픔과 비장함을 극대화하는 데 큰 효과를 발휘한다.
번스타인은 종종 감정이 과도하다는 평을 듣지만, 이
곡에서만큼은 감정의 과잉이 오히려 설득력을 가진다.
그는 BBC 심포니 오케스트라와 엘가의 「수수께끼
변주곡」을 녹음할 때도 템포를 느리게 가져갔다. 이로
인해 오케스트라 단원들의 불만을 사기도 했지만,
녹음된 연주는 최상의 결과물이었다. 번스타인의
1986년 음반은 두 종류로 발매되었다. 거슈인의
「랩소디 인 블루」, 에런 코플랜드의 「아팔라치아의
봄」, 번스타인의 「캔디드 서곡」 등이 2장의 LP로
나왔다. 수록곡 순서를 바꾸어 두 세트로 발매되는
바람에 잘못된 페어로 구하면 수록곡이 겹칠 수 있어
유의해야 한다.

이 무지치
1985 / Philips 416 356
연주 ★★★★
음질 ★★★★☆

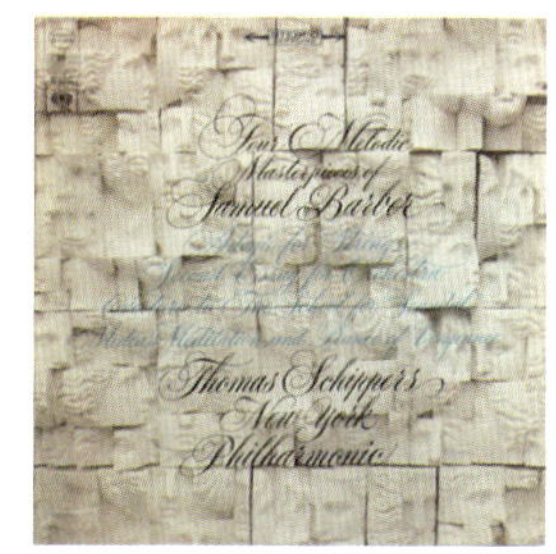

토마스 시퍼스
뉴욕 필하모닉
1965 / CBS 32 11 0006
연주 ★★★★☆
음질 ★★★☆

　　이 무지치(I Musici)는 현악기로만 구성된 「현을
위한 아다지오」를 연주하기에 최적의 멤버를
보유한 연주 단체다. 일반적인 빠르기로 가볍게 연주해 “이 곡을 이렇게
해석하는 게 맞나?” 하는 의문이 들 수도 있지만, 이 무지치가 소규모의 체임버
오케스트라임을 감안하면 충분히 수긍이 간다.

　　네덜란드계 미국 지휘자로 오페라에서 많은 업적을 남긴 토마스
시퍼스(Thomas Schippers)는 젊은 시절 작곡가 메노티의 소개로 만난 새뮤얼
바버와 교류하면서 바버의 오페라를 공연하기도 했다. 그가 뉴욕 필하모닉을
이끌고 녹음한 「현을 위한 아다지오」는 이 곡의 표준적인 명연으로 알려져 있다.
번스타인의 해석이 부담스럽다면 시퍼스의 음반이 대안이다.

헨델, 수상음악

G.F. Handel, Water Music, HWV 348, 349, 350

조지 셀 / 런던 심포니 오케스트라
George Szell / London Symphony Orchestra
1961

DECCA SXL 2302

영웅적인 오케스트레이션

완벽주의자 조지 셀은 런던 심포니 오케스트라를 이끌고 「F장조 모음곡」의
'알레그로'를 영웅적인 분위기로 시작한다. 마치 『수상음악』의 주인공은
'알라 혼파이프'가 아니라 "나야, 나"라고 외치는 듯하다. 음질까지 완벽한
해밀턴 하티 편곡에 따른 『수상음악』 가운데 명반 중의 명반이다.

연주 ★★★★★ 음질 ★★★★★

바로크 시대 관현악의 진수

바흐에게 「관현악 모음곡」이 있다면, 헨델에게는 『수상음악』과 『왕궁의
불꽃놀이』가 있다. 각각 '음악의 아버지'와 '음악의 어머니'라 불리는 바흐와
헨델은 동 시대를 대표하는 작곡가지만, 두 사람이 추구하는 방향은 판이했다.
헨델은 이탈리아 오페라를 중심으로 음악적 세계관을 펼쳐 나갔으며, 나중에
오라토리오 발전에 큰 초석을 세웠다. 그 결정체가 『메시아』이다. 사실 '음악의
어머니'는 일본과 한국에서만 사용하는 별칭으로 세계적으로는 통용되지 않는다.
한평생 독일에 머물며 수도자처럼 음악의 양식을 확장해 나갔던 바흐에 비해,
헨델은 당시 유행하는 음악에 치중했다. 그들이 활동하던 당시에는 헨델의 명성이
높았지만, 현재 두 동갑내기 작곡가의 위상은 역전되었다.
　게오르크 프리드리히 헨델(Georg Friedrich Händel, 1685-1759)은 1714년 앤
여왕의 뒤를 이어 영국 왕으로 즉위한 조지 1세의 뱃놀이를 위해 관현악곡을
작곡해 1717년 7월 17일 템스강에서 이 곡을 초연했다. 조지 1세의 뱃놀이는
오후 8시에 시작해 밤새도록 계속되었다. 헨델은 50여 명의 악사를 동원해 풍성한
음향을 만들었고, 조지 1세는 음악에 매우 만족했다. 이후 출판사에서 이런
형태의 악곡 20여 곡을 모아 『수상음악(Waster Music)』이라는 제목으로 출판했다.
　『수상음악』 20곡은 「F장조 모음곡」, 「D장조 모음곡」, 「G장조 모음곡」 등
3개의 조곡으로 구성되며, 각 조곡은 프랑스풍 서곡으로 시작한다. 하지만
전반적인 분위기는 이탈리아풍이며, '미뉴에트', '부레' 등 다양한 춤곡으로
조합되어 있다. 배 위에서 연주했기 때문에 소리가 큰 트럼펫, 호른 등 관악기를
많이 편성했다. 그래서 『수상음악』은 관현악곡이면서 동시에 호른 협주곡이나
트럼펫 협주곡 같은 느낌을 준다.
　낭만 시대에 거의 연주되지 않았던 『수상음악』에 불씨를 지핀 사람은 영국의
지휘자 해밀턴 하티(Hamilton Harty)였다. 그는 『수상음악』에서 6곡을 추려
현대적으로 다시 편곡했다. 매우 화려한 편곡으로 길지 않은 시간에 『수상음악』의
시원스러움을 확실하게 전달한다. 『수상음악』이 대표적인 여름 클래식이 될 수
있는 이유를 알고 싶다면, 하티 편곡 버전의 연주를 들어보는 것이 좋다.
　지금은 원전 연주든 현대 연주든 전곡으로 연주하는 것이 대세다. 하지만
지휘자들은 다양한 버전으로 『수상음악』을 연주한다. 조곡의 순서를 바꿔 「F장조
모음곡」, 「G장조 모음곡」, 「D장조 모음곡」 순으로 연주하기도 하고, 「D장조

모음곡」과 「G장조 모음곡」을 섞어 연주하기도 한다. 초연에서 사용하지 않은 하프시코드를 동원하기도 한다. 이는 『수상음악』의 헨델 자필 악보가 남아 있지 않기 때문이다.

피터 위어 - 죽은 시인의 사회 (1989)

〈죽은 시인의 사회〉는 클래식 음악을 주로 사용했다. 키팅 선생(로빈 윌리엄스)은 휘파람을 불며 첫 수업에 들어온다. 그가 내는 휘파람 소리는 차이콥스키의 「1812 서곡」의 클라이막스 부분이다. 함께 어울려 축구를 하는 장면에는 베토벤 「교향곡 제9번 '합창'」 4악장의 '환희의 송가'가 흐른다. 아버지의 반대로 연극을 못할 위기에 처한 닐을 상담하는 장면에서는 베토벤 「피아노 협주곡 제5번 '황제'」 2악장의 따뜻한 멜로디가 감싸준다.

"Carpe diem(오늘을 즐겨라)"라고 말하며 능동적인 삶의 태도를 알려주는 키팅 선생이 학생들을 운동장으로 불러 모은다. 그는 의학, 법률, 경제, 기술 등은 삶을 유지하는 데 필요하지만, 시와 아름다움, 낭만, 사랑은 사람의 목적이라고 생각한다. 학생들은 시구가 적힌 쪽지를 한 장씩 받는다. 그것을 큰 목소리로 낭독하고 볼을 차야 한다.

키팅 선생은 헨델의 『수상음악』 음반에 바늘을 올린다. 『수상음악』 중 「G장조 모음곡」의 서곡 '알레그로'가 흘러나온다. 트럼펫이 상공으로 울려 퍼지며 학생들의 목소리는 점점 커져 간다. 『수상음악』이 왕의 뱃놀이를 위해 작곡된 여흥을 위한 음악이었던 것처럼, 학생들 역시 여흥처럼 볼을 차지만 그 마음속에는 단단한 무엇인가가 자리 잡는다. 이제

1990년에 발매된 『Dead Poet Society OST』에는 〈죽은 시인의 사회〉 외에도 피터 위어 감독의 다른 영화 사운드트랙이 함께 삽입되어 있다. 미국에서는 CD로만 발매되었고, 프랑스 등에서 발매된 LP에는 피터 위어 감독의 영화 〈가장 위험한 해(The Year Of Living Dangerously)〉의 OST가 추가로 실려 있다. 음반에는 오리지널 스코어만 실려 있어 영화에 삽입된 헨델의 『수상음악』, 베토벤 「교향곡 제9번 '합창'」 등은 들을 수 없다.

그들은 부모가 시키는 대로 공부하는 게 아니라
스스로 생각하고 행동하기 시작한다.

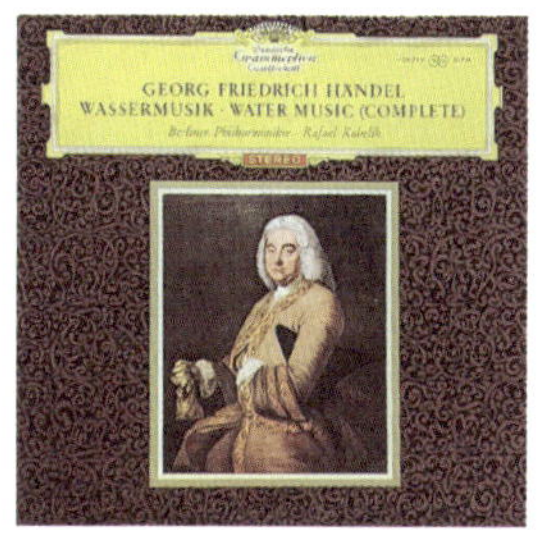

라파엘 쿠벨릭
베를린 필하모닉
1963 / DG 138 799
연주 ★★★★
음질 ★★★★

헨델의 『수상음악』은 다양한 녹음이 있다.
지금은 전곡을 원전 연주로 녹음하는 것이 추세지만,
예전에는 현대 악기로 연주하는 것이 일반적이었다.
또한 전곡 버전이 아닌 해밀턴 하티의 편곡 버전을
『왕궁의 불꽃놀이』와 커플링해 한 장의 레코드로
발매하는 경우도 많다.

완벽주의자 조지 셀(George Szell)은 런던 심포니
오케스트라를 이끌고 데카에서 하티 편곡 버전을
녹음했다. F장조 모음곡의 '알레그로'를 영웅적인
분위기로 시작한다. 마치 『수상음악』의 주인공은
'알라 혼파이프'가 아니라 "나야 나"라고 외치는
듯하다. 커플링된 하티 편곡의 『왕궁의 불꽃놀이』와
헨델의 또 다른 명곡 「라르고」 역시 감상할 수 있다.
음질까지 완벽한 하티 편곡 버전의 『수상음악』 음반
가운데 명반 중의 명반이다.

트레버 피녹
잉글리시 콘서트
1983 / Archive 410 525
연주 ★★★★☆
음질 ★★★★☆

라파엘 쿠벨릭(Rafael Kubelik)은 베를린 필하모닉을
이끌고 전곡을 녹음했다. 혹자는 『수상음악』답지
못하게 점잖다고 할 수도 있다. 하지만 베를린
필하모닉이 가진 현악 세션의 완벽함이 빛을 발하는 녹음이다. 관악기가 아닌
현악기가 주인공처럼 등장하는 실내악적인 면모가 훌륭하다.

원전 연주로 손꼽히는 녹음은 존 엘리엇 가디너(John Eliot Gardiner)의 1991년
두 번째 녹음이다. 그러나 아직까지 LP로 발매된 적이 없다. 가디너의 두 번째
녹음이 등장하기 전까지 원전 연주의 으뜸은 트레버 피녹(Trevor Pinnock)의
1983년 음반이었다. 고풍스럽다는 원전 연주의 선입견을 날려 버리는 시원한
연주로 『수상음악』이 왜 여름 음악인지를 알려주는 명반이다.

슈베르트, 교향곡 제8번 '미완성'

Schubert, Symphony No.8 in B minor, D.759 'Unfinished'

카를로스 클라이버 / 빈 필하모닉
Carlos Kleiber / Wiener Philharmoniker
1978

Deutsche Grammophon 2531 124

완벽한 미완성

카를로스 클라이버의 지휘봉은 단호하면서도 디테일이 살아 있다. 녹음을
싫어했던 그가 남긴 10장 남짓의 음반은 모두 동 곡 최고의 명연으로
평가받고 있다. 슈베르트 「교향곡 8번 '미완성'」 역시 예외가 될 수 없다.
클라이버는 '미완성 교향곡'의 다이나믹을 살리면서도 리드미컬하게
지휘하고 빈 필하모닉은 임무를 완벽하게 수행한다.

연주 ★★★★★ 음질 ★★★★★

미완성으로 충분하다

프란츠 페터 슈베르트(Franz Peter Schubert, 1797~1828)는 '가곡의 왕'으로
알려진 작곡가이다. 실제로 600여 편의 가곡을 남겼지만, 교향곡, 오페라,
실내악곡 등 다양한 형식에서 그의 업적을 간과할 수 없다. 특히 8곡의 교향곡을
남겼다는 사실은 주목할 만하다. 그중 「교향곡 제9번 'Great'」는 베토벤의
교향곡에 필적하는 역작으로 평가받고, 「교향곡 제8번 '미완성'」은 슈베르트
특유의 멜로디 감각으로 인해 많은 애호가에게 사랑받고 있다. 처음에는
슈베르트가 완성한 마지막 교향곡인 'Great'를 제7번으로 했으나, 뒤늦게 '미완성
교향곡'이 발견됨에 따라 '미완성 교향곡'이 8번, 'Great'는 9번으로 자리매김하고
7번은 빈 번호로 남게 되었다.

「교향곡 제8번 '미완성'」은 당시의 일반적인 교향곡과 달리 단 두 악장으로
불완전하게 구성되어 있는데, 그 이유에 대해 두 가지 엇갈리는 견해가 존재한다.
완벽한 1, 2악장에 이어지는 다음 악장은 잘 풀어가지 못해 보류하다 'Great'를
먼저 완성했는데, 죽음으로 인해 의도와 달리 완성하지 못한 것이라는 견해.
그리고 1, 2악장이 그 자체로 완벽한 곡이라 3악장을 스케치하다가 어느 순간
슈베르트 자신이 더 이상 작곡을 이어 나가는 것이 의미가 없다고 생각해
의도적으로 중단했을 것이라는 견해가 대립한다. 어느 것이 진실이든 슈베르트를
계승했던 브람스는 「교향곡 제8번 '미완성'」에 대해 "형식적으로는 미완성이지만
내용적으로는 결코 미완성이 아니다"라고 말했을 만큼 두 악장만으로도 더없이
충분하다. 슈베르트는 3악장 스케르초의 단 20마디만을 작곡한 채 남겨두었고,
여러 음악가가 3악장의 피아노 스케치에 관현악 편곡을 시도했다. 영국의
음악학자 제럴드 에이브러엄과 브라이언 뉴볼드 등이 「로자문데 서곡」을 4악장에
붙여 완곡을 제시한 바 있으나 자주 연주되지 않는다.

1악장 'Allegro moderato'는 애니메이션 〈스머프〉에서 가가멜의 등장 음악으로
사용되어 클래식을 듣지 않는 대중에게도 친숙하다. 2악장 'Adagio con moto'를
듣고 있으면 동요 「깊은 산속 옹달샘」의 멜로디가 자연스럽게 연상된다. 이는
슈베르트 음악의 전형적인 느낌이다. 슈베르트는 어떤 작곡가보다 뛰어난 멜로디
감각을 자랑한다. 뒤에 뭔가 더 나올 것 같은 다른 작곡가의 미완성 작품과 다르게
이렇게 끝나는 게 어색하지 않다.

나디아 타그린은 롤랑 마뉘엘과 나눈 대담에서 슈베르트 음악에 대해 말했다.

"딱히 유별나 보이지는 않은데, 단순하고 친숙하고 대중적이고 일상적이면서도, 절대 진부하거나 통속적이지 않은 음악이에요. 언제나 손 닿는 거리에, 귀가 미치는 곳에, 마음의 눈높이에 있는 음악이에요. 그런데도 이 음악에는 싫증 나는 법이 없죠." 클래식을 처음으로 접하고자 하는 초보 감상자에게 주저 없이 슈베르트를 추천할 수 있는 이유다.

스티븐 스필버그 – 마이너리티 리포트 (2002)

스티븐 스필버그 감독은 2002년 필립 K. 딕의 동명 소설을 영화화했다. 배경은 2054년 미국의 워싱턴. 존 앤더튼(톰 크루즈)은 프리크라임(PreCrime) 범죄예방팀의 팀장이다. 프리크라임 시스템은 아가사, 대시, 아서 등 3명의 예지자를 통해 범죄를 예견해 범행 전에 용의자를 체포하는 시스템이다. 예지자가 범죄를 예측하면 가해자의 이름과 피해자의 이름이 공에 새겨져 나온다. 존 앤더튼은 촬영된 영상을 시스템에 입력한 후 판사와 리뷰한다. 2054년답게 사방이 모니터이며, 영상은 존 앤더튼의 손짓에 반응한다. 이때 흐르는 음악이 슈베르트「교향곡 제8번 '미완성'」의 1악장이다. 존 앤더튼은 교향곡의 리듬에 맞춰 지휘하듯이 영상을 조작한다. 그리고 아직 저지르지 않은 범죄가 모니터를 지나간다.

왜 '미완성'일까? 그것은 프리크라임 시스템의 결함을 역설적으로 드러내는 메타포가 된다. 극 중에서 프리크라임 시스템 감사를 나온 대니 위트워는 시스템이 완벽해도 결함은 인간에게 있다고 일축한다. 결국

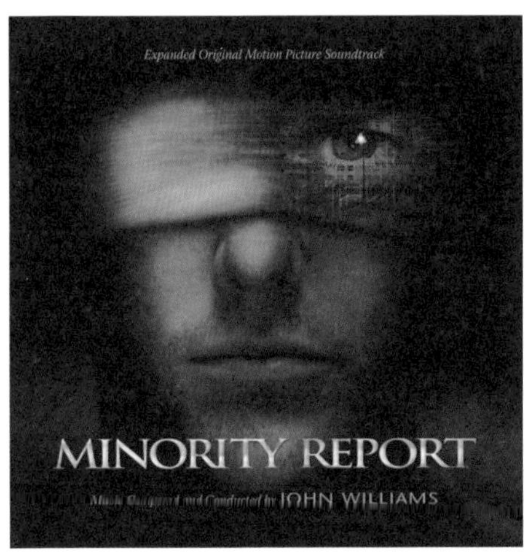

스티븐 스필버그 감독의 영화에 감초처럼 등장하는 존 윌리엄스가 영화음악을 맡았다. 존 윌리엄스는 SF 영화에 전자음악이나 인더스트리얼 음악이 아닌 클래식 음악을 들고 왔다. 영화에는 슈베르트 「교향곡 제8번 '미완성'」, 차이콥스키 「교향곡 제6번 '비창'」 등이 사용되었지만, 『minority Report OST』에는 존 윌리엄스 오리지널 스코어만 수록되었다. CD, LP 동시 발매라는 기록이 있으나 LP는 찾아보기 어렵고, 2019년 확장판 CD가 한정 발매되었다.

완벽하지 못한 프리크라임 시스템의 다음 예측된
살인 사건의 가해자로 존 앤더튼 본인이 지목되면서
영화는 새로운 국면으로 나아간다.

브루노 발터
뉴욕 필하모닉
1958 / Columbia MS 6506
연주 ★★★★☆
음질 ★★★★

카를로스 클라이버(Carlos Kleiber)의 지휘봉은
단호하면서도 디테일이 살아 있다. 그의 호쾌한
지휘 장면은 그가 왜 지휘계의 아이돌로 불리는지에
대한 대답이다. 녹음을 꺼리던 그가 남긴 10장
남짓의 음반은 모두 해당 작품들의 최고의 명연으로
평가받는다. 슈베르트「교향곡 제8번 '미완성'」역시
예외가 될 수 없다. 클라이버는 '미완성 교향곡'의
다이나믹을 살리면서도 리드미컬하게 지휘하고 빈
필하모닉은 그 임무를 완벽하게 수행한다. 클림트의
그림이 들어간 재킷 또한 매력적인 수집 포인트다.
녹음도 완벽해 관현악을 시원하고 입체감 있게
표현한다. 오디오파일 음반으로도 유명하다. 클라이버
음반은 대부분 베스트셀러라서 원반을 쉽게 구할 수
있고, 성음 라이선스 LP도 중고숍에 가끔 보인다.

주세페 시노폴리
필하모니아 오케스트라
1983 / DG 410 862
연주 ★★★★☆
음질 ★★★★☆

전통적인 명연으로 인정받고 있는 음반은 브루노
발터(Bruno Walter)가 뉴욕 필하모닉과 녹음한 미국
컬럼비아반이다. 발터의 지휘는 극적이다. 템포와
강약의 대비가 느껴진다. 아름답게만 여겨지던
'미완성 교향곡'에 기승전결이 생기며 두 악장만으로 완성을 향해 달려간다. 특히
2악장은 단순한 서정성을 넘어 가슴이 저리게 하는 무언가를 표현한다. 원반을
구할 수 없다면「교향곡 제9번」과 묶음으로 발매된 2LP를 구하는 것도 대안이다.
이탈리아 지휘자 주세페 시노폴리(Giuseppe Sinopoli)는 슈베르트의 음악은
기본적으로 노래하듯이 연주해야 한다는 진리를 알고 있는 지휘자다. 그는
시종일관 느긋한 템포로 노래하듯「교향곡 제8번」을 지휘한다. 템포의 변화와
강약의 변화가 느껴지지만, 유연하고 볼륨감 있게 슈베르트 교향곡의 가곡적
특성을 잘 살리고 있다.

드보르작, 교향곡 제9번 '신세계로부터'
Dvorak, Symphony No.9 'From the New World'

라파엘 쿠벨릭 / 베를린 필하모닉
Rafael Kubelik / Berliner Philhoarmoniker
1972

Deutsche Grammophon 2530 415

고향을 그리는 마음

조국 체코를 떠나 살아야 했던 라파엘 쿠벨릭은 이 곡에 남다른 애착이
있었다. 그는 여러 번 이 곡의 녹음을 남겼지만, 그중 특히 1972년 베를린
필하모닉과 함께한 녹음은 매우 높은 수준의 연주를 들려준다. 지휘자
쿠벨릭의 요구대로 일사불란하게 움직이는 오케스트라는 타의 추종을
불허할 만큼 현란한 사운드를 토해 내며 음질도 나무랄 데가 없다.

연주 ★★★★★ 음질 ★★★★☆

기차 마니아, 미국에서 영감을 얻다

미국에 체류하던 안토닌 드보르작(Antonin Dvorak, 1841~1904)은 그곳에서 접한 민속음악과 흑인영가를 기초로 자신의 고향 체코를 떠올리며 「교향곡 제9번」을 작곡한다. 1893년 5월에 완성한 이 교향곡은 같은 해 12월 안톤 세이들(Anton Seidl, 1850~1898)의 지휘와 뉴욕 필하모닉의 연주로 카네기홀에서 초연되었다. 열렬한 환호 속에 초연은 대성공을 거뒀고, 1894년에는 유럽에서 악보가 출판되었다.

이 곡의 1악장은 조용히 시작하는 현악기와 호른이 소박하게 주제 선율을 이끌며, 때로는 격렬한 감정을 담아 연주한다. '고잉 홈'이라는 별명으로 잘 알려진, 잉글리시호른의 애잔한 독주로 시작되는 2악장은 누구나 좋아할 만한 아름다운 선율의 악장으로 중간부 현악기와 목관악기는 쓸쓸한 감성을 노래한다. 3악장 '스케르초'는 1, 2악장과 다르게 활기찬 선율로 노래한다. 응원가 등으로 사용되어 대중적으로 가장 유명한 4악장은 마치 육중한 열차가 달리듯 강렬하고 박진감 넘치는 악장으로 곡을 화려하게 장식한다.

드보르작은 1891년에 프라하 음악원 선임 교수로 임명되지만, 얼마 되지 않아 미국 뉴욕의 내셔널음악원 원장으로 제안을 받는다. 조국 체코를 떠나기 싫었던 그는 처음에는 미국행을 결정하지 못했지만, 거액의 급여는 물론이고 음악가로서의 활동에 대한 든든한 지원을 약속받고 미국으로 건너간다. 여기서 흥미 있는 것은 드보르작이 기차 노선과 시간표를 모두 외우는 건 기본일 정도로 기차와 철도에 큰 관심을 가졌던 기차 마니아였다는 점이다. 그래서 미국 생활에서도 틈만 나면 기차역에 들러 출발하는 기차를 손으로 치며 "출발"이라고 외쳤을 만큼 기차를 좋아했다고 한다. 그의 작품을 연주해 발매한 음반 일부에서 재킷 전면의 그림이 기차로 채워진 것은 결코 우연이 아니다. 당시 달리는 열차처럼 역동적인 미국의 모습에서 그는 음악적으로도 많은 영감을 받았다고 스스로 말한다. 그는 미국에서 「현악 4중주 제12번 '아메리카'」를 썼으며, 이를 통해 음악원과 계약을 2년 더 연장하고 「현악 5중주 제3번」, 「첼로 협주곡」 등의 대작을 작곡했다.

드보르작의 「교향곡 제9번」은 때에 따라 '5번'으로 표기되기도 한다. 그가 생전에 발표한 교향곡이 다섯 곡인데, 미발표곡이 네 곡이나 되었기 때문이다. 정리하면, 현재 사용하는 1번부터 9번까지 교향곡 번호에서 5번(구 3번), 6번(구

1번), 7번(구 2번), 8번(구 4번), 9번(구 5번)으로 기억하면 된다.

최동훈 – 암살 (2015)

2015년에 개봉한 영화 〈암살〉은 드보르작의 「교향곡 제9번」 2악장 일부를 사용했다. 독립운동에 큰 역할을 했지만, 광복 후 세상에 알려지지 않은 그들을 추모하는 장면에서 흘러나오는 음악이 바로 드보르작의 「교향곡 제9번」 2악장이다.

일제강점기 중 가장 암울했던 시대라고 일컫는 1930년대. 대한민국 임시정부는 독립군 3명에게 조선 주둔군 사령관 가와구치 마모루와 친일파 강인국을 암살하라는 명령을 내린다. 암살단은 작전을 수행하기 전에 태극기 앞에서 어색한 미소로 "대한 독립 만세"를 외치며 사진을 남기고, 고생 끝에 두 사람을 처단한다. 그리고 당시 조선에 살던 수많은 변절자 중 한 명인 일본의 밀정 염석진까지 처단한다. 밀정 염석진을 처리하는 장면은 현실과 다른 엔딩이기 때문에 쓴웃음이 나오기도 하지만, 관객에게 후련한 마음도 안겨준다.

감독은 독립을 위해 헌신한 수많은 무명씨를 기억하고자 영화를 만들었다고 한다. 영화 후반부에 영감이 안옥윤에게 "어이 삼천불, 우리 잊으면 안 돼"라는 대사는 감독의 의도를 알 수 있는 장면이다. 앞서 말한 대로 광복 후, 우리에게 알려지지 않는 독립군을 추모하는 장면에서 배경음악으로 드보르작의 「교향곡 제9번」 2악장이

영화 〈암살〉의 OST는 CD 또는 LP로 출시되지 않았다. 영화에는 드보르작의 「교향곡 제9번」뿐만 아니라 소품 「유모레스크 Op.101-7」이 삽입되었으며, 쇼팽의 「피아노 협주곡 제1번」과 슈만의 「어린이 정경」도 흘러나온다. 바그너와 제레미아 클라크 같은 다양한 작곡가의 곡과 영화 마지막 장면에서 흘러나오는 브람스의 「헝가리 무곡 제17번」도 인상적이다.

흘러나온다. 선율이 아름답고 애절해 이 곡을 들으면 감독의 의도대로 잊힌 독립군이 자연스럽게 떠오른다.

라파엘 쿠벨릭(Rafael Kubelik)이 베를린 필하모닉과 함께한 1972년 녹음은 드보르작의 「교향곡 제9번」을 이야기할 때 먼저 언급되는 음반 중 하나다. 정치적 이유로 서방으로 망명한 그는 조국에 대한 향수가 남다르다. 2악장을 듣고 있으면, 그가 조국을 얼마나 그리워하는지 연주를 통해 느낄 수 있다. 베를린 필하모닉이 내뿜는 금관의 화려함이 돋보이는 4악장 역시 거대하고 강력한 사운드로 청자의 마음을 흔든다. 연주가 훌륭해서일까? 음악이 막힘없이 시원시원하다. LP는 초반 가격도 비싸지 않고 비교적 쉽게 구할 수 있다. 1973년에 출시된 드보르작 교향곡 전집(9LP)도 좋은 선택이다.

바츨라프 노이만
체코 필하모닉 오케스트라
1981 / Supraphon 1110 3140
연주 ★★★★★
음질 ★★★★☆

체코 출신 바츨라프 노이만(Vaclav Neumann)의 연주도 제외할 수는 없다. 단순히 드보르작과 같은 체코 출신이기 때문이 아니라, 그의 연주에는 그야말로 체코의 보헤미안 정서가 물씬 느껴지기 때문이다. 소박하고 아름다운 연주다. 그는 이 곡의 많은 녹음을 남겼는데, 우열을 가리기가 힘들 정도로 모든 연주가 고르다. 음질까지 고려한다면 체코 필하모닉 오케스트라와 함께한 1981년 녹음을 추천한다. LP도 접근성이 좋아 장점이 많은 녹음이다.

이스트반 케르테스
빈 필하모닉
1961 / DECCA SXL 2289
연주 ★★★★☆
음질 ★★★★★

이스트반 케르테스(Istvan Kertesz)의 연주는 불꽃처럼 타오르는 트럼펫과 현란한 현악기 소리에 감탄하게 되는 4악장이 압권이다. 귓가를 울리는 강렬한 사운드가 심박수를 기분 좋게 끌어올린다. 오디오파일 음반으로써 초반이 가장 뛰어난 음질을 들려주지만, 가격이 상당히 비싸다. 2009년과 2023년 일본 에소테릭에서 발매한 고음질 LP를 눈여겨볼 만하다. 최근 재발매반 중에서는 단연 음질이 뛰어나다.

차이콥스키, 1812 서곡
Tchaikovsky, 1812 Overture, Op.49

안탈 도라티 / 미네아폴리스 오케스트라
Antal Dorati / Minneapolis Symphony Orchestra
1958

Mercury SR 90054

음악과 소리를 모두 잡다

진짜 대포를 사용한 「1812 서곡」의 대표적 음반. 음악의 역동적인 움직임을
잘 표현하고 있는 전통적인 명연주로, 화려한 금관과 실제 대포 소리는 듣는
이로 하여금 아드레날린을 치솟게 한다.

연주 ★★★★★ 음질 ★★★★

나폴레옹, 울고 가다

표트르 차이콥스키(Pyotr Il'yich Tchaikovsky, 1840~1893)의 「1812 서곡」은 1812년 러시아를 침공한 나폴레옹의 프랑스군을 러시아군이 성공적으로 방어한 것을 기념해 작곡되었다. 나폴레옹의 러시아 원정을 비교적 자세히 묘사한 곡으로, 15분이 넘는 긴 독립 양식의 서곡이다.

이 곡은 3부로 나뉘는데, 먼저 1부에서 러시아 성가가 나오면서 러시아를 지켜달라는 메시지를 담은 장면이 음악으로 연출된다. 나폴레옹 군대가 러시아에 침략한 것을 두고 러시아 국민이 신에 대한 기도와 분노를 묘사한다. 2부는 러시아로 진군하는 프랑스군을 표현하면서 프랑스 국가가 잠시 흘러나온다. 하지만 러시아 국민은 용감하게 프랑스군에 맞서 싸워 그들을 물리친다는 내용을 담고 있다. 3부는 이 곡의 하이라이트이다. 러시아 군대의 첫 대포가 터지면서 반격을 가하려는 프랑스군을 러시아군이 완전히 격퇴한다. 러시아 성가가 다시 울리며, 전쟁의 승리를 축하하는 성당의 종소리가 세상에 울려 퍼지면서 곡은 마무리된다.

「1812 서곡」은 1881년으로 예정된 구세주 그리스도 대성당의 완공식에서 1812년의 승리를 기념하기 위해 차이콥스키에게 작곡을 의뢰한 곡이다. 그는 1880년 11월, 단 6주 만에 이 곡을 완성한다. 하지만 차이콥스키는 이 곡에 대한 애정이 없었다. 후원자였던 나데즈다 폰 메크 부인(Nadeshda von Meck), 1831~1894)에게 "스스로 열정과 사랑 없이 쓴 곡이며, 전혀 예술적이지 않다"라고 하소연도 한다.

이 곡은 앞서 이야기한 대로 구세주 그리스도 대성당 완공 기념식에서 초연할 계획이었으나 대성당이 완공되지 못했고, 당시 차르였던 알렉산드르 2세가 암살당하는 바람에 초연이 무기한 연기되었다. 하지만 다음 해, 모스크바산업예술박람회 공연에서 이 곡이 초연되었다. 하지만 악보와 다르게 대포 소리를 큰북으로 대체한 부분과 성의 없는 연주 때문에 청중의 반응은 시큰둥했다고 전해진다. 오늘날 대부분의 공개 연주에서는 실제 대포 대신 큰북을 이용하거나 녹음된 대포 소리로 대체해 공연한다. 청중은 그 소리를 대체로 만족하면서 듣지만, 한편으로는 실제 대포 소리를 듣고 싶은 마음도 들 것으로 생각된다.

제임스 맥티그 – 브이 포 벤데타 (2005)

〈브이 포 벤데타〉에는 차이콥스키의 「1812 서곡」이 의미 있는 장면에서
연주된다. 영화 서두와 마지막에 흘러나오는 곡은 독재 정부를 상징하는 건물이
붕괴하는 장면에 삽입되었다. 특히 「1812 서곡」 대포 소리에 맞춰 건물이
폭파되는 마지막 장면은 영화에서 가장 인상적인 장면으로 손꼽힌다.

제3차 세계대전이 일어난 가까운 미래의 영국은 독재 정부가 지배하고
있다. 대중을 감시하고, 언론을 통제하고, 사회적 소수자를 격리하는 등 영국은
파시즘 체제 아래 있다. 사회가 통제되는 세상으로 시민은 세상이 잘못되었다고
생각하지만, 그 누구도 정부에 저항하지 않는다. 어느 날 밤, 이비(나탈리
포트만)라는 소녀가 밤길 속에서 위험에 처하자, 가면을 쓴 V(휴고 위빙)라는
사나이가 도와준다. 이비는 V를 만나 자신을 되돌아보고, 세상의 진실을
깨달으며, V와 함께 혁명에 동참한다. V는 자신을 괴물로 만든 셔틀러(존 허트)
총통 일당을 한 명씩 제거하지만, 그는 단순한 복수가 아닌 세계
질서를 어지럽히는 정부를 전복하려 싸운다고 말한다. 셔틀러
총통는 그 정점에 있는 인물로 V는 그를 결국 제거한다. 또
다른 권력자 피터 크리디(팀 피곳 스미스)까지 처치한 그는 죽음을
맞이한다. V가 죽자, 핀치(스티븐 레아)는 이비에게 V의 정체를
묻는다. 이비의 대답은 "그는 우리 모두였다"이다. 한 명의 영웅이
아닌 우리 모두가 진정한 자유를 열망하는 영웅이라는 의미다.

『V for Vendetta OST』는 다리오
마리아넬리(Dario Marianelli)가 작곡을 맡았다.
디스토피아적 미래 사회를 배경으로 둔 설정의
영화답게 어둡고 불길한 음악을 사용하고 있다.
차이콥스키의 「1812 서곡」은 수록곡 「Knives and
Bullets」에 편입시켰으며, 영화에서 중요한 장면에
쓰이는 롤링 스톤스, 베토벤 등 작품을 생략해
발매한 것은 아쉽다. CD는 2006년, LP는 2018년에
발매되었다.

안탈 도라티(Antal Dorati)가
지휘하는 미네아폴리스
오케스트라가 1958년에 연주한
음반을 가장 먼저 추천한다. 「1812

서곡」은 대포 소리, 종소리가 등장하는 마지막 2분이 클라이맥스인데, 콘서트홀에서는 현실적 어려움으로 대포 소리를 커다란 해머로 내리치거나 큰북으로 대체한다. 하지만 도라티 연주는 음반 재킷을 보더라도 실제 대포와 종을 이용해 녹음했다고 적혀 있다. 그만큼 다른 연주와 비교해 소리의 타격감이 월등하다. 이 연주는 대포 소리뿐만 아니라, 러시아군과 프랑스군 간의 전투 상황도 상세히 잘 묘사한다. 발매된 지 오래되었지만, LP 구입은 크게 어렵지 않다.

헤르베르트 폰 카라얀
베를린 필하모닉
1966 / DG 139 029
연주 ★★★★☆
음질 ★★★★

헤르베르트 폰 카라얀(Herbert von Karajan)이 1966년에 녹음한 음반도 추천한다. 오케스트라와 혼연일체를 이루는 카라얀의 뛰어난 지휘와 「1812 서곡」 도입부에 돈 코사크 합창단(Don Cossack Choir)의 연주가 매우 인상적이다. 금관악기. 특히 트럼펫의 활약이 뛰어나며, 깊이 있는 저음부 합창단의 노래도 이 곡이 가지고 있는 단조로움을 상쇄한다. 1960년대 극장에서 나올 법한 힘 없는 대포 소리가 유일한 단점이다.

에릭 쿤젤
신시내티 심포니 오케스트라
1978 / Telarc DG 10041
연주 ★★★★
음질 ★★★★★

에릭 쿤젤(Erich Kunzel)이 1978년에 지휘한 음반도 빼놓을 수 없다. 이 음반도 19세기 실제 대포를 사용해 녹음되었고, 텔락이라는 음반 회사를 알리는 데 공헌한 음반이다. 대포 소리의 다이나믹이 엄청나 LP 재생 시 카트리지가 제대로 트래킹하지 못한다는 에피소드가 있어 많은 사람이 자신의 턴테이블 세팅 실력을 알아보려고 이 음반에 도전하는 경우도 있다. 음반 커버에는 오디오 시스템이 손상되어도 책임을 질 수 없다는 무시무시한(?) 문구가 적혀 있다.

베토벤, 교향곡 제9번 '합창'

Beethoven, Symphony No.9 in D minor, Op.125 'Choral'

오토 클렘페러 / 필하모니아 오케스트라
Otto Klemperer / Philharmonia Orchestra
1957

Columbia SAX 2276-77

무뚝뚝하지만 사려 깊은 명연

오토 클렘페러는 무심한 듯 깊이 있는 연주를 하는 지휘자다. 그의 베토벤
「교향곡 제9번」은 연주도 훌륭하지만, 메조소프라노 크리스타 루트비히와
베이스바리톤 한스 호터의 절창이 돋보인다. 검은색 재킷도 예술적이고
컬럼비아의 고색창연한 사운드도 클렘페러와 어울린다.

연주 ★★★★★ 음질 ★★★★☆

클래식 음악의 마스터피스

　　루트비히 판 베토벤(Ludwig Van Beethoven, 1770~1827)의 작품을 편의상 전기, 중기, 후기로 구분하는 사람이 많다. 하이든과 모차르트의 전통을 이어받은 전기, 청력을 잃고 베토벤 본인의 독창성이 드러나는 시기가 중기라면, 후기는 고전주의 형식에서 벗어나 내면의 자아를 표출하는 심오한 예술 세계가 펼쳐지는 시기이다. 연주가와 음반사는 베토벤이 평생에 걸쳐서 작곡한 피아노 소나타, 현악 4중주 등을 전기, 중기, 후기로 묶어 연주하고 음반으로 발매해 왔다. 베토벤이 남긴 아홉 교향곡 중에 유일하게 후기에 작곡된 작품이「교향곡 제9번 ‘합창’」이다. 베토벤은 1803년부터 1812년까지 그의 독창성이 드러나는 제3번 ‘영웅’부터 8번 교향곡까지 무려 6곡을 작곡했다. 그리고 10년간 교향곡을 작업하지 못했다. 1822년에 드디어 9번 작곡에 착수해 1824년에 완성할 정도로「교향곡 제9번」은 베토벤의 많은 노력이 들어간 대작이었다.

　　4악장 형식의「교향곡 제9번」은 이례적으로 2악장에 스케르초를 배치하고, 아다지오 악장을 3악장으로 미뤘다. 이는 4악장에서 환희를 더 극적으로 노래하기 위한 베토벤의 의도였을 것이다. 하이라이트는 역시 성악이 들어간 4악장이다. 베토벤은 프리드리히 실러(Friedrich Schiller, 1759~1805)의 시 〈환희의 송가(An die Freude)〉의 악상을 오래전부터 구상해 왔다가「교향곡 제9번」에 사용했다. 구상에서 사용까지 20년이 넘는 시간이 흘렀음을 감안하면, 베토벤이「교향곡 제9번」에 얼마나 많은 심혈을 기울였는지 알 수 있다. 효과적인 진행을 위해 베토벤 자신이 일부분을 작사하기도 했다. 4악장은 인생을 되돌아보듯 1, 2, 3악장의 주제를 부분 인용하며 진행되다가 바리톤이 독창을 시작한다. “오 벗이여, 이와 같은 음은 아니다! 더욱 기쁘고 즐거운 노래를 부르지 않으려는가.” 이 구절은 베토벤이 직접 작사했고, 이어서 실러의 시 〈환희의 송가〉 인용부가 시작된다. 합창단은 코다에서 “백만의 사람들이여, 껴안아라!”를 반복해 열창한다.

　　「교향곡 제9번」은 인간 생애의 희로애락을 느낄 수 있고, 베토벤의 예술 세계가 집약된 교향곡의 최고 위치에 있는 작품이자 클래식 음악의 마스터피스이다. 4악장에 성악이 들어간 최초의 교향곡이며, 말러 등 후대 작곡가가 이를 계승했다.「교향곡 제9번」이 작곡된 지 200년이 넘어 가지만, 연말이면 여전히 전 세계 곳곳에서 ‘합창’이 울려 퍼진다. 1985년 12월 25일,

베를린 장벽 붕괴 기념 음악회에서 말년의 레너드 번스타인은 다국적 연합 오케스트라를 이끌고 폴짝폴짝 뛰면서 "Freude(환희)"를 "Freiheit(자유)"로 바꿔 연주했다.

아그네츠카 홀란드 – 카핑 베토벤 (2006)

아그네츠카 홀란드 감독의 2006년 작 〈카핑 베토벤〉은 여성 카피스트 안나라는 가상의 인물을 설정해 베토벤 후기의 생애를 재조명했다.

작곡가가 되고자 하는 안나(다이앤 크루거)는 베토벤(에드 해리스)의 괴팍한 성미를 모두 극복하며 뛰어난 카피 실력으로 교향곡의 완성을 돕는다. 하지만 귀가 잘 들리지 않는 베토벤은 초연이 시작되기 전 자신감을 잃고 만다. 안나는 악보를 들고 오케스트라 피트로 들어가 베토벤을 바라보며 지휘한다. 안나의 도움에 자신감을 찾은 베토벤은 지휘를 시작한다. 교향곡이 연주되는 내내 베토벤과 안나는 눈을 마주치고 손을 그리며 교감한다. 위대한 작곡가와 유능한 카피스트의 합작품 「교향곡 제9번 '합창'」이 세상에 등장하는 순간이다.

초연을 마치고 안나는 떠나려 했으나 베토벤의 요청으로 계속 남아 베토벤을 돕게 된다. 「현악 4중주 '대푸가'」의 초연은 대실패했다. 베토벤은 마지막 4중주를 병석에서 작곡하고 안나는 이를 대필한다. 영화를 보고 난 청중은 이 영화에서 중요한 곡이 「교향곡 제9번」인지 「현악 4중주」인지 혼란에 빠진다. 하지만 12분을 할애해 「교향곡 제9번」의 주요 부분을 연주하는 장면이 안나와 베토벤의 교감을 느낄 수 있는 영화의 하이라이트임은

2006년에 영화와 동시에 발매된 『Copying Beethoven OST』에는 「현악 4중주」, 「피아노 소나타」, 「디아벨리 변주곡」, 「교향곡 제9번」 등 영화에 삽입된 베토벤의 곡이 빠짐없이 담겨 있다. 피아니스트 블라디미르 아슈케나지, 리처드 용재 오닐의 합류로 국내에 더 알려진 타카치 4중주단의 연주로 감상할 수 있다. OST에 삽입된 「교향곡 제9번」은 베르나르트 하이팅크 지휘의 연주이다. LP로는 발매된 적이 없고 CD로만 발매되었다.

분명하다.

　베토벤 교향곡은 대부분의 명지휘자가 전곡
녹음을 여러 번 남겼기 때문에 어느 것을 선택해도
좋은 연주를 들을 수 있다. 「교향곡 제9번」에
한정해도 선택은 쉽지 않다. 스테레오 녹음으로
시작해 보면, 오토 클렘페러(Otto Klemperer)가
필하모니아 오케스트라와 연주한 1957년 녹음을
첫손으로 꼽고 싶다. 클렘페러는 무심한 듯 깊이 있는
해석을 하는 지휘자다. 관현악 연주도 훌륭하지만,
4악장에 등장하는 메조소프라노 크리스타
루트비히(Christa Ludwig)와 베이스바리톤 한스
호터(Hans Hotter)의 절창이 돋보인다. 검은색 재킷
디자인도 예술적이고 컬럼비아의 고전적인 사운드도
클렘페러와 어울린다.

　모노 녹음에서는 단연 빌헬름
푸르트벵글러(Wilhelm Furtwängler)의 1951년
바이로이트 축제 실황을 첫 손으로 꼽을 수 있다.
전설적인 연주로 알려져 있지만, 아쉽게도 음반에
담긴 연주는 실황이 아니라 리허설 연주이다. 리허설
녹음에 실황의 박수 소리를 편집해 제작했고, 대중은
나중에 진짜 실황 연주가 음반으로 발매될 때까지
이 사실을 알지 못했다. 그럼에도 이 연주는 최고 수준의 「교향곡 제9번」을 담고
있으며, 모노 녹음이지만 아직까지도 베스트셀러이다.

　클라우디오 아바도(Claudio Abbado)는 이미 1980년대에 빈 필하모닉을 이끌고
훌륭한 베토벤 교향곡 전집을 완성했다. 도이체 그라모폰은 구스타프 클림트의
벽화 〈베토벤 프리즈〉를 재킷 디자인으로 활용해 음반의 예술성을 높였다. 하지만
아바도는 안주하지 않고 1990년대에 베를린 필하모닉과 새로이 전곡 녹음에
들어갔다. 아바도의 새로운 전집은 CD 시대를 관통하는 새로운 베토벤 교향곡
명반으로 자리매김한다. 2017년 아날로그포닉 레이블에서 LP로 최초 제작했다.

빌헬름 푸르트벵글러
바이로이트 페스티벌 오케스트라
1951 / HMV　ALP 1286-87
연주 ★★★★★
음질 ★★★

클라우디오 아바도
베를린 필하모닉
2000 / DG 469 005
연주 ★★★★☆
음질 ★★★★

홀스트, 행성

Holst, The Planets, Op.32

에이드리언 볼트 / 뉴 필하모니아 오케스트라
Sir Adrian Boult / New Philharmonia Orchestra
1966

His Master's Voice ASD 2301

초연자의 권위

이 곡의 초연을 맡았던 에이드리언 볼트는 무려 다섯 번이나 『행성』을
녹음했다. 행성에 대한 볼트의 애착을 느낄 수 있는 대목이고, 훌륭한 연주가
많아 하나를 고르기도 쉽지 않다. 요즘은 1978년 녹음을 주로 추천하지만,
아날로그 애호가는 1966년 녹음을 더 선호한다.

연주 ★★★★★ 음질 ★★★★

58

화려하지만 지극히 영국적인

리들리 스콧의 영화 〈글라디에이터〉가 개봉했을 때 홀스트 재단과 음악감독 한스 짐머의 한판 승부가 시작됐다. 영화의 전투 신에 삽입된 「The Battle」이라는 곡이 홀스트의 「화성(Mars)」과 흡사해 표절 시비가 붙은 것이다. 「화성」은 '전쟁을 부르는 자'라는 부제를 가지고 있고, 전쟁의 신 마르스의 이름 자체이기도 했다. 지리한 소송 끝에 한스 짐머가 이기긴 했지만, 의혹은 여전히 남아 있다. 차라리 홀스트의 「화성」을 그대로 채용하거나 편곡했어도 영화에 잘 어울렸을 것이다. 이를 의식했는지 한스 짐머는 〈덩케르크〉에서는 엘가의 「수수께끼 변주곡」의 '님로드(Nimrod)'를 공식적으로 차용해 작곡했다.

구스타브 홀스트(Gustav Holst, 1874~1934)는 그의 대표작 『행성』의 작곡을 제1차 세계대전이 발발하는 1914년에 시작해 1918년에 영국 지휘자 에이드리언 볼트의 지휘로 초연 무대에 올렸다. 곡은 태양계의 행성 이름에서 따온 7곡으로 「화성, 전쟁을 부르는 자」, 「금성, 평화를 부르는 자」, 「수성, 날개 단 전령」, 「목성, 쾌락을 부르는 자」, 「토성, 노년을 부르는 자」, 「천왕성, 마법사」, 「해왕성, 신비주의자」로 구성된다. 지구는 빠졌고, 명왕성은 발견되기 전이었다.

표제가 있는 곡인 만큼 감상하며 그림을 그릴 수 있다. 「화성」은 '전쟁을 부르는 자(The Bringer of War)'라는 부제답게, 듣고 있으면 광활한 벌판이 연상된다. 양쪽 진영에서 말을 타고 달리는 기사들 그리고 그들을 따르는 보병이 중앙에서 충돌하기 직전의 장면이 그려진다. 「금성」은 아름답고 평화롭다. 특히 바이올린 솔로가 나오는 대목에서는 눈물이 날 지경이다. '금성'답게 가장 여성적인 악장이다.

가장 유명한 「목성」은 프랑스적인 요소가 곳곳에 보인다. 하지만 제2주제에서 지극히 영국적인 사운드가 흘러나온다. 「목성」의 제2주제를 듣고 있으면, 영국 국기가 올라가는 장면이 연상된다. 영국 국가로 써도 좋을 법한 음악이다. 그 멜로디는 나중에 애국 찬가 「내 조국이여, 나 그대에게 맹세하노라(I vow to thee, my country)」로 재탄생한다. 하지만 「목성」 전체를 흐르는 멜로디 라인은 부제처럼 쾌락이 느껴진다. 그래서 프랑스적인 느낌을 받았는지도 모르겠다. 실제로 홀스트는 프랑스 작곡가 모리스 라벨의 영향을 받았다.

홀스트의 『행성』은 많은 아티스트에게 영향을 미쳤다. '스타워즈' 시리즈의 음악감독 존 윌리엄스는 홀스트의 『행성』에서 영감을 받았고, 이를 '스타워즈'

시리즈에 활용했다. 한국의 록 밴드 넥스트는 4집에 「화성」을 헤비메탈로 연주한 버전을 삽입했다. R&B 가수 BMK 또한 동 곡의 멜로디를 활용하고 새로운 가사를 붙여 「Jupiter」라는 곡을 발표했다.

쿠마자와 나오토 – 무지개 여신 (2006)

진로를 고민하는 아오이(우에노 주리)에게 토모야(이치하라 하야토)는 영화를 보자고 한다. 그 영화는 아오이가 감독 겸 여주인공을, 토모야가 남주인공을 했던 〈지구 최후의 날〉. 동아리 방에서 영사기를 통해 영화가 나오고 홀스트의 『행성』 중 「목성」의 제2주제가 등장한다. 「목성」에 이어 「금성」의 바이올린 솔로가 나오며 아오이가 회사에 취직해 다큐멘터리를 찍는 장면으로 넘어간다.

영화 속 영화는 지구의 종말을 앞둔 남녀의 이야기다. 거대한 운석이 지구를 향해 날아오고 있어 일주일 후 지구는 멸망할 예정이다. 남자는 남극으로 운석을 촬영하러 가고, 여자는 남자를 기다린다. 기다리다 지친 여자는 마지막 날 밤을 헤매고 금성의 바이올린 솔로가 흘러나온다. 여자는 남자를 만나지만 함께할 수 없다.

아오이의 사고사 후 아오이 집에 모인 사람들은 모두 함께 〈지구 최후의 날〉을 관람한다. 비장하게 흐르는 「목성」의 제2주제는 아오이를 추모하는 것 같다. 홀스트의 『행성』은 그렇게 영화 속 영화의 사운드트랙을 완성한다. 운석과 충돌하는 지구 최후의 날에 『행성』만 한 곡은 없다.

야마시타 히로아키가 음악감독을 맡은 『Rainbow Song OST』에는 홀스트의 『행성』 중 「금성」과 「목성」이 삽입되어 있다. 『행성』은 영화 속 영화로서의 OST이고, 나머지 곡은 J-팝으로 구성된다. 〈무지개 여신〉은 이와이 슌지 감독이 제작자로 참여했고, 영화 자체도 훌륭해 국내에 많은 팬이 있다. 하지만 국내에서 CD를 구할 수 없는 현실이 아쉽다. LP로는 발매되지 않은 것으로 보인다.

영국 작곡가 구스타브 홀스트의 곡이기에 영국 지휘자들이 주로 녹음했다. 하지만 홀스트의 대표곡으로서 국적을 막론한 많은 지휘자가 음반을 남겼다. 어느 하나를 첫손에 꼽기 힘들 정도로 모두 호연이다.

초연을 했던 에이드리언 볼트(Adrian Boult)는 무려 다섯 번이나 『행성』을 녹음했다. 『행성』에 대한 볼트의 애착을 느낄 수 있는 대목이고, 훌륭한 연주가 많아 하나를 고르기도 쉽지 않다. 요즘은 1978년 녹음을 주로 추천하지만, 아날로그 애호가는 1966년 녹음을 더 선호한다. 볼트는 뉴 필하모니아와 함께 홀스트 음악의 프랑스적인 에스프리까지 다 끄집어낸다.

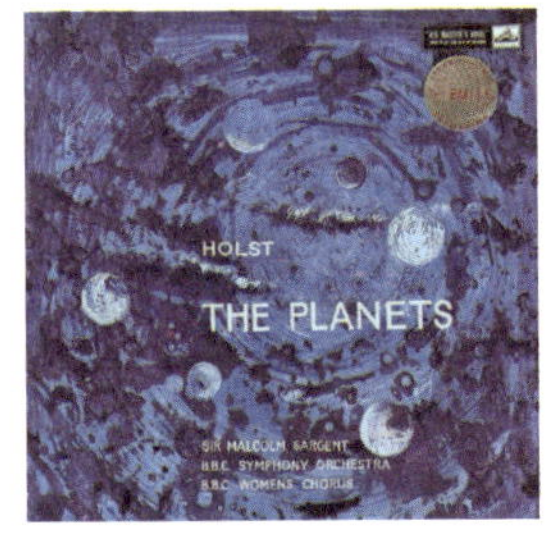

말콤 사전트
BBC 심포니 오케스트라
1957 / HMV ASD 269
연주 ★★★★☆
음질 ★★★★

올드 팬의 향수를 자극하는 말콤 사전트(Malcolm Sargent)의 1957년 녹음은 시원한 맛은 덜해도 웅장한 느낌을 충분히 살리고 있다. 특히 「목성」이 웅장하다. 웅장하지만 소박하게 느껴지기도 한다. 가격이 상대적으로 저렴해 화이트 골드 레이블의 초반으로 구해볼 만한 음반이다.

알렉산더 깁슨
스코틀랜드 국립 오케스트라
1979 / Chandos ABRD 1010
연주 ★★★★☆
음질 ★★★★☆

알렉산더 깁슨(Alexander Gibson)이 스코틀랜드 국립 오케스트라와 함께한 1979년 샨도스 녹음은 숨은 명반이다. 실내악으로 유명한 샨도스는 오디오파일 레이블로 불릴 정도로 음질이 좋은 음반이 많고, 이 음반 또한 고퀄리티 사운드를 맛볼 수 있다.

홀스트의 『행성』은 호연이 많아 어떤 음반을 선택해도 음악을 즐기는 데 무리가 없다. 헤르베르트 폰 카라얀(Herbert Von Karajan)의 데카와 도이체 그라모폰 녹음 모두 나무랄 데가 없다. 샤를 뒤투아(Charles Dutoit)의 색채감 있는 연주도 높이 평가받는 음반 중 하나다.

베토벤, 교향곡 제7번

Beethoven, Symphony No.7 in A major, Op.92

카를로스 클라이버 / 빈 필하모닉
Carlos Kleiber / Wiener Philharmoniker
1975

리듬의 향연

빈 필하모닉은 카를로스 클라이버의 지휘봉에 맞춰 스피디하게 달리면서도
조화를 잃지 않는다. 이런 스피드로 베토벤 「교향곡 제7번」을 연주할 수 있는
지휘자는 아마도 카를로스 클라이버뿐일 것이다.

연주 ★★★★★ 음질 ★★★★

느린 악장이 없는 교향곡

루트비히 판 베토벤(Ludwig van Beethoven, 1770~1837)은 교향곡 분야에서
불멸의 금자탑을 쌓아 올렸다. 그가 작곡한 9개의 교향곡은 21세기에 와서도
교향악단이 가장 자주 연주하는 레퍼토리 중 하나다. 베토벤 3대 교향곡으로
일반적으로 제3번 '영웅', 제5번 '운명', 제9번 '합창'이 거론되지만, 애호가에게
개인적인 베스트 3을 꼽으라면 엇갈린 반응이 나온다. 또 다른 명곡인 제6번
'전원'과 제7번 교향곡이 있기 때문이다. 흥미로운 점은 일반적인 추천에는 3번,
5번, 9번이 대개 포함되지만, 개인적인 취향을 고르라고 하면 7번을 반드시
포함하는 애호가가 적지 않다. 이는 7번이 가지고 있는 춤추는 리듬이 애호가들을
사로잡기 때문이다. 「교향곡 제7번」은 베토벤의 9개 교향곡 중 가장 리드미컬한
곡이며, 심지어 아다지오나 안단테 악장이 없을 정도로 스피디하게 진행된다.
리스트는 「교향곡 제7번」에 대해 "리듬의 신격화"라고 표현했다.

베토벤은 1807년에서 1808년 사이 교향곡 5번과 6번을 연달아 작곡했다.
이후 4년간의 휴지기를 거쳐 1812년에 7번째 교향곡을 완성했다. 초연에서 빈
청중은 2부에서 연주한 「웰링턴의 승리」에 대해 오히려 더 높은 호응을 보이자
실망하기도 했으나, 베토벤은 청중의 환호에 대한 답례로 「교향곡 제7번」 2악장을
앙코르로 연주했다.

리듬이 춤을 추는 교향곡이지만 의외로 목관악기가 활약하는 다채로운
면을 가진 곡이다. 1악장의 첫 주제가 나오기 전까지의 서주에서 오보에-
클라리넷-호른-바순으로 관악기 행렬이 이어진다. 플루트로 시작하는 주제는
단순하면서도 리드미컬하다. 아다지오나 안단테가 아닌 알레그레토(조금 빠르게)로
설정된 장송곡풍의 2악장에서는 오보에와 클라리넷이 저음 현악기와 조화되며
긴장된 분위기를 고조시킨다. 현악 세션의 주제부와 관악 세션의 대선율이
아름답게 조화되지만, 그 밑에 깔리는 팀파니의 리듬을 간과할 수 없다. 3악장
스케르초부터는 그야말로 댄스 음악을 방불케 하는 리듬의 향연이 펼쳐진다.
빠른 스피드와 강렬한 리듬은 4악장까지 이어지며 오케스트라를 쉴 틈 없이
밀어붙인다. 쉬지 않고 달려가는 여정으로 마무리되는 베토벤 교향곡 중에서 가장
쾌감이 느껴지는 곡이다.

2악장의 단순하면서도 신비로운 멜로디는 여러 영화에 삽입되었고, 다른
형태로 편곡되기도 했다. 영국의 록밴드 딥 퍼플은 1968년에 발표한 『The Book

of Taliesyn』에 삽입된 「Exposition」이라는 곡의 인트로에 2악장 멜로디를
사용했고, 세계적인 팝페라 가수 사라 브라이트만은 2악장 멜로디에 괴테의 시를
붙여 만든 「Figlio Perduto」를 부르기도 했다.

알렉스 프로야스 - 노잉 (2009)

　여러 영화감독이 베토벤 「교향곡 제7번」을 앞다투어 사용했다. 톰 후퍼
감독의 2010년 작 〈킹스 스피치〉에서 영국의 조지 6세가 괴짜 언어치료사
라이오넬 로그의 지휘에 맞춰 연설하는 장면은 음악과 영상이 만난 백미라고 할
수 있다. 그로부터 1년 전에 개봉한 재난 영화 〈노잉〉에 사용된 「교향곡 제7번」
역시 최고의 장면을 연출한다.

　태양 표면의 폭발로 지구는 멸망할 위기에 처한다. 이 재앙을 50년 전
루신다가 예언하고 그것을 종이에 적어 타임캡슐에 넣어두었다. 지구가
멸망하지만, 외계인이 나타나 선택받은 자들을 구출한다. 선택받은 자는 타임캡슐의 종이를 물려받은 캘럽과 루신다의 손녀 둘뿐이다. 캘럽의 아버지 존 코스틀러(니콜라스 케이지)는 타임캡슐 속 종이에 적힌 숫자가 재난이 발생하는 날짜와 장소 그리고 희생자 수임을 알아차린다. 그는 재난을 막으려고 하지만, 운명을 개인이 거스를 수는 없다. 결국 존은 아들을 외계인에게 인계하고, 운명의 날에 자동차를 몰고 부모님 댁으로 향한다. 거리는 화염에 휩싸이고 베토벤 「교향곡 제7번」 2악장이 장엄하게 흐른다. 2악장 밑으로 흐르는 팀파니 리듬은 인간이 거스를 수 없는 운명을 의미하는 것과 같다.

2009년에 발매된 『Knowing OST』에는 영화에
사용된 베토벤 「교향곡 제7번」이 없다. 음악감독
마르코 벨트라미는 오리지널 스코어 중심으로
OST를 구성했다. 2021년 2CD로 확장된 디럭스
버전이 발매됐는데, 영화의 주요 장면에 사용된
베토벤 「교향곡 제7번」 2악장이 들어 있다. 베토벤
7번은 영화에 두 번 사용되었는데, 그 장면에 포착된
순간만을 시계열순으로 담아냈다. LP로는 아직
발매되지 않았다.

   리듬의 향연을 지휘하기에 카를로스
클라이버(Carlos Kleiber)만 한 지휘자가 없다. 그의
지휘봉은 명확하면서도 섬세함을 잃지 않는다.
지휘계의 아이돌과 같은 인기 지휘자였지만, 녹음을
많이 남기지 않아 남아 있는 그의 음반은 모두
소중하다. 1975년 빈 필하모닉 녹음은 클라이버의
지휘봉에 맞춰 스피디하게 연주하면서도 조화를 잃지
않는다. 이런 스피드로「교향곡 제7번」을 연주할 수
있는 지휘자는 아마도 클라이버뿐일 것이다. 녹음
또한 훌륭해 TAS LIST에 등재되었다. 베스트셀러인
탓에 초반 LP의 가격도 합리적이다. 클라이버 사후에
뒤늦게 오르페오에서 발매된 1982년 라이브 녹음
역시 추천한다. 그의 1982년 라이브는 최초에 4번만
발매되었지만, 나중에 4번, 6번, 7번이 3LP 박스로
나오기도 했다.

오토 클렘페러
필하모니아 오케스트라
1960 / Columbia SAX 2415
연주 ★★★★☆
음질 ★★★★☆

   2악장의 섬세하면서도 선이 굵은 리듬을 가장
잘 표현한 연주는 오토 클렘페러(Otto Klemperer)와
필하모니아 오케스트라의 1960년 녹음이다. 베토벤
교향곡 전집을 선택한다면 클렘페러의 음반이
우선 고려되어야 한다. 영국 컬럼비아에서 발매한
클렘페러의 베토벤 교향곡 전곡 녹음에서 9번 연주가
가장 유명하지만「교향곡 제7번」2악장의 아름다운
멜로디를 잊을 수 없다.

프란츠 콘비츠니
라이프치히 게반트하우스
오케스트라
1959 / ETERNA 8 25 105
연주 ★★★★☆
음질 ★★★★

   베토벤 교향곡은 많은 지휘자가 전곡을 녹음했고 뛰어난 연주도 많다. 지휘자
프란츠 콘비츠니(Franz Konwitschny)는 구 동독의 에테르나에서 베토벤 교향곡
전곡 녹음을 남겼다. 그의 지휘봉에서는 빛이 난다. 그 빛을 따라서 라이프치히
게반트하우스 오케스트라는 색채감 있는 베토벤을 선사한다. 클라이버만큼
빠르지도 클렘페러만큼 느리지도 않지만, 중용을 잃지 않으면서도「교향곡
7번」의 '리듬의 향연'이라는 아이덴티티를 효과적으로 구현한다.

그리그, 페르 귄트 모음곡

Grieg, Peer Gynt Suite

바츨라프 노이만 / 라이프치히 게반트하우스 오케스트라
Vaclav Neumann / Gewandhausorchester Leipzig
1966

Eterna 8 25 667

솔베이지의 노래

체코의 거장 바츨라프 노이만이 라이프치히 게반트하우스 오케스트라와
함께한 에테르나 녹음은 청량한 오케스트라 사운드와 함께 백미를 장식하는
소프라노 아델레 스톨테의 「솔베이지의 노래」가 일품이다. 스톨테는 청아한
목소리로 노래를 하지만, 그 노래에는 유난히 쓸쓸함이 느껴진다. 솔베이지의
마음을 잘 표현한 절창이다.

연주 ★★★★★ 음질 ★★★★★

대가는 졸작을 만들지 않는다

극작가 헨리크 입센(Henrik Ibsen, 1828~1906)은 1867년 노르웨이 민속 설화를 모티브로 한 희곡 〈페르 귄트(Peer Gynt)〉를 완성한다. 주인공 페르는 천하의 잡놈이다. 일하기 싫어하고 거짓말을 밥 먹듯이 하는 그는 어머니 오제를 지붕 위에 올려둔 채 결혼식에 간다. 결혼식에서 순진한 아가씨 솔베이지를 꼬시고 신부 잉그리드를 납치한다. 하지만 이내 잉그리드를 버리고 산속에 들어가 마왕의 딸을 유혹한다. 다시 마을로 돌아온 페르는 아무 일도 없었다는 듯 솔베이지와 결혼식을 올리고는 돈을 벌어오겠다는 핑계를 대고 배 타고 먼 바다로 나아간다. 풍랑을 만나 배는 난파되지만, 페르는 살아남는다. 페르는 사막에서 추장의 딸 아나트라에게 반해 자신을 대단한 부호이자 예언자라고 속이지만, 이내 탄로가 나서 도망간다. 미국에 도착한 페르는 금광을 발견해 벼락부자가 되고 금의환향하지만, 다시 배가 난파하고 무일푼으로 집에 돌아온다. 어머니 오제는 이미 세상을 떠났고, 신랑을 기다리다 늙은 백발의 솔베이지의 무릎에 기대 평화롭게 세상을 떠난다.

입센은 희곡의 극음악을 작곡가 에드바르 그리그(Edvard Grieg, 1843~1907)에게 의뢰한다. 그리그는 희곡의 내용이 본인의 음악과 어울리지 않았지만, 노르웨이가 낳은 위대한 극작가 입센의 부탁을 거절할 수 없었다. 결과는 그리그 최고의 명곡 탄생으로 이어졌다. "대가는 졸작을 만들지 않는다"라는 격언이 그대로 적중한 사례라고 할 수 있다. 그리그는 총 23곡 중에서 4곡을 추려 관현악 편성의 제1모음곡을 완성하고, 이후 4곡의 제2모음곡을 만들어 총 8곡의 『페르 귄트 모음곡』을 만든다.

그리그가 고른 8곡은 「아침의 기분」, 「오제의 죽음」, 「아니트라의 춤」, 「산속 마왕의 전당에서」, 「신부의 약탈과 잉그리드의 탄식」, 「아라비아의 춤」, 「페르 귄트의 귀향」, 「솔베이지의 노래」이다. 8곡은 희곡의 전개 순서를 따르지 않고 나열되어 표제음악이면서도 절대음악이다. 극을 모르더라도 음악을 즐길 수 있으며, 각 음악은 절묘하게 연결되어 일체감을 준다. 상쾌한 곡, 슬픈 곡, 긴장감이 넘치는 곡 등 곡마다 다양한 정서를 표현한다. 특히 마지막 곡 「솔베이지의 노래」는 소프라노의 가창이 들어간 슬프도록 아름다운 곡으로 많은 사랑을 받는다. 망나니 남편을 기다리는 솔베이지의 지고지순한 사랑을 담고 있는 노래로, 황당한 내용의 희곡을 순식간에 정화하는 곡이다. 「솔베이지의 노래」는 모음곡에서는 기악곡으로 편성되었지만, 많은 지휘자들이 녹음할 때 소프라노를 기용한다.

데이비드 핀처 – 소셜 네트워크 (2010)

적잖은 영화를 연출했지만 모든 영화가 명작으로 추앙받는 데이비드 핀처 감독의 2010년 작 〈소셜 네트워크〉는 페이스북으로 억만장자가 된 성공한 창업자 마크 저커버그의 실화를 바탕으로 한다.

여자친구에게 차이고 화가 난 마크(제시 아이젠버그)는 하버드대학교의 서버를 해킹해 얻은 여학생 사진을 이용해 이상형 월드컵 사이트를 만들지만, 이 사건으로 6개월 정학의 징계를 받는다. 그의 컴퓨터 실력에 반한 조정 선수 윙클보스 형제는 '하버드 커넥션'이라는 사이트를 만드는 프로젝트에 그를 합류시킨다. 하지만 마크는 윙클보스 형제의 아이디어를 이용해 페이스북을 만들고 회사를 창립한다. 뒤늦게 아이디어를 도둑맞았다는 사실을 알게 된 윙클보스 형제는 마크를 고소한다. 형제는 마크가 괘씸하지만, 코앞으로 다가온 조정 경기를 위해 영국에 간다. 헨리온템스(Henley-on-Thames)에서 온힘을 다해 노를 젓는 조정 경기 장면 내내 『페르 귄트 모음곡』의 「산속 마왕의 전당에서」가 흐르며, 짧지만 절정을 향해 달려가는 음악이 형제를 몰아붙인다. 형제의 바람과 다르게 가입자 수가 빠르게 증가하는 페이스북의 미래를 암시하는 것만 같다.

2010년에 영화와 동시에 발매된 『The Social Network OST』에는 영화에 삽입된 『페르 귄트 모음곡』 중 「산속 마왕 전당에서」가 담겨 있다. 나인 인치 네일스의 트렌트 레즈너와 아티쿠스 로스는 그리그의 음악을 인더스트리얼 음악 스타일로 편곡해 영화에 효과적으로 사용했다. CD와 디지털 음원뿐만 아니라 LP로도 발매되었는데, 높은 인기로 2020년에 재발매되었다.

『페르 귄트 모음곡』은 8곡 위주로 녹음이 되다가 1980년대 들어 20곡이 넘는 전곡 녹음이 등장한다. 노르웨이 지휘자 페르

드라이어는 오슬로 필하모닉과 완전본 초연 녹음을
했고, 이후 헤르베르트 블롬슈테트, 파보 예르비 등이
20곡이 넘는 선곡의 녹음을 남겼다. 작금에 와서는
전곡 연주를 선호하는 경향이 있지만, LP를 선택할
때는 그리그의 의도대로 편곡된 8곡을 녹음한 음반을
듣는 것이 여러모로 합리적이다.

체코의 거장 바츨라프 노이만(Vaclav Neumann)이
라이프치히 게반트하우스 오케스트라와 함께
에테르나에서 녹음한 음반은 청량한 오케스트라
사운드와 함께 백미를 장식하는 소프라노 아델레
스톨테(Adele Stolte)의 「솔베이지의 노래」가 일품이다.
스톨테는 청아한 목소리로 노래하지만, 그 노래에는
유난히 쓸쓸함이 느껴진다. 솔베이지의 마음을 잘
표현한 절창이다.

전통의 명연은 노르웨이 지휘자 외이빈
피엘슈타트(Øivin Fjeldstad)가 런던 심포니
오케스트라와 함께한 데카 녹음이다. 여기서는
작곡가의 의도대로 소프라노를 기용하지 않고
바이올린이 솔로를 맡는다. 데카의 기술진이 관현악의
섬세한 표현을 놓치지 않고 잡아낸 오디오파일로도
유명한 명연이다. 다만 LP 초반의 경우 지나치게
고가다. 미국 수출 버전인 런던반은 가격이
상대적으로 저렴하지만, 재킷이 다르다. 런던반 외에 Ace of Diamonds 시리즈
재발매반도 고려해 볼 만하다.

토마스 비첨(Thomas Beecham)은 희곡의 순서대로 곡을 배치하고 두 곡을
추가했다. 이는 작곡가의 의도와 다르지만, 희곡의 순서대로 음악을 들어본다는
데서 의미를 찾을 수 있다. 소프라노 일제 홀베그(Ilse Hollweg)는 깨끗한 음색으로
「솔베이지의 노래」를 아름답게 불러 아델레 스톨테의 쓸쓸함과는 다른 매력을
선사한다.

외이빈 피엘슈타트
런던 심포니 오케스트라
1958 / DECCA SXL 2012
연주 ★★★★★
음질 ★★★★★

토마스 비첨
로열 필하모닉 오케스트라
1957 / HMV ASD 258
연주 ★★★★
음질 ★★★★

차이콥스키, 백조의 호수
Tchaikovsky, Swan Lake Op.20

에르네스트 앙세르메 / 스위스 로망드 오케스트라
Ernest Ansermet / L'Orchestre de la Suisse Romande
1958

DECCA SXL 2107-8

발레 음악의 신

'발레곡의 신'으로 불렸던 에르네스트 앙세르메 지휘의 음반으로, 발레곡뿐만
아니라 광범위한 레퍼토리를 자랑하는 그의 많은 디스코그래피 중에서도
손꼽히는 연주다. 개성 강하다기보다는 안정된 해석으로 세련미 넘치는
연주를 들려주기 때문에 음악적 즐거움이 상당하다.

연주 ★★★★★ 음질 ★★★★☆

백조와 흑조 사이

표트르 차이콥스키(Pyotr Il'yich Tchaikovsky, 1840~1893)의 대표적인 발레곡 중 하나인 「백조의 호수」는 사악한 마법사의 저주로 낮에는 백조가 되고, 밤이 되면 아름다운 처녀로 변하는 오데트(Odette) 공주의 이야기를 담고 있다. 지크프리트(Siegfried) 왕자는 오데트 공주에게 반해 사랑을 약속하지만, 마법사는 자기 딸 오딜(Odile)을 이용해 지크프리트를 유혹한다. 왕자는 그 사악한 유혹에 빠지게 되고, 결국 공주와 왕자는 비극적인 결말을 맞이한다는 내용을 담고 있다. 1877년 오리지널 판본에는 마법사를 물리친 오데트와 지크프리트가 행복한 미래를 약속하는 내용이지만, 1895년부터는 비극적인 결말로 바뀐다. 오늘날에는 비극적인 결말로 끝맺는 경우가 더 많으며, 가끔 해피엔딩의 결말로 공연되기도 한다.

이 작품은 「잠자는 숲 속의 미녀」, 「호두까기 인형」과 더불어 차이콥스키의 3대 발레곡으로 손꼽힌다. 1876년에 완성된 곡은 모두 4막으로 구성되었으며, 다음 해인 1877년에 초연되었다. 하지만 초연은 성공하지 못했다. 발레곡이 춤을 추기에 너무 복잡하다는 안무가의 불만과 공연 예산 문제로 무대와 의상 준비도 부족했기 때문이다. 음악을 담당하는 지휘자와 오케스트라의 준비 부족도 초연 실패의 원인이 되었다. 그렇게 「백조의 호수」 초연은 실패의 쓴맛을 봤다. 차이콥스키는 다시는 발레곡을 쓰지 않겠다고 다짐했다. 하지만 세상의 일이라는 게 뜻대로만 되지는 않는다. 차이콥스키는 「잠자는 숲 속의 미녀」, 「호두까기 인형」을 연달아 발표했고, 이 작품들은 현재까지도 그의 3대 발레곡으로 인정받는다. 그중 최고는 「백조의 호수」다. 「백조의 호수」는 안무에 종속되었던 발레곡을 예술의 경지로 끌어올렸다.

차이콥스키 사후, 그의 동생 모데스트는 이 곡의 대본을 비극적인 결말로 바꾸는 등 일부 수정하고, 작곡가 리카르도 드리고도 오케스트레이션 일부를 손본다. 그렇게 수정된 「백조의 호수」는 1895년 상트페테르부르크 마린스키 극장 무대에 올려 마침내 성공을 거둔다. 발레의 형식을 완성했다고 평가받는 마리우스 프티파는 이 곡의 악보를 건네받고, 이 곡의 훌륭함에 매료되어 레프 이바노프와 함께 안무를 새롭게 재구성한다. 새로운 안무를 통해 이 작품은 많은 사람에게 더욱 인정받았다. 차이콥스키 사망 이후, 「백조의 호수」는 여러 사람의 노력에 의해 작품의 완성도를 높였다.

대런 아로노프스키 – 블랙 스완 (2010)

2010년에 개봉한 영화 〈블랙 스완〉은 순수한 마음으로 발레를 사랑하는 니나(나탈리 포트만)가 완벽함에 대한 광기 어린 집착으로 자신을 파괴하는 내용을 담고 있다. 니나는 발레리나에게 순수한 백조의 모습을 한 오데트와 악마의 딸 오딜(블랙 스완) 역 모두를 소화해야 과정에서 블랙 스완 역할에 힘들어한다. 블랙 스완이 가진 유혹적이고 어두운 면을 연기해야 하는 니나는 자신이 부족한 부분을 채우려고 스스로를 파괴하기 시작한다. 그렇게 그녀는 자기 자신을 잃어 가고 환각에 둘러싸여 흑조가 되어 간다. 결국 그녀는 블랙 스완 역할을 완벽히 해내지만, 그와 동시에 목숨도 잃는다.

영화 전반에 걸쳐 「백조의 호수」 음악이 흐른다. 백조의 본성을 가졌지만, 흑조가 되어야 하는 심리적 갈등을 완벽하게 표현한 나탈리 포트만의 훌륭한 연기만큼이나 적절한 곳에 음악이 사용되었다. 아름답고 감동적인 장면과 긴박하고 충격적인 장면에 쓰인 차이콥스키 「백조의 호수」는 영화에 대한 몰입감을 높여 준다.

영국의 가수이자 작곡가인 클린트 먼셀(Clint Mansell)이 OST의 작곡을 맡았다. 〈천년을 흐르는 사랑(The Fountain)〉으로 골드글로브상 후보에 올랐으며, 〈블랙 스완(Black Swan)〉으로 그래미상 후보에도 올랐던 그는 〈블랙 스완〉에서 인간의 어두운 내면을 음악으로 섬세하게 표현했다. 2016년에 LP로 발매되었다.

이 곡의 추천 베스트는 에르네스트 앙세르메(Ernest Ansermet)가 스위스 로망드 오케스트라를 이끌고 1958년에 녹음한 연주다. 리카르도 드리고(Riccardo Drigo)에 의한 편집본 녹음으로 다른 전집과 달리 두 장의 LP로 만날 수 있다. 앙세르메 특유의 화려하고 색채가 돋보이는 전통적인 명연주 명음반으로 앙세르메가 1918년에 창단한 스위스 로망드 오케스트라와의 호흡도 대단히 뛰어나다. 연주가 전체적으로 섬세하고 색채감이 뛰어나다. 풍부한 음질도 이 음반의 여러 장점

중 하나인데, 데카에서 남긴 뛰어난 음향적 밸런스는
1958년 녹음이라고 믿기 힘들 정도다. 초반은 꽤
비싸지만 재반은 부담 없다.

겐나디 로제스트벤스키(Gennady Rozhdestvensky)가
지휘한 1969년 녹음도 훌륭하다. 로제스트벤스키는
러시아 발레곡에 관해서는 독보적인 존재로,
차이콥스키의 3대 발레곡 모두 뛰어난 수준의 연주를
들려준다. 전체적으로 세련되고 절제된 사운드가
돋보이며, 세부 표현력도 뛰어나다. LP로 쉽게 구할
수 있으며, MELODIYA (구 소련)와 MELODIYA-
His Master's Voice (영국 EMI) 음반 모두 좋은 음질을
들려준다.

앙드레 프레빈(André Previn)은 아름다운 선율을
잘 살리는 지휘자로 유명하다. 그는 어려운 곡도
쉽게 이해시켜 주는 연주를 들려주기 때문에 이
곡을 처음 입문하는 감상자에게 가장 먼저 추천하고
싶다. 큰 스케일의 연주로 선율적인 측면에서 이처럼
뛰어난 연주는 많지 않다. 또한, 일부 곡에 등장하는
바이올린 솔로 연주를 '바이올린의 여제' 이다
헨델(Ida Haendel)이 맡은 것도 큰 매력이다. LP는
뛰어난 연주와 음질에 비해 가격도 비교적 저렴하고
쉽게 구할 수 있다.

겐나디 로제스트벤스키
모스크바 라디오 오케스트라
1969 / Melodiya / HMV SLS
795/3
연주 ★★★★☆
음질 ★★★★☆

앙드레 프레빈
런던 심포니 오케스트라
1974 / HMV SLS 5070
연주 ★★★★☆
음질 ★★★★☆

엘가, 위풍당당 행진곡 1번

Elgar, Pomp and Circumstance March, Op.39 No.1

레너드 번스타인 / BBC 심포니 오케스트라
Leonard Bernstein / BBC Symphony Orchestra
1982

역동적이고 화려한 연주

레너드 번스타인의 다양한 매력을 느낄 수 있는 음반으로, 관현악의 세밀한
표현까지 잘 살린 감성 가득한 연주다. 번스타인이 엘가를 연주하면 어색할
것 같다는 생각은 기우에 불과하다. 어느 연주와 비교해도 완성도가 높으며,
BBC 심포니 오케스트라의 자신감 넘치는 사운드 역시 큰 매력을 더한다.

연주 ★★★★☆ 음질 ★★★★

영국이 사랑한 작곡가

에드워드 엘가(Edward Elgar, 1857~1934)의 대표적 작품인「위풍당당 행진곡」은 관현악을 위한 행진곡으로, 1901년 영국 국왕 에드워드 7세의 대관식을 위해 작곡된 곡이다. 영국에서는 제2의 국가처럼 여겨지며 사랑받는 곡으로, 제1번곡 두 번째 주제에 '희망과 영광의 나라'라는 제목의 시로 가사를 붙여 노래를 부르기도 한다.「위풍당당 행진곡」은 미완성된 제6번곡을 포함해 6개의 행진곡으로 구성되어 있다. 제1번곡부터 제4번까지는 1901년에서 1907년까지 걸쳐 작곡되었으며, 제5번곡은 1930년에 작곡되었다. 제6번곡은 엘가 사후에 미완성으로 발견되었지만, 그의 작품 목록에 당당히 포함되어 있다.「위풍당당 행진곡」중 가장 유명하고 대중적으로 알려진 제1번곡은 웅장하고 힘찬 분위기의 곡으로 대중 매체에서 자주 쓰이는 음악이다. 각종 시상식이나 기념일에 쓰이며, 영국과 미국에서는 학교 졸업식의 곡으로 자주 사용된다. 오늘날 제1번곡부터 제4번곡까지 주로 연주되며, 그중 제1번곡이 가장 많이 연주된다.

영국의 대표 작곡가 엘가는 헨리 퍼셀(Henry Purcell, 1659~1695) 이후 이렇다 할 음악가를 배출하지 못한 영국에서 19세기 후반에 등장해 영국인들에게 문화적 자긍심을 안겨준 작곡가다. 영국에는 음악의 어머니라 불리는 게오르크 프리드리히 헨델(Georg Friedrich Händel, 1685~1759)이 있었지만, 헨델은 독일 태생으로 영국으로 국적을 바꾼 인물이므로 순수한 영국 작곡가로 보기에는 무리가 있다. 그런 의미에서 엘가의 출현은 영국의 음악적 자존심이자 자긍심이었다. 엘가는 시골 출신의 평민 집안으로 음악 학교에서 정식으로 음악을 배우지 못했지만, 교회 오르간 연주자였던 아버지로부터 음악의 기초를 배웠다. 피아노 조율사이기도 했던 아버지 덕분에 엘가는 어린 시절부터 음악이 넘치는 환경에서 자랐다. 그는 독학으로 작곡을 공부했으며, 음악을 할 수 있었던 환경에서 자신의 재능을 마음껏 쏟아낼 수 있었다고 회고한다. 아버지의 권유로 한때는 법률가가 되기 위해 법률사무소에 취직했지만, 음악을 포기하지 못하고 다시 음악가로서의 길을 걷게 된다. 엘가는 고향으로 돌아와 아버지의 뒤를 이어 오르간 연주를 하며 학생을 지도했다. 그 경험을 토대로 관현악법과 지휘법의 기술을 스스로 터득하고 음악가로서 내실을 다졌다. 영혼의 동반자였으며 자신에게 헌신적이었던 캐롤라인 앨리스 로버츠(Caroline Alice Roberts, 1848~1920)를 만난 것도 이 무렵이다. 귀족이었던 그녀는 집안의 반대에도 엘가와 결혼했으며, 물심양면으로 남편에게 큰 도움을 주었다. 캐롤라인과 결혼한 엘가는 안정된 생활을 바탕으로 세상에 알려진 곡들을 하나씩 작곡하기 시작한다. 결혼 직후 작곡한 곡이 「위풍당당 행진곡」 제1번곡이다.

매튜 본 – 킹스맨 : 시크릿 에이전트 (2014)

〈킹스맨: 시크릿 에이전트〉는 위험하고 잔인한 의도를 가진 천재 사업가 발렌타인(사무엘 L. 잭슨)이 세계를 위협하자, 그에 맞서 싸우는 비밀 첩보 조직 '킹스맨'에 관한 이야기다.

영국의 왕과 귀족의 옷을 제작하던 재단사들이 만든 킹스맨은 제1차 세계대전이 일어난 후, 언제 어디서 일어날지 모르는 전쟁을 막기 위해 창립된다. 킹스맨의 최정예 요원 해리(콜린 퍼스)는 이제 막 킹스맨 요원이 된 에그시(태런 에저튼)와 함께 발렌타인과 맞서 싸운다. 발렌타인은 IT 기업의 최고 경영자로 너무 많은 인구수로 인해 지구가 고통받는다고 생각하는 인물로, 그 해결책으로 공짜 유심칩을 심은 스마트폰을 이용해 인류의 상당수를 죽이려는 계획을 세운다. 발렌타인의 의견에 동조한 미국 대통령과 전 세계 영향력 있는 인물들은 자신들의 목에 보안 칩을 심어 공짜 유심칩으로부터 안전하게 보호받는다.

발렌타인이 인류의 인구수를 줄이려고 프로젝트를 시작하자, 킹스맨 요원인 멀린(마크 스트롱)은 해킹을 통해 오히려 보안칩을 심은 사람들만 머리가 터져 죽게 한다. 재미있는 것은 영화 속 인물들의 머리가 터지는 장면은 CG 처리해 마치 불꽃놀이처럼 연출된다. 이때 흘러나오는 음악이 엘가의 「위풍당당 행진곡」 제1번곡이다.

『Kingsman: The Secret Service OST』는 액션과 모험을 소재로 삼은 영화의 음악을 주로 작곡하는 헨리 잭맨(Henry Jackman)이 맡았다. 첩보 영화에 어울릴 만한 흥미진진한 음악으로 사운드트랙을 채우고 있다. 〈킹스맨 : 시크릿 에이전트〉에는 1970~80년대 히트곡이 나오지만, OST에는 전부 빠져 있다. 2017년 2LP로 발매되었다.

소수를 위해 다수를 희생시키려는 나쁜 지도자들이
역으로 죽임을 당하는 설정과 「위풍당당 행진곡」
제1번곡이 가진 웅장한 축제 분위기가 절묘하게
어울린다.

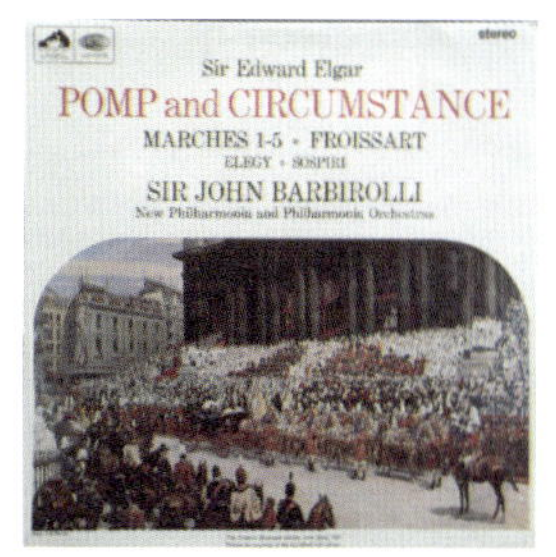

존 바비롤리
필하모니아 오케스트라
1962 / HMV ASD 2292
연주 ★★★★☆
음질 ★★★★☆

1982년 BBC 심포니 오케스트라와 남긴 연주는
레너드 번스타인(Leonard Bernstein) 특유의 섬세한
감각으로 관현악을 잘 표현하고 있으며, 곡이 지니는
웅장한 에너지도 잘 담고 있다. LP에는 「수수께끼
변주곡」과 「위풍당당 행진곡」의 제1번곡과 제2번곡,
「인도의 왕관-극부수음악」이 함께 수록되어 있다.
LP는 디지털 녹음으로 음질이 매우 뛰어나며, 악기
간의 섬세한 표현이 잘 나타나 오디오적 쾌감을 느낄
수 있다.

존 바비롤리(John Barbirolli)가 지휘한 필하모니아
오케스트라의 1962년 연주는 전통적인 명연으로
영국적 전통에 기반을 둔 고풍스러운 연주다.
낭만적이며 풍성한 사운드를 이끌어 내는 바비롤리
특유의 기질이 잘 드러난 연주로 반드시 들어봐야 할
연주다. 녹음 연도에 비해 음질이 훌륭하다.

네빌 마리너
로열 콘세르트헤바우 오케스트라
1977 / Philips 9500 424
연주 ★★★★☆
음질 ★★★★☆

네빌 마리너(Neville Marriner)는 헤르베르트 폰
카라얀에 버금갈 만큼 많은 녹음을 남긴 지휘자다.
다양한 레이블에서 다양한 곡을 녹음해 남긴 그의 연주는 대부분이 훌륭하지만,
1977년에 녹음한 이 음반은 특히 좋다. 음악을 향한 그의 열정이 잘 드러난
연주로 함께 수록된 「위풍당당 행진곡」 제2번곡과 제4번곡, 「수수께끼 변주곡」도
꼭 들어봐야 할 연주다.

라벨, 볼레로
Ravel, Boléro

앙드레 클뤼탕스 / 파리음악원 오케스트라
Andre Cluytens / Orchestre de la Societe des Concerts du Conservatoire
1961

정통 프렌치 사운드

투명한 사운드로 라벨의 관현악적 색채감을 한 층 더 끌어올린 연주. 잘
다듬어진 사운드와 밸런스가 훌륭한 명연이다. 프랑스 관현악에서 뛰어난
해석을 보여 주었던 앙드레 클뤼탕스의 탐미적 감성을 가득 채워 넣은
연주로, 대중성과 예술성을 동시에 인정받는 볼레로 음반의 걸작이다.

연주 ★★★★☆ 음질 ★★★★☆

리듬에 중독되다

모리스 라벨(Maurice Ravel, 1875~1937)의 독창적이고 도전적인 관현악곡
「볼레로」는 오늘날 가장 많이 연주되고 있는 클래식 음악 중 하나이며, 중독성
강한 리듬의 반복으로 누구나 한 번쯤 들어 봤을 만큼 인기가 많은 작품이다. 이
곡은 작은북(스네어 드럼)이 아주 여리게 리듬을 반복하면서 음악이 시작되는데,
곧이어 플루트, 클라리넷, 바순, 피콜로 클라리넷, 오보에 독주가 차례대로 두
개의 주제를 반복하며 연주가 진행된다. 치밀하게 계산된 구성으로 악기가 하나씩
등장하고, 중반부터는 오케스트라의 각 악기가 함께 어울려 연주된다. 한 번도
쉬지 않고 똑같은 리듬으로 연주하는 작은북은 여전히 단순한 리듬을 반복하며,
소리를 점점 더 키운다. 곡이 진행될수록 증가하는 악기 수와 음량 때문에
분위기가 점점 고조되며, 후반부에는 모든 악기가 가장 큰 소리를 내며 거대한
열기를 내뿜으며 끝을 맺는다.

라벨은 1928년 러시아 출신의 안무가 이다 루빈스타인(Ida Rubinstein,
1885~1960)에게서 무대에서 공연할 발레곡을 의뢰받아, 그해 이 곡을 작곡한다.
발레곡은 스페인의 한 술집에서 어느 여성이 테이블에 올라 춤을 추자 다른
사람들도 그 춤에 동화되어 함께 격렬한 춤을 춘다는 내용을 담고 있다. 의뢰를
받은 라벨은 단순한 무용곡이 아닌 감동을 줄 수 있는 새로운 음악을 고민하기
시작한다. 그렇게 탄생한 실험적이고 감각적인 음악이 「볼레로」다. 원래 '볼레로'는
18세기 스페인의 민속춤을 말한다. 캐스터네츠로 박자를 맞추는 스페인의
전통 춤곡이지만, 라벨은 그 이름만 빌렸을 뿐 악기의 특징을 활용한 새로운
작품을 작곡했다. 1928년 10월에 완성된 곡은 11월에 파리오페라 극장에서
루빈스타인 무용단에 의해 초연이 되어 큰 성공을 거둔다. 다음 해, 아르투로
토스카니니(Arturo Toscanini, 1867~1957)가 이끄는 뉴욕 필하모닉의 미국
초연에서도 큰 성공을 거둔다. 당시 라벨은 이 곡이 크게 성공하자 당황스러웠다.
그도 그럴 것이 라벨은 이 곡을 단순한 관현악적 실험이라고 생각했기 때문이다.
라벨의 가장 뛰어난 작품 세계는 피아노곡이다. 다만, 그는 관현악의 마술사로
불릴 만큼 뛰어난 관현악 기법을 활용해 작곡한다. 그는 자신의 피아노곡이나
다른 작곡가의 피아노곡을 오케스트라곡으로 편곡해 뛰어난 작품으로
탈바꿈시키는 능력을 갖췄다. 「볼레로」가 실험적 작품임에도 초연부터 현재까지
100여 년 가까이 대중에게 꾸준히 큰 사랑을 받고 있음을 볼 때 라벨의 음악적

창의력에 실로 놀라지 않을 수 없다.

김지운 – 밀정 (2016)

〈밀정〉은 3·1운동 직후인 1920년대를 배경으로 독립 투사의 이야기를 담은
영화다.《1923 경성을 뒤흔든 사람들》이라는 소설을 원작으로 각색한 작품으로,
영화에서 등장하는 인물과 사건은 실제 인물과 실제 벌어진 사건을 모티브로
삼고 있다. 조선인 출신으로 일본 경찰이 된 이정출(송강호)은 일본의 명령으로
무장 독립운동 단체 의열단의 정보를 알아보던 중 의열단 리더 김우진(공유)에게
접근하고, 의열단장인 정채산(이병헌)과 상하이에서 만난다. 정채산과 함께 신뢰의
시간을 보낸 이정출은 폭탄을 경성까지 운반하는 의열단의 일을 돕게 되며,

의열단은 우여곡절 끝에 폭탄을
가지고 경성에 도착한다. 하지만
경무국 부장 히가시(츠루미 신고)가
사주한 밀정 주동성(서영주)에게
속은 김우진은 체포되며 다른
의열단원도 살해당한다. 이정출은
히가시가 연회장에 모인다는 소식을
듣고 상하이에서 가져온 폭탄을
들고 히가시가 보는 앞에서 건물을
폭파한다. 라벨의 「볼레로」는
밀정 주동성이 의열단에게
처단되는 장면부터 친일파들과
경무국 부장이 연회장 건물과
함께 폭사하는 장면에서 쓰인다.
긴장감이 넘치는 장면에서 반복적인
리듬과 진행될수록 점점 더 볼륨
업되는 「볼레로」는 영화의 극적인
연출을 돕는다. 곡의 클라이맥스와
함께 친일파가 척결되는 장면은
절정의 카타르시스를 선사하는 데
부족함이 없다.

〈밀정〉의 오리지널 사운드트랙은 음반으로
발매되지 않았지만, 앙드레 류(André Rieu) 지휘의
「볼레로」를 비롯해 슈베르트의 「피아노 소나타
16번」, 드보르작의 「슬라브 춤 Op.72, 2번 E단조」,
루이 암스트롱의 음악이 삽입되었다. 디지털 음원
사이트와 유튜브에서 들을 수 있다.

　「볼레로」를 제대로 감상하기 위한 준비물은 단
하나, 바로 볼륨 조절이다. 자신이 감당할 수 있는
최대 볼륨을 미리 확인한 뒤 듣는 것이 좋다. 중간에
볼륨을 바꾸면 음악의 흐름과 균형이 깨져 몰입감이
떨어지기 때문이다.

　벨기에 태생의 명지휘자 앙드레 클뤼탕스(André
Cluytens)가 이끄는 파리음악원 오케스트라의 연주
(1961년 녹음)를 가장 먼저 추천한다. 클뤼탕스는
샤를 뮌슈(Charles Munch), 장 마르티농(Jean Martinon)
등과 더불어 프랑스 음악에 특히 정통한 지휘자로,
라벨의 관능적인 특징을 잘 살려 연주한다. 투명하고
경쾌한 사운드로 산뜻한 분위기를 느끼게 하며,
음반의 음질도 매우 좋은 편이다. LP는 클뤼탕스의
『라벨 관현악 전곡집』(총 4LP, 박스반 및 낱장반으로
발매) 중 vol.2로 발매한 영국 컬럼비아 스테레오
초반이 가장 좋은 선택이지만, 가격이 비싸고 깨끗한
음반을 구하기가 쉽지 않기 때문에 2000년대에 나온
재발매반을 추천한다.

샤를 뮌슈
보스턴 심포니 오케스트라
1956 / RCA LSC-1984
연주 ★★★★☆
음질 ★★★★☆

장 마르티농
파리 오케스트라
1974 / HMV SLS 5016
연주 ★★★★☆
음질 ★★★★☆

　샤를 뮌슈(Charles Munch)의 1956년 연주는 빠른
템포로 역동적인 연주를 들려준다. 보통 이 곡은
14분에서 16분 정도의 연주 시간을 갖지만, 뮌슈의
연주는 13분대에 연주한다. 빠른 템포로 인해 더
경쾌하고 시원한 느낌이 든다. RCA의 리빙 스테레오 시리즈로 녹음 연도에 비해
음질이 뛰어난 것도 이 음반의 장점이다. 공간감과 입체감이 모두 살아 있는
녹음이다.

　장 마르티농(Jean Martinon)의 1974년 연주도 빼놓을 수 없는 명반이다. 선율과
리듬이 탁월한 연주로 이 곡이 가진 색채감을 빼어나게 구현하며, 특히 마지막
총주는 엄청난 카타르시스를 선사한다. LP는 위에 소개한 두 음반에 비해 쉽게
구할 수 있으며, 다섯 장으로 구성된 영국 EMI의 박스 전집이 초반이다. 볼레로가
수록된 낱장으로 독일반, 일본반 등도 구할 수 있다.

엘가, 수수께끼 변주곡
Elgar, Enigma Variations, Op.36

존 바비롤리 / 필하모니아 오케스트라
John Barbirolli / Philharmonia Orchestra
1962

His Master's Voice ASD 548

한폭의 수채화

영국 작곡가의 곡은 주로 영국 지휘자가 녹음한다. 영국인의 자부심을 엿볼
수 있는 대목이다. 에이드리언 볼트의 음반을 스탠더드로 여기는 애호가도
많지만 존 바비롤리가 이끄는 필하모니아 오케스트라는 수채화 같은
색감으로 14개의 변주곡을 수놓는다.

연주 ★★★★★ 음질 ★★★★

따뜻한 위로, 님로드

영국은 헨델(Georg Friedrich Händel, 1685~1759) 이후로 100년간 이렇다 할 음악가를 배출하지 못했다. 대영제국의 자존심도 음악 앞에서는 내세울 게 없는 상황이었다. 하물며 헨델은 독일 태생으로 영국에 귀화한 인물로서 정통의 계보를 중요하게 여기는 영국으로서는 자존심 상하는 일이었다. 그런 영국에 작곡가 에드워드 엘가(Edward Elgar, 1857~1934)의 등장은 가뭄에 단비 같은 사건이었다. 그러나 엘가는 서른을 넘기도록 바이올린 소품곡 「사랑의 인사」외 이렇다 할 대표작을 완성하지 못한 채 전전긍긍했다. 사실 엘가는 요즘 말로 흙수저였다. 아버지는 피아노 조율사였고, 아들의 음악 공부를 반대했다. 음악가에 대한 확신도 없고, 경제적으로도 어렵다는 이유였다. 엘가는 음악을 독학하면서 기회를 노렸다.

엘가는 1899년에 완성한 「Variations on an original theme Op.36」를 통해 드디어 인기 작곡가의 대열에 들어선다. 부제가 'Enigma'여서 오늘날에는 주로 「수수께끼 변주곡(Enigma Variations)」으로 불린다. 엘가는 1898년 10월 21일 저녁 집에서 피아노를 즉흥적으로 연주했고, 엘가의 아내가 관심을 보이자 변주를 시작했다. 엘가는 그의 친구들의 캐릭터를 반영해 14개의 변주를 완성했고, 이후 관현악곡으로 편곡했다. 각각의 변주에는 이니셜 또는 별명을 붙였다. 결국 변주곡마다 붙은 이니셜 또는 별명이 누구인지가 수수께끼인 셈이다. 수수께끼는 엘가 자신이 제시한 힌트와 여러 음악학자의 연구에 의해 현재는 모두 풀린 상태이다. 예를 들면 제14변주에 붙은 'E.D.U'는 에드워드의 독일식 표기 'Eduard'에서 따온 것으로 에드워드 엘가 자신을 의미한다.

제9변주 '님로드(Nimrod)'는 구약에 나오는 인물로, 서양에서는 사냥꾼의 대명사로 통한다. 이 곡의 주인공은 런던의 음악 출판사 편집자 Augustus J. Jeager이고, Jeager의 독일식 표현은 Jäger(사냥꾼)이다. 제거는 엘가와 절친한 사이로 엘가가 여러 어려움 속에서도 작곡을 계속할 수 있도록 격려를 아끼지 않은 친구였다고 한다. '님로드'는 듣는 이를 따뜻하게 위로하는 힘을 가지고 있어 영국을 대표하는 관현악곡이 되었다.

'님로드' 자체가 유명해져서 따로 연주하는 경우도 많다. 영국의 장례식, 추도식 등에서 자주 사용되며, 2012년 런던 올림픽 개막식에서 연주되기도 했다. 다니엘 바렌보임은 평화를 꿈꾸는 서동시집 오케스트라(West-Eastern Divan

Orchestra)의 공연에서 '님로드'를 앙코르로 연주했다.

크리스토퍼 놀란 – 덩케르크 (2017)

때는 제2차 세계대전이 한창인 1940년. 영국, 프랑스의 40만 연합군은 프랑스 덩케르크 지역에 고립되었고 영국은 대규모 철수 작전을 감행했다. 영국은 제공권, 제해권마저 독일에 우위를 내주던 상황에서 전력 피해를 최소화하면서 철수 작전을 성공해야 했다. 고육지책으로 민간 선박을 동원했다. 수많은 민간 선박이 위험을 무릅쓰고 연합군을 실어 날랐고, 많은 병사는 도버해협을 건너 영국에 도착했다. 도버해협을 건너오는 수많은 민간 선박을 보고 "뭐가 보이나요?"라는 위넌트 대령의 물음에 볼튼 중령은 "조국"이라고 흥분을 감추지 못하며 대답했다. 이때 「수수께끼 변주곡」의 제9곡 '님로드(Nimrod)'가 조용히 흐른다.

영국에 도착해 수송 열차에 탄 연합국 병사들은 시민들 앞에 차마 고개를 들 수 없었다. 살아남았다는 안도감보다는 패배했다는 실망감이 더 컸을 것이다. 하지만 영국 국민은 그런 장병들에게 맥주를 선물하며 따뜻하게 환대했다. 「수수께끼 변주곡」의 선율은 장엄하면서도 따뜻하게 감싸주는 힘이 있다. 그래서 '님로드'는 종종 장례식장에서 연주되기도 한다. 전쟁영화에는 「위풍당당 행진곡」 같은 곡이 어울릴 법도 하지만, 의외로 전쟁의 참혹함에 반대되는 따뜻한 선율이 흐르는 경우가 많다.

영화음악가 한스 짐머는 영화가 뺄셈의 미학으로 만들어진 것을 고려해 『Dunkirk OST』를 긴장감 있지만 심플하게 완성했다. 한스 짐머는 엘가의 주제을 활용해 스코어를 구성했다. 중요한 장면에 쓰인 엘가의 '님로드'는 작곡가 벤자민 월피시가 편곡해 「Variation 15 (Dunkirk)」라고 제목을 새로 붙였다. 「Home」이라는 곡에서도 '님로드'의 주제가 등장한다. CD와 LP가 동시 발매되었다.

영국 작곡가의 곡은 주로 영국 지휘자가 녹음한다. 영국인의 자부심을 엿볼 수 있는 대목이다. 엘가의 「수수께끼 변주곡」 역시 영국 지휘자의 음반을 선택하면 무리가 없다.

영국의 명지휘자 존 바비롤리(John Barbirolli)는
필하모니아 오케스트라와 HMV에서 녹음한
1962년 연주에서 지휘봉이 아니라 붓을 든 것
같다. 에이드리언 볼트의 음반을 스탠더드로 여기는
애호가가 많지만, 바비롤리가 이끄는 필하모니아
오케스트라는 수채화 같은 색감으로 14개의
변주곡을 투명하게 수 놓는다.

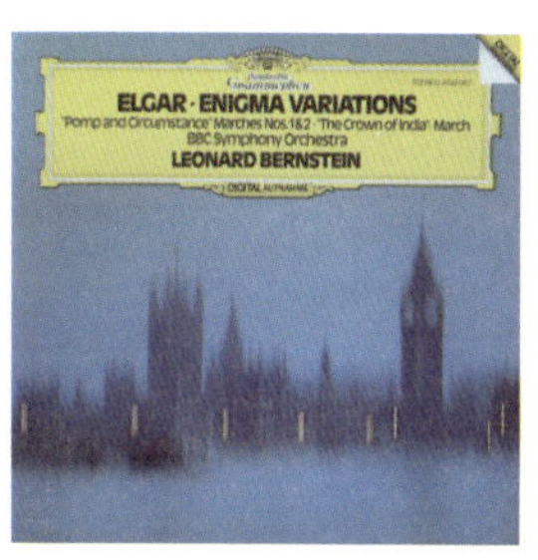

레너드 번스타인
BBC 심포니 오케스트라
1982/ DG 2532 067
연주 ★★★★☆
음질 ★★★★★

미국 지휘자 레너드 번스타인(Leonard Bernstein)의
1982년 녹음은 엘가는 영국 지휘자가 잘한다는
편견을 불식시키는 명연이다. 번스타인은 음의
강약, 속도 등을 자유롭게 조절하며 낭만적인
연주를 구사한다. 통상 3분 30초 정도 연주되는
'님로드'를 6분 넘게 연주하며 감정선을 고조시켰다.
지휘자는 미국인이지만 연주는 영국의 BBC 심포니
오케스트라가 했다. 독설로 유명한 평론가 노먼
레브레히트는 번스타인의 「수수께끼 변주곡」 녹음을
'최악의 음반 20선'에 올렸다. 지휘자와 오케스트라
단원들이 끝까지 한목소리를 내지 못했다는 이유다.
하지만 이 녹음의 리허설 장면을 보면, 번스타인이
얼마나 집중해 '님로드'를 연주했는지 알 수 있다. 물론
이 긴장의 끈을 끝까지 가져가야 했던 단원들은 힘이

앙드레 프레빈
로열 필하모닉 오케스트라
1985 / Philips 416 813
연주 ★★★★☆
음질 ★★★★☆

들었을지도 모른다. 호평과 혹평이 공존하는 음반인 만큼 들어보고 판단하자.
누군가에게는 소음일지라도 내게는 천상의 화음으로 들릴 수도 있다.

앙드레 프레빈(André Previn) 역시 엘가를 녹음하려고 영국 오케스트라와
손을 잡았다. 프레빈이 1980년대 필립스에서 했던 일련의 녹음은 모두 수준
이상이어서 이 음반 역시 안심하고 음악에 심취할 수 있다. 엘가의 그림을 담고
있는 재킷도 예술적이다. 디지털 녹음을 가장 잘하는 필립스답게 음질도 좋다.

본 윌리엄스, 그린슬리브즈 주제에 의한 환상곡
Vaughan Williams, Fantasia on Greensleeves

존 바비롤리 / 신포니아 오브 런던
John Barbirolli / Sinfonia of London
1962

His Master's Voice ASD 521

영국의, 영국에 의한, 영국을 위한
존 바비롤리는 그의 수족과 같은 할레 오케스트라와 두 번 녹음했으나,
스테레오 녹음이라는 점에서 1962년 녹음을 최우선으로 추천한다. 현악의
디테일을 잘 살리는 바비롤리는 도입부의 플롯과 하프 연주에 따라오는 현
파트에서 수채화 같은 색감을 만들어 낸다.

연주 ★★★★★ 음질 ★★★★☆

그린슬리브즈는 푸른 옷소매가 아니다

랄프 본 윌리엄스(Ralph Vaughan Williams, 1872~1958)는 영국 민요 「Greensleeves」의 멜로디를 차용해 만든 곡을 그의 오페라 「Sir John in Love」 3막에 간주곡으로 사용했다. 곡의 이름은 'Alas, my love, you do me wrong'. 작곡가는 또 다른 영국 민요 「Lovely Joan」을 대선율로 사용해 곡을 완성했다. 1934년 랄프 그리브스(Ralph Greaves)는 윌리엄스의 허락을 얻어 곡을 현악 오케스트라와 하프를 위한 버전으로 편곡했다. 이 편곡이 「Fantasia on Greensleeves」라는 이름을 쓰는 일련의 편곡 중에 가장 유명한 버전이다. 5분 남짓의 짧은 곡이지만, 원곡의 향수 짙은 멜로디에 플룻과 하프가 어우러지는 아름다운 편곡이 효과적이다. 결국 많은 사랑을 받는 윌리엄스의 대표작으로 자리 잡았다.

「Greensleeves」는 작자 미상의 영국 민요로, 그 기원은 16세기 엘리자베스 여왕 시대로 거슬러 올라간다. 16세기에 생겼다기보다는 구전으로 전해 오던 곡이 그즈음에 채보되었을 것으로 추측한다. 영국의 왕 헨리 8세가 작곡했다는 설은 지금에 와서는 사실이 아닌 것으로 밝혀졌다. 제목 'Greensleeves'를 '푸른 옷소매'로 번역하는 글을 종종 볼 수 있다. 하지만 제목에서 보듯 'Greensleeves'는 두 어절 단어가 아닌 한 어절 단어이다. 또한 가사의 내용 면에서도 'Greensleeves'는 어느 여자의 이름이거나 그녀를 은유적으로 부르는 단어인 것을 어렵지 않게 유추할 수 있다. 따라서 '푸른 옷소매'보다는 원어 그대로 '그린슬리브즈'라고 부르는 것이 맞다. 구전민요라서 제목에 대한 다양한 해석이 있다. '그린슬리브즈'는 난잡한 여인 또는 창녀라는 설이다. '푸른 소매'는 야외에서 관계를 맺어 옷에 잔디 얼룩이 묻은 의미라는 설도 있다. 내용이야 차치하더라도 구슬픈 멜로디로 인해 많은 사랑을 받았고 다양한 가사와 스타일로 편곡되었다.

개사한 곡으로 대표적인 노래가 「What child is this?」라는 캐럴이다. 지금도 널리 불리는 캐럴의 대표곡 중 하나다. 팝 신에서 많은 뮤지션이 「Greensleeves」를 녹음했다. 미국의 포크 그룹 브라더스 포와 영국의 배우 겸 가수 올리비아 뉴튼 존이 대표적이다. 재즈 신에서도 콜맨 호킨스, 존 콜트레인, 폴 데스몬드, 웨스 몽고메리, 지미 스미스 등 많은 연주자가 「Greensleeves」를 녹음했다. 클래식 바이올리니스트 조슈아 벨과 재즈 피아니스트 칙 코리아가 함께한 크로스오버 녹음도 있다.

기타로 연주한 곡이 특히 유명하다. 영국 3대 기타리스트 제프 벡(Jeff Beck)은 1968년 작『Truth』에서「Greensleeves」를 어쿠스틱 기타로 편곡해 멋지게 연주했다. 클래식 기타리스트 외란 쉴셔 또한『Greensleeves』라는 제목의 음반을 발표했다.

TV드라마 – 미스터 션샤인 (2018)

노비 출신 미군 유진(이병헌)과 대가댁 여식 애신(김태리)이라는 상반된 캐릭터를 이용해 구한말 격정적인 시기를 극적으로 그려낸 〈미스터 션샤인〉은 최고 시청률 18.1%를 기록했다. 미스터 션샤인은 드라마지만 영화를 방불케 하는 아름다운 영상미로 많은 시청자에게서 사랑받았다. 남혜승, 박상희의 드라마 음악 또한 영상의 구성미를 잘 살렸다는 평가다.

노비의 자식 유진은 어머니를 탐하는 양반의 계략으로 인해 부모를 모두 잃고 도망친다. 추노꾼에게 잡힐 뻔했으나 의병 황은산과 미국인 선교사 조셉의 도움으로 도미에 성공한다. 머나먼 이국땅 미국에서 가진 것 없는 고아 유진은 힘든 시기를 보낼 수밖에 없다. 유진은 상점 앞 진열대의 오르골이 연주하는「Greensleeves」의 선율을 듣고 자신의 슬픈 처지에 오열한다.

유진은 미 해병대 장교가 되어 조국 땅에 돌아올 때 오르골을 가지고 온다. 오르골이 연주하는「Greensleeves」는 유진의 테마이자 드라마의 가장 주된 선율이다. 조선 땅에 돌아왔지만, 미군복을 입은 그는 이방인이다. 향수를 자극하는「Greensleeves」의 선율은 한국인도 아니고 미국인도 아닌 어디에도 조국이 없는 유진의 고향으로 존재한다.

『미스터 션샤인 OST』는 일반 버전, 유진 버전, 애신 버전 등 여러 행태로 발매되었다. 백지영, 박효신, 김윤아 등 국내 톱 가수의 오리지널 곡으로 구성되어 있고, 유진의 테마「Greensleeves」는 음악감독을 맡은 남혜승, 박상희의 오르골 연주를 담은 Musicbox Drama Version이 담겨 있다. 완성도 높은 드라마의 테마 음악은 한국계 비올리스트 리차드 용재 오닐이 연주했다.

　　영국 음악가에게는 영국 작곡가의 곡을 반드시
연주해야 하는 자부심 같은 게 있다.「그린슬리브즈
주제에 의한 환상곡」의 명음반 대부분이 영국
지휘자의 녹음이다.

　　1962년에 존 바비롤리(John Barbirolli)는 'Barbirolli
conducts English String Music'이라는 제목처럼
영국 작곡가 엘가와 윌리엄스의 곡을 연주한
음반을 녹음했다. 바비롤리는 그의 수족과 같은
할레 오케스트라와도 두 번 녹음했으나, 스테레오
녹음이라는 점에서 1962년 녹음을 최우선으로
추천한다. 현악의 디테일을 잘 살리는 바비롤리는
도입부의 플루트와 하프 연주에 따라오는 현
파트에서 수채화 같은 색감을 만들어 낸다. 음반에서
윌리엄스의 또 다른 대표곡「토마스 탈리스
주제에 의한 환상곡」과 엘가의 대표곡「현을 위한
세레나데」를 같이 감상할 수 있다.

　　에이드리언 볼트(Adrian Boult) 역시 1970년
윌리엄스와 엘가의 곡으로 구성한 음반을 녹음했다.
「그린슬리브즈 주제 의한 환상곡」으로 시작하는
이 음반은 윌리엄스의「English Folk Song Suite」와
엘가의「수수께끼 변주곡」도 포함한다.「수수께끼
변주곡」의 명연주로도 추천되는 음반이다.

　　카라얀보다도 녹음량이 많다는 네빌 마리너(Neville Marriner) 역시 영국
지휘자다. 네빌 마리너가 이끄는 세인트 마틴 인 더 필즈 아카데미 관현악단은
랄프 본 윌리엄스의 곡만 엄선해 녹음했다.「그린슬리브즈에 주제에 의한
환상곡」,「토마스 탈리스 주제에 의한 환상곡」외에「The Lark Ascending」,「Five
Variants of 'Dives and Lazarus'」를 함께 감상할 수 있다. 영국 아르고 레이블의
초반은 음질이 매우 훌륭하다.

에이드리언 볼트
런던 심포니 오케스트라
1970 / HMV ASD 2750
연주 ★★★★☆
음질 ★★★★☆

네빌 마리너
세인트 마틴 인 더 필즈 관현악단
1972 / ARGO ZRG 696
연주 ★★★★☆
음질 ★★★★★

말러, 교향곡 제5번

Mahler, Symphony No.5 in C# minor

주세페 시노폴리 / 필하모니아 오케스트라
Giuseppe Sinopoli / Philharmonia Orchestra
1985

Deutsche Grammophon 415 476

중용의 미학

주세페 시노폴리의 말러는 중용에 가까운 해석이다. 하지만 그가 이탈리아
태생의 지휘자라는 것을 놓치지 말아야 한다. 시노폴리는 이탈리아
지휘자답게 말러 교향곡을 노래하고 있다. 너무 무겁지도, 그렇다고 가볍게만
흘러가지도 않는데 노래가 느껴진다.

연주 ★★★★★ 음질 ★★★★☆

죽음과 환희 사이 어딘가

베토벤이 완성하고 브람스가 발전시킨 교향곡이라는 음악 형식은 말러에
의해 절정에 이른다. 말러는 교향곡이 도달할 수 있는 극한까지 밀어붙였지만,
그 이면에는 신파적인 멜로디와 탐미주의가 공존하는 패러독스를 통해 누구도
넘볼 수 없는 금자탑을 쌓아 올렸다. 더욱 놀라운 것은 말러의 교향곡이 1번에서
9번까지 모두 널리 연주된다는 사실인데, 그중에서도 가장 대중성이 강한 곡을
꼽으라면 단연 5번이다.

구스타프 말러(Gustav Mahler, 1860~1911)는 1901년에 장출혈로 죽음 직전까지
갔다가 살아났다. 이듬해에는 19세 연하의 알마 쉰들러(1879~1964)와 결혼하는
기쁨을 맛본다. 「교향곡 제5번」은 죽음과 환희가 공존하던 1902년에 작곡된
곡으로 말러의 당시 상황을 잘 대변해 주는 교향곡이다.

「교향곡 제5번」은 다섯 개의 악장으로 구성되어 있으며, 말러의 다른
교향곡에서 종종 등장하는 성악은 포함하지 않는다. 9개의 교향곡 중간에 위치해
전반부와 후반부 사이에서 절묘하게 중심을 잡아주는 작품이다.

1악장은 '장송 행진곡(Funeral March)'이다. 장례식에서도 사용되는 장엄한
트럼펫 솔로를 듣고 있으면 이 교향곡이 어디를 향해 가는지 알 수 없다. 2악장
'폭풍우가 몰아치는 극도의 격렬함으로(Stormy, with utmost vehemence)'는 소나타
형식의 실질적인 주제 악장이다. 1악장 '장송 행진곡'은 교향곡의 시작을 위한
전주곡으로 볼 수도 있다.

3악장 '스케르초'를 지나, 하프가 리드하는 4악장 '아다지에토'에 이르러
교향곡은 절정에 다다른다. 관악기를 배제한 채 하프와 현악기만으로 이루어진
4악장 '아다지에토'는 말러 교향곡을 통틀어 가장 아름다운 악장이다. 말러는
'아다지에토'를 작곡해 악보를 알마에게 보냈다. 글보다 음악으로 말하는
말러식 연애편지였다. 진정한 아름다움은 죽음으로 완성되는 것처럼 4악장
'아다지에토'에도 죽음의 그림자가 느껴진다. 미국의 지휘자 레너드 번스타인은
로버트 케네디 상원의원의 장례식에서 '아다지에토'를 연주했다.

「교향곡 제5번」은 4악장 '아다지에토'가 루키노 비스콘티 감독의 1971년 영화
〈베니스에서의 죽음〉에 사용되면서 더욱 대중적인 인기를 끌었다. 비스콘티는
토마스 만의 원작 소설의 주인공을 작곡가로 변경해 영화에 배치했다. 작곡가는
치명적인 아름다움을 탐하다가 죽음을 맞이하는 말러와 같다. 말러와 같은

이름의 작곡가 구스타프는 해변에서 노는 미소년 타지오를 바라보며 쓸쓸히
죽음을 맞이한다. 4악장 '아다지에토'가 배경음악으로 흐르며 타지오의
아름다움과 구스타프의 죽음을 예술적으로 완성하는 역할을 한다.

박찬욱 – 헤어질 결심 (2022)

서래(탕웨이)의 남편 기도수는 고급 이어폰으로 말러「교향곡 제5번」을
플레이하며 암벽등반을 시작한다. 4악장이 끝날 무렵 정상에 도달하고, 정상에서
5악장을 들은 후 하산한다. 남편을 살해했다는 의심을 받는 서래의 범죄를
추적하는 경찰 해준(박해일)은 직접 산에 오르며 범죄를 재구성한다. 이때 말러
「교향곡 제5번」의 4악장 끝부분이 등장하며 산 정상에서의 범죄를 완성한다.

서래의 범죄 사실을 뒤늦게 깨닫고 이별을 통보하는 장면에서도 4악장의
멜로디는 계속 흐른다. 해준이 품위 있어서 좋아한다는 서래. 하지만 해준의 품위는 자부심에서 나오는 것이다. 사랑에 눈이 멀어 수사를 망치고 자부심이 무너진 해준은 "나는요, 완전히 붕괴되었어요"라고 절규한다. '아다지에토'는 사랑의 시작이자 종말을 상징한다.

박찬욱 감독은 비극과 환희가 공존하는 말러「교향곡 제5번」에서 가장 탐미적인 4악장을 통해 해준과 서래의 서사를 완성한다. 〈베니스에서의 죽음〉에 먼저 사용된 4악장이기 때문에 고민했지만, 〈헤어질 결심〉의 전반부를 완성하는 데 '아다지에토'만 한 곡을 찾지 못했다고 한다. 만약 '아다지에토'가 아닌 다른 곡이었다면 영화 전반부의 감동이 반감되었을

조영욱 음악감독의 『헤어질 결심 OST』는 해준과 서래 두 가지 버전으로 발매되었다. 박찬욱 감독 작품의 다른 OST와 마찬가지로 오리지널 스코어만 수록되어 있으며, 영화에 사용된 클래식이나 가요는 없다. 34곡의 오리지널 스코어를 듣고 있으면 영화의 다양한 장면이 떠오른다. 영화 개봉 1년 후 CD로 발매되었으며, 이듬해 LP가 나왔다. CD와 달리 LP의 4면에는 영화에 사용된 정명훈 지휘의 말러 「교향곡 제5번」 4악장 '아다지에토'가 포함되어 있다.

것이다.

　　주세페 시노폴리(Giuseppe Sinopoli)의 말러는
중용에 가까운 해석이다. 하지만 그가 이탈리아
태생의 지휘자라는 것을 간과하지 말아야 한다.
시노폴리는 이탈리아 지휘자답게 말러 교향곡을
노래하듯이 해석한다. 너무 무겁지도, 그렇다고
가볍게만 흘러가지도 않으며 음악적 노래가 느껴진다.
이 연주는 녹음도 훌륭해 말러의 거대한 교향곡을
제대로 감상하기에 적합하다.

레너드 번스타인
빈 필하모닉
1987 / DG 423 608
연주 ★★★★☆
음질 ★★★★☆

　　레너드 번스타인(Leonard Bernstein)은 「교향곡
제5번」을 두 번 녹음했다. 번스타인은 빈 필하모닉과
함께한 두 번째 녹음에서 어떤 지휘자보다도
드라마틱하게 말러를 탐닉한다. 빠름과 느림 그리고
다이나믹의 강약을 극대화한 연주로, 애호가들
사이에서 호불호가 갈리기도 한다. 하지만 입체적고
탐미적이며, 한편으로는 신파적인 말러 교향곡의
연주에 번스타인의 약간은 과한 해석이 효과적이다.
말러 전문가 김문경은 번스타인의 말러를 좋아하면
왠지 말러 음악의 감성에만 매달리는 초보자로
비쳐질 수 있다는 세간의 평가를 언급한 적이 있다.
그러나 감성적일 수밖에 없다면 번스타인처럼 제대로

존 바비롤리
뉴 필하모니아 오케스트라
1969 / HMV　ASD 2818-9
연주 ★★★★☆
음질 ★★★★☆

감성적인 말러를 들어보는 것도 좋다. 초반 LP는 음골을 촘촘하게 새겨 1장으로
발매되어 3악장이 A, B면에 걸쳐 수록된 단점이 있다. 리이슈 음반은 두 장으로
발매되었다.

　　번스타인의 말러를 싫어하는 영국 평론가들은 자국의 지휘자 존
바비롤리(John Barbirolli)에 열광한다. 영국 특유의 자존심이라고 폄하할 수도
있지만, 실제로 들어보기 전에 속단은 금물이다. 바비롤리의 말러는 현악기의
섬세함이 살아 있다. 분석적이면서도 서정성을 잃지 않는 깊이 있는 해석이다.
조용히 말러 음악의 정수로 파고드는 느낌이다. 바비롤리는 5번, 6번, 9번 등을
녹음했으나 아쉽게도 전곡을 완성하지는 못했다.

말러, 교향곡 제2번 '부활'

Mahler, Symphony No.2 in C minor 'Resurrection'

레너드 번스타인 / 뉴욕 필하모닉
Leonard Bernstein / New York Philharmonic
1987

Deutsche Grammophon 423 395-1

말러와 번스타인

레너드 번스타인이 뉴욕 필하모닉을 지휘한 1987년 연주는 큰 스케일과
작은 디테일 모두를 잡은 명연이다. 말러 교향곡의 압도적이고 거대한 부분만
강조하는 것이 아닌 인간의 삶과 내면에 대해 깊이 들여다보는 것에 초점을
두고 있다. 훌륭한 녹음은 보너스다.

연주 ★★★★★ 음질 ★★★★★

죽음과 부활

구스타프 말러(Gustav Mahler, 1860~1911)에게 1889년은 비극적인 해였다.
2월에는 아버지가, 10월에는 어머니가 세상을 떠났으며, 여동생 레오폴디네가
뇌종양으로 세상을 떠난 것도 같은 해다. 말러에게는 1888년부터 구상하던
「교향곡 제2번」이 이런 불행한 사건들로 인해 어떻게든 영향을 받았을
것이다. 말러는 부다페스트를 떠나 함부르크에 머물면서 저명한 지휘자이자
피아니스트였던 한스 폰 뷜로브(Hans von Bülow, 1830~1894)로부터 신임을 받고,
그가 하던 일들을 맡았다. 병으로 몸이 쇠약했던 뷜로브가 1894년에 사망하자
말러는 그의 장례식에 참석한다. 교회에서 치러진 장례식에는 프리드리히
고틀리프 클롭슈톡(Friedrich Gottlieb Klopstock, 1724~1803)의 시 〈부활〉가
낭독되었다. 말러는 「교향곡 제2번」 5악장에서 쓰일 가사를 찾았다고 말하며,
클롭슈톡의 시 〈부활〉을 수정해 마지막 악장에 사용한다.

말러의 두 번째 교향곡은 1894년에 완성되었으며, 이듬해인 1895년에 말러의
지휘로 초연되었다. 말러의 「교향곡 제2번」은 5악장으로 구성되어 있다. 1악장은
「교향곡 제1번」에서 죽음을 맞이한 영웅을 위로하는 장례식을 표현하고 있으며,
20분이 넘는 긴 악장은 시종일관 비장감이 흐른다. 2악장은 아름답고 행복했던
순간을 기억하고 순수함을 잃어버린 비통하고 참담한 기억이라고 말러는
정의한다. 3악장과 4악장은 비슷한 시기에 작곡한 자신의 가곡 『어린이의 이상한
뿔피리』에서 선율과 가사를 차용했다. 3악장은 인생의 어두움을 불협화음으로
표현하고 있으며, 4악장에서는 알토 독창이 인생의 어두움과 희망을 함께
노래한다. 마지막 5장은 35분 동안 진행되는 악장으로 장대한 스케일로 죽음을
딛고 일어서는 환희를 주제로 삼고 있다.

부활이 존재하기 때문에 죽음이 끝이 아니며, 인간의 괴로운 감정과 번뇌도
의미가 있다는 내용을 음악에 담고 있다. 평소 죽음에 대해 복잡한 감정을 가진
말러는 「교향곡 제2번」에 얼마나 공을 들여 작곡했는지 다른 교향곡의 작곡에
걸린 시간을 보면 알 수 있다. 죽음에 대한 말러의 고뇌는 그의 마지막 생애까지
이어지는데, 첫째 딸 마리아 안나가 다섯 살의 어린 나이에 세상을 떠났으며, 이
무렵 말러는 자신의 심장에 문제가 있다는 것을 알게 된다. 결국 첫째 딸이 사망한
4년 뒤, 그는 심장병으로 세상을 떠난다. 비로소 죽음으로부터 해방된 말러는
딸의 묘지 옆에 잠들었다.

브래들리 쿠퍼 – 마에스트로 번스타인 (2023)

〈마에스트로 번스타인(Maestro)〉은 레너드 번스타인(브래들리 쿠퍼)의 삶을 그린 영화로, 그의 아내 펠리시아 몬테알레그레(캐리 멀리건)와 평생에 걸친 인연과 사랑을 중심으로 이야기가 펼쳐지는 영화다.

1987년 레니(번스타인 애칭)는 자택에서 인터뷰하면서 오랜 세월 함께한 아내 펠리시아를 이야기한다. 1943년 뉴욕 필하모닉의 부지휘자였던 레니는 객원 지휘자 브루노 발터가 병에 걸리면서 갑작스럽게 지휘자로 데뷔한다. 그 뒤로 성공 가도를 달리기 시작한 레니는 펠리시아를 만나 사랑을 한다. 두 사람은 결혼으로 이어져 세 명의 자녀를 가지며 행복한 시간을 보낸다. 행복했던 시간은 레니가 남자를 좋아하는 사실을 알게 되면서 무너진다. 남자를 사랑하는 남편의 모습에 펠리시아의 복잡한 마음은 증오로 이어지지만, 그래도 남편을 이해하려고 노력한다.

1973년 말러「교향곡 제2번」의 지휘를 마친 레니에게 펠리시아는 "증오하는 마음이 사라졌다"라고 웃으면서 말한다.「교향곡 제2번」을 통해 새롭게 태어나려는 남편의 마음을 펠리시아는 믿고 응원했던 것이다. 그 시기에 펠리시아는 유방암 진단을 받는다. 그리고 레니의 품에서 죽음을 맞이한다. 1987년 인터뷰 신으로 돌아온 레니는 이네기 그립다고 말하면서 그녀의 모습을 떠올리며 영화는 끝난다.

『Maestro OST』는 영화 개봉 3개월이 지난 2023년 12월에 LP와 CD로 발매되었다. LP는 2장으로 출시되었으며, 레너드 번스타인의 작품과 영화에서 등장했던 베토벤 등 클래식 음악이 수록되어 있다. 영화 속에서 6분간 등장한 말러「교향곡 제2번」은 야닉 네제 세갱(Yannick Nezet Seguin) 지휘로 런던 심포니 오케스트라가 협연했다.

레너드 번스타인(Leonard Bernstein)은 1960년대 뉴욕 필하모닉을 이끌고 말러 전곡 녹음을 완성했을 정도로 말러 음악의 전도사였다. 1963년 뉴욕 필하모닉과 함께한 말러「교향곡 제2번」연주는 폭발적이고 높은 완성도를 자랑한다. 1987년에 다시 뉴욕 필하모닉을 이끌고 연주한 녹음은 1960년대와 70년대의 폭발적인 연주에 더해 세밀한 분석과 열정을 추가했다. 노골적인 감정이입과 급격한 템포로 과장된 연주지만, 압도적인 스케일뿐만 아니라 섬세함도 갖춘 연주를 들려준다. LP 녹음이 좋아 음악적 쾌감이 상당하다. 도이체 그라모폰에서 독일, 네덜란드, 헝가리 반이 1988년에 LP로 나왔으며, 우리나라 성음에서 1990년에 LP가 출시됐다. 2013년부터는 몇 년에 한 번씩 리이슈반이 나오고 있다.

오토 클렘페러(Otto Klemperer)의 1962년 녹음은 균형 잡힌 연주와 화강암처럼 단단한 음의 구조가 인상적이다. 중후한 사운드로 안정감을 주면서도 가끔 폭발적인 힘을 선보이기도 한다. 녹음된 지 60년이 지났지만 음질 역시 뛰어나며, 작품이 가진 에너지를 모두 끌어낼 만큼 훌륭한 녹음이다. LP는 SAX 초반이 매우 비싸게 거래가 되고 있다. EMI Color dog stamp 또는 EMI Electrola에서 나온 음반은 좋은 대안이다.

브루노 발터(Bruno Walter)의 1958년 녹음은 고전적인 명연이다. 말러의 제자이자 친구였던 발터는 「대지의 노래」와 「교향곡 제9번」을 초연했고, 누구보다 말러 옆에서 음악에 대해 깊은 대화를 나눴다. 발터는 이 연주에서 작곡가의 심정과 내면의 모습을 파악하고 정리해 음반으로 옮겼다. 낡은 녹음이라고 생각하겠지만 LP 초기반은 음질이 좋다.

오토 클렘페러
필하모니아 오케스트라
1962 / Columbia SAX 2473/4
연주 ★★★★★
음질 ★★★★☆

브루노 발터
뉴욕 필하모닉
1958 / Columbia M2S-601
연주 ★★★★☆
음질 ★★★★

2부

협주곡

독주자와 오케스트라가 어울려 연주하는 협주곡은 두 주체가 때로는 대화하듯이 때로는 경쟁하듯이 선율을 주고받으며 연주하는 악곡이다. 협주곡은 주인공의 여러 감정을 전달하는 도구로 사용되어, 영화에서 서정적인 분위기를 연출하거나 반대로 긴장감을 형성하기도 한다.

라흐마니노프, 파가니니 주제에 의한 광시곡
Rachmaninov, Rhapsody on a Theme of Paganini, Op.43

아르투르 루빈스타인 / 프리츠 라이너 / 시카고 심포니 오케스트라
Artur Rubinstein / Fritz Reiner / Chicago Symphony Orchestra
1956

RCA LSC 2430

루빈스타인의 서정성

거장 피아니스트 아르투르 루빈스타인의 서정성은 라흐마니노프
연주에서도 빛을 발한다. 18번째 변주의 피아니즘은 루빈스타인 스타일이
확실히 궁합이 좋다. 소박하게 연주하지만 곡의 정수를 꿰뚫고 있는
느낌이다. 아날로그 마니아에게 사랑받는 음반이다.

연주 ★★★★★ 음질 ★★★★☆

비르투오소(라흐마니노프)가
비르투오소(파가니니)에게 보내는 답가

세르게이 라흐마니노프(Sergei Rachmaninov, 1873~1943)는 1917년에 러시아를 탈출했다. 당시 그의 나이는 44세. 이미 작곡가로서 많은 업적을 이룬 나이였다. 그는 낭만주의 피아니즘의 정점에 위치하는 「피아노 협주곡 제2번」과 「피아노 협주곡 제3번」을 이미 완성했다. 「교향곡 제2번」, 「피아노 3중주」와 같은 그의 대표작 또한 갖추고 있었다. 미국에서 이렇다 할 후속작을 내놓지 못하고 범작만 작곡하던 라흐마니노프는 생계를 위해 피아니스트 겸 지휘자로도 활동했다. 1926년에 완성한 「피아노 협주곡 제4번」은 크게 실패했다.

1934년, 스위스 루체른 호수 근처 별장에서 라흐마니노프는 「파가니니 주제에 의한 광시곡」 작업에 착수했다. 이는 파가니니가 작곡한 「24개의 카프리치오」 중 24번째 카프리치오의 주제를 활용한 피아노 협주곡 형식의 작품이다. 파가니니의 솔로 바이올린을 위한 카프리치오 중에서도 가장 유명한 주제를 이용해 라흐마니노프 특유의 낭만적인 멜로디로 변주한다. 그 결과가 훌륭할 것은 자명하다. 비르투오소 피아니스트가 비르투오소 바이올리니스트에게 보내는 답가와 같다. 라흐마니노프의 라스트 댄스라고 해도 좋을 후기 대표작으로 자리매김했다.

광시곡은 일정한 형식 없이 자유로운 악장으로 만든 화려한 악곡이다. 라흐마니노프는 통상적인 변주곡이 주제를 제시한 후 변주를 시작하는 것과 달리, 제1변주를 맨 앞에 배치하고 이후에 주제를 시작하게 했다. 이러한 독특한 구성이 오히려 악곡을 더욱 빛나게 했다. 제1변주는 마치 서곡과 같은 역할을 하며, 뒤에 나오는 주제를 궁금하게 한다. 파가니니 카프리치오와 마찬가지로 총 24개의 변주는 소나타 형식 같은 구조로 다시 집결한다.

가장 유명한 변주는 18번째 변주다. 라흐마니노프의 낭만적 피아니즘의 결정판 같은 느낌을 주는 18번째 변주는 아름다운 멜로디로 인해 피아니스트의 독주곡으로도 자주 연주된다. 24개의 변주 중에 18번째이며, 느린 악장의 마지막 부분에 위치해 전체 악곡의 기승전결을 구현하는 데 결정적 역할을 한다. 피아노 연주도 아름답지만, 이어지는 오케스트레이션이 곡을 하이라이트로 이끌어 간다. 라흐마니노프 자신도 18번째 변주는 기획사를 위한 곡이라며 악곡의 성공을 확신했다.

해롤드 래미스 – 사랑의 블랙홀 (1993)

거만한 기상 캐스터 필 코너스(빌 머레이)는 동료 스태프 리타(앤디 맥도웰)와 함께 2월 2일 성촉절(Groundhog Day) 취재를 위해 펜실베니아 펑수토니 마을로 간다. 필은 그곳에서 재미없는 하루를 보내고 서둘러 집으로 돌아가려고 하지만, 폭설로 인해 마을에 하루 더 머무를 수밖에 없다. 다음 날 아침, 그는 집에 가려 하지만 시간이 하루를 거슬러 2월 2일 성촉절로 돌아가 있다. 이렇게 2월 2일이 계속 반복된다.

필 코너스는 절망에 빠져 범죄와 일탈을 저지르고, 심지어 자살까지 시도한다. 하지만 매일 아침 멀쩡하게 일어나 다시 2월 2일을 맞이한다. 결국 그는 이 상황을 즐기기 시작한다. 반복되는 하루를 이용해 여자의 취향을 알아내고, 다음 날, 마치 처음 만난 것처럼 행동하며 여자를 유혹한다. 이마저도 지루해져 동료 리타를 꼬시려 하지만 쉽지 않다. 오히려 필은 리타의 따뜻한 인간미에 감명을 받고 그녀에게 사랑을 느끼게 되며, 자신의 생활 태도를 고치기 시작한다.

필은 피아노를 배우고, 클럽 공연에서 리타를 위해 「파가니니 주제에 의한 광시곡」을 연주한다. 18번째 변주의 아름다운 멜로디 후에 재즈 밴드가 합세하며 신나는 축제가 시작된다. 파가니니의 카프리치오가 라흐마니노프에 의해 재탄생하고, 다시 필 코너스의 손을 거쳐 재즈로 변모한다. 언제나 그렇듯 로맨틱 코미디는 해피엔딩이다.

1993년에 영화와 동시에 발매된 『Groundhog Day OST』에는 「파가니니 주제에 의한 광시곡」 18번째 변주가 두 가지 버전으로 담겨 있다. 원곡 버전은 피아니스트이자 교육자 엘리자베스 부체리(Elizabeth Buccheri)의 연주이며, 주인공 필 코너스가 재즈풍으로 연주하는 버전은 테리 프라이어(Terry Fryer)의 연주이다. CD로 발매되었고 일부 국가에서 LP로 출시되기도 했다.

1934년 11월 17일, 레오폴트 스토코프스키(Leopold Stokowski) 지휘의 필라델피아 오케스트라와 라흐마니노프 본인의 피아노 연주로 볼티모어에서 초연했다. 그해 12월, 같은 멤버로 RCA에서 녹음을 진행했다. 이 녹음은 라흐마니노프 본인의 연주라는 상징성에도 음질이 조악해 쉽게 추천하기 어렵다. LP 시대 이후의 녹음을 고르는 것이 안정적인 선택이다.

거장 피아니스트 아르투르 루빈스타인(Artur Rubinstein)의 서정성은 라흐마니노프 연주에서도 빛을 발한다. 18번째 변주의 피아니즘은 루빈스타인 스타일이 확실히 궁합이 좋다. 소박하게 연주하지만, 곡의 정수를 꿰뚫고 있는 느낌이다. 프리츠 라이너(Fritz Reiner)가 지휘하는 시카고 교향악단이 뒤를 든든하게 받쳐 준다. 1958년 RCA 리빙 스테레오 녹음으로 아날로그 마니아에게 사랑받는 음반이다.

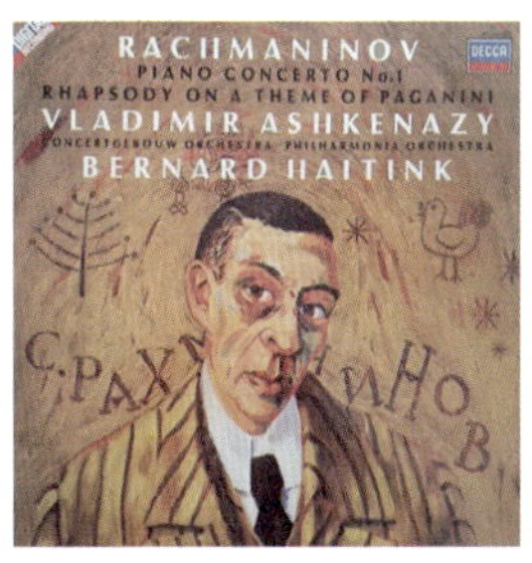

아슈케나지 / 하이팅크
필하모니아 오케스트라
1986 / DECCA 417 613
연주 ★★★★☆
음질 ★★★★☆

블라디미르 아슈케나지(Vladimir Ashkenazy)는 라흐마니노프의 러시아적 낭만주의를 가장 잘 표현하는 피아니스트로 평가받는다. 앙드레 프레빈(André Previn)과 함께한 1971년 녹음이 대표작으로 손꼽히지만, 베르나르트 하이팅크(Bernard Haitink)와 함께한 1986년 녹음도 훌륭하다. 1971년 녹음은 프레빈의 화려한 관현악이 돋보이고, 1986년 녹음은 디지털 녹음으로 아슈케나지의 명징한

바사리 / 야로노비치
런던 심포니 오케스트라
1977 / DG 2530 905
연주 ★★★★☆
음질 ★★★★

피아노 소리를 잘 표현한다. 항상 평균 이상의 연주를 하는 대기만성형 지휘자 하이팅크가 예상외로 러시아 낭만주의의 풍성한 선율을 화려하게 표현한다. 라흐마니노프의 초상화가 들어간 재킷 디자인은 1986년 녹음을 더욱 매력적으로 만든다.

헝가리 출신의 피아니스트 타마슈 바사리(Tamas Vasary)는 쇼팽으로 다진 실력을 라흐마니노프에서 유감없이 발휘한다. 그는 라흐마니노프의 서정성을 극대화하기 위해 템포를 낮추고 곡의 내면으로 깊이 들어간다. 특히 18번째 변주가 유난히 아름답다. 아름답고 서정적인 피아니즘을 원한다면 바사리의 연주가 탁월하다.

로드리고, 아랑후에스 협주곡

Rodrigo, Concierto de Aranjuez

나르시소 예페스 / 아타울포 아르헨타 / 스페인 국립 오케스트라
Narciso Yepes / Ataúlfo Argenta / National Orchestra of Spain
1957

DECCA SXL 2091

「아랑후에스 협주곡」의 스탠더드

데카의 기술진은 「아랑후에스 협주곡」의 녹음을 위해 기꺼이 스페인으로
건너갔다. 당대 최고의 기타리스트 나르시소 예페스와 아타울포 아르헨타가
이끄는 스페인 국립 오케스트라의 협연은 음악적 색채감과 연주의 정밀함이
조화를 이루는 「아랑후에스 협주곡」의 스탠더드를 만들어 냈다.

연주 ★★★★★ 음질 ★★★★★

스페인의 향기

호아킨 로드리고(Joaquin Rodrigo, 1902~1999)는 1939년에 기타 협주곡을 완성했다. '아랑후에스'라는 이름을 붙인 이유는 스페인 아랑후에스 궁전의 감성을 곡에 담아내고자 했기 때문이다. 앞이 보이지 않는 로드리고가 아랑후에스 궁전을 방문한 느낌이 어떨지 궁금하다. 「아랑후에스 협주곡」은 스페인의 감성을 물씬 품고 있다. "가장 한국적인 것이 가장 세계적이다"라는 말처럼 스페인의 감성 또한 보편적인 정서로서 초연의 성공을 이끌어 냈고, 가장 유명한 기타 협주곡을 넘어 20세기를 대표하는 협주곡 중 하나로까지 인정받고 있다.

기타는 오래된 악기이지만 다른 악기에 비해 음량이 작아 협주곡에 어울리지 않는다고 여겨졌다. 로드리고는 독주 목관악기와 대화하는 형식으로 작품을 풀어 나갔다. 유명한 2악장은 기타의 아르페지오로 시작한다. 이어서 주제를 잉글리시호른이 연주하고, 그 주제를 기타가 받아서 독주한다. 오케스트라는 숨을 죽인다. 기타 연주가 끝나면서 현악부가 격정적인 연주를 시작한다. 이 작품은 어찌 보면 바로크 시대에 유행했던 여러 독주 악기가 어우러지는 합주협주곡(Concerto grosso)과 비슷한 면이 있다. 하지만 기타가 없었다면 스페인 향기를 가득 품은 곡으로 완성되기는 어려웠을 것이다.

로드리고를 몰라도 「아랑후에스 협주곡」을 아는 사람은 많다. 심지어 「아랑후에스 협주곡」은 몰라도 2악장의 멜로디는 누구나 흥얼거릴 수 있다. 1980년부터 2007년까지 30년 가까이 KBS 토요명화의 시그널 뮤직으로 사용되었기 때문이다. 토요명화는 이지 리스닝의 대가 베르너 뮐러(Werner Muller)의 편곡 버전을 사용했다. 도입부의 "빰 빠빠빠 빰~"하는 선율은 원곡에 없다.

곡이 지닌 보편성은 많은 파생곡을 낳았다. 장프랑수아 모리스(Jean-Francois Maurice)는 멋진 내레이션이 들어간 「Aranjuez Mon Amour」를 히트시켰다. 재즈계의 황제로 군림했던 마일스 데이비스(Miles Davis)는 편곡가 길 에번스(Gil Evans)와 손을 잡고 『Sketches of Spain』이라는 걸작을 녹음했다. 1960년 발표된 이 음반의 첫 곡이 2악장을 편곡한 「Concierto de Aranjuez (Adagio)」다. 재즈 기타리스트 짐 홀(Jim Hall)의 1975년 작 『Concierto』의 마지막 곡도 「Concierto de Aranjuez」다. 대규모 악단을 동원한 마일스 데이비스와 달리 쳇 베이커, 폴 데스몬드 등 관악 주자를 포함한 6인조 편성으로 담백하게 연주했다. 클래식과 재즈를 넘나드는 기타리스트 라우린두 알메이다(Laurindo Almeida)는 기타 한 대로 「아랑후에스 협주곡」의 2악장을 녹음하기도 했다.

마크 허만 – 브래스드 오프 (1997)

1992년, 잉글랜드 북부 요크셔의 작은 탄광촌은 정부 정책으로 인해 폐광 위기에 처하고, 탄광촌의 브라스 밴드는 멤버의 실업으로 인해 존폐 위기에 몰린다. 밴드의 지휘자 대니(피트 포스틀스웨이트)는 이에 굴하지 않고 전국 대회를 준비하지만, 연습은 제대로 되지 않고 대회 참가는 요원해 보인다.

이때 한 젊은 여성이 밴드 연습에 참가하고 싶다고 연습실을 방문한다. 그녀는 밴드의 전설적인 지휘자 아더 멀린즈의 손녀 글로리아(타라 피츠제럴드)였고, 밴드 멤버 앤디(이완 맥그리거)는 그녀를 알아본다. 글로리아는 오디션을 통해 자신의 실력을 증명해야 했고, 그 곡은 「아랑후에스 협주곡」의 2악장이었다. 심드렁한 표정으로 그녀를 지켜보던 밴드 멤버들은 그녀의 뛰어난 트럼펫 연주에 깜짝 놀라 연주에 집중한다. 스페인 향이 가득한 「아랑후에스 협주곡」이 영국의 탄광촌에서 미녀 트럼페터의 연주를 통해 울려 퍼진다. 이로 인해 밴드는 다시 전국 대회에 나갈 힘을 얻는다.

영화에서 가장 감동적인 장면은 병에 걸린 대니를 위해 멤버들이 병원 앞에서 마지막으로 「Danny Boy」를 연주하는 순간이다. 하지만 실의에 빠진 밴드에 활력을 불어넣는 글로리아의 「아랑후에스 협주곡」 연주 장면이 많은 관객의 기억에 강하게 남았다. 아마도 관객은 이렇게 생각했을 것이다. '어, 아는 곡인데…'

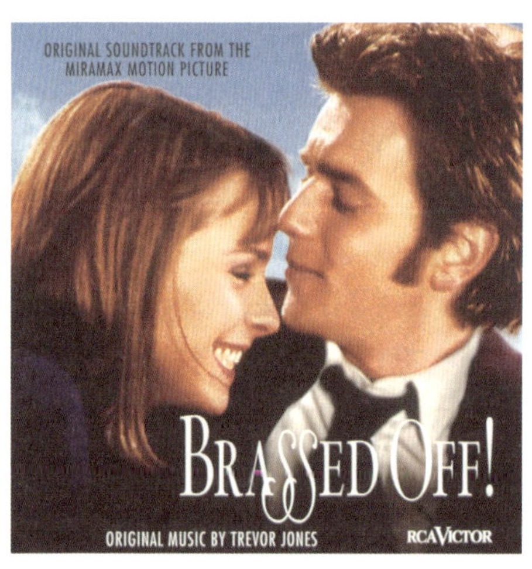

1997년에 영화와 동시에 발매된 『Brassed Off OST』에는 영화에 사용된 브라스 밴드 음악이 가득하다. 연주는 Grimethorpe Colliery Band가 했고, 「아랑후에스 협주곡」의 플뤼겔호른 솔로는 폴 휴즈가 맡았다. Grimethorpe Colliery Band는 영국 요크셔의 탄광 밴드로 영화 〈브래스드 오프〉의 실제 주인공이다. 1917년에 취미로 조직되었지만, 〈브래스드 오프〉에 참여한 것을 계기로 세계적인 명성을 얻었다.

　　레퍼토리 부족에 시달리는 클래식 기타 연주자에게 성서와 같은 곡이다. 이 곡이 작곡될 당시, 당대 최고의 연주자였던 안드레스 세고비아(Andres Segovia)는 자신이 아닌 레히노 사인스 데 라 마사(Regino Sainz de la Maza)에게 헌정되고 그에 의해 초연되었다는 사실에 화가 나서 평생 「아랑후에스 협주곡」을 연주하지 않았다.

　　나르시소 예페스(Narciso Yepes)는 도이체 그라모폰에서 「아랑후에스 협주곡」을 다시 녹음하기도 했지만, 아날로그 애호가들은 LP 시대의 영광을 함께하는 1957년 데카 녹음을 선호한다. 데카의 기술진은 이 곡의 녹음을 위해 기꺼이 스페인으로 건너갔다. 당대 최고의 기타리스트 예페스와 아타울포 아르헨타(Ataulfo Argenta)가 이끄는 스페인 국립 오케스트라의 협연은 음악적 색채감과 연주의 정밀함이 조화되는 「아랑후에스 협주곡」의 스탠더드를 만들어 냈다.

페페 로메로 / 네빌 마리너
세인트 마틴 인 더 필즈 아카데미
관현악단
1978 / Philips 9500 563
연주 ★★★★☆
음질 ★★★★☆

외란 쇨셔
오르페우스 체임버 오케스트라
1989 / DG 429 232
연주 ★★★★
음질 ★★★★★

　　클래식 기타에서 로메로 가문을 빼놓을 수 없다. 둘째 아들 페페 로메로(Pepe Romero)와 셋째 아들 앙헬 로메로(Angel Romero)는 모두 훌륭한 기타리스트이며, 둘 중 어느 녹음을 선택해도 후회는 없다. 페페 로메로와 네빌 마리너(Neville Marriner)가 함께한 1978년 녹음은 기타와 오케스트라의 조화가 매우 뛰어난, 정중동을 갖춘 명반이다. 음반 표지에는 "이 연주를 듣는 것이 매우 큰 즐거움(The Greatest Pleasure)"이라고 한 작곡가 로드리고의 한 줄 평이 적혀 있다.

　　이 시대가 사랑하는 기타리스트 외란 쇨셔(Göran Söllscher)의 1989년 디지털 녹음은 현대적이다. 손이 베일 듯한 음질과 「아랑후에스 협주곡」이 어울리지 않는 면도 있지만, 이러한 사운드를 좋아하는 애호가에게는 최우선으로 들어봐야 할 연주다. 독일반보다 네덜란드반이 더 자주 보이지만 음질 차이는 거의 없다.

쇼팽, 피아노 협주곡 제1번
Chopin, Piano Concerto No.1 in E minor, Op.11

크리스티안 치메르만 / 폴리시 페스티벌 오케스트라
Krystian Zimerman / Polish Festival Orchestra
1999

세련되고 감각적인 터치

크리스티안 치메르만은 지휘와 피아노를 동시에 맡아 단일한 호흡으로
음악을 이끌어 간다. 다소 느린 템포 속에서 음 하나하나를 소중히 빚어
낸 연주는 치밀하면서도 섬세하다. 1999년 녹음으로 음질 또한 뛰어나며,
2017년에는 LP로 발매되어 깊은 여운을 더한다.

연주 ★★★★★ 음질 ★★★★★

첫사랑의 기억을 음악에 담다

프레데릭 쇼팽(Frédéric François Chopin, 1810~1849)은 국내외 정치적 문제로
조국 폴란드를 떠나기 전 두 개의 피아노 협주곡을 작곡했다.「피아노 협주곡
제1번」과「피아노 협주곡 제2번」두 곡 모두 쇼팽의 피아니즘을 유감없이 보여
주는 서정적이고 낭만에 가득 찬 명곡이다.

「피아노 협주곡 제1번」은 전형적인 낭만주의 협주곡으로 3악장으로
구성된다. 1악장은 정열적이고 화려하게 시작한다. 비록 쇼팽의 관현악은
미흡하다는 세간의 평가가 있지만, 1악장의 관현악은 충분히 풍성하고
화려한 선율로 듣는 이의 마음을 뒤흔든다. 곡 시작 후 4분여가 지나서야
등장하는 피아노는 아름다운 선율로 끊임없이 노래하며, 현악기들이 연주하는
제2주제도 대단히 낭만적이다. 2악장은 쇼팽의 첫사랑이었던 콘스탄치아
그와트코프스카(Konstancja Gładkowska, 1810~1889)에 대한 사랑의 감정이
고스란히 녹아 있는 악장이다. 꿈을 꾸는 듯한 관현악을 배경으로 여리게
등장하는 피아노 소리는 눈물이 날 만큼 아름답다. 3악장은 생기 있고 힘차게
시작한다. 단조로 시작하는 짧은 주제에 발랄한 론도가 제시되며, 밝고 활기찬
선율이 계속 이어진다. 피아노의 경쾌함과 화려함이 잘 나타나 있는 악장이다.

쇼팽이 태어나고 성장하던 19세기 초엽은 유럽의 정치 동향이나 국가 간
형세가 급변하던 시대였다. 조국을 빼앗긴 상태에서 자신의 진로를 고민할
수밖에 없었던 쇼팽은 고민 끝에 스무 살의 나이에 바르샤바를 떠나 빈으로
가기로 결정한다. 이 무렵 쇼팽은「피아노 협주곡 1번」을 완성하고, 바르샤바
국립극장에서 열린 고별 연주회에서 이를 직접 초연했다. 그리고 그의 짝사랑의
대상이었던 성악가 콘스탄치아를 이 연주회에 솔리스트로 초빙했는데, 교내
연주회에서 처음 보자마자 짝사랑에 빠지게 된 대상을 이 기회를 통해 제대로
만나 보고자 한 것이었다. 하지만 수줍고 소극적이었던 쇼팽은 끝내 그녀에게
자신의 마음을 전하지 못했는데, 친구에게 보낸 편지에서 그때의 쇼팽의 설레고
떨리는 짝사랑의 심정을 읽을 수 있다. "내가 진심으로 사랑할 수 있는 사람을
찾았어. 매일 밤 그녀 꿈을 꿔. 그녀를 알게 된 후 몇 개월이 지났지만 나는 아직
그녀에게 한마디 말도 건네지 못했어."

행동하지 못한 짝사랑은 더욱 큰 아쉬움으로 남는 법인데, 쇼팽 역시
그랬으리라 미루어 짐작해 본다. 콘스탄치아를 생각하면서 썼다는「피아노

협주곡 제1번」의 느린 악장에는 쇼팽의 이 같은 아쉬움과 애틋함이 묻어 있고,
그래서 더 순수하게 빛나는 아름다움이 있는 것이리라.

한편, 콘스탄치아는 쇼팽이 자신을 짝사랑했다는 사실을 그의 사후에 발간된
자서전을 통해 비로소 알게 되었다고 한다.

피터 위어 - 트루먼 쇼 (1998)

거대한 세트장에서 사는 트루먼은 태어나는 순간부터 삶이 전 세계에
생중계되는 리얼리티 TV 프로그램의 주인공이다. 스튜디오 안에 설치된 수천
대의 카메라는 트루먼의 일거수일투족을 생중계하고 있으며, 그가 겪는 모든 일은
연출된 것이다. 어느 날 하늘에서 조명이 떨어지고, 자신의 차에서 겪은 사소한
행동이 빠짐없이 라디오에서 생중계되는 기이한 일을 겪으면서 트루먼은 모든
것이 어딘가 수상하다고 느낀다. 결국 트루먼은 30년 만에 진실을 알게 되고,
카메라를 피해 세상 밖으로 나가려 한다. 자기 삶이 누군가에 의해 꾸며졌다는
사실을 알았지만, 트루먼은 좌절하지 않고 오히려 미래의 삶에 대한 희망을 품고 살아 왔던 것. 그 희망은 대학생 시절 우연히 만나 사랑의 감정을 느끼게 된 실비아, 그녀를 만나기 위해 트루먼은 용기를 내어 결국 거짓된 세상에서 우여곡절 끝에 탈출한다.

「피아노 협주곡 제1번」의 느린 악장이 트루번과 실비아가 짧은 시간 서로 사랑의 교감을 나누는 장면에서 흘러나온다. 이 곡을 작곡한 쇼팽이 콘스탄치아에게 느꼈을 그 설레는 마음이 투영된 듯한 이 신은 불편하고 찝찝한 이 영화에서 유일하게 따뜻함을 느끼게 한다.

〈『Truman Show OST』는 버카드 본
달위츠(Burkhard von Dallwitz)와 필립 글래스(Philip
Glass)가 작곡을 맡았다. 사운드트랙에는 영화
분위기처럼 밝은 음악부터 어두운 음악까지 현악과
피아노 반주로 연주된다. 트루먼과 실비아가
사랑의 교감을 나누는 장면에서는 루빈스타인과
스타니슬라브 스크로바체프스카 협연으로 유명한
1961년 연주가 배경음악으로 흐른다.

스무 살의 쇼팽은 첫사랑 콘스탄치아를 향한 애틋한 마음을 「피아노 협주곡 제1번」과 「피아노 협주곡 제2번」의 느린 악장에 고스란히 담아냈다. 그 순수하고도 깊은 감정은 세월이 흐른 지금도 변함없는 울림으로 다가온다. 특히 같은 폴란드 출신으로, 낭만주의 음악에 대한 통찰력과 섬세한 감성을 겸비한 피아니스트 크리스티안 치메르만(Krystian Zimerman)의 1번 연주는 반드시 귀 기울여야 할 명연이라 할 수 있다.

치메르만은 이 연주에서 피아노와 지휘를 모두 맡아 단일한 호흡으로 음악을 이끌어 간다. 정교하게 조율된 테크닉 위에 따뜻하고 세심한 감정을 실어, 마치 하나의 서사처럼 음악을 펼쳐 보인다. 특히 사랑의 흔적이 스며든 2악장은 고요한 정서 속에서 깊은 울림을 자아내며, 열정과 생동감이 어우러진 1악장과 3악장은 그 감상의 몰입을 극대화한다. 1999년 녹음된 이 연주는 뛰어난 음질로도 높은 평가를 받으며, 2017년에는 협주곡 두 곡이 함께 담긴 2LP로 발매되었다.

브란카 무슐린(Branka Musulin)의 연주도 빼놓을 수 없다. 이 음반에서 들려주는 그녀의 연주는 담백하면서 순수하다. 화려한 기교 없이 따뜻한 마음을 담아 연주하기 때문에 마지막 3악장까지 듣고 나면 마치 동화책을 읽은 것처럼 마음이 편안하고 따뜻하다. 2악장만 놓고 보면 쇼팽의 의도에 가장 근접한 연주가 아닌가 하고 생각되는, 이 곡의 숨겨진 명연이다.

마우리치오 폴리니(Maurizio Pollini)의 1960년 연주도 좋다. 폴리니의 연주는 음색이 차가울 것이라는 예상을 깨고, 따뜻한 음색으로 곡이 가진 섬세한 감정을 노래한다. 꾸밈이 없고 수수해 폴리니에 대한 편견을 가진 사람이라도 좋아할 만하다. 오래된 연주지만 음질도 훌륭하다. 가능하다면 Cream & Gold 레이블의 HMV(EMI) 초반을 강력히 추천한다.

브란카 무슐린
밤베르크 심포닉
1960s / Eurodisc S 72 061 KK
연주 ★★★★☆
음질 ★★★

마우리치오 폴리니
필하모니아 오케스트라
1960 / HMV ASD 370
연주 ★★★★☆
음질 ★★★★

차이콥스키, 바이올린 협주곡
Tchaikovsky, Violin Concerto in D major, Op.35

야샤 하이페츠 / 프리츠 라이너 / 시카고 심포니 오케스트라
Jascha Heifetz / Fritz Reiner / Chicago Symphony Orchestra
1957

RCA Victor Red Seal LSC 2129

쾌속 질주

완벽한 기교를 자랑하는 야사 하이페츠(Jascha Heifetz)의 1957년 녹음은
날카로운 긴장감을 머금은 질서정연한 속주와 현란한 음색으로 그 누구도
넘볼 수 없는 경지를 보여 준다. 프리츠 라이너(Fritz Reiner)가 이끄는 시카고
심포니 오케스트라는 하이페츠의 숨 가쁜 질주에도 흔들림 없이 대응하며,
정교하고 단단한 사운드로 완벽한 균형을 이룬다.

연주 ★★★★★ 음질 ★★★★

혹평을 이겨낸 걸작

차이콥스키(Pyotr Il'yich Tchaikovsky, 1840~1893)의 유일한 「바이올린 협주곡」은 대중에게 매우 익숙한 멜로디로 역동적이면서도 화려하고 낭만적인 선율을 자랑한다. 이 곡의 절반을 차지하는 1악장은 산뜻한 선율로 시작한다. 바이올린이 주제 선율을 이끌다 잠시 쉬어 가면, 오케스트라가 이 선율을 이어 받아 웅장하게 연주한다. 우리에게 익숙하고 친숙한 이 선율은 마음 깊은 곳에 큰 감동을 남긴다. 그 여운이 채 가시기도 전에 등장하는 독주자의 화려한 기교가 돋보이는 카덴차는 1악장의 하이라이트이다. 느리게 연주되는 우울한 분위기의 2악장을 지나, 쉼 없이 이어지는 3악장은 화려하고 활기찬 리듬으로 러시아 민속 춤곡 스타일을 노래한다. 음악은 점점 열기를 고조시키다가 마지막에는 바이올린과 오케스트라 모두 열광적인 에너지를 내뿜으면서 곡은 막을 내린다.

차이콥스키의 바이올린 협주곡은 그가 결혼 생활에 실패한 후, 지친 몸과 마음을 달래려고 스위스에서 요양 생활을 하던 중에 작곡되었다. 그는 랄로의 「바이올린 협주곡 제2번 '스페인 교향곡'」을 듣고 자신도 바이올린 협주곡을 작곡하겠다고 마음먹었는데, 그가 남긴 편지에도 그 결심을 느낄 수 있다. 차이콥스키의 중요한 후원자였던 나데즈다 폰 메크 부인에게 이 곡을 칭찬하면서 음악적 아름다움에 대해 많이 생각하게 됐다고 말한 것이다. 차이콥스키는 1878년에 심혈을 기울여 바이올린 협주곡을 완성한 후, 당시 바이올린의 거장이었던 레오폴트 아우어 교수를 찾아가 초연을 부탁한다. 하지만 그는 "이 곡을 연주하는 것은 불가능하다"라며 거절한다. 실망한 차이콥스키는 3년 동안 이 곡을 발표하지 못했지만, 이 곡의 진가를 알았던 라이프치히음악원의 교수였던 아돌프 브로드스키가 지휘자 한스 리히터와 함께 초연한다. 하지만 안타깝게도 초연은 실패한다. 이 곡을 제대로 이해하지 못한 지휘자와 오케스트라 그리고 브로드스키의 부족한 연주력이 청중에게 실망을 안겨준 것이다. 당시 평론계에서 영향력이 컸던 에두아르트 한슬리크는 이 곡을 가혹하게 비평했다. 다시 한번 크게 실망한 차이콥스키였지만, 브로드스키는 초연 실패 후에도 기회가 있을 때마다 이 곡을 연주했다. 그리고 마침내 유럽 각지에서 이 작품에 대한 높은 평가를 받으면서 청중의 인기를 얻는 데 성공했다. 차이콥스키는 브로드스키의 공로를 인정해 그에게 이 작품을 헌정했다. 나중에는 초연을 거절했던 아우어도 자신의 평가를 번복하고 앞장서 이 곡을 연주했다.

천카이거 – 투게더 (2002)

바이올린 옆에 버려진 아기, 리우샤오천을 데려다 키운 리우청은 아들
샤오천이 바이올린에 재능이 있다는 것을 발견하고, 샤오천의 성공을 위해 모든
희생을 감내한다. 아들에게 전문적으로 교육하기 위해 베이징에 도착한 그는
어려운 형편에도 음악계의 영향력 있는 선생님(지앙 교수)에게 아들 샤오천을
부탁한다. 청소년기 샤오천은 아버지의 촌스러운 모습이 계속 마음에 걸려 반항도
한다. 아들에게 도움이 안 된다는 생각에 리우청은 샤오천이 좋아하는 지앙
교수를 해고하고, 다른 저명한 선생님(유쉬펑 교수)을 선임한다. 그러자 샤오천은
자신을 이해하지 못할뿐더러 음악보다 상업적인 성공을 선택한 아버지에게
화를 낸다. 아버지 리우청은 자신의 존재가 아들에게 걸림돌이 될까 봐 아들을
떠나기로 결심한다.

어느 날, 아버지가 자신의 친부모가 아니라는 것을 알게 된 샤오천은 콩쿠르를
경쟁자(린유)에게 양보하며, 시골로 돌아가려는 아버지를 만나러 기차역으로
향한다. 샤오천은 자신을 위해 살아온 아버지에 대한 사랑을 깨달으며,
기차역에서 아버지를 위해 차이콥스키「바이올린 협주곡」3악장을 연주한다. 영화 〈투게더〉는
천카이거 감독의 자전적인 영화로 눈물샘을 자극하는 신파성 영화지만, 감동을 주는 영화다.
언제부터인가 차이콥스키의「바이올린 협주곡」을 듣게 되면 영화 〈투게더〉가 자연스럽게 떠오른다.

영화 작곡가로 유명한 중국의 자오린이 영화의
메인 테마를 작곡했으며, 앙리 비외탕(Henri
Vieuxtemps), 주세페 베르디(Giuseppe Verdi),
니콜로 파가니니(Niccolo Paganini), 프란츠
리스트(Franz Liszt), 장 시벨리우스(Jean Sibelius)의
유명곡이 삽입되어 있다. LP로는 발매되지 않았고,
CD가 발매되었지만, 구하기 어렵다.

야사 하이페츠(Jascha Heifetz)는
신기에 가까운 연주력으로
차이콥스키의「바이올린 협주곡」을
연주한다. 완벽한 테크닉으로
얼음같이 차가운 듯 들리지만,

감성적인 디테일 또한 잘 살려 연주한다. 전체적으로
템포를 매우 빠르게 잡았지만, 그렇다고 애수에 젖은
선율이 묻히지는 않는다. 프리츠 라이너(Fritz Reiner)가
이끄는 시카고 심포니 오케스트라도 하이페츠 연주에
맞춰 정열적이고 뜨거운 연주를 들려준다. LP는
비교적 쉽게 구할 수 있으며, 미국 RCA 리빙 스테레오
초반도 크게 비싸지 않은 가격에 거래된다.

　　다비드 오이스트라흐(David Oistrakh)는 1938년
알렉산더 가우크(Alexander Gauk)와의 첫 녹음부터
1972년 막심 쇼스타코비치(Maxim Shostakovich)와의
협연기까지 오랜 세월 동안 수많은 명연을 남겼다.
그중에서도 1959년 유진 오먼디(Eugene Ormandy)와
함께한 연주는 그의 음악 세계를 잘 보여 주는
걸작이다. 오케스트라와의 균형과 호흡을 중시한
오이스트라흐는 장대한 에너지와 섬세한 서정을
자유롭게 오가며, 인간미가 깃든 따뜻한 바이올린
음색을 들려준다. 미국 컬럼비아의 원반은 약간
날카로운 음색이 감지되지만, 표현력과 생동감은
여전히 빼어나다.

　　크리스티앙 페라스(Christian Ferras)는 낭만적인
감성과 화려한 기교를 겸비한 연주로 잘 알려져
있다. 바로크에서 현대음악까지 폭넓은 레퍼토리를
소화하는 그는, 부드러움과 강렬함을 오가며 차이콥스키의 「바이올린 협주곡」을
자신만의 색채로 완성한다. 여러 차례의 녹음 중에서도 1965년 헤르베르트 폰
카라얀(Herbert von Karajan)과 함께한 협연이 가장 유명하다. 두 사람은 도이체
그라모폰에서 여러 바이올린 협주곡을 녹음했으며, 모두 높은 평가를 받았다.
음질에서 다소 아쉬움이 남지만, 그 예술적 완성도는 누구에게나 자신 있게 권할
만하다.

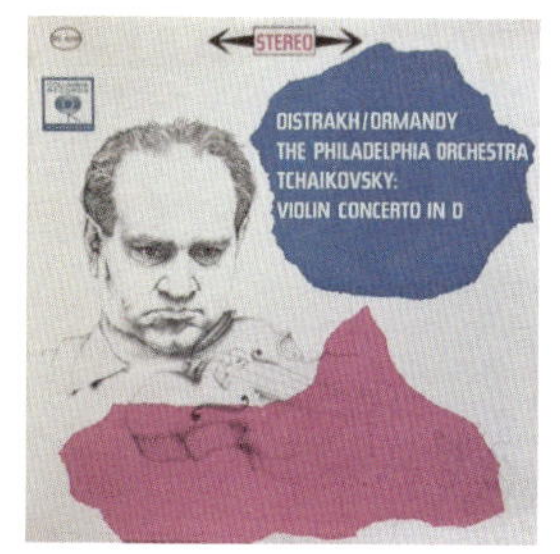

오이스트라흐, 오먼디
필라델피아 오케스트라
1959 / Columbia MS 6298
연주 ★★★★☆
음질 ★★★★☆

페라스, 카라얀
베를린 필하모닉
1965 / DG 139 028
연주 ★★★★☆
음질 ★★★★

모차르트, 클라리넷 협주곡
Mozart, Clarinet Concerto in A major, K.622

레오폴트 블라흐 / 아르투르 로진스키 / 빈 슈타츠오퍼 오케스트라
Leopold Wlach / Artur Rodzinski / Wiener Staatsopernorchester
1954

Westminster WL 5307

노스탤지어

왕년의 빈 필하모닉 클라리넷 수석 레오폴트 블라흐의 연주를 들으면 항상
노스탤지어를 느낀다. 이런 느낌은 특히 모차르트 「클라리넷 협주곡」
2악장 '아다지오' 연주에서 도드라진다. 영화 〈아웃 오브 아프리카〉를 본
사람이라면 자연스럽게 영화 속 평화롭고 아름다운 풍광을 떠올리며 옛
추억에 잠기는 마법을 경험하게 될 것이다.

연주 ★★★★★ 음질 ★★★★

모차르트의 마지막 협주곡

클라리넷은 리드를 사용하는 목관악기로 다채로운 음색이 특징이다. 음의
높낮이에 따라 음색이 달라져 다양한 표현이 가능하다. 목관악기 특유의 질감
덕분에 마치 사람의 목소리를 듣는 듯한 착각에 빠질 때도 있다. 클라리넷은
1900년대에 이르러 재즈의 대표 악기로 사용되었지만, 클라리넷을 개량해
만들어진 색소폰에 자리를 내주면서, 현재는 주로 클래식 음악에서 사용된다.

볼프강 아마데우스 모차르트(Wolfgang Amadeus Mozart, 1756~1791)는 생의
마지막 해에 「클라리넷 협주곡」을 작곡했다. 모차르트는 「레퀴엠」을 완성하지
못하고 운명했기에 「클라리넷 협주곡」을 그의 마지막 작품으로 볼 수도 있다.
모차르트가 비주류 악기인 클라리넷에 관심을 가진 것은 모차르트의 절친이자
당대 최고의 클라리넷 연주자 안톤 파울 슈타들러(Anton Paul Stadler, 1753~1812)
덕분이었다. 모차르트는 슈타들러를 위해 「클라리넷 협주곡」 외에도 「클라리넷
5중주」를 작곡했다. 이 두 곡은 모두 클라리넷의 대표작으로 자리 잡았으며,
베버와 브람스 등에게 계승되었다.

모차르트의 「클라리넷 협주곡」은 모차르트 특유의 활기찬 유쾌함과 말년의
서정성을 모두 갖추고 있다. 1악장 '알레그로'는 지극히 모차르트적인 기분 좋은
진행을 보여 준다. 2악장 '아다지오'는 클라리넷의 아련한 솔로로 시작되는 작품의
백미다. 클라리넷을 위한 그 어떤 작품보다도 유명한 악장으로 유려한 멜로디와
가슴을 저미는 아련함은 듣는 이를 옛 생각에 잠기게 한다. 3악장 '론도'는 새처럼
자유로운 클라리넷 솔로로 시작되며, 이어서 오케스트라가 경쾌하게 따라붙는다.
주제부와 삽입부가 교차하는 론도 형식을 이용해 클라리넷과 오케스트라가
즐겁게 대화하며 곡은 절정을 향해 달려간다.

모차르트 「클라리넷 협주곡」이 다시 한번 대중에게 주목을 받은 것은
시드니 폴락의 영화 〈아웃 오브 아프리카〉에 사용되면서부터이다. 모차르트의
음악과 함께 케냐의 광활한 풍광을 만끽하는 행복한 장면이다. 위대한 자연의
아름다움을 닮은 음악이 있다면 바로 모차르트의 음악일 것이다.

모차르트가 죽기 불과 두 달 전에 완성했음에도 「클라리넷 협주곡」에는
어두운 그림자가 전혀 느껴지지 않는다. "사랑하는 모차르트 그대는 웃고
있었지. 현실의 생활이 고달퍼도 그대의 음악은 항상 웃었지. 주위의 모든
것이 그대를 울려도 그대의 음악은 항상 즐거웠지."라고 노래한 장근후의 노래

「사랑하는 모짜르트」 속 가사처럼 모차르트의 음악은 어두움보다는 밝은 경쾌함,
슬픔보다는 그리움으로 가득 차있다.

이정욱 – 국화꽃 향기 (2003)

인하(박해일)는 지하철역에서 처음 본 희재(장진영)에게서 국화꽃 향기를 느끼며
첫눈에 반한다. 이후 희재를 동아리에서 다시 만난 인하는 사랑의 열병을 앓지만,
희재에게는 오래된 연인이 있다. 용기를 내어 희재에게 사랑을 고백하지만 실연의
쓴맛만 본다. 시간이 지나 졸업 후 인하는 라디오 PD로 일하고 있다. 인하는
본인의 프로그램에 희재에 대한 사랑의 추억을 담은 사연을 흘려보낸다.

한편, 희재는 교통사고를 당해 약혼자를 잃고 본인 역시 아픈 몸을 추스르며
혼자 지낸다. 희재의 소식을 들은 인하는 그녀를 찾아간다. 희재는 처음에는
거절하지만, 인하의 지고지순한 사랑을 결국 받아들이게 된다. 그러나 행복은
오래가지 못하고 희재가 위암에 걸려 사랑은 종말을 향해 달려간다. 희재는
눈물로 쓴 사연을 인하의
라디오 방송에 보낸다. 그리고
모차르트의 「클라리넷 협주곡」
2악장 '아다지오'가 울려 퍼진다.
모차르트의 마지막 작품이 된
「클라리넷 협주곡」처럼 희재는
아이를 남기고 세상을 떠난다.

영화에는 「Santa Lucia」, 「This
guys in love with you」, 「Signal
Hill」 같은 다양한 곡이 영화를
채우지만, 희재의 사연과 함께
흘러나오는 「클라리넷 협주곡」
2악장 '아다지오'의 슬픔은
오래도록 기억에 남는다.

『국화꽃 향기 OST』의 주인공은 여주인공의 이름을
딴 「희재」라는 곡이다. 이 곡은 메인 테마곡으로
사용되었으며, 성시경이 부른 버전이 앞뒤 대칭으로
수록되어 있다. 이외에도 영화에 삽입된 존 마크의
「Signal Hill」, 페리 코모의 「Santa Lucia」,
패스트볼의 「This guys in love with you」,
모차르트 「클라리넷 협주곡」 2악장이 빠짐없이
수록된 한국 영화 OST의 명반이다.

빈 필하모닉의 클라리넷
수석으로 활동했던 레오폴트
블라흐(Leopold Wlach)의

웨스트민스터반은 모노 녹음임에도 수십 년의 세월 동안 최고의 자리를 지켜왔다. 앞으로도 이 연주를 능가하는 녹음은 나오기 쉽지 않아 보인다. 이런 명성을 이어 가는 것은 블라흐의 연주가 단순히 기교에만 치중하지 않기 때문이다. 블라흐의 연주를 들으면 항상 노스탤지어를 느낀다. 이런 느낌은 특히 2악장 '아다지오' 연주에서 도드라진다. 멀리서 시작해 아련하게 다가오다가 다시 멀어지는 듯한 그의 연주를 들으면, 자연스럽게 아프리카의 아름다운 풍광을 떠올리게 되고, 또 옛 추억에 잠기는 마법을 경험하게 될 것이다. 초반의 가격이 부담된다면 블루 레이블 재반을 선택하는 것도 좋다. 재반은 재킷이 두 종류인데, 오리지널 재킷에 색상만 파란색으로 바뀐 버전이 좋다.

카를 라이스터 / 라파엘 쿠벨릭
베를린 필하모닉
1967 / DG 136 550
연주 ★★★★☆
음질 ★★★★

베를린 필하모닉의 클라리넷 수석이었던 카를 라이스터(Karl Leister)의 연주는 정석이다. 정석인 연주는 다소 밋밋하게 느껴질 수 있지만, 그의 연주를 기준점으로 삼으면 다른 연주의 개성을 더욱 명확히 느낄 수 있다. 빈풍의 고풍스러운 매력을 지닌 블라흐의 연주와 대조적이다. 많이 팔린 음반으로 성음 라이선스 LP로도 쉽게 구할 수 있다.

자비네 마이어 / 한스 퐁크
드레스덴 슈타츠카펠레
1990 / EMI 7 54138 1
연주 ★★★★☆
음질 ★★★★

클라리넷 작품이 많지 않기 때문에 솔리스트로 활동하는 클라리넷 연주자는 매우 드물다. 카라얀의 추천으로 베를린 필하모닉 최초의 여성 단원이 되었던 자비네 마이어(Sabine Meyer)는 보수적인 남성 위주의 분위기를 못 견디고 악단을 나와 솔리스트가 되었다. 그녀는 대부분의 클라리넷 레퍼토리를 녹음으로 남겼는데 모차르트 협주곡도 빼놓을 수 없다. 2악장 '아다지오'를 여성 특유의 섬세한 아름다움으로 새겨두고 있다. 이는 노스탤지어가 가득한 블라흐의 연주와는 또 다른 아름다움을 느끼게 한다.

비발디, 사계
Vivaldi, Le Quattro Stagioni, Op.8

펠릭스 아요 / 이 무지치
Felix Ayo / I Musici
1959

Philips 835 030 AY

「사계」 연주의 스탠더드

이탈리아의 대표적 실내악단 이 무지치는 비발디 「사계」를 위해 탄생한
실내악단이라 해도 과언이 아닐 정도로 이 작품을 오랜 세월 연주해 오고
있다. 이 무지치 창단 멤버인 펠릭스 아요의 따뜻하고 평화로운 연주가
돋보이는 1959년 녹음은 그들의 많은 녹음 중에서 가장 사랑받는 음반으로
「사계」 연주의 스탠더드가 되었다.

연주 ★★★★★ 음질 ★★★★

자연과 함께 사는 인간의 모습

이탈리아에서 태어난 바이올리니스트이자 작곡가 안토니오 비발디(Antonio Lucio Vivaldi, 1678~1741)는 500곡이 넘는 협주곡을 작곡했다. 그중에서 가장 유명한 「사계」는 모두 12곡으로 구성된 비발디의 협주곡집 『화성과 창의의 시도』 중 1번부터 4번까지의 바이올린 협주곡을 말한다. 바이올린 협주곡 1번부터 4번까지 각각에 순서대로 '봄', '여름', '가을', '겨울'의 제목을 붙여 계절에 따라 변화하는 자연과 그 속에서 살아가는 사람들의 모습을 아름다운 음악으로 묘사한 작품이다. 이처럼 표제음악의 효시라고도 할 수 있는 이 작품에 비발디는 협주곡의 악장마다 짧은 시 소네트(Sonnet)를 붙여 곡의 내용을 설명하고 있다. 소네트의 내용은 다음과 같다.

봄, La Primavera

1악장: 따뜻한 봄이 왔다. 새들은 즐겁게 아침 인사를 하며, 시냇물은 부드럽게 속삭이며 흐른다. 하늘이 갑자기 어두워지고 천둥번개가 소란을 피우지만, 어느덧 구름은 걷히고 새들은 다시 아름다운 노래를 부른다.

2악장: 꽃들이 활짝 핀 목장에는 목동들이 봄볕을 받으며 졸고 있다.

3악장: 요정이 나타나 양치기가 부는 피리 소리에 맞추어 즐거운 춤을 춘다.

여름, L'Estate

1악장: 뜨거운 여름은 사람도 양도 모두 지친다. 바람이 불고 양치기는 불안에 휩싸인다.

2악장: 뜨거운 태양 아래 양치기들은 겁을 먹고 어쩔 줄 모른다. 별수 없이 시원한 옷을 입고 따뜻한 음식을 먹는다.

3악장: 무서운 번개가 내리치며, 우박이 쏟아진다. 잘 익은 곡식이 우박에 맞아 쓰러진다.

가을, L'Autunno

1악장: 마을 사람들이 풍성한 수확의 기쁨을 나누며 즐거움을 표현한다.

2악장: 노래와 춤이 끝난 뒤, 가을바람 불며 마을 사람들이 편안한 마음으로 잠자리에 든다.

3악장: 새벽이 오면 사냥꾼들이 총과 개를 거느리고 사냥을 떠난다. 짐승들은 이미 겁을 먹고 떨고 있다.

겨울, L'Inverno

1악장: 차가운 겨울. 산과 들이 눈으로 뒤덮이고, 매서운 바람은 나뭇가지를 흔든다. 극심한 추위에 따뜻한 옷을 입으면서 음식을 먹는다.

2악장: 집안의 난로 앞은 아늑하고 따뜻하다. 평화로운 분위기지만, 밖은 차가운 비가 내리고
있다.

3악장: 꽁꽁 얼어붙은 길을 걷는다. 미끄러지면 다시 일어나 걸어간다. 걸음을 이어 간다.
바람이 제멋대로 불어오지만, 겨울은 여전히 기쁨을 선사한다.

비발디는 방대한 협주곡 작품을 남긴 것에서 알 수 있듯 기악 협주곡의 기본
틀을 잡는 데 큰 공헌을 작곡가다. 빠름-느림-빠름의 3악장 형식을 정착시키고
발전시켰으며, 이후 300년이 넘도록 후배 작곡가들은 이 방식을 따르고 있다.

박찬욱 – 올드보이 (2003)

〈올드보이〉는 박찬욱 감독이 2003년에 연출한 작품으로 〈복수는 나의
것〉(2002), 〈친절한 금자 씨〉(2005)와 함께 이른바 박찬욱의 '복수 3부작'에서
두 번째에 해당하는 작품이다. 영화는 주인공 오대수가 영문도 모르고 15년간
감금됐다 풀려 나와 자신이 왜 감금되었는지 알아내는 과정과 그 결말을 그린다.

근친상간이라는 금기적인 소재와 충격적인 결말 때문에 아직도 회자되는 〈올드보이〉에 비발디 「사계」의 '겨울' 1악장이 흘러나온다. 매서운 바람이 부는 차가운 겨울을 묘사하고 있는 곡답게 오대수가 감금 대행선분 업자에게 고문받는, 긴장감이 넘치는 장면에 삽입되었다.

『올드보이 OST』는 창의적이고 독창적인 음악으로
구성된 사운드트랙 작품으로 조영욱 음악감독이
음악을 맡았으며, 최승현, 심현정, 이지수 음악감독
역시 작곡에 참여했다. 영화만큼 뛰어난 평가를 받는
오리지널 사운드트랙으로, 2003년 영화 개봉과
함께 CD로 발매되었으며, 2014년에 첫 LP가
발매되었다. 2018년에는 2LP로 다시 발매되었다.

펠릭스 아요(Felix Ayo)와 이 무지치(I Musici)의 1959년 녹음은 고전적 명연으로 오늘날에도 가장 사랑받는 「사계」 음반이다. 이 무지치는 초창기 펠릭스 아요를

비롯해 최근까지 두 자리 수에 달하는 「사계」 녹음을
발표할 만큼 사계에 관한 한 타의 추종을 불허하는
연주 단체다. 그중에서도 펠릭스 아요의 연주는 유독
바이올린 톤이 곱고 아름다워 많은 사람이 꾸준히
찾는다. 라벨에 'Hi-Fi Stereo' 로고가 크게 부각된
초반이 비싼 가격에 거래되지만, 필립스의 다른
레이블도 녹음 연도에 비해 좋은 음질을 들려준다.

줄리아노 카르미뇰라(Giuliano Carmignola)의
1992년 녹음은 파격적인 연주다. 시대악기 연주로
300년 전 비발디가 요구했던 강렬함과 템포를 그대로
반영해 연주한다. 격렬하고 다이내믹한 사계 연주의
시작을 열었다는 평가를 받고 있으며, 음질도 좋기
때문에 오디오파일로도 유명하다. LP는 2007년을
시작으로 디복스와 AudioNautes Recordings 등에서
출시해 지금도 판매되고 있다. 두 회사 LP는 가격
차이만큼 음질 차이는 거의 없다. 비싸게 판매하는
AudioNautes Recordings보다 디복스 LP를 추천한다.

영화에 삽입된 정경화의 2000년 녹음은 세련된
음색과 현대적인 색채가 돋보이는 음반으로 바이올린
독주뿐 아니라 세인트 루크 체임버 앙상블을 직접
지휘한 정경화의 역작이다. 빠른 악장에서 보이는
정교한 테크닉과 집중력은 음악에 대한 몰입감을
높여 주며, 느린 악장에서는 서정적이며 포근한
감성을 느끼게 한다. 2000년 CD 발매 후, 20년 만인 2022년에 LP로 출시되었다.

줄리아노 카르미뇰라
소나토리 데 라 조이오사 마르카
1992 / Divox LPX-71601-1
연주 ★★★★☆
음질 ★★★★★

정경화
세인트 루크 체임버 앙상블
2000 / Warner Classics
0190296733802
연주 ★★★★☆
음질 ★★★★★

라흐마니노프, 피아노 협주곡 제2번
Rachmaninov, Piano Concerto No.2 in C minor, Op.18

스뱌토슬라프 리흐테르 / 스타니슬라브 비슬로츠키 / 바르샤바 필하모닉 오케스트라
Svjatoslav Richter / Stanislaw Wislocki / Nationalen Philharmonie Warschau
1959

Deutsche Grammophon 138 076 SLPM

최고의 피아니즘

스뱌토슬라프 리흐테르는 독보적인 피아니스트답게 라흐마니노프 「피아노 협주곡 제2번」의 1악장을 누구보다 강렬하게 타건한다. 강렬했던 1악장과 정반대로 2악장에서는 너무나 서정적이다. 리흐테르가 왜 20세기 최고의 피아니스트라고 불리는지 알 수 있는 명반이다.

연주 ★★★★★ 음질 ★★★★

피아노 협주곡의 신황제

세르게이 라흐마니노프(Sergei Rachmaninov, 1873~1943)는 「교향곡 제1번」의 참담한 실패로 인해 한동안 작곡을 중단했다. 1897년 '러시아 교향곡 연주회 시리즈'에서 초연을 들은 러시아 5인조 중 한 명인 세자르 큐이는 "만일 지옥에 음악학교가 있고 그 학생에게 '이집트의 재앙'에 관한 표제 교향곡을 써 보라는 과제를 내준다면, 라흐마니노프처럼 작곡하면 된다. 지옥의 주민들이 환호할 것이다"라고 혹평했다. 이로 인해 라흐마니노프는 깊은 좌절에 빠졌으나, 1900년에 니콜라이 달 박사로부터 최면 치료를 받으면서 안정을 되찾고 「피아노 협주곡 제2번」의 작곡에 착수할 수 있었다.

「피아노 협주곡 제2번」은 라흐마니노프의 최고 역작으로 평가받고 있다. 1악장은 교향곡을 방불케 하는 장엄한 오케스트레이션과 피아노가 조화를 이루며 대곡의 시작을 알린다. 오케스트레이션이 복잡하고 피아노 역시 초절기교지만, 그 안에 흐르는 아름답고 서정적인 멜로디 라인을 잡을 수 있어야 한다. 이는 치열한 인생을 살며 많은 고난을 겪지만 결국 극복하는 인간의 스토리와 같다. 고통의 심연에서 올라온 인간은 2악장에서 안식을 취한다. 2악장은 라흐마니노프가 후기낭만주의 최종 주자임을 증명하듯 시종일관 아름답다. 팝 가수 에릭 카멘은 2악장의 멜로디를 차용해 작곡한 「All by myself」를 히트시키며 라흐마니노프의 멜로디를 대중에게 알렸다. 3악장은 찬란한 미래를 꿈꾸게 한다. 베토벤 「피아노 협주곡 제5번 '황제'」에 이은 '피아노 협주곡의 신황제'라 할 만하다. 초연은 대성공을 거두었고, 라흐마니노프는 자신감을 찾게 해 준 달 박사에게 곡을 헌정했다.

라흐마니노프는 20세기에 19세기 보수적 낭만을 고수하며 새로운 기법보다는 기존 어법을 활용해 최상의 사운드를 만들고자 했다. 그는 작곡가이기 이전에 최고의 피아니스트였고, 그의 연주 능력은 피아노 협주곡의 새로운 장을 열었다. 190cm가 넘는 장신에 손가락 폭이 30cm에 이르러 도(C)에서 다음 옥타브의 라(A)까지 동시에 건반을 누를 수 있었다. 라흐마니노프 전에 최고의 비르투오소 작곡가였던 리스트가 「초절기교 연습곡」 등 음표 하나하나에 집중하는 작곡을 했다면, 라흐마니노프는 프레이징을 연결하고 레가토를 구사하는 러시아 피아니즘을 완성했다.

라흐마니노프는 11월에 어울리는 작곡가이다. 혹한기가 오기 전 싸늘해지기

시작하는 늦가을의 서정미는 그의 음악과 닮았다. 초절기교로 무장해야 연주할
수 있지만, 연주된 멜로디는 치명적으로 아름다워 늦가을의 마지막 서정을 끝까지
만끽하게 해 준다.

김대승 – 혈의 누 (2005)

조선 말기, 제지업으로 유명한 도화도에서 발생한 화재 사건을 조사하고자
섬에 도착한 조사관 이원규(차승원)는 매일 발생하는 연쇄 살인 사건에 당황한다.
그는 이 사건이 7년 전 가족이 몰살당한 강 객주 사건과 관련이 있음을 짐작하고
침착하게 그에 대한 수사를 진행한다. 살인범의 표적은 강 객주를 모함한 5명의
발고자로 추정된다. 이원규는 계속되는 살인 사건을 막지 못하고 마지막 다섯
번째 발고자를 지키고자 수사를 계속한다.

이원규는 범인이 섬의 지배자 김치성 대감의 아들 김인권(박용우)임을
직감하고, 예측된 범행 장소인 제지소로 달려간다. 시간은 과거로 돌아가 김인권의 연인이자 강 객주의 딸 강소연이 발고자에게 쫓기는 장면이 나온다. 다시 현재로 돌아와, 이원규는 제지소로 달려가고, 무당은 굿을 한다. 이 세 장면의 교차 편집 속에서 흐르는 음악이 라흐마니노프 「피아노 협주곡 제2번」의 1악장이다. 장엄한 관현악과 함께 사건은 절정을 향해 치닫는다.

마지막 발고자인 두호(지성)가 섬 주민에게 살해당하고 혈우가 내리는 장면에서 1악장이 조용히 흐른다. 이원규는 사건을 해결하지 못한 채 도피하듯 섬을 떠나며 영화는 마무리되고, 1악장이 계속해 울려 퍼진다.

한국의 엔니오 모리코네, 〈올드보이〉, 〈친절한
금자씨〉 등 박찬욱 영화의 음악감독으로 유명한
조영욱이 담당한 『혈의 누 OST』는 오리지널
스코어로 구성되어 있다. 영화의 장면을 연상시키는
「혈우」, 「제지소」 등은 모두 오케스트레이션이
포함된 작품이다. 조영욱 감독은 라흐마니노프
「피아노 협주곡 제2번」 1악장의 테마를 활용해
「혈의누」, 「절망가」를 작곡했으며, 이는 OST 음반의
시작과 대미를 장식한다.

'피아노 협주곡의 신황제'답게 많은 피아니스트가
동 곡을 녹음해 다양한 명연주를 만날 수 있다.
하지만 라흐마니노프 음악의 권위자인 블라디미르
호로비츠(Vladimir Horowitz)가 이 곡을 녹음하지 않은
것은 아쉬운 일이다.

스뱌토슬라프 리흐테르(Svjatoslav Richter)는
독보적인 피아니스트답게 라흐마니노프 「피아노
협주곡 제2번」의 1악장을 누구보다 강렬하게
타건한다. 강렬했던 1악장과는 대조적으로,
2악장에서는 너무나 서정적이다. 리흐테르가 왜
20세기 최고의 피아니스트라고 불리는지 알 수 있다.
1959년에 발매된 LP 초반은 피아노 건반이 들어간
그림으로 된 재킷이었지만, 이후 리흐테르의 사진이
들어간 재킷으로 변경되었다. 이후 재발매되는 CD는
주로 재반 재킷을 활용한다. 리흐테르는 같은 소련
출신의 명피아니스트 길렐스를 존경해 그가 녹음한
3번 협주곡은 녹음하지 않았다. 「피아노 협주곡
제2번」을 녹음하지 않은 호로비츠와 함께 아쉬운
대목이다.

라흐마니노프 스페셜리스트로 알려진
블라디미르 아슈케나지(Vladimir Ashkenazy)는
앙드레 프레빈(André Previn)이 이끄는 런던 심포니
오케스트라와 완벽한 조화를 이루며 러시아 피아니즘의 정수를 관통한다.
아슈케나지의 라흐마니노프는 러시아의 서정주의를 극적으로 표현한다.
라흐마니노프 피아노 협주곡 전곡 음반을 찾고 있다면 아슈케나지의 박스반이
적합하다.

21세기 최고의 피아니스트 중 한 명으로 꼽히는 크리스티안 치메르만(Krystian
Zimerman)과 세이지 오자와(Seiji Ozawa)가 이끄는 보스턴 심포니 오케스트라의
협연은 새로운 명연이다. 치메르만 특유의 정확하고 섬세한 피아니즘이 서정성이
풍부한 라흐마니노프를 만나서 치명적인 아름다움을 발산한다.

아슈케나지 / 프레빈
런던 심포니 오케스트라
1970 / DECCA SXL 6554
연주 ★★★★
음질 ★★★★

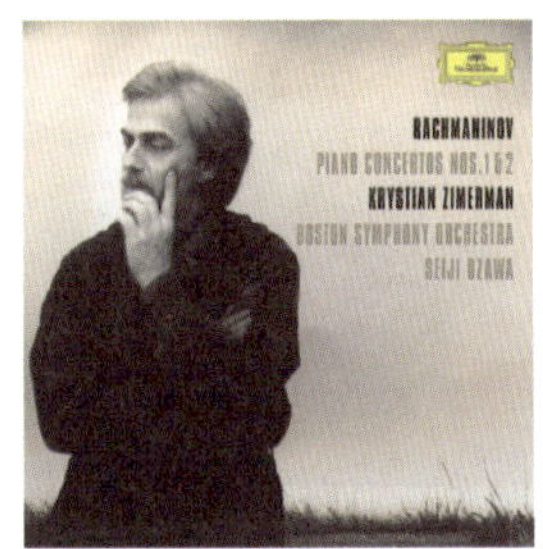

치메르만 / 오자와
보스턴 심포니 오케스트라
2000 / DG 479 6868
연주 ★★★★☆
음질 ★★★★

슈만, 피아노 협주곡

Schumann, Piano Concerto in A minor, Op.54

라두 루푸 / 앙드레 프레빈 / 런던 심포니 오케스트라
Radu Lupu / Andre Previn / London Symphony Orchestra
1973

DECCA SXL 6624

끝없는 상상을 불러일으키다

라두 루푸 특유의 섬세하고 세련된 터치로 깊은 울림을 들려주는 연주. 음악
곳곳에 숨겨둔 작곡자의 다양한 생각과 이야기를 따뜻하고 자연스러운
음색으로 끄집어내고 있다.

연주 ★★★★★ 음질 ★★★★☆

낭만 피아노

로베르트 슈만(Robert Alexander Schumann, 1810~1856)의 유일한 피아노 협주곡은 1841년과 1845년의 두 시기로 나누어 작곡되었다. 그는 먼저 아내인 클라라(Clara Schumann, 1818~1896)의 부탁으로 「피아노와 오케스트라를 위한 환상곡」을 1841년에 작곡한다. 이 곡은 우리가 알고 있는 슈만의 「피아노 협주곡 A단조」의 1악장에 해당하며, 피아노와 오케스트라의 조화가 유독 빼어난 악장으로 클라라에 대한 사랑이 짙게 묻어난 곡이기도 하다. 1845년에 작곡된 2악장과 3악장은 각각 서정적인 분위기의 느린 악장 그리고 힘찬 기운이 느껴지는 빠른 악장이다. 피아노와 관현악이 대화를 나누는 듯 펼쳐지는 2악장은 어린아이처럼 순수한 느낌이며 쉼 없이 이어지는 3악장은 가슴이 두근거릴 정도로 명랑하고 밝은 에너지를 뿜어낸다.

슈만의 젊은 시절 꿈은 위대한 피아니스트가 되는 것이었다. 하지만 무리한 연습으로 인한 손가락 부상으로 더 이상 피아노 연주를 할 수 없었고, 작곡에 전념하게 된다. 이즈음, 슈만은 자신의 피아노 스승인 프리드리히 비크(Friedrich Wieck, 1785~1873)의 외동딸 클라라 비크(Clara Wieck, 1818~1896)에게 마음을 빼앗겨 청혼하기에 이른다. 하지만 프리드리히는 자신의 딸과 슈만의 결혼을 극구 반대했고, 이에 슈만은 치열한 법정 다툼 끝에 마침내 클라라와 결혼하는 데 성공한다. 슈만은 클라라와 결혼한 1840년부터 많은 작품을 쏟아내기 시작하는데, 이는 안정된 생활과 아내인 클라라의 뒷바라지가 있었기 때문이다. 어느 날, 클라라는 슈만에게 자기를 위한 피아노 협주곡을 써달라고 부탁한다. 그때까지 가곡과 피아노 독주곡만 작곡하던 슈만에게는 이 부탁이 큰 동기부여가 되었다. 사실, 슈만은 1829년부터 피아노 협주곡을 스케치했었다. 하지만 좀처럼 곡은 완성하지 못했다. 아내 클라라의 격려 덕분이었을까? 슈만은 1841년에 「피아노와 오케스트라를 위한 환상곡」을 작곡한다. 앞서 말한 대로 이 곡이 지금 우리가 알고 있는 슈만 피아노 협주곡의 1악장이 된다. 그리고 슈만은 4년 뒤, 2악장과 3악장을 더해 1845년에 그의 유일한 피아노 협주곡을 완성하게 된다. 아내 클라라에 대한 사랑을 담은 이 작품은 피아노와 오케스트라의 조화가 뛰어난 곡으로 슈만의 낭만적 기질이 가장 잘 나타난 곡이다.

클라라는 힐러의 지휘로 이 곡을 초연했고, 다음 해 멘델스존의 지휘와 클라라의 협연으로 다시 큰 성공을 거둔다. 슈만이 세상을 떠난 뒤에도 클라라는 이 곡을 자주 연주했다.

프레디 M. 무러 – 비투스 (2006)

〈비투스〉는 비범한 재능을 가지고 태어난 아이가 부모님의 지나친 관심 속에서 탈출해 자신의 꿈을 좇는 내용을 담고 있다. 2006년에 개봉한 영화는 실제 천재 피아니스트로 평가받던 테오 게오르규가 비투스를 직접 연기했다. 그는 영화 마지막 장면에서 슈만의 「피아노 협주곡」 3악장을 직접 연주한 것을 비롯해 영화에 나오는 모든 피아노곡을 직접 연주했다.

비투스(테오 게오르규, 파브리지오 볼자니)는 어린 시절부터 비범한 재능으로 부모님의 기대를 받고 자랐다. 평범하게 살고 싶었던 비투스와 달리 그의 부모는 아들에 대한 기대가 점점 커졌다. 어느 날 밤, 비투스는 2층 발코니에서 낙상한다. 다행히 다친 곳은 없었지만, 높았던 지능과 재능은 평범한 사람처럼 바뀌었다. 부모님은 이러한 상황을 인정하기 힘들었지만, 비투스는 평범한 삶을 즐겼다.

하지만 비투스는 할아버지에게 자기는 머리를 다친 것이 아니라 평범한 삶을 위해 다친 척을 한 것이라고 말한다. 할아버지는 세상을 떠나기 전, 아들과 며느리에게 비투스는 평범한 삶을 위해 거짓으로 머리를 다쳤다는 편지를 남긴다. 비투스는 자신이 어떻게 살아야 행복한지 깨닫는다. 마지막 영화 장면에서 슈만의 「피아노 협주곡」 3악장은 그런 비투스의 미래를 향한 당찬 다짐을 암시한다.

『Vitus OST』는 마리오 베레타(Mario Beretta)가 음악을 맡았으며, 영화 주인공을 맡은 테오 게오르규(Teo Gheorghiu)가 직접 연주한 클래식 음악이 삽입되어 있다. 슈만의 「피아노 협주곡」 3악장을 포함해 리스트, 라벨, 바흐, 모차르트 등 여러 클래식 음악이 음반에 수록되어 있다. CD는 2007년 발매되었지만, LP로는 발매되지 않았다.

라두 루푸(Radu Lupu)와 앙드레 프레빈(André Previn)이 1973년에 함께 녹음한 음반(Decca SXL 6624)을 가장 먼저 소개한다.

루푸의 피아노는 따뜻하고 자연스럽다. 지나치게
감정을 드러내지 않으면서도, 곡에 담긴 낭만성을 한
음 한 음 섬세하게 살려낸다. 프레빈이 지휘하는 런던
심포니 오케스트라는 시원한 울림 속에서 정교한
합주를 이끌어 내며, 독주 악기와 완벽한 균형을
이룬다. 이 음반을 듣기 위해 준비하는 순간부터
이미 마음은 설렘으로 가득 차 오른다. 슈만의
「피아노 협주곡」에서 이 연주가 가장 이상적인
해석에 가깝다는 평가는 결코 지나치지 않다. 그래서
누구에게나 가장 먼저 추천하고 싶은 음반이다. 함께
수록된 그리그 협주곡 또한 깊이 있고 뛰어난 연주를
들려주어 말을 더할 필요가 없다. LP는 음질과 가격
모두에서 훌륭한 선택이지만, 아쉽게도 쉽게 만나기
어렵다는 점이 이 음반의 유일한 약점이다.

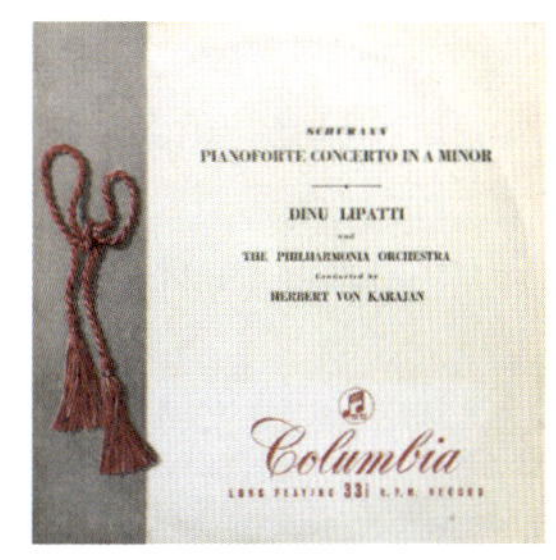

리파티 / 카라얀
필하모니아 오케스트라
1948 / Columbia 33C 1001
연주 ★★★★☆
음질 ★★★

디누 리파티(Dinu Lipatti)와 헤르베르트 폰
카라얀(Herbert von Karajan)이 협연한 1948년 녹음은
오랜 시간 회자되어 온 명연이다. 오래된 녹음에도
아직까지 많은 사랑을 받는 연주로, 슈만 「피아노
협주곡」에서 낭만적인 분위기를 느끼고 싶다면 가장
먼저 들어야 할 연주다. 리파티 특유의 아름답고
섬세한 감성이 곡 전체에 흐른다. LP는 반드시
컬럼비아 초반이 아니더라도 다양한 재발매반에서도
충분히 우수한 음질을 경험할 수 있다.

리흐테르 / 마타치치
몬테카를로 국립오페라 오케스트라
1974 / HMV ASD 3133
연주 ★★★★☆
음질 ★★★★

스뱌토슬라프 리흐테르(Sviatoslav Richter)는 이 곡을 여러 번 녹음했다.
알렉산더 가우크(Alexander Gauk)와 함께한 1954년부터 로브로 폰 마타치치(Lovro
von Matacic)와 함께한 1974년 마지막 녹음까지 대략 8종이나 된다. 그중에서
추천하고 싶은 연주는 그의 마지막 녹음이다. 피아노의 독특한 음색이 지금까지의
연주와 다른 색다른 느낌을 전해 준다. 모두가 좋아할 만한 연주는 아니지만,
취향에 맞는다면 자신의 최고 연주로 받아들일 수 있는 연주다. LP는 비교적 쉽게
구할 수 있으며, 가격도 비싸지 않다.

모차르트, 플루트와 하프를 위한 협주곡
Mozart, Flute and Harp Concerto in C major, KV299

장-피에르 랑팔 / 릴리 라스킨 / 자크 랜슬롯 / 파이야르 실내 오케스트라
Jean-Pierre Rampal / Lily Laskine / Jacques Lancelot / Orchestre De Chambre Jean-François Paillard
1963

Erato STE 50175

최고의 명인들이 자아내는 격조 높은 앙상블
예술을 더 깊이 사랑하는 방식을 고민하는 두 대가의 아름다운 연주.
플루트와 하프가 빚어낸 최상의 결과물로 이 작품에서 가장 먼저 들어야 할
음반이다. 1악장과 3악장은 산뜻하고, 2악장은 천상의 선율이 지상에 울려
퍼진다.

연주 ★★★★☆ 음질 ★★★★☆

불완전한 악기를 완전하게 만든 음악

「플루트와 하프를 위한 협주곡」은 모차르트(Wolfgang Amadeus Mozart, 1756~1791)가 1778년 파리에 잠시 머물 때 쓴 작품이다. 플루트 애호가였던 기네 백작(Comté de Guînes, 1735~1806)에게 작곡 의뢰를 받아 불과 몇 개월 만에 완성된 이 작품은 곡 전체가 활력이 넘치고 우아한 기품이 돋보인다. 모든 악장에 카덴차(곡의 말미에 독주자가 화려한 기교를 발휘하는 부분)가 있는 것이 특징이다. 1악장 '알레그로(Allegro)'는 밝고 경쾌한 플루트가 물결치듯 아름다운 흐름으로 연주되며, 그에 맞춰 하프의 매력적인 아르페지오가 끊임없이 아름답게 노래한다. 두 악기가 빚어내는 다채로운 매력을 느낄 수 있는 1악장을 지나, 2악장 '안단티노(Andantino)'는 현악기만으로 진행되는 오케스트라의 배경 위로 플루트와 하프 두 악기가 가깝게 맞닿아 천상의 선율을 노래한다. 3악장 '론도, 알레그로(Rondo, Allegro)'는 오케스트라의 적극적인 연주 위에 두 독주 악기가 시원하고 산뜻한 느낌으로 연주한다.

모차르트는 약관의 나이에 고향 잘츠부르크를 떠나 1778년 프랑스 파리에 둥지를 틀고 많은 사교계 인사들과 접촉하며 교류했다. 하지만 그는 어렸을 때부터 유럽을 크게 흔든 자신의 명성을 알아주지 않는 파리의 귀족들과 그들의 편협함에 실망한다. 파리에서 궁핍하게 생활하던 모차르트는 음악 애호가인 기네 백작에게 새로운 협주곡의 작곡을 의뢰받는다. 백작은 그 자신이 딸과 함께 연주할 수 있는 곡을 원했다. 기네 백작은 딸의 결혼식을 기념해 스스로 플루트를 연주하고, 딸은 하프를 연주하기 위해 모차르트에게 「플루트와 하프를 위한 협주곡」을 의뢰한 것이다. 모차르트가 아버지 레오폴트 모차르트(Leopold Mozart, 1719~1787)에게 보낸 편지의 내용으로 미루어 볼 때, 기네 백작과 그의 딸은 비록 아마추어였지만 실력은 어느 전문 연주자와 비교해도 손색이 없을 정도로 뛰어났던 것으로 짐작된다. 모차르트는 자신이 플루트라는 악기를 썩 좋아하지 않았고, 기네 백작 또한 보수도 주지 않아 처음에는 작곡에 망설였지만, 결국에는 「플루트와 하프를 위한 협주곡」을 완성하기에 이른다. 모차르트 시대에 플루트와 하프는 다른 악기에 비해 관심도가 낮아 연주하는 사람도 드물었다. 그럼에도 모차르트는 당시 불완전한 악기로 여겨지던 플루트와 하프를 이용해 오케스트라 속에 살 녹여 아름답고 매혹적인 곡으로 완성했다.

던칸 존스 – 더 문 (2009)

〈더 문〉은 자본주의의 지독함과 복제인간의 윤리 문제를 다룬다. 가까운 미래. 달 표면에 태양풍으로 쌓인 청정 에너지를 채굴하고자 달에서 홀로 3년간 근무 중인 샘 벨(샘 록웰)은 2주 후 지구로 귀환해 사랑하는 가족을 만날 희망에 부풀어 있다.

어느 날, 달 표면의 에너지를 채취하는 채광기에 문제가 생기자 샘은 문제를 해결하려고 기지 밖으로 나갔다가 사고를 당한다. 샘은 기지 안에서 깨어나지만, 기지 밖에서 사고를 당한 자기와 똑같은 샘을 발견한다. 두 명의 샘은 자신들이 복제인간(클론)이었다는 것을 받아들인다. 이 모든 것이 회사(루나 인더스트리)의 비용을 절감하고, 손쉽게 작업을 하기 위해 수명이 3년인 복제 인간을 대량으로 만들었던 것이다.

샘은 달 기지에서의 외로움을 극복하고자 화초를 키웠다. 식물과 대화할 때 어김없이 흐르는 음악이 모차르트의「플루트와 하프를 위한 협주곡」2악장이다. 이 아름다운 음악은 역설적으로 그 상황을 더욱 외롭게 보이게 한다.

글램 록의 대부 데이빗 보위의 아들인 던칸 존스(Duncan Jones)가 연출했는데, 국내에서는 영화 〈소스 코드〉의 감독으로 더 잘 알려져 있다.

릴리 라스킨(Lily Laskine)은 이 곡을 여러 번 녹음했지만, 평소 그녀와 가깝게 지낸 장-피에르 랑팔(Jean-Pierre Rampal)과의 연주를 가장 위에 놓고 싶다. 곡이 갖고 있는 고풍스럽고 우아한 분위기를 잘 살려낸 연주로 오랜 시간 사랑을 받은 연주다. 1963년 녹음으로 음질은 나쁘지 않으며, LP는 비싸지 않은 편이지만 LP 매장에서 잘

클린트 먼셀(Clint Mansell)이 맡은 사운드트랙 『Moon OST』는 불안하고 긴장감이 도는 곡으로 구성되어 있다. 영화 내용 때문인지 전체적으로 외로움을 주제로 한 몽롱한 사운드가 지배한다. 혼자 조용히 사색할 때 들으면 좋은 음악으로 채워져 있다. LP는 12곡이 수록되었으며, 2009년에 첫 발매되었고, 2022년과 2023년에 재발매되었다.

보이지 않는다.

휴버트 바르와서(Hubert Barwahser)와 오시안
엘리스(Osian Ellis)의 1964년 녹음도 빼놓을 수 없는
아름다운 연주다. 특히 2악장 '안단티노(Andantino)'는
서두르지 않고 느긋하게 산책하듯이 여유롭다. 그
여유 속에서 느껴지는 플루트와 하프의 선율은 한
편의 아름다운 시를 보는 것 같다. 녹음 연도에 비해
음질이 좋은 편이며, LP도 쉽게 구할 수 있다.

볼프강 슐츠(Wolfgang Schulz)와 니카노르
자발레타(Nicanor Zabaleta)의 1975년 연주는 많은
사람이 좋아하는 연주다. 볼프강 슐츠는 1970년대
빈 필하모닉의 플루트 수석으로 활동하면서 여러
앙상블 단체를 결성해 많은 음반을 남겼다. 그중에서
니카노르 자발레타와 함께한 음반은 플루트와 하프를
좋아하는 사람에게는 필청 음반이다. LP는 저렴하고
쉽게 구할 수 있다.

휴버트 바르와서 / 오시안 엘리스
1964 / Philips 835 279 LY
연주 ★★★★☆
음질 ★★★★☆

볼프강 슐츠 / 나카르노 자발레타
1975 / DG 2530 715
연주 ★★★★☆
음질 ★★★★☆

베토벤, 피아노 협주곡 제5번 '황제'

Beethoven, Piano Concerto No.5, Op.73 'Emperor'

빌헬름 박하우스 / 한스 슈미트-이세르슈테트 / 빈 필하모닉
Wilhelm Backhaus / Hans Schmidt-Isserstedt / Wiener Philharmoniker
1959

DECCA SXL 2179

독일 피아니즘의 정수

녹음 당시 이미 70세를 넘은 나이였지만 '건반 위의 사자왕'이라 불리는
독일 피아니스트 박하우스는 황제처럼 위엄 있게 건반 위를 걸으며
오케스트라와의 한판 승부에 임하고 한스 슈미트-이세르슈테트가 이끄는 빈
필하모닉 역시 지지 않고 맞선다.

연주 ★★★★★ 음질 ★★★★☆

피아노 협주곡의 황제

베토벤「피아노 협주곡 제5번」의 부제 '황제'에는 여러 가지 설이 있다. 1804년 황제에 즉위한 나폴레옹을 염두에 두고 작곡했다는 설이 있지만 사실무근이다. 베토벤은 혁명을 지지했고 나폴레옹을 위해「교향곡 제3번 '영웅'」을 작곡했지만, 나폴레옹이 황제가 된 후 악보 표지에 기록된 '보나파르트'를 지워 버렸다. 게다가 「피아노 협주곡 제5번」이 완성된 1809년에 나폴레옹의 군대가 빈을 점령해 베토벤은 힘든 시기를 보내고 있었다. 출판업자 요한 밥티스트 크라머가 '황제'를 방불케 하는 협주곡을 찬양해 붙였다는 설은 확인이 안 되지만, 앞의 설에 비하면 설득력이 있다.

루트비히 판 베토벤(Ludwig Van Beethoven, 1770~1827)은 1809년 다섯 번째이자 마지막 피아노 협주곡을 완성했다. 이는 앞서 작곡한 4곡의 피아노 협주곡은 물론 당시까지 발표된 모든 피아노 협주곡을 뛰어넘는 걸작으로 인정받는다. 교향곡을 방불케 하는 웅장한 오케스트레이션은 이후 협주곡 장르의 새로운 시류를 만들었다. 바로크 시대의 협주곡은 3악장 전체를 연주하는데 10분에서 15분밖에 걸리지 않았다. 반면, 베토벤이 완성한「피아노 협주곡 제5번」는 연주 시간이 40분 가까이 되는 대작이다. 피아니스트는 비르투오시즘을 발휘해 오케스트라와 치열하게 전투해야 한다. 대작 형식의 피아노 협주곡은 브람스에게 계승되었고, 차이콥스키에 의해 다시 한번 완성되었다. 차이콥스키의「피아노 협주곡 제1번」은 웅장한 호른 사운드로 시작되는 해일과 같은 오케스트라의 압박을 뚫고 피아니스트가 등장해야 한다.

짧은 총주로 시작하는 1악장의 인트로에서 피아니스트는 신들린 듯이 솔로 연주를 해야 한다. 오케스트라는 계속해 화음을 전달하고, 피아니스트는 화려한 독주로 대응한다. 이례적인 구성의 도입부 피아노 솔로가 끝나면 오케스트라가 해일처럼 밀려온다. 피아니스트는 오케스트라와 한판 승부를 벌인다. 여기서 곡의 승패가 갈린다. 피아니스트가 포기하는 순간, 공연은 실패로 돌아간다. 폭풍처럼 휘몰아치는 1악장이 지나가면, 아름답고 서정적인 2악장이 등장한다. 2악장의 아름답고 서정적인 멜로디는 전쟁으로 지친 심신에 위안을 주고, 휴식 없이 3악장으로 이어진다. 론도 형식의 3악장은 희망찬 미래를 예견하는 듯 빠르지만 경쾌하게 진행된다. 피아니스트의 발걸음 또한 가볍다.

이 곡은 현재까지도 피아노 협주곡의 '황제'로 군림하고 있다. 세계 최고의 피아니스트가 앞다투어 녹음하고 공연 레퍼토리 첫 번째에 「피아노 협주곡 제5번」을 올리는 것을 주저하지 않는다.

톰 후퍼 - 킹스 스피치 (2010)

영국의 왕자 버티(콜린 퍼스)는 조지 5세의 둘째 아들로 왕위 계승을 앞두고 있다. 첫째 왕자가 왕비가 되기에 부적절한 여자를 사랑하고 있어 내린 결정이다. 하지만 버티는 자신이 형을 대신해 왕이 되어야 하는 현실에 괴로워한다. 그는 말더듬이 장애를 앓고 있었기 때문이다. 수많은 언어치료사를 만났지만, 그의 장애는 나아지지 않았다.

벼랑 끝에서 만난 괴짜 언어치료사 라이오넬 로그(제프리 러시)는 기술적인 치료보다 심리적인 방법을 사용하지만, 버티는 그를 미덥지 않아 한다. 라이오넬이 한방에 치료하겠다며 모차르트『피가로의 결혼』서곡이 재생되는 헤드폰을 끼고 셰익스피어 희곡을 읽게 한다. 음반에 녹음된 말을 더듬지 않는 자신의 목소리에 놀란 버티는 라이오넬을 다시 찾는다.

왕위에 오른 조지 6세(버티)는 라이오넬의 도움으로 제2차 세계대전의 참전을 알리는 라디오 연설을 성공적으로 마친다. 축하의 인사를 전하는 라이오넬에게 버티는 "Well done, my friend"라고 말한다. 그동안 버티를 친구처럼 대해 간호 하를 내던 버티가 전하는 최고의 찬사이다. 라이오넬은 이에 "Thank you, your majesty"라고 예를 갖추어 화답한다. 그렇게 둘은 친구가 된다. 그리고 베토벤 「피아노 협주곡 제5번」 2악장이 따뜻하게 흐른다.

피아노 협주곡의 '황제'라는

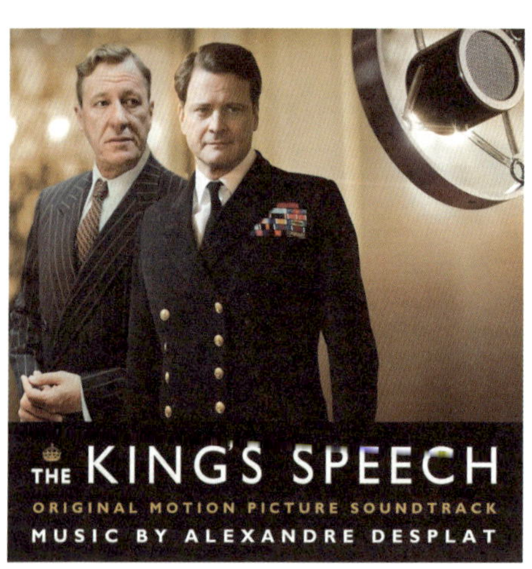

2010년 발매된 『The King's Speech OST』에는 영화에 사용된 베토벤 「교향곡 제7번」 2악장, 「피아노 협주곡 제5번」 2악장 그리고 모차르트 오페라 『피가로의 결혼』 서곡이 삽입되어 있다. 테리 데이비스의 지휘로 런던 심포니 오케스트라가 연주했다. 오리지널 스코어는 알렉상드르 데스플라가 작곡하고 직접 지휘했다. LP로는 발매되지 않아 CD로만 만나볼 수 있다.

별칭이 있는 만큼 모든 피아니스트는 이 곡을 철저히
연구하고 도전하고 녹음한다. 어떤 협주곡보다 샛별
같은 명반이 많다. 거장들의 작품을 선택하면 실패할
수가 없다.

피아니스트 빌헬름 박하우스(Wihelm Backhaus)와
한스 슈미트-이세르슈테트(Hans Schmidt-Isserstedt)가
1959년에 녹음한 데카 음반은 전통의 명연이다. 녹음
당시 70세를 넘긴 박하우스. '건반 위의 사자왕'이라
불리던 독일 피아니스트는 황제처럼 위엄 있게 건반
위를 걸으며 오케스트라와 한판 승부에 임하고, 한스
슈미트-이세르슈테트가 이끄는 빈 필하모닉 역시 지지
않고 맞선다. 박하우스 음반은 라이선스 LP 초기부터
발매되어 중고 시장에 수량이 많으므로 초반 가격이
부담된다면 라이선스 LP로 쉽게 구할 수 있다.

미켈란젤리 / 줄리니
빈 심포니 오케스트라
1979 / DG 2531 385
연주 ★★★★★
음질 ★★★★

1979년의 아르투로 베네데티 미켈란젤리(Arturo
Benedetti Michelangeli)와 카를로 마리아 줄리니(Carlo
Maria Giulini)의 호흡은 무척이나 완벽하다. 완벽한
피아니스트이자 마우리치오 폴리니, 마르타
아르헤리치를 가르친 교육자이기도 한 미켈란젤리는
베토벤 「피아노 협주곡 제5번」 연주에 많은 애착을
가지고 있다. 그의 연주는 섬세하지만 '황제'라는
별칭을 가진 「피아노 협주곡 제5번」을 능수능란하게

에밀 길렐스 / 레오폴트 루트비히
필하모니아 오케스트라
1957 / Columbia SAX 2252
연주 ★★★★★
음질 ★★★★

요리한다. 천둥번개 에피소드로 유명한 1960년 바티칸 녹음도 추천한다.

강철의 피아니스트라 불리는 에밀 길렐스(Emil Gilels)는 1악장에서 누구보다
강하게 타건하며 황제를 자칭한다. 하지만 2악장에서의 길렐스는 곡의 아름다운
서정성을 놓치지 않는다. 독일 지휘자 레오폴트 루트비히(Leopold Ludwig)는
강력한 구 소련의 피아니스트를 섬세하게 보필하는 지휘로 화답한다. 3악장에서
피아니스트와 지휘자는 드디어 하나가 된 듯 완벽한 합을 맞춘다.

거슈인, 랩소디 인 블루

Gershwin, Rhapsody In Blue

레너드 번스타인 / 컬럼비아 심포니 오케스트라
Lenard Bernstein / Columbia Symphony Orchestra
1959

Columbia Masterworks MS 6091

가장 미국적인

미국 음악이고 재즈적인 요소가 많이 사용된 곡이어서 미국 연주자들이
많이 연주하고 잘할 수밖에 없다. 미국의 대표 지휘자 레너드 번스타인은
「랩소디 인 블루」의 멜로디와 자유로운 확장성을 높이 평가했다. 번스타인은
피아노와 지휘를 겸해 이 곡을 두 번 녹음했고, 1959년 녹음이 동 곡의 가장
대표적인 명반으로 인정받는다.

연주 ★★★★★ 음질 ★★★★

재즈와 클래식의 행복한 만남

정반대의 장르처럼 보이는 클래식과 재즈는 20세기 초반 꽤 많은 영향을 주고받았다. 유럽에서 미국으로 이주한 작곡가들은 가장 전통적인 미국 음악이라 불리는 재즈를 어색하지 않게 본인의 작품에 녹여 내 왔다. 모리스 라벨은 재즈적인 요소를 피아노 협주곡에 가미해 독특한 개성을 부여했다. 재즈와 클래식을 넘나드는 연주자도 있다. 베니 굿맨은 모차르트의「클라리넷 5중주」와 「클라리넷 협주곡」을 녹음했다. 윈튼 마살리스는 재즈와 클래식 부문에서 동시에 그래미상을 석권했다. 벨라 바르톡은 베니 굿맨을 위해「클라리넷, 바이올린, 피아노를 위한 콘트라스트」를 작곡했다.

조지 거슈인(George Gershwin, 1898~1937)은 뉴욕의 브로드웨이에 위치한 틴 팬 앨리(Tin Pan Alley)의 작곡가 중 한 명이었다. 그는 형 아이라 거슈인(Ira Gershwin)과 콤비를 이루어 많은 뮤지컬과 영화음악을 작업했다. 이 곡들은 대부분 히트했고, 조지 거슈인은 위대한 아메리칸 송북이 된다. 그의 곡은 재즈 뮤지션들이 연주해 재즈 스탠더드가 되었다.「I got rhythm」은 여러 곡으로 변형되면서 'Rhythm Changes'라는 신조어를 남기기도 했다.

클래식 음악에도 많은 관심을 가진 거슈인은 세르게이 라흐마니노프, 모리스 라벨 등의 작곡가에게 사사를 청하지만 거절당한다. 라벨은 "당신은 이미 일류 거슈인인데, 왜 이류 라벨이 되려 하느냐(Why become a second-rate Ravel when you're already a first-rate Gershwin?)?"라고 거절 사유를 밝혔다. 결국 거슈인은 자신이 해 오던 방식을 믿고 많은 대중음악을 작곡하는 와중에도 관현악, 협주곡, 오페라까지 전방위에 걸친 클래식 작품을 남겼다.

피아노 협주곡「랩소디 인 블루」는 조지 거슈인이 재즈 빅밴드 리더 폴 화이트만(Paul Whiteman)의 요청을 받아 작곡한 곡이다. 폴 화이트만은 피아노곡인 「랩소디 인 블루」를 밴드의 편곡자 퍼디 그로페(Ferde Grofé)에게 맡겨 피아노와 재즈 밴드를 위한 음악으로 편곡했다. 1924년 2월 12일 뉴욕 아이올리언 홀에서 초연 후「랩소디 인 블루」는 바로 유명세를 탄다.

단악장의 피아노 협주곡 형식을 취했지만, 일반적인 피아노 협주곡과는 사뭇 다르다. 재즈 오케스트라를 위한 편곡 덕분에 편성에 색소폰을 포함한다. 도입부의 클라리넷 글리산도가 매우 인상적이다(이 글리산도는 리허설 중에 탄생했다고 한다). 이어지는 뮤트 트럼펫의 그로울링 사운드 등 시작부터 재즈적이다. 피아노는 춤추듯 스윙한다. 피아노와 오케스트라는 노동요의 'Call and Response'처럼 계속 주고받는다. 곡 제목의 '블루'에서 알 수 있듯이 블루노트 화성이 많이 쓰였다. 재즈와 클래식의 행복한 만남 같은 명곡이 탄생한 것이다.

바즈 루어만 - 위대한 개츠비 (2013)

화려한 연출로 유명한 바즈 루어만 감독은 뮤지션을 소재로 한 〈엘비스〉 같은 작품 외에 〈로미오와 줄리엣〉, 〈물랑 루즈〉 등 음악과 떼려야 뗄 수 없는 작품을 많이 연출했다. 그는 2013년 작 〈위대한 개츠비〉에서 화려한 연출을 통해 개츠비의 허황된 꿈을 극대화해 묘사했다.

때는 1922년. 1차 세계대전이 끝나고 미국은 유례없는 호황을 누리고 있다. 'Jazz Age'가 시작된 것이다. 닉(토비 맥과이어)은 이웃 개츠비(레오나르도 디카프리오)의 파티에 초대받았다. 개츠비는 오늘도 화려한 파티를 연다. 빅 밴드가 「랩소디 인 블루」를 연주하고, 공중에는 색종이가 휘날린다. 사람들은 환호한다. 사회자는 불꽃놀이가 시작됨을 외치고 화려한 불꽃 쇼와 함께 개츠비는 닉에게 본인이 개츠비라고 밝힌다. 클로즈업되는 개츠비. 「랩소디 인 블루」의 하이라이트에 해당하는 관악 세션이 불을 뿜는다. 아메리칸 드림을 이룬 듯한 개츠비의 등장에 위대한 '아메리칸 송북'이라고 불리는 거슈인의 음악이 사용된 것은 감독의 치밀한 의도일 것이다.

「랩소디 인 블루」는 화려하지만 제목처럼 블루지한 느낌을 가지고 있다. 이는 이후 전개되는 개츠비의 몰락을 암시한다.

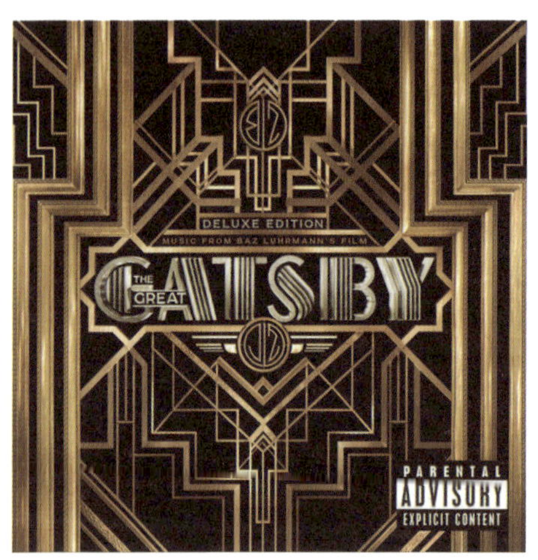

화려하게 리메이크된 영화답게 Jay Z, 비욘세, 카니에 웨스트, 네로 등이 참여한 『Great Gatsby OST』는 힙합, 일렉트로닉으로 구성되어 21세기 랩, 록, 팝의 현대적인 믹스로 언론의 극찬을 받았다. 다만 거슈인의 「랩소디 인 블루」는 수록되지 않았다. 상업적으로도 성공해 빌보드 앨범 차트 2위까지 올랐고, 싱글 커트한 3곡 중 라나 델 레이의 「Young and Beautiful」은 빌보드 싱글 차트 22위에 랭크되었다.

미국 음악이고 재즈적인 요소가 많이 포함되어
있어 미국 연주자들이 연주를 많이 하고 잘할 수밖에
없다. 미국의 대표 지휘자 레너드 번스타인(Leonard
Bernstein)은 「랩소디 인 블루」의 멜로디와 자유로운
확장성을 높이 평가했다. 번스타인은 피아노와 지휘를
겸해 이 곡을 두 번 녹음했고, 1959년 녹음이 동 곡의
가장 대표적인 명반으로 인정받고 있다. 1983년에
LA 필하모닉과 남긴 두 번째 녹음 역시 추천할
만하다. 연주도 좋지만 디지털 녹음으로 음질이 무척
명료하다.

앙드레 프레빈
런던 심포니 오케스트라
1971 / HMV ASD 2754
연주 ★★★★★
음질 ★★★★

앙드레 프레빈(André Previn)이 런던 심포니와
함께한 녹음도 빠뜨릴 수 없다. 프레빈은 1950년대
재즈 피아니스트로서 LA의 컨템포러리 레이블에
많은 피아노 트리오 명반을 남겼고, 영화음악을 거쳐
결국은 클래식 지휘자로 활동한 인물이다. 「랩소디 인
블루」의 피아노를 연주하며 지휘를 겸하기에 레너드
번스타인보다 더 적임자로 보이지만, 오케스트라의
박력과 흥겨움이란 측면에서 번스타인의 녹음을 더
높이 평가하는 사람도 많다. 프레빈은 1985년 필립스
레이블에서 피츠버그 심포니와 함께 「랩소디 인
블루」를 다시 녹음했다.

마이클 틸슨 토마스
LA 필하모닉
1982 / CBS IM 39699
연주 ★★★★
음질 ★★★★

이런 종류의 음악에 최적이라고 평가받는 마이클
틸슨 토마스의 1982년 녹음은 1924년 폴 화이트만이
초연한 편곡을 재현했다는 점에서 또 다른 의미가 있다. 번스타인의 후예를
자처하는 틸슨 토마스는 미국 스타일의 「랩소디 인 블루」를 재현했다. 틸슨
토마스는 1998년 『New World Jazz』라는 앨범에서 「랩소디 인 블루」를 다시
녹음했고, 이 역시 좋은 평가를 받았다.

엘가, 첼로 협주곡
Elgar, Cello Concerto in E minor, Op.85

자클린 뒤 프레 / 존 바비롤리 / 런던 심포니 오케스트라
Jacqueline Du Pré / John Barbirolli / London Symphony Orchestra
1965

첼리스트와 첼리스트

첼리스트 출신으로 에드워드 엘가와 첼로 협주곡을 협연한 바 있는 존
바비롤리는 영국의 기대주 자클린 뒤 프레의 재능을 꽃피우게 했다. 도입부의
첼로 솔로는 이후 연주에서 느낄 수 없는 비장함이 묻어있다.

연주 ★★★★★ 음질 ★★★★

실내악적인 협주곡

에드워드 엘가(Edward Elgar, 1857~1934)는 제1차 세계대전이 끝나가던 1919년 「첼로 협주곡」을 작곡했다. 상당히 비장한 분위기의 협주곡으로, 제1차 세계대전의 슬픔을 담고 있다는 해석과 엘가의 뮤즈였던 부인 앨리스의 건강 상태로 인한 엘가의 슬픈 마음의 표현이라는 해석이 있다. 앨리스는 「첼로 협주곡」이 초연되고 5개월 후 운명했다. 엘가의 「첼로 협주곡」의 초연은 실패로 끝났다. 초연을 담당한 런던 심포니 오케스트라가 다른 곡을 리허설하느라 제대로 연습하지 못했고, 비장한 분위기의 악풍에 청중이 적응하지도 못했다. 엘가는 명예 회복을 위해 1928년 여성 첼리스트 베아트리스 해리슨과 협연해 녹음을 남겼고, 이는 비교적 호평을 받았다.

엘가의 「첼로 협주곡」이 본격적으로 유명해진 것은 영국이 자랑하는 여성 첼리스트 자클린 뒤 프레(Jacqueline Du Pré, 1945~1987)의 연주 덕분이다. 1965년 킹스웨이 홀에서 존 바비롤리가 지휘하는 런던 심포니 오케스트라의 협연으로 진행된 녹음은 여러 면에서 화제가 되었다. 통상 1, 2악장과 3, 4악장을 묶어 연주하는 엘가 협주곡의 연주가 훌륭해 녹음 장소에 사람들이 몰려들어 3, 4악장은 실황 연주처럼 되어 버렸다. 당시 뒤 프레의 나이는 만 19세에 불과했다. 그녀는 훌륭한 연주를 하고도 녹음을 모니터한 후 자기가 의도한 연주가 아니라며 울어 버렸다. 하지만 대중은 열광했고, 어린 여성 첼리스트는 일약 스타가 되었다. 첼로의 거장 므스티슬라프 로스트로포비치는 자클린 뒤 프레의 음반을 듣고 본인은 이렇게 연주할 수 없다며, 녹음 레퍼토리에서 엘가 협주곡을 제외했다.

엘가의 「첼로 협주곡」은 뒤 프레의 연주 이후 여성 첼리스트에게는 숙명 같은 곡이 되었다. 음악영화 〈어거스트 러쉬〉에도 첼리스트인 여주인공이 엘가를 연주하는 장면이 있다.

첼로는 매력적인 음색에도 바이올린보다 음역대가 낮아 독주 악기로서의 매력이 적다. 협주곡 역시 레퍼토리가 많지 않다. 고전 시대에 하이든을 제외하고, 모차르트와 베토벤은 첼로 협주곡을 작곡하지 않았다. 낭만 시대에 슈만이 훌륭한 첼로 협주곡을 남겼지만, 브람스는 첼로 협주곡을 작곡하지 않았다. 브람스는 나중에 드보르작의 협주곡을 듣고 본인이 첼로 협주곡을 작곡하지 않은 것을 후회했다. 드보르작의 협주곡은 당시로서는 상상도 할 수 없는 교향악적 협주곡이었다. 하지만 엘가는 첼로 본연의 소리에 집중했다. 첼로 독주가 오케스트라에 묻히지 않도록 실내악 같은 편곡으로 첼로를 도왔다. 곡 시작 다섯 마디를 첼로 독주로 시작하고, 이를 받아주는 것은 클라리넷이다. 바이올린이 아니라 비올라가 연주하는 첫 주제를 자연스럽게 첼로 독주가 받는다. 실내악적인 협주곡이 탄생한 것이다.

토드 필드 – 타르(2022)

세계 최고의 오케스트라 베를린 필하모닉 최초의 여성 상임지휘자 리디아 타르(케이트 블란쳇)는 첼로 단원 리허설 전에 화장실에서 처음 본 묘령의 여인에게 끌렸다. 타르는 커밍아웃한 동성애자로 그의 동반자는 베를린 필하모닉의 악장 샤론(니나 호스)이었다. 타르의 마음을 끈 그 젊은 여성은 오디션에 지원한 첼리스트 올가(소피 카우어)였고, 타르는 그녀를 합격시킨다.

말러 교향곡 전곡 사이클에서 「교향곡 제5번」만을 남겨두고 있는 타르는 제5번 연주회의 1부 순서에 엘가 「첼로 협주곡」을 포함한 후 솔리스트는 악단 내에서 뽑겠다고 선언한다. 이는 인터넷에서 올가의 엘가 협주곡 연주를 보고 그녀의 엘가 연주가 상당한 수준임을 알았기 때문이다. 내부 오디션을 통해 타르의 의도대로 신인 첼로 단원이 솔리스트가 된다.

리허설에서 엘가 「첼로 협주곡」의 솔로를 하는 올가. 그녀를 흐뭇한 표정으로 바라보는 타르. 모든 비극의 시작은 올가와 엘가 「첼로 협주곡」에서 비롯되었다. 엘가 「첼로 협주곡」의 슬픈 선율이 비극을 암시하는 리허설장의 무거운 분위기를 더욱 극대화시킨다. 말러 「교향곡 제5번」을 중심으로 전개되는 영화였지만, 그녀의 몰락에

2022년에 영화와 동시에 발매된 『TAR OST』에는 말러 「교향곡 제5번」과 엘가 「첼로 협주곡」이 담겨 있다. 첼로 독주는 영화에서 첼리스트 올가 역을 했던 소피 카우어가 직접 연주했고, 협연은 런던 심포니 오케스트라가 했다. 재킷은 영화에서 리디아 타르가 말러 「교향곡 제5번」의 재킷으로 사용하려고 한 아바도 음반의 오마주다. 2023년 45회전 LP 음반으로도 발매되었다.

미친 영향은 말러보다 엘가 「첼로 협주곡」이 더
결정적이었다.

　자클린 뒤 프레를 빼고 엘가 「첼로 협주곡」을
논할 수가 없다는 점에서 제일 먼저 들어봐야
하는 연주는 1966년 HMV에서 발매된 자클린
뒤 프레(Jacqueline Du Pré)와 존 바비롤리(John
Barbirolli)의 녹음이다. 영국이 자랑하는 작곡가
엘가의 곡을 영국의 첼리스트와 지휘자가 협연하는
콤비네이션이다. 국적을 떠나서 주목해야 할 점은
존 바비롤리가 지휘자가 되기 전에 첼리스트였다는
사실이다. 바비롤리는 엘가의 지휘로 협주곡을
연주한 경험도 있어 「첼로 협주곡」에 가장 적합한
지휘자다. 그는 결국 젊은 여성 첼리스트의 재능을
만개시키는 녹음을 만들어 냈다. 특히 도입부 다섯
마디 첼로 솔로 연주는 만 19세의 여성이라고 할 수
없는 비장함이 묻어 나오는 솔로였다. 뒤 프레는 젊은
나이에 피아니스트 겸 지휘자 바렌보임과 결혼한 후
남편과도 엘가 협주곡을 녹음했지만, 바비롤리와
함께한 첫 녹음에는 못 미쳤다.

　뒤 프레의 스승이었던 프랑스 첼리스트 폴
토틀리에(Paul Tortelier)와 영국 지휘자 에이드리언
볼트(Adrian Boult)의 1972년 녹음은 매우 깔끔한 연주로 채워졌다. 엘가 「첼로
협주곡」의 실내악적인 면이 잘 드러난 산뜻한 해석이다.

　요요 마(Yo-Yo Ma)는 자클린 뒤 프레로부터 그녀가 사용하던 '다비도프
스트라디바리' 첼로를 기증받았다. 엘가의 「첼로 협주곡」을 세상에 널리 알린
그녀의 첼로를 사용한 요요 마의 연주는 어딘지 모르게 뒤 프레를 닮은 구석이
있다. 남성이지만 여성적인 가는 톤을 가지고 있는 요요 마의 첼로 독주는 엘가
「첼로 협주곡」에서 유난히 선이 굵게 들린다.

폴 토틀리에 / 에이드리언 볼트
런던 필하모닉 오케스트라
1972 / HMV　ASD 2906
연주 ★★★★☆
음질 ★★★★☆

요요 마 / 앙드레 프레빈
런던 심포니 오케스트라
1984 / CBS IM 39541
연주 ★★★★☆
음질 ★★★★

3부

독주곡과 소나타

독주곡과 소나타는 연주자와 악기가 물리적으로 가장 밀착된 상태에서 연주된다. 작곡가의 의도와 연주자의 해석과 감정을 가장 잘 담아낼 수 있는 형식인 만큼 주인공의 심리 상태를 극적으로 전달할 수 있다.

바흐, 토카타와 푸가 F장조 BWV540
Bach, Toccata and Fugue in F major, BWV540

헬무트 발햐
Helmut Walcha
1962

오르간 연주의 교과서

헬무트 발햐는 오직 기억과 열정만으로 전곡을 암보해 연주하고 녹음하는
놀라운 작업에 임했다. 그의 연주는 네덜란드 알크마르의 성 라우렌스 교회의
프란츠-카스퍼-슈니트거 오르간을 통해 맑고 투명한 울림으로 퍼져나갔고,
그 숨결은 음반에 고스란히 담겼다. 이 음반은 바흐 오르간 음악 해석의
기준으로 남게 되었다.

연주 ★★★★★ 음질 ★★★★

통합과 질서의 메카니즘

요한 제바스티안 바흐(Johann Sebastian Bach, 1685~1750)는 오르간 음악의
역사에서 가장 찬란하게 빛나는 이름 가운데 하나로, 그가 남긴 오르간 작품은
단순한 예배용 음악을 넘어 신학적 통찰과 대위법적 정교함이 어우러진
예술적·영적 성취로 평가받는다. 코랄 전주곡, 토카타와 푸가, 프렐류드와 푸가,
파사칼리아 등 다양한 형식을 통해 바흐는 독일 루터교의 신앙 전통을 근간으로
삼되, 이탈리아 음악의 화려한 수사성과 프랑스 음악의 섬세한 감수성을 절묘하게
융합하며 오르간 음악의 미학적 지평을 탁월하게 확장했다.

그 가운데 「토카타와 푸가 F장조」(BWV540)는 「토카타와 푸가
D단조」(BWV565), 「파사칼리아와 푸가 C단조」(BWV582)와 더불어 바흐 오르간
음악의 형식적 완성도와 음악적 조형미가 절정에 이른 대표작으로 손꼽힌다.
즉흥성과 논리성, 자유와 질서라는 상반된 개념이 유기적으로 통합되며, 바흐의
다성적 언어와 깊이 있는 음악 철학이 뚜렷이 드러난다.

이 곡은 두 부분으로 구성되어 있다. 전반부인 '토카타'는 빠르고 격동적인
움직임 속에서 오르간 연주자의 고도의 기교를 요구하며, 마치 즉흥적인 연주처럼
느껴지는 자유롭고 화려한 패시지가 연속적으로 펼쳐진다. 특히 오른손과 왼손이
교차하며 만들어 내는 복잡한 음형과 박진감은 청중에게 강렬한 인상을 남긴다.
이와 동시에 바흐는 오르간의 다채로운 음색과 레지스터를 효과적으로 활용해
극적인 음향 대비와 공간감을 구현함으로써 장엄한 분위기를 자아낸다.

후반부인 '푸가'는 이에 상응하는 엄격한 대위법적 구성을 갖추고 있다.
명확하게 제시되는 주제를 중심으로 복수의 성부가 정교하게 얽히며 진행되는
이 부분은, 음악적 질서와 균형 그리고 내면의 고요함을 한층 강조한다. 주제의
반복과 치밀한 변주를 통해 긴장과 이완의 흐름이 교차하고, 이러한 과정을
거치며 곡은 점진적으로 극적인 절정에 도달한다.

이처럼 이 작품은 오르간 연주자에게 탁월한 기량은 물론, 깊은 해석력과
예술적 통찰을 동시에 요구하는 작품이다. '토카타'가 자유롭고 에너지 넘치는
즉흥성을 표현한다면, '푸가'는 질서와 구조미, 정신적 울림을 구현하며 바흐
오르간 음악의 정수를 웅변적으로 드러낸다.

「토카타와 푸가 F장조」는 단순한 오르간곡을 넘어, 바흐가 음을 통해 질서와
자유, 이성과 감성, 인간성과 신성의 조화를 표현한 음악적 선언이다.

줄스 다신 – 페드라 (1962)

줄스 다신 감독의 영화 〈페드라〉는 한 여인의 격렬한 욕망과 그로 인해 점차 파국으로 치닫는 운명을 그린 서사다. 부유한 선주 타노스(라프 발로네)의 아내 페드라(멜리나 메르쿠리)는 전처가 낳은 아들 알렉시스(앤서니 퍼킨스)를 만나면서 금기된 사랑에 빠져든다. 나이 차이와 가족이라는 무거운 벽 앞에서도 그녀의 마음은 멈추지 않고, 그 욕망은 결국 자신과 주변의 모든 것을 산산조각 낸다.

페드라는 단순한 악녀가 아니다. 삶의 공허함을 메우려 한 그 사랑은 너무나도 위험하고 복잡해 고통으로 되돌아올 수밖에 없었다. 그러나 그녀와 알렉시스가 걷는 길은 결국 피할 수 없는 비극의 운명을 향해 나아간다. 이 영화는 금지된 사랑과 인간 내면의 갈등을 다루며, 왜 사람들은 위험한 사랑을 선택하는지 질문을 던진다. 사랑은 아름답지만 때로는 큰 아픔을 가져오고, 그 끝은 무겁고 진지하다.

그리스의 거장 작곡가 미키스 테오드라키스가 영화의 오리지널 사운드트랙을 맡았다. 총 12곡이 수록된 이 음반은 각 트랙이 영화의 서사와 등장인물의 감정선을 섬세하게 반영하며 장면의 분위기를 한층 깊이 있게 만들어 준다. LP의 마지막 트랙인 「Goodbye John Sebastian」에서는 바흐의 「토카타와 푸가 F장조」 선율 위에 주인공 알렉시스의 절규가 겹치며 극적인 여운과 함께 강렬한 인상을 남긴다.

영화의 마지막, 알렉시스는 해안 절벽 도로를 광기 어린 속도로 질주한다. 차 안에는 바흐의 「토카타와 푸가 F장조」가 울려 퍼지고, 그는 선율에 맞춰 절규하듯 노래하며 "페드라~"를 외친다. 그 외침은 고통과 절망, 사랑과 분노가 뒤섞인 처절한 절규처럼 메아리친다. 감정은 걷잡을 수 없는 격류가 되어 폭발하고, 차는 결국 절벽 아래로 추락한다. 대지와 바다가 맞닿은 곳에서 그의 마지막 흔적은 침묵 속으로 사라진다.

이 장면에서 울려 퍼지는 바흐의 음악은 단순한 배경음악을 넘어서, 운명에 맞서려는 한 인간의 고통과 혼란 그리고 붕괴의 순간을 강렬하게 드러내며 비극의 절정을 이룬다.

　　헬무트 발햐(Helmut Walcha)가 1962년
아르히프에서 발매한 음반은 오르간 연주의 교과서라
불릴 만큼 뛰어난 연주이다. 그는 시각장애를
극복하고 음악에 대한 깊은 열정과 헌신으로 바흐의
오르간 작품을 전곡 암보로 연주하며 세계에 널리
알렸다. 정밀한 해석과 고전적인 품격이 어우러진
이 연주는 이후 표준 레퍼런스로 자리 잡았으며,
네덜란드 알크마르의 성 라우렌스 교회의 프란츠
카스퍼 슈니트거(Franz Caspar Schnitger) 오르간의 맑고
명료한 음색도 녹음에 잘 담겨 있다.

마리클레르 알랭
1984 / Erato NUM 75294
연주 ★★★★☆
음질 ★★★★☆

　　프랑스의 여류 오르가니스트 마리클레르
알랭(Marie-Claire Alain)이 1980년대 에라토
레이블에서 선보인 녹음 역시 매우 주목할 만하다.
그녀는 200여 곡에 달하는 바흐 오르간 전곡을 세
차례 완주한 유일한 연주자로, 빠른 패시지에서도
명료한 음정과 정확한 리듬을 유지한다. 과도한 감정
과잉을 배제하고 내면의 깊은 울림과 경건함으로 바흐
음악의 진수를 섬세하게 표현한다.

마이클 머레이
1980 / Telarc DG 10049
연주 ★★★★☆
음질 ★★★★☆

　　미국 출신의 오르가니스트 마이클 머레이(Michael
Murray)가 1980년 텔라크 레이블에서 발표한 음반은
매사추세츠주 메튜언 메모리얼 뮤직 홀(Methuen
Memorial Music Hall)에 있는 그레이트 오르간을 사용해 녹음되었다. 풍부한
음향과 깊이 있는 해석이 돋보이며 오디오파일 음반으로서도 뛰어난 음질을
자랑한다.

바흐, 평균율 클라비어곡집
Bach, The Well-tempered Clavier Book 1, 2, BWV846-843

스뱌토슬라프 리흐테르
Sviatoslav Richter
1970

Melodia-Eurodisc 80 651, 85 629 XGK

평균율 연주의 새로운 규범을 만들다

신선한 곡 해석과 연주 스타일로 역사적으로 중요한 위치를 차지하고 있는
스뱌토슬라프 리흐테르의 연주.『평균율 클라비어 모음곡집』1권은 1970년
7월에 녹음했으며, 2권은 1972~73년에 녹음했다. 따뜻하고 인간미가
느껴지는 연주로 항상 곁에 두고 생각날 때마다 꺼내 듣고 싶은 연주다.

연주 ★★★★★ 음질 ★★★★

바흐의 아름다운 선행

바흐(Johann Sebastian Bach, 1685~1750)의『평균율 클라비어 모음곡집』은
서양음악사에서 가장 중요한 작품 중 하나다. 성서에 빗대 피아노 음악의
구약성서(베토벤의 피아노 소나타 32곡을 신약성서에 비유한다)로 불릴 만큼 뛰어난
평가를 받는 걸작이다. 이 작품은 각각 24곡의 전주곡과 푸가로 모두 48곡으로
구성되어 있으며, 두 권으로 나뉘어 작곡되었다.『평균율 클라비어 모음곡집』
1권(BWV846-869)은 1722년 쾨텐에서 작곡했으며, 22년 후 같은 형식으로
2권(BWV870-893)을 1744년 라이프치히에서 작곡했다. 곡 제목의 '클라비어'는
쳄발로(하프시코드), 클라비코드, 피아노 등 건반악기를 총칭하는 용어이지만,
바흐 시대에는 쳄발로가 건반악기를 대표했기 때문에 실제로는 쳄발로를 위한
작품이다. 다만, 현대에는 오히려 피아노로 더 많이 연주되고 있으며, 많은
피아니스트에게 성서만큼 중요한 레퍼토리가 되었다.

바흐가 살았던 바로크 시대의 음악에서는 각 음의 높이를 결정할 때
수학적으로 정확한 계산을 하는 음률 체계 중 하나로 순정률(pure temperament)을
사용했다. 순정률은 12음계에서 두 음의 진동비가 1:2, 2:3일 때 조화롭고
아름다운 소리가 나오는 장점이 있다. 하지만 순정률은 모든 화음을 연주할
수 없으며 조바꿈을 하면 불협화음이 생긴다는 단점이 있었다. 선율 악기인
관악기와 현악기는 연주자가 쉽게 조율에 변화를 줄 수 있지만, 긴반악기의 경우
주로 과거 단선율을 연주하던 연주 방식에서 여러 성부를 동시에 연주하는 다성
음악이 나오면서 문제가 생긴 것이다. 이 점을 극복하고자 새롭게 탄생한 음률이
평균율(equal temperament)이다. 평균율은 건반악기를 조율하는 방법을 의미한다.
바흐는 한 옥타브를 정확히 열두 부분으로 균등하게 나누어 어떤 화음을
연주하더라도 귀에 거슬리지 않도록 음을 똑같은 비율로 연주하는 방식으로
건반악기 음악을 작곡했는데, 이렇게 하면 조바꿈을 하더라도 불협화음이
나오지 않았다. 당시에는 건반악기 조율 문제가 심각했고, 여러 작곡가와 음악
이론가 사이에서 많은 논의가 있었다. 바흐는 평균율을 위한 작품을 쓴 최초의
작곡가는 아니다. 하지만『평균율 클라비어 모음곡집』을 통해 평균율을 훨씬 더
발전시킴으로써 후세의 작곡가와 연주자에게 새로운 이정표를 제시했다. 그만큼
바흐의 악보에는 음표 외에 사려 깊은 바흐의 모습이 그려져 있는 셈이다.

퍼시 애들론 – 바그다드 카페 (1987)

　1987년에 개봉한 영화 〈바그다드 카페〉는 퍼시 애들론 감독의 연출작으로
상처를 지닌 두 여인이 만나 삶에 대한 희망을 찾아가는 과정을 그린 영화다.
지질한 남편과 싸우고 홀로 황량한 사막을 걷는 야스민(마리안느 세이지브레트)과
무능하고 게으른 남편을 집에서 쫓아내며 자신의 인생을 한탄하며 울고 있는
‘바그다드 카페’의 주인 브렌다(CCH 파운더)가 서로 어색하게 만난다. 미국인
브렌다는 바그다드 카페에 머무는 독일인 야스민을 처음에는 경계하며
싫어하지만, 시간이 지날수록 서로에 대한 신뢰와 믿음이 생기면서 두 사람은
친구 사이가 된다. 아무런 희망이 보이지 않던 바그다드 카페에는 어느 순간부터
마법 같은 일들이 벌어진다. 바흐의 『평균율 클라비어 모음곡집』은 영화의 중요한
장치로 작동한다. 카페에서 브렌다 아들 살로모(대런 플래그)가 연주하는 평균율이
영화의 상황에 따라 다르게 연주되기 때문이다.

밥 텔슨(Bob Telson)이 작곡하고, 제베타
스틸(Jevetta Steele)이 부른 「Calling You」는
오리지널 사운드트랙의 중심에 있다. 이 곡은
제61회 아카데미 주제가상 후보에 올랐으며,
영화에서 느껴지는 외로운 분위기를 그대로 노래로
옮기고 있다. 1988년에 발매한 음반에는 밥 텔슨이
부른 「Calling You」를 포함해 영화 속 살로모(대런
플래그)가 직접 연주한 바흐의 『평균율 클라비어
모음곡집』 제1곡 전주곡을 들을 수 있다.

　가장 인상적인 장면은 야스민이 살로모의 연주를 진심으로 응원하자, 그 동안 영화에서 들려주던 살로모의 딱딱하고 신경질적인 연주가 아름다운 연주로 바뀌는 장면이다. 살로모는 자신의 연주에 귀를 기울이고, 진실한 마음으로 음악을 감상하는 야스민이 고마웠던 것이다. 황량한 사막 한가운데 자리 잡은 바그다드 카페에서 아름답고 행복한 일늘이 어쩌면 지금도 벌어지고 있지는 않을까?

　『평균율 클라비어 모음곡집』 전곡을 감상하려면 장시간의 집중력과 체력이 필요하다. 재미없거나 따분한 연주는 중간에 음악 감상을 멈출

수밖에 없지만, 연주가 아름답게 들리면 이야기는
달라진다. 스뱌토슬라프 리흐테르(Sviatoslav Richter)의
잘츠부르크 녹음을 듣고 있으면 4시간이 넘는
시간이 금방 지나간다. 피아노의 서스테인 페달을
적절히 사용한 잔향으로 곡이 훨씬 부드럽고 풍부한
느낌으로 다가온다. 연습곡 같은 느낌의 곡이 마치
쇼팽의 발라드처럼 낭만적이고 우아하게 들린다.
리흐테르의 평균율 LP는 프레싱에 따라 음질
편차가 크다. 유로디스크, 에테르나에서 나온 음반을
최우선으로 추천하고 싶다. CD는 목욕탕 사운드로
악명 높지만, 위에서 추천한 레이블의 LP는 소리가
좋다.

에드윈 피셔(Edwin Fischer)는 1933년부터
1936년까지 4년에 걸쳐 이 녹음을 완성했다.
추천하기에 망설여지는 오래된 녹음이지만, 이 곡을
좋아하는 사람들에게 음질을 떠나 꼭 추천하고
싶은 연주다. 낭만주의 피아니즘의 마지막 거장으로
위대한 예술혼과 진정한 깊이를 지닌 연주이기
때문이다. CD는 열악한 음질이지만, LP는 그런대로
들을 만하다. 아시다시피 독주곡은 100여 년 전
녹음이더라도 LP로 들으면 소리가 나쁘지 않다.

로잘린 투렉(Rosalyn Tureck)은 1953년, 1975년, 2003년. 알려진 녹음만
세 종류인데, 1953년 연주가 가장 높은 평가를 받는다. 첫 곡인 전주곡 1번
C장조부터 눈이 부시어 어릿어릿할 정도로 찬란하다. 바흐의 스페셜리스트로도
잘 알려진 로잘린 투렉의 뛰어난 음반 중에서 단연 손꼽히는 연주이기 때문에
오래된 녹음이라도 일청을 권한다. 아쉬운 점은 LP로 구하기 어렵고 가격이
비싸다는 점이다.

에드윈 피셔
1936 / La Voix De Son Maître
COLH 46
연주 ★★★★☆
음질 ★★★

로잘린 투렉
1953 / Brunswick AXTL 1036
연주 ★★★★☆
음질 ★★★☆

베토벤, 피아노 소나타 제8번 '비창'

Beethoven, Piano Sonata No.8, Op.13 'Pathetique'

알프레드 브렌델
Alfred Brendel
1975

브렌델에게 베토벤이란

알프레드 브렌델은 전 생애에 걸쳐 베토벤의 피아노 소나타 32곡 전곡을 세
번 녹음했다. 사이클마다 각기 다른 개성을 지닌 완성도 높은 연주로 어느
것을 선택해도 후회 없는 선택이다.

소위 3대 소나타로 불리는 14번 '월광', 8번 '비창', 23번 '열정'을 수록한
LP(1970년대)는 화려한 기교보다는 탄탄한 내실을 보여 주는 연주로
브렌델의 베토벤을 이해하는 데 가장 유용한 수단이다.

연주 ★★★★★ 음질 ★★★★☆

피아노 소나타의 새로운 지평을 열다

'비창(Pathetique)'이라는 부제의 「피아노 소나타 제8번」은 베토벤(Ludwig van Beethoven, 1770~1827)의 초기 소나타 걸작으로 '월광 소나타'로 잘 알려진 「피아노 소나타 제14번」 등과 더불어 대중에게 많은 사랑을 받는 작품이다. 한 번 들으면 쉽게 잊히지 않는 선율이 아름다운 곡으로 우리에게 친숙한 작품이다. 베토벤은 청년 시절부터 청력 상실에 대한 불안감을 피아노 작곡에 몰두하면서 좌절을 새로운 기회로 만드는데, 그는 이 작품을 시작으로 고전적인 피아노 양식을 한 단계 더 발전시킨다. 「피아노 소나타 제8번」은 1악장부터 매우 독창적이며 파격적이다. '장중하게(Grave)'라는 지시를 가진 1악장의 느린 도입부는 흔치 않게 처음부터 비장한 분위기로 시작하는데, 이 작품의 부제인 '비창'은 바로 이에 기인한다. 느리고 비장한 서주부는 점차 고조되어 빠르고 격렬하게 발전해 절정으로 치닫다가 잠시 정적이 흐른 후, 코다에 이르러 서주의 주제가 다시 등장해 간결하게 마무리된다. '느리게 노래하듯이'라는 뜻을 가진 2악장 '아다지오 칸타빌레(Adagio cantabile)'은 우아하고 아름답다. 그 아름다운 선율 때문에 영화음악과 광고 등 매체에 자주 사용되며 많은 사람에게서 사랑받고 있다. 3악장 '론도. 알레그로(Rondo. Allegro)'는 시종일관 빠른 템포로 상쾌하게 진행되어 시원하고 산뜻한 느낌으로 마무리된다. 3악장 또한 대중적으로 매우 유명해 2악장과 더불어 단독으로도 자주 연주된다. 한편, 특이한 점으로 3악장의 경우 베토벤이 남긴 악보 스케치를 보면 처음에는 피아노와 바이올린을 위한 곡으로 쓰려 했다는 점을 알 수 있다.

베토벤 「피아노 소나타 제8번」의 정확한 작곡 시기는 알 수 없지만, 1797년부터 1799년 사이로 추정된다. 이 시기는 베토벤이 피아노 작품에 집중한 시기로서 엄청난 창작열을 불태우기 시작한 때이다. 이 작품은 베토벤의 후원자였던 카를 폰 리흐노프스키(Carl von Lichnowsky, 1761~1814) 왕자에게 헌정되었으며, 악보는 1799년에 출판되었다.

베토벤은 모두 32곡의 피아노 소나타를 작곡했다. 그의 피아노 소나타는 교향곡, 현악 4중주와 함께 자신의 철학과 가치관을 음악에 녹인 중요한 장르로서 평생에 걸쳐 꾸준히 작곡한 영역이다. 「피아노 소나타 제8번」은 선배 작곡가의 양식을 발전시키고, 베토벤 자신의 개성을 보여 준 최초의 피아노 소나타로서 의미가 큰 작품이다.

시드니 루멧 – 허공에의 질주 (1988)

〈허공에의 질주(Running On Empty)〉는 시드니 루멧(Sidney Arthur Lumet)이
1988년에 연출한 영화로 많은 사람이 인생 영화로 꼽을 만큼 사랑받는 작품이다.
베트남 전쟁의 반전 운동을 벌이다 FBI에 쫓기게 된 어느 가족 이야기를
다루는데, 제임스 딘 이후 최고의 청춘 스타로 떠오르던 리버 피닉스가 주연을
맡아 꽃미남 배우에서 뛰어난 배우로 발돋움한 작품으로 유명하다.

FBI에 쫓기게 된 아서(저드
허시)와 애니(크리스틴 라티)
부부는 큰아들 대니와 막내
아들 해리(조나스 애브리)와 함께
이곳저곳을 떠돌아다닌다. 오랜
세월 자신들의 신념대로 살아 온
부부는 점점 커가는 아이들과
갈등을 겪으며 자신들의 인생과
아이들의 인생이 다름을 이해하고
인정한다. 피아노 연주에 천부적인
재능을 보인 큰아들 대니를 위해
그를 더 좋은 환경에 남겨두고,
부모는 막내 아들 해리와 함께 다른
곳으로 떠난다.

언제나 함께였던 가족은 더
나은 삶을 위해 평범한 행복을
포기한다. 제임스 테일러의
엔딩곡도 인상적이지만, 대니가
새로 전학을 간 학교에서 필립
음악 선생님(에드 크롤리) 앞에서
베토벤의「피아노 소나타 제8번」
2악장을 연주하는 장면은 이
영화의 하이라이트다. 베토벤은
비창 소나타를 통해 당시 힘들었던
시간을 새로운 기회로 만들었듯이,

〈허공에의 질주〉 OST는 음반으로 발매되지 않았다.
영화에는 베토벤, 바흐 그리고 모차르트와 슈베르트
등 클래식 음악이 흘러나오며, 제임스 테일러와
마돈나의 팝 음악도 영화에 짧게 등장한다. 영화
마지막 장면에서 흘러나오는 제임스 테일러의「Fire
And Rain」은 포프 가족의 즐거웠던 시간을 그리며
인상 깊은 장면을 연출한다. 무엇보다 리버 피닉스가
직접 연주한 베토벤「피아노 소나타 제8번」2악장은
듣는 이를 설레게 한다.

대니도 자신의 선택으로 새로운 삶을 살기 원했음을
연주로 전달한다.

빌헬름 켐프
1965 / DG 139 300
연주 ★★★★★
음질 ★★★★☆

알프레드 브렌델(Alfred Brendel)은 베토벤 피아노
소나타 전곡을 모두 세 차례 녹음했다. 담백하고
음악적 열정이 돋보이는 복스 시절의 1960년대
녹음과 여유 있는 피아노 선율이 아름다운 필립스
시절의 1990년대 모두 뛰어난 녹음이지만, 그의
최전성기 시절 연주로 낭만이 깃든 1970년대 필립스
녹음을 우선적으로 추천하고 싶다. 과도한 감정이입을
최소화하는 그의 연주는 베토벤의 숨결을 고스란히
담고 있다. 3대 피아노 소나타(14번, 8번, 23번)를
수록한 낱장 LP와 13장의 LP로 구성된 피아노 소나타
전집 모두 음질이 뛰어나고 가격도 저렴하다.

피터 뢰젤
1982 / ETERNA 8 27 805
연주 ★★★★☆
음질 ★★★★★

빌헬름 켐프(Wilhelm Kempff)가 1965년 도이체
그라모폰에서 남긴 고전적인 연주도 좋다. 오래전부터
우리나라에서 가장 대중적으로 인기가 있었던 이
녹음은 부드러운 음색으로 담백하고 서정적인 연주를
들려준다. 화려한 연주는 아니지만 과하지 않은
절제미와 균형감이 이 연주의 장점이다. 브렌델과
마찬가지로 3대 피아노 소나타를 수록한 낱장과
11장의 LP로 구성된 전집 모두 좋은 선택이다.

페터 뢰젤(Peter Rösel)의 1982년 녹음은 위에서 소개한 두 연주에 비해
산뜻하고 세련됐다. 음악의 흐름이 자연스럽고 훌륭한 녹음 때문에 음악에 더
집중하게 된다. 위에 소개된 두 음반과 마찬가지로 이 음반도 피아노 3대 피아노
소나타를 수록하고 있는데, LP는 1985년에 처음 발매되었으며 2016년에 Berlin
Classics에서 리이슈반이 발매되었다.

바흐, 무반주 바이올린 파르티타 2번 중 '샤콘'
Bach, 'Chaconne' from Partita No.2 in D minor, BWV1004

카를 수스케
Karl Suske
1985

Eterna 8 27 842

감성과 이성의 이상적 공존

카를 수스케의 연주는 소박하고 꾸밈이 없다. 바이올린 음색은 유려하지만
과하지 않은 절제미가 있어 들으면 들을수록 좋아지는 연주다. 어느 한쪽으로
치우치지 않고 감성과 이성의 밸런스가 이상적으로 매칭된 자연스럽고
아름다운 연주다.

연주 ★★★★★ 음질 ★★★★☆

아내를 위한 진혼곡

　　요한 제바스티안 바흐(Johann Sebastian Bach, 1685~1750)의 『무반주 바이올린을
위한 소나타와 파르티타』는 전부 6곡으로 3개의 소나타와 3개의 파르티타로
구성되며, 음악적으로 엄격한 형식을 취하는 소나타와 자유로운 형식의
춤곡을 모은 파르티타를 대비한 독창성 있는 작품이다. 작곡 시기는 정확하게
밝혀지지는 않았지만, 베를린국립도서관에 1720년에 작성한 바흐의 자필
악보가 보관된 것으로 보아 대략 이즈음에 작곡이 마무리됐던 것으로 여겨진다.
『무반주 바이올린을 위한 소나타와 파르티타』 전 6곡 중에서 「파르티타 2번」은
대중적으로 가장 잘 알려진 '샤콘(Chaconne)'이 포함되어 특히 유명하다. 이 작품은
1악장 '알라망드(Allemanda)', 2악장 '쿠랑트(Corrente)', 3악장 '사라방드(Sarabanda)',
4악장 '지그(Giga)', 5악장 '샤콘(Chaconne)'의 다섯 악장으로 구성되는데, 마지막
악장인 '샤콘'은 앞의 4개의 악장을 모두 합한 것보다 곡의 길이가 더 긴 곡으로
보통 15분 내외로 연주된다.

　　'샤콘'이라는 악곡은 프랑스 남부와 스페인에서 유행한 3박자 춤곡을 바탕으로
한 기악곡으로 형식적 유사성으로 인해 '파사칼리아'와 비교된다. 바흐의 '샤콘'은
도입부 주제가 제시되고, 이어서 이 주제가 다양한 형태로 변주되고 끊임없이
발전하다가 마지막에 처음의 도입 주제를 똑같이 반복·변형해 종결한다.
전체적으로 비장하고 애절한 느낌을 주는 음악으로 마치 인생의 모든 희로애락과
그 과정이 담겨 있는 듯하다.

　　바흐가 「파르티타 2번」의 마지막 악장으로 굳이 전례 없는 대곡인 '샤콘'을
넣었는가에 대해 음악학자들 사이에 다양한 견해가 존재한다. 그중 가장 흥미로운
가설은 바흐가 진심을 다해 사랑했던 첫 번째 아내 마리아 바르바라(Maria Barbara
Bach, 1684~1720)의 급작스런 사망에 인생의 무상함을 느끼고 아내의 영혼을
달래는 진혼곡으로 작곡했다는 것인데, 아내의 사망 시기가 이 곡의 완성 시기와
맞물리기 때문에 그 나름대로 설득력이 있어 이 곡을 '죽음'이라는 키워드로
해석해 연구하는 음악학자도 있다.

　　'샤콘'의 뛰어난 작품성으로 인해 후대의 많은 음악가가 다양한 형태의
편곡 작품을 남겼다. 그중에서 이탈리아의 피아니스트이자 작곡가인 페루치오
부조니의 피아노 편곡은 바이올린에 알맞게 쓰인 기교적인 요소를 피아노에 모두
녹여 낸 뛰어난 작품으로 자주 연주된다. 또한 안드레스 세고비아는 이 작품을

기타 독주용으로 편곡했으며, 레오폴드 스토코프스키는 관현악곡으로 편곡했다. 그 외에도 반도네온, 색소폰, 하프 등을 위한 편곡 작품이 있다.

찰리 밴 담 – 바이올린 플레이어 (1994)

1994년에 개봉한 〈바이올린 플레이어(The Violin Player)〉는 예술을 사랑하는 바이올린 연주자 아르몽(리처드 베리)이 소수의 선택된 청중만을 위해 연주하는 음악계의 이중성에 대한 환멸을 느껴, 지하 세계를 방문하면서 벌어지는 일을 그린다. 뛰어난 음악가 아르몽은 자신의 예술을 이해하지 못하고 이용만 하는 청중을 경멸하며 그곳에서 탈출해 지하 세계로 향한다. 파리의 가장 어두운 곳에서 홀로 연주를 시작하는 아르몽은 무대 위의 청중이 아닌 자신이 하고 싶은 음악을 연주한다. 시간이 지나면서 지하 세계의 가난한 예술가들이 아르몽의 연주에 응답한다. 노래와 아코디언 소리가 어울려 크게 한바탕 지하 세계에 울리기 시작한다.

아르몽은 자신의 화려했던 삶을 포기하고 지하 세계의 삶에 더욱 집중하던 어느 날, 지하 세계의 불량배들이 바이올린을 부수는 사건이 발생한다. 사연을 들은 아르몽의 친구는 그에게 바이올린을 건네지만, 아르몽은 더 이상 연주를 할 수 없었다. 그때 죽음을 앞둔 노인이 바이올린 연주를 들려달라고 애원하자, 아르몽은 잠시 망설이다 바흐의 '샤콘'을 연주한다. 영화는 15분이 넘는 시간을 할애해 '샤콘'을 처음부터 끝까지 아름답게 들려준다. 모든 이의 마음의 상처를 치유함에 부족함이 없다.

CD로만 발매된 『Violin Player OST』에는 기돈 크레머(Gidon Kremer)가 영화에서 직접 연주하는 바흐의 '샤콘'을 포함해 베토벤과 멘델스존, 모차르트 음악이 삽입되어 있다. 영화가 흥행에 실패해서인지 우리나라뿐만 아니라 해외에서도 CD를 구하기 쉽지 않다.

체코슬로바키아 태생의 독일 바이올리니스트 카를 수스케(Karl

Suske)의 연주는 과장이 없고 자연스럽다. 전체적으로 유려한 바이올린 음색을 바탕으로 안정적인 기교와 세련된 표현으로 곡의 깊은 심연을 섬세하게 드러낸다. 다채로운 구성의 전곡을 세부 구성마다 특성을 잘 살리며 품위 있게 표현함으로써 곡의 해석과 연주력은 이상에 근접한 연주라 생각된다. 전곡의 녹음 기간이 1983년부터 1988년까지 5년에 걸쳐 나뉘어 녹음되어 음질의 일관성이 떨어지는 단점이 있으나 감상하는 데 무리는 없다. LP는 1980년대 독일 에테르나에서 「소나타 1번」과 「파르티타 1번」이 커플링된 음반이 발매되었고, 전곡 LP는 2021년에 한국(사운드트리)에서 세계 최초로 발매되었다.

요제프 시게티
1955 / Vanguard BG 627/9
연주 ★★★★☆
음질 ★★★☆

「파르티타 2번」 중 '샤콘'만 듣고 싶을 때 가장 추천하는 연주는 요제프 시게티(Joseph Szigeti)의 1955년 녹음으로, 곡이 지닌 비통한 정서를 관조하듯 노래하는 연주이다. 기교가 떨어지는 만년의 연주이므로 얼핏 아마추어 연주자의 연주처럼 들리기도 한다. 그러나 곡을 대하는 진지함으로 인해 기교로 설명할 수 없는 아름다움이 전해지며, 마치 속세를 벗어나 구도의 길을 걷는 도인처럼 담담하다. 뱅가드 레이블에서 나온 초반은 비싼 가격에 거래되지만, 미국과 일본에서 나온 재발매반도 준수한 음질을 들려준다.

빅토르 피카이젠
1971 / Melodia-Eurodisc 86195 XK
연주 ★★★★☆
음질 ★★★★☆

일반에게는 다소 생소한 연주자인 빅토르 피카이젠(Victor Pikaizen)의 1971년 녹음도 눈여겨볼 만한 연주다. 긴 호흡으로 연주되어 그냥 흘러 지나칠 수 있는 부분까지 새겨들을 수 있으며, 다층적이고 복합적인 곡의 구조를 차분하게 풀어 나간다. 음 하나하나에 의미를 담은 듯한 바이올린 음색도 아름답게 들린다. 1971년에 녹음되어 발매된 멜로디야의 초반은 구하기 어렵다. 1975년에 발매된 에테르나나 유로디스크 음반을 추천한다.

바흐, 비올라 다 감바 소나타 제1번

Bach, Viola da Gamba Sonata No.1, BWV1027

피에르 푸르니에 / 어네스트 러시
Pierre Fournier / Ernest Lush
1952

DECCA LXT 2766

고귀한 셀로의 황자

피에르 푸르니에는 동료 연주자들에게 존경받을 만큼 인격적으로 훌륭했다고
한다. 그런 그의 인격이 음악에 투영된 것인지 모르겠지만, 이 연주에는
따뜻하고 우아한 기품이 느껴진다. 때 묻지 않은 자연과 닮은 첼로 연주를
듣고 싶을 때 반드시 들어봐야 할 음반이다.

연주 ★★★★★ 음질 ★★★

비올라 다 감바가 뭐에요?

바흐(Johann Sebastian Bach, 1685~1750)는 바이마르(1708~1717)에서 쾨텐(1717~1723)으로 일자리를 옮기면서 아내 마리아와 함께 새로운 희망을 갖고 행복한 결혼 생활을 이어 나갔다. 하지만 마리아는 원인 모를 이유로 갑자기 사망한다. 평소 지병이 없던 그녀였기에 바흐가 받은 충격은 매우 컸다. 그래서일까? 이 시절에 작곡된 바흐의 작품에는 슬픈 정서를 머금은 곡이 많다. 바흐의 '비올라 다 감바 소나타' 역시 마리아가 사망한 시기에 작곡되었던 것으로 추정된다. 이중「비올라 다 감바 소나타 제1번」은 교회 소나타 형식으로 '느리게-빠르게-느리게-빠르게'의 4악장으로 구성되며, 1악장과 3악장의 느린 악장에는 서글픈 정서가 녹아 있다.

바흐의 '비올라 다 감바 소나타'는 모두 세 곡(BWV 1027-1029)으로 아직까지 작곡 시기가 정확히 밝혀지지 않아 자료마다 표기된 작곡 연도는 다소 상이하다. 다만, 아래와 같은 몇 가지 상황을 고려해 쾨텐 시절(1717~1723)에 작곡한 것으로 추정하는 것이 대체적 견해이다. 첫째로 당시 쾨텐의 성주 레오폴트가 비올라 다 감바 애호가였으며, 둘째로는 쾨텐의 궁정 악단에는 크리스티안 페르디난트 아벨(Christian Ferdinand Abel, 1682~1761)이라는 뛰어난 비올라 다 감바 연주자가 있었다는 것이다. 그를 위해 이 곡을 작곡했거나, 그의 뛰어난 연주 실력 때문에 바흐의 창작욕을 불러일으키지 않았을까 하는 점을 들어 이 곡의 작곡 시기를 쾨텐 시절로 보는 것이다. 최근에는 1740년대에 작곡되었다는 의견도 있지만, 그 시대에 음악적 양식이 이 곡하고 많이 다르다는 점을 이유로 여전히 쾨텐 시절의 작품으로 보는 시각이 많다.

첼로와 비슷한 모습을 띠고 있는 비올라 다 감바는 이탈리아어로 '다리를 잡고 연주하는 비올'이라는 뜻으로 종아리와 무릎으로 지탱해 연주하는 현악기로, 4현의 첼로와 달리 대개 현이 6개다. 일반인에게는 다소 생소한 악기로 15~17세기에 꽃을 피웠지만, 시대에 따라 사람들이 추구하는 소리의 성향이 변하면서 점점 잊혀 가는 악기가 되었다. 오랜 시간 첼로가 비올라 다 감바의 역할을 대신해 왔으나 1960년대부터 원전 연주 재현에 노력을 기울인 연주자가 나타나면서 다시 부흥을 맞아 지금은 사용 빈도가 꽤 높아졌다. 하지만 여전히 비올라 다 감바를 위한 곡은 첼로로 연주하는 경우가 많다.

리처드 링클레이 – 비포 선라이즈 (1995)

〈비포 선라이즈〉는 기차 안에서 우연히 만난 제시(에단 호크)와 셀린(줄리 델피)이 빈에서 하룻밤을 함께 보낸다는 청춘 남녀의 이야기다. 낯선 장소에서 우연히 만난 누군가와 로맨스를 하게 되는 상상은 모든 연령대의 사람들이 꿈꾸는 이야기다. 영화는 누구나 좋아할 만한 내용과 장면을 연출하며 로맨스 영화의 클래식으로 자리 잡았다.

파리로 향하는 셀린은 기차 안에서 싸우는 어느 커플로 인해 자리를 옮기다 제시를 만난다. 간단한 인사로 시작된 두 사람의 대화는 어느덧 서로에게 호감으로 바뀌며, 제시는 셀린에게 빈역에서 내려서 하룻밤을 함께 보내자고 제안한다. 제시가 싫지 않았던 셀린은 빈에서 그와 함께 내린다. 그렇게 두 사람은 목적지 없이 빈 시내를 걸으면서 가벼운 대화부터 무거운 주제까지 다양한 대화를 통해 서로에 대해 알아간다. 영화 제목처럼 '해 뜨기 전'까지 두 사람은 빈 곳곳을 다니며 서로의 생각을 나누고, 동이 틀 무렵에는 서로에 대한 사랑을 확인한다.

기차 시간이 다가오고, 이제 두 사람은 헤어져야 한다. 두 사람은 아쉬운 마음으로 6개월 뒤 같은 장소에서 다시 만날 것을 약속하며 셀린은 기차에 오르고, 제시는 비행기를 타기 위해 버스에 오른다. 이때 배경 음악으로 바흐의 「비올라 다 감바 소나타 제1번」의 3악장이 흐른다. 음악은 마치 바흐의 슬픈 마음을 투영한 듯 두 청춘 남녀의 아쉬운 마음을 달래며 연주된다.

〈비포 선라이즈〉와 〈비포 선셋〉의 음악을 묶어 2004년에 CD가 발매됐다. 오리지널 사운드트랙에는 영화에 나온 바흐의 「비올라 다 감바 소나타」, 「골드베르크 변주곡」 및 요한 슈트라우스 2세의 「빈 기질 왈츠 Op.354」가 빠져 있지만, 줄리 델피(Julie Delpy)가 부른 4곡이 포함되어 있다. LP로는 발매되지 않았다.

피에르 푸르니에(Pierre Fournier, 첼로)와 어네스트 러시(Ernest Lush, 피아노)가 1952년에 데카에서 녹음한 연주는 과장이 없고 자연스러운 연주로, 들으면 들을수록 깊은 울림이 느껴진다.

음질이 열악하다는 단점을 제외하면 이 곡에서
단연 돋보이는 명연이다. 푸르니에는 이 곡을 여러
번 녹음했는데 완성도는 이 연주가 가장 높다.
첼로의 진한 음색과 피아노의 섬세한 표현이 조화를
이루는 훌륭한 연주다. LP로 산다면 단점이 하나 더
추가되는데, 상태가 좋은 옛 음반이 매우 비싸다는
점이다. 하지만 근래 들어 아날로그포닉 레이블에서
재발매되어 그동안 높은 가격으로 인해 구하기
힘들었던 음반에 대한 갈증은 이 재발매반으로 어느
정도 해소되지 않을까 한다.

마르칼 세르베라(Marcal Cervera, 비올라 다 감바)와
라파엘 푸야나(Rafael Puyana, 쳄발로)는 전체적으로
밝은 톤으로 연주한다. 영화 속의 연주처럼 비올라
다 감바와 쳄발로를 사용하는 원전 연주이며, 규모는
조금 작지만 투명하고 깊이 있는 울림을 들려준다.
음악의 흐름도 매우 자연스러워 4악장까지 쉽고
편안하게 들을 수 있다. LP는 저렴한 가격에 구할 수
있고 음질도 뛰어나 음악 감상이 상쾌하다.

레너드 로즈(Leonard Rose, 첼로)와 글렌 굴드(Glenn
Gould, 피아노)의 연주는 조금 독특하다. 첼로는
아름다움을 잃지 않는 자연스러운 음색으로
연주되지만, 피아노는 툭툭 끊어지는 주법으로 마치
쳄발로처럼 연주하고 있다. 두 악기가 어울리지 못해 음악이 자연스럽지 못할 것
같지만, 이런 우려를 불식할 정도로 첼로와 피아노는 아름답게 어울려 연주된다.
LP는 쉽게 구할 수 있지만 녹음 연도에 비해 음질이 다소 열악한 점이 아쉽다.

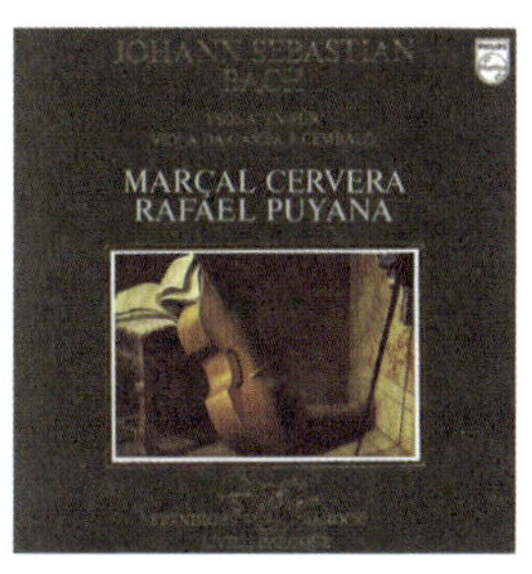

마르칼 세르베라 / 라파엘 푸야나
1969 / Philips 9502 003
연주 ★★★★☆
음질 ★★★★☆

레너드 로즈 / 글렌 굴드
1974 / Columbia M 32934
연주 ★★★★☆
음질 ★★★★

파가니니, 바이올린과 기타를 위한 소나타 Op.3

Paganini, Sonata for Violin and Guitar in E minor, Op.3

죄르지 테레베시 / 소냐 프룬바우어
Gyorgy Terebesi / Sonja Prunnbauer
1976

배려와 조화

서로의 테크닉을 뽐내기보다는 바이올린과 기타의 조화가 돋보이는
연주이다. 바이올리니스트이자 교육자인 죄르지 테레베시는 데뷔 음반을
녹음하는 20대의 젊은 기타리스트 소냐 프룬바우어를 배려하는 연주를
한다. 텔레풍켄의 녹음 또한 우수해 오디오파일 음반으로도 손색이 없다.

연주 ★★★★★ 음질 ★★★★★

The Guitar Behind The Violin

　기원전 4500년 수메르 왕국으로 거슬러 올라가야 할 정도로 기타는 오랜 역사를 자랑한다. 오늘날에 와서 기타는 팝, 록, 재즈 등 대중음악의 필수 불가결한 악기로 자리 잡았지만, 기타가 대중음악의 중심이 된 것은 20세기에 와서 앰프라는 증폭 장치를 만났기 때문이다. 앰프를 사용하지 않는 클래식에서는 작은 음량으로 인해 바이올린 등에 비해 한참 낮은 위상을 가지고 있다. 레퍼토리 또한 스페인 작곡가를 중심으로 형성되어 있을 뿐이다. 바로크 시대에는 류트 계열의 악기가 기타보다 자주 사용되었고, 18세기에 와서야 현대 기타의 원형이 완성되어 오늘에 이른다.

　19세기에 접어들면서 기타는 유럽의 부르주아 계급과 귀족 계급에서 최신 유행 악기가 되었다. 니콜로 파가니니(Niccolo Paganini, 1782~1840)는 어린 시절 바이올린과 함께 기타를 배웠다. 악마의 바이올리니스트라 불릴 정도로 비르투오소적인 기교를 과시했지만, 그는 기타에 대한 애정 또한 내려놓지 않았다. 공연에서 바이올린과 함께 기타를 자주 연주했고, 이탈리아 기타리스트 루이지 레냐니(Luigi Legnani, 1790~1877)와 함께 듀오를 구성하기도 했다. 작곡에도 힘을 기울여 기타가 들어간 작품을 100곡 넘게 작곡했지만, 생전에는 출판조차 하지 않은 경우가 대부분이다. 파가니니는 "바이올린은 나의 애인이지만, 기타는 나의 주인"이라는 말을 남겼을 정도로 기타를 사랑했다.

　파가니니는 1805년경 바이올린과 기타를 위한 소나타를 두 차례 걸쳐 작곡해 총 12곡을 남겼다. 작품집은 Op.2와 Op.3 각 6곡으로 이루어져 있는데, 12곡 모두 2악장으로 단출하게 구성되었다. 주로 바이올린이 주선율을 연주하고 기타가 반주하는 형식이다. 악마의 기교로 유명한 파가니니의 작품치고는 매우 서정적인 선율로 이루어져 쉽게 접근할 수 있는 곡이다. 우리나라에서는 「바이올린과 기타를 위한 소나타 Op.3」의 6번이 드라마 〈모래시계〉에 삽입되어 특히 유명하다.

　파가니니는 다수의 바이올린 협주곡을 남겼지만, 피아노와 바이올린을 위한 소나타는 거의 작곡하지 않았다. 실내악적 특성을 가진 소나타 장르에 피아노 대신 기타를 사용한 것은 그의 기타 사랑에 대한 반증이다. 기타는 '작은 오케스트라'라는 별칭이 있을 정도로 풍부한 화성을 표현할 수 있는 악기로서 소나타 장르에도 잘 어울린다. 파가니니의 바이올린과 기타를 위한 작품이 있는 것은 기타 애호가에게는 하나의 축복이다. 12곡의 피아노와 기타를 위한 소나타 외에도 「그랜드 소나타 Op.39」, 「소나타 콘체르타타 Op.61」도 필청을 권한다.

SBS 드라마 – 모래시계 (1995)

1995년 SBS에서 광복 50주년 특별기획으로 방영한 드라마 〈모래시계〉는 1970년대부터 90년대까지 10.26사건, 5.18민주화운동, 삼청교육대, YH사건 등 격동의 대한민국 현대사를 묘사해 화제가 되었고, 역대 시청률 3위를 기록했다.

고교 시절 싸움질을 일삼던 태수(김정현)는 우석(홍경인)을 만나 착실하게 공부해 육군사관학교 시험에 도전한다. 하지만 아버지의 빨치산 경력이 문제가 되어 육사를 포기하고 뒷세계로 진출한다. 성인이 된 태수(최민수)는 우석(박상원)의 자취방에서 우석과 같은 대학에 다니는 혜린(고현정)을 만난다. 혜린은 태수에게 왠지 모를 끌림을 느낀다. 우석은 사법시험을 패스해 검사가 되고, 태수는 뒷세계의 거물이 되어 그들의 우정은 흔들릴 수밖에 없다. 태수와 사랑하지만 이루어지지 못하는 혜린 역시 끊임없는 갈등에 휘말린다.

혜린이 등장할 때면 어김없이 여성 가수의 스캣 송이 '나나나~' 하고 배경음악으로 나온다. 바로 파가니니의 「바이올린과 기타를 위한 소나타 Op.3」 6번의 멜로디다. 기차가 지나가고 떨어져 앉아 있는 태수와 혜린은 배경음악으로 흐르는 혜린의 테마곡 「서로 다른 연인」과 같다.

〈여명의 눈동자〉로 표절 시비에 휘말린 최경식이 『모래시계 OST』를 작업했다. 러시아 노래 「백학」이 히트했지만, 세 주인공의 테마곡이 OST의 주춧돌이 된다. 서리은이 부른 혜린의 테마 「서로 다른 연인」은 파가니니 「바이올린과 기타를 위한 소나타 Op.3」의 6번을 스캣 송으로 편곡한 것이나. 태수의 테마 「특별한 타인」과, 우석의 테마 「어제의 내일」도 빼놓을 수 없는 곡이다. CD로만 발매되었다.

헝가리 태생 바이올리니스트 죄르지 테레베시(Gyorgy Terebesi)와 독일의 기타리스트 소냐 프룬바우어(Sonja Prunnbauer)는

1974년부터 파가니니의 『바이올린과 기타를
위한 작품집』 연작을 3년간 발표했다. 이는 소냐
프룬바우어의 데뷔 녹음이었다. 이 녹음은 파가니니
『바이올린과 기타를 위한 작품집』의 대표작으로
자리 잡았고, 1981년 두 장으로 압축한 박스 세트도
재발매되었다. 국내에서는 서울레코드에서 박스
세트를 두 장짜리 게이트폴더로 라이선스 발매했다.
서로의 테크닉을 뽐내기보다는 바이올린과 기타의
조화가 돋보이는 작품이다. 연주자이자 교육자인
테레베시는 데뷔 음반을 녹음하는 20대의 젊은
기타리스트를 배려하는 연주를 하고 있다.
텔레풍켄의 녹음 또한 우수해 오디오파일 음반으로도
손색이 없다. 「바이올린과 기타를 위한 소나타
Op.3」는 Vol.3에 수록되어 있다.

한결같이 좋은 연주를 하는 이작 펄만(Itzhak
Perlman)과 클래식 기타리스트 존 윌리엄스(John
Williams)의 연주는 감미롭고 여유가 있다.
「바이올린과 기타를 위한 소나타 Op.3」 6번의 연주도
훌륭하지만, 마지막 곡 「바이올린과 기타를 위한
칸타빌레」가 아름답게 백미를 장식한다. 바이올린과
기타를 위한 소나타 전곡이 굳이 필요 없다면 이
음반이 정답이다. 지구레코드에서 라이선스반이
나오기도 했다.

이작 펄만 / 존 윌리엄스
Itzhak Perlman / John Williams
1975 / Columbia M 34508
연주 ★★★★★
음질 ★★★★

길 샤함 / 외란 쇨셔
Gil Shaham / Goran Sollscher
1992 / DG 437 837
연주 ★★★★★
음질 ★★★★★

길 샤함(Gil Shaham)과 외란 쇨셔(Göran Söllscher)의 연주는 현대적인 연주의
모범이다. 연주도 훌륭하지만 우수한 디지털 녹음으로 오디오파일 음반으로
각광받았다. 음반이 발매된 이후 방영된 〈모래시계〉로 인해 다시 한번 주목을
받기도 한 파가니니 『바이올린과 기타를 위한 작품집』의 가장 대표적인 음반이다.
시디로 발매되었다가 음반의 인기로 인해 2010년 LP로 전격 발매되었고 이후
아날로그포닉에서도 재발매했다. 길 샤함은 이 음반의 인기에 힘입어 2003년에
『Schubert for Two』도 발표한다.

바흐, 골드베르크 변주곡
Bach, Goldberg Variations, BWV988

글렌 굴드
Glenn Gould
1955

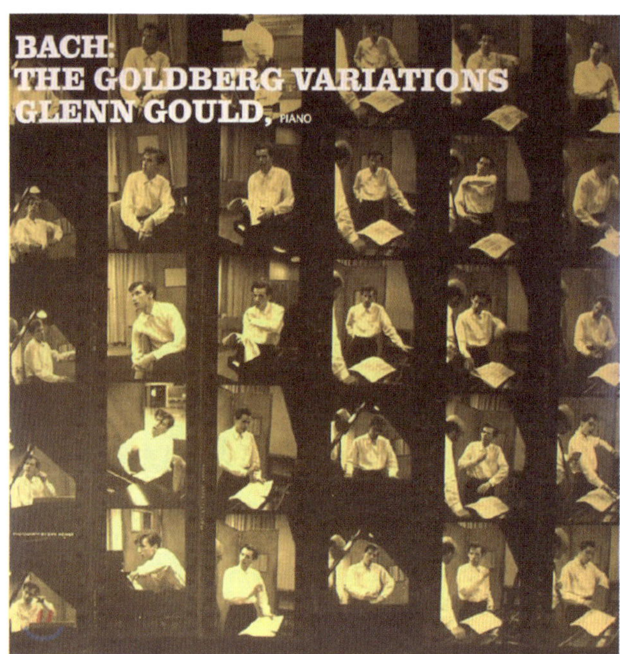

Columbia Masterworks ML 5060

혁신과 파격의 아이콘

글렌 굴드가 이 음반을 녹음, 발매하던 당시 대단한 센세이션을 일으켰다.
당시로서는 상상하기 어려운 과감한 생략과 속주를 바탕으로 한 빈틈없는
연주는 자칫 지루할 수도 있는 이 곡에 가히 폭발적인 생기를 불어넣었고
70여 년이 지난 지금까지도 그 신선한 파격은 여전히 그대로이다.

연주 ★★★★☆ 음질 ★★★☆

잠 못 드는 그대를 위하여~

요한 제바스티안 바흐(Johann Sebastian Bach, 1685~1750)의「골드베르크 변주곡 BWV988」은 원래 제목이 꽤 길다. 원제는「2단 건반 클라비쳄발로(하프시코드)를 위한 아리아와 변주곡으로 구성된 클라비어 연습곡」으로, 제목만으로도 이 작품이 단순한 소품이 아님을 짐작할 수 있다. 오늘날에는 줄여서「골드베르크 변주곡」이라 불리며, 일반적으로 피아노로 연주되는 경우가 많지만, 본래는 하프시코드를 위한 작품이다. 최근에는 현악 3중주 등 실내악 편곡 버전으로도 연주되는 등 다양한 방식으로 재해석되고 있다.

바흐가 남긴 1,100여 곡의 작품 중에는 작곡 동기가 분명한 경우도 많지만, 이처럼 흥미로운 일화를 지닌 작품은 드물다. 바흐의 전기를 집필한 요한 니콜라우스 포르켈(Johann Nikolaus Forkel, 1749~1818)에 따르면, 작센 지방의 영주였던 카이저링크 백작(Hermann Karl von Keyserling, 1697~1764)은 심한 불면증에 시달렸고, 잠자리에 들 때마다 들을 수 있는 건반악기용 곡을 바흐에게 의뢰했다고 한다. 이에 바흐는 곡을 작곡해 바쳤고, 백작은 자신의 전속 연주자인 요한 고트리프 골드베르크에게 이 곡을 반복해 연주하게 했다. 이로 인해 훗날 이 작품은 '골드베르크 변주곡'이라는 이름으로 불리게 되었다. 다만, 이 이야기는 포르켈이 바흐 사후 수십 년이 지나 전한 것으로, 오늘날 음악학계에서는 그 진위 여부를 두고 논란이 있다.

「골드베르크 변주곡」은 주제(아리아)-30개의 변주-아리아 다카포라는 구조로 되어 있다. 각 변주는 캐논, 토카타풍의 전주곡, 푸가, 시칠리아노, 환상곡 등 다양한 형식을 포함하고 있어 변화가 크고 다채로운 음악적 풍경을 제공한다. 이러한 점에서 이 곡은 바흐의 건반 작품 중『평균율 클라비어곡집(Das Wohltemperierte Klavier, BWV846~893)』과 함께 최고의 걸작으로 꼽힌다. 예술성과 완성도 면에서 정점에 이른 작품으로 평가받으며, 그만큼 연주 빈도도 매우 높다.

반복부를 생략할지 여부나 연주 속도에 따라 전체 소요 시간은 다소 차이가 있지만, 일반적으로는 전곡 연주에 약 60~70분이 걸린다. 깊은 사색과 정교한 구조, 풍부한 감성이 어우러진「골드베르크 변주곡」은 그야말로 '잠 못 드는 이'를 위한 음악이자, 듣는 이의 마음을 어루만지는 바로크 음악의 정수라 할 수 있다.

안소니 밍겔라 – 잉글리쉬 페이션트 (1997)

요한 제바스티안 바흐의 「골드베르크 변주곡」은 영화사에서 가장 자주 사용된 클래식 작품 중 하나로, 〈양들의 침묵〉, 〈잉글리쉬 페이션트〉, 〈지구가 멈추는 날〉, 〈시간을 달리는 소녀〉, 〈설국열차〉 등에서 깊은 인상을 남겼다.

안소니 밍겔라 감독의 1996년 작 〈잉글리쉬 페이션트(The English Patient)〉는 제2차 세계대전을 배경으로 사랑과 상실 그리고 인간 존재의 연약함을 섬세하게 조명한다. 폐허 속 간호사 한나(줄리엣 비노쉬)가 먼지 쌓인 피아노 앞에 앉아 「골드베르크 변주곡」을 연주하는 장면은, 전쟁의 참혹한 현실 속에서도 꺼지지 않는 예술에 대한 갈망과 인간성의 회복 가능성을 상징적으로 보여 준다. 음악은 이 순간, 말보다 더 깊은 위로가 되어 상처 입은 영혼을 어루만진다.

조너선 드미 감독의 1991년 작품 〈양들의 침묵〉은 한니발 렉터 박사(안소니 홉킨스)의 섬뜩한 이중성과 엽기적 범죄를 그린 스릴러 걸작이다. 이 영화에서 「골드베르크 변주곡」의 ‘아리아’와 ‘제7변주’는 렉터의 냉혹한 살인 장면에 절묘하게 삽입되어 음악의 고요한 아름다움과 화면의 잔혹함이 날카로운 대비를 이루며 인물의 이중성을 극적으로 부각한다. 이 장면에서 음악은 단순한 배경을 넘어 인물의 내면에 깃든 소름 끼치는 고요함과 광기를 서늘하게 증폭시키는 정서적 장치로 작용한다.

1997년에 개봉한 영화 〈잉글리쉬 페이션트〉는 가브리엘 야레(Gabriel Yared)가 작곡한 아름답고 서정적인 음악으로도 깊은 인상을 남긴 작품이다. OST에는 헝가리 민요인 「Szerelem, Szerelem」이 등장하는데, 영화의 이국적 정서를 더욱 풍성하게 한다. 또한, 클래식 재즈곡 「Cheek to Cheek」도 삽입되어 1940년대의 시대적 분위기를 자연스럽게 녹여 낸다. 이러한 다양한 음악적 스타일이 유기적으로 연결되며, OST는 하나의 독립된 예술 작품으로 완성된다.

스콧 데릭슨 감독의 2008년 작 〈지구가 멈추는 날〉에서는 인류의 미래를 심판하러 온 외계 존재 클라투(키아누 리브스)가 「골드베르크 변주곡」의 ‘아리아’를 들으며 인간의 문명을 새롭게

바라보는 장면이 등장한다. 이 짧은 순간은 문명의
파괴 직전, 예술이라는 유산이 여전히 인간 존재를
구원할 수 있는 가능성임을 상기시킨다. 차가운
과학과 파괴의 서사 속에서 울려 퍼지는 '아리아'는
인류가 저지른 죄에도 불구하고 남아 있는 숭고함과
회복의 실마리를 조용히 제시한다.

반다 란도프스카
1945 / RCA LM-1080
연주 ★★★★
음질 ★★

「골드베르크 변주곡」 전곡 연주로 추천할 만한
LP는 캐나다 출신 피아니스트 글렌 굴드(Glenn
Gould)가 23세에 녹음한 1955년 녹음(Columbia
ML-5060)이다. 반복부를 생략하고 빠른 템포로
진행되어 연주 시간은 약 38분에 불과하지만, 정치한
아티큘레이션과 신선한 해석으로 깊은 몰입감을
선사한다. 당시에는 논란의 여지가 있었으나,
오늘날까지도 가장 뛰어난 「골드베르크 변주곡」 해석
중 하나로 손꼽힌다. 음질은 다소 떨어지는 오래된
모노 녹음이지만, 당시 기준으로는 충분히 뛰어난
피아노 사운드를 담고 있다. 또한, 1981년에 녹음된
굴드의 스테레오 디지털 버전(CBS Masterworks Digital –
IM 37779)은 보다 원숙해진 해석과 우수한 음질로 또
하나의 추천작으로 꼽힌다.

드미트리 시트코베츠키 / 제라르
코세 / 미샤 마이스키
1984 / Orfeo S 138 851
연주 ★★★★☆
음질 ★★★★☆

　하프시코드 연주로는 폴란드 출신의 반다 란도프스카(Wanda Landowska)가
1945년에 녹음한 LP(RCA LM-1080, 1950년 발매)를 들 수 있다. 녹음은
오래되었지만, 그녀 특유의 깊이 있는 해석이 돋보이며 역사적 가치 또한 높다.
　현악 3중주 편곡 버전으로는 드미트리 시트코베츠키(Dmitry Sitkovetsky)가
편곡하고, 그가 제라르 코세(Gérard Caussé), 미샤 마이스키(Mischa Maisky)와 함께
1984년에 녹음한 음반(Orfeo S 138 851)을 추천한다. 현악 편성으로 재해석된 이
연주는 색다른 매력을 지니며, 뛰어난 연주력과 탁월한 음질로 오디오파일에게 큰
만족을 줄 수 있다.

슈베르트, 즉흥곡

Schubert, 4 Impromptus, D.899

라두 루푸
Radu Lupu
1982

DECCA SXDL 7594

끝 모르는 심연의 세계

맑고 아름다운 연주로 곡이 가진 참맛을 그윽하게 드러내는 라두 루푸의
명연. 턴테이블 위에 LP를 올리고 톤암을 내리는 순간, 형언할 수 없는 미묘한
감정의 상태에 놓인다. 아름다운 곡을 진정 아름답게 연주한다.

연주 ★★★★☆　음질 ★★★★☆

꿈과 현실의 슬픈 기록

프란츠 페터 슈베르트(Franz Peter Schubert, 1797~1828)는 그의 생애 마지막 시기에 엄청난 집중력과 창작력으로 완성도 높은 작품을 쏟아냈으며, 슈베르트의 「4개의 즉흥곡 Op.90 D.899」도 그중 하나다. 슈베르트의 즉흥곡은 자유로운 형식의 피아노곡으로, 곡명이 말하듯 그가 작곡한 피아노 소나타와 달리 형식에 얽매이지 않고 유연한 방식으로 작곡된 것이다. 하지만 제목대로 슈베르트가 일순간에 '즉흥적'으로 이를 작곡한 것은 아니라고 한다. 이 작품은 감수성이 예민하고 풍부했던 슈베르트의 타고난 서정성과 뛰어난 표현력을 가장 잘 보여주는 작품으로 그의 피아노 작품 중에서 우리에게 가장 익숙한 선율의 곡을 포함하고 있다.

슈베르트는 그가 세상을 떠나기 불과 1년인 1827년에 피아노를 위한 즉흥곡 8곡을 작곡했는데, 이 중 4곡을 'Op.90(D.899)'으로 묶어 작품 목록에 올렸고(1, 2번은 1827년에 슈베르트 생전에 악보로 출판되고 3, 4번은 1857년 슈베르트 사후에 출판), 나머지 4곡은 모두 그의 사후인 1838년에 악보로 출판되었는데, 이는 'Op.142(D.935)'로 묶어 작품 목록에 올렸다. 한편, 이를 바탕으로 추측할 수 있듯이 같은 작품 번호 내의 곡은 서로 간에 어떠한 유기성이나 연관성 없이 모두 독립적이다.

슈베르트는 우리에게 알려진 작곡가 중에서 가장 짧은 생애를 살다 간 작곡가 중 한 사람이다. 그럼에도 31년이라는 짧은 생애 동안, 그는 600여 편의 가곡을 포함해 1천여 곡에 이르는 방대한 작품을 남겼다. 바흐와 모차르트 이상의 다작을 했던 그는 특히, 그의 마지막 생애에는 자신의 수명이 그리 길지 않았음을 스스로 직감했기 때문인지 절박한 심정으로 완성도 높은 작품을 끊임없이 생산했다. 슈베르트 음악을 사랑하는 사람들의 모임 '슈베르티아데'의 한 친구는 "그가 좋은 사람인 건 알았지만 그렇게 위대한 작곡가였는지 미처 몰랐다"라고 말한 대목을 생각하면, 그의 삶이 조금만 더 유지되었으면 하는 아쉬움이 진하게 남는다.

우리에게 중요한 작곡가로 인식되고 언급되는 많은 작곡가 중에서 유난히도 불행한 삶을 살다 간 슈베르트는 그가 생을 마감한 지 200여 년이 흐른 지금도 그 생명력을 유지하고 있는 위대한 작곡가다. 그의 마지막 작품 중 하나인 「4개의 즉흥곡 Op.90 D.899」은 예술가로서 짧지만 굵었던 삶을 살다 간 인간 슈베르트가 느꼈을 희/로/애/락의 복잡한 감정이 아름다운 선율로 녹아든,

인간계를 넘어선 천사의 작품이라 해도 무방하다.

앤드류 니콜 – 가타카 (1997)

〈가타카〉는 유전자 조작을 통해 완벽한 조건의 아이들만 태어나는 가까운 미래의 이야기를 그린 영화다. 유전자 조작으로 태어난 사람들은 상류층과 하류층으로 나뉘며, 사회에서의 지위가 결정되는 디스토피아적인 내용을 담고 있다.

전통적인 부부 관계에서 태어난 빈센트(에단 호크)는 유전적 결함을 가지고 태어났지만, 어릴 때부터 꿈이었던 우주 비행사를 포기할 수 없었다. 그러나 빈센트는 유전적 결함 때문에 그 어떤 시험이나 면접을 통과하지 못한다. 결국 다른 이의 신분을 얻어 주는 브로커를 통해 제롬(주드 로)를 만나게 된다. 그 후, 빈센트는 제롬의 머리카락과 신체 조직 등으로 그의 신분으로 위장해 우주항공 회사 가타카에 취직하게 된다. 빈센트는 열등한 능력을 갖추고 태어났지만, 노력 끝에 가타카에서 인정받고 토성의 위성 타이탄의 탐사 임무를 맡는다.

가타카에 근무하는 아이린(우마 서먼)과 사랑에 빠지기도 한다. 두 사람은 열두 개의 손가락을 가진 피아니스트가 연주하는 슈베르트의 「4개의 즉흥곡 Op.90 D.899」의 3번 곡을 들으면서 서로에 대한 사랑의 감정을 확인한다. 연주를 마친 피아니스트에 대해 아이린은 "훌륭한 연주였다"라고 말하자, 빈센트는 "손가락이 열두 개든 하나든 연주만 잘 하면 된다"라고 말한다. 아이린은 "손가락이 열두 개여야만 연주할 수 있는 곡"이라고 맞받아친다. 한 사람은 무슨 일이든 노력하면 된다고 믿고, 다른 한

영국 출신의 작곡가이자 음악학자인 마이클 니만(Michael Nyman)이 음악을 맡았다. 『Gattaca OST』는 모두 24곡의 짧은 곡으로 구성되었으며, 영화의 분위기처럼 우울한 선율로 가득하다. 단순하고 변화가 없는 짧은 수록곡이 전부인 오리지널 사운드트랙은 다소 아쉽나. 슈베르트의 「4개의 즉흥곡」은 포함하지 않았으며, 영화와 동시에 CD가 발매되었다.

사람은 노력이 아닌 재능이 있어야 한다고 말하는
장면은 인상 깊다.

　　우여곡절 끝에 빈센트는 꿈에 그리던 우주
비행사가 되어 타이탄으로 향한다. 예고된 운명에
무릎 꿇지 않고, 꾸준한 노력으로 꿈을 이뤄내는
주인공의 모습을 통해 많은 사람에게 용기와 힘을
주는 내용의 영화로 빈센트와 아이린이 함께 듣던
슈베르트 곡이 오랜 여운을 남긴다.

머레이 페라이어
1982 / CBS D37291
연주 ★★★★☆
음질 ★★★★☆

　　이 곡의 추천 베스트 LP로는 라두 루푸(Radu
Lupu)의 1982년 연주를 첫손에 꼽을 만하다. 루푸는
'은둔의 피아니스트'라는 별칭이 어울릴 만큼, 세간의
주목을 피해 주로 고전주의와 낭만주의 음악에
전념했다. 그가 선택해 연주한 작품은 악보 속에
숨겨진 작곡가의 내면을 깊이 탐구하며, 음악의
본질을 고스란히 드러낸다. 슈베르트의 「4개의
즉흥곡」은 작곡가가 생의 마지막 시기에 남긴
작품으로, 루푸는 그 절박하고도 섬세한 심정을 건반
위에 온전히 담아냈다.

빌헬름 켐프
1965 / DG 139 149
연주 ★★★★☆
음질 ★★★★

　　같은 해 녹음된 머레이 페라이어(Murray Perahia)의
1982년 연주 역시 빼놓을 수 없다. '건반 위의 음유시인'이라 불릴 만큼, 그의
한없이 투명하고 서정적인 음색은 이 음반에서도 유감없이 발휘된다. LP 가격이
놀라울 만큼 합리적이고, 녹음 상태 또한 뛰어나 루푸의 음반과 함께 가장 먼저
추천하고 싶은 명반이다.

　　빌헬름 켐프(Wilhelm Kempff)의 1965년 연주는 고전적인 명연으로, 마치 꿈결
같은 여행을 하듯 포근하고 감미롭다. 군더더기 없는 담백함 속에 깃든 품격이
이 연주의 가장 큰 매력이며, 오랜 세월 동안 수많은 이들의 마음을 부드럽게
어루만져 왔다. LP는 비교적 쉽게 구할 수 있고, 초반과 재반 모두 가격이
합리적인 편이다.

쇼팽, 발라드 제1번
Chopin, Ballade No.1 in G minor Op.23

아르투르 루빈스타인
Artur Rubinstein
1959

RCA Victor Red Seal LSC 2370

쇼팽은 이런거야

쇼팽 연주의 권위자로 자유로운 영혼을 지닌 아르투르 루빈스타인의 1959년
녹음. 쇼팽이 남긴 내적 심상을 섬세하면서도 우아한 터치로 작품을 깊이
있게 해석하고 있다. 화려한 기교보다는 진심 어린 감정과 메시지에 집중한
기념비적인 연주다.

연주 ★★★★★ 음질 ★★★★☆

조국에 심장을 놓고 오다

「발라드 제1번」은 쇼팽(Frédéric François Chopin, 1810~1849)이 작곡한 네 곡의 발라드 중 첫 번째 곡으로 당시로서는 흔치 않은 도입부로 인해 신선한 충격을 준 작품이다. G단조 작품인데, 특이하게 저음의 C로 도입 부분을 연주하고 곧이어 첫 주선율이 G단조로 시작한다. 곡은 잔잔하고 아름답게 진행되지만, 그 안에는 어둡고 슬픈 정서가 녹아 있다. 두 번째 주선율은 맑고 순수한 분위기를 연출하는데, 매끈하고 깨끗한 분위기로 연주가 진행된다. 그러다 갑자기 감정의 변화가 일어난 듯이 음악은 절정을 향해 나아간다. 마지막에는 드라마틱하고 열정적으로 연주되는데, 조국 폴란드의 상황에 대한 쇼팽의 복잡한 심경이 담겨 있어서인지 곡은 어둡고 비극적으로 끝난다.

쇼팽은 스무 살에 조국 폴란드를 떠나 빈과 프랑스에 머물면서 발라드를 스케치하고 완성(1835)한다. 폴란드 민중이 러시아의 침공에 대항해 봉기했지만 결국 실패를 하고 말았다는 소식은 쇼팽에게 큰 슬픔과 좌절을 안겨주었다. 그렇게 쇼팽은 조국 폴란드에 대한 애국심이 더 강해졌고, 그런 그는 「발라드 제1번」에 자신의 고통과 슬픔 등 복잡한 감정을 음악에 담아냈다. 그리고 당시 파리에 망명 중이던 폴란드의 시인 아담 미츠키에비치(Adam Mickiewicz, 1789~1855)의 〈콘라드 와젠로트〉라는 시에서 영감을 받아 작품을 완성했다고 한다. 물론, 「발라드 제1번」은 시의 내용을 묘사한 음악은 아니며, 단지 시가 가진 주제가 쇼팽에게 영감을 준 것이다.

쇼팽을 천재 작곡가로 칭송했던 동갑내기 슈만은 쇼팽의 「발라드 제1번」을 듣고 쇼팽에게 "너의 작품 중에서 이 곡이 제일 마음에 들어"라고 말하자, 쇼팽은 한참 동안 생각에 잠긴 후 "나도 이 작품을 가장 좋아해"라고 대답했다 하니, 쇼팽 자신도 이 곡을 특히 좋아했음은 틀림없다. 이 곡은 드라마틱한 대비를 통해 쇼팽의 복잡한 심경을 그린 작품이다. 아름답지만 슬프게 들리는 것은 아마도 쇼팽이 이 곡을 작곡할 당시의 상황 때문이 아닐까 싶다. 오늘날에도 「발라드 제1번」은 「발라드 제4번」과 함께 쇼팽의 가장 인기 있는 작품 중 하나로 많은 연주자가 즐겨 연주하는 작품이다.

로만 폴란스키 – 피아니스트 (2002)

2002년에 개봉한 영화 〈피아니스트〉에는 쇼팽의 여러 음악이 나온다.

그중에서 쇼팽의 「발라드 제1번」은 영화에서 잊지 못할 장면에 등장한다.

　1939년 폴란드 바르샤바. 폴란드 국영 라디오 방송에서 피아노 연주를 하던 슈필만은 독일 나치를 피해 가족들과 이별하고, 여러 사람의 도움을 통해 겨우 목숨을 유지한다. 배고픔과 추위를 견디고, 고독과 공포와 싸우면서 그는 마지막까지 생존을 지켜 나간다. 제2차 세계대전 독일의 패색이 짙어 갈 무렵 슈필만은 자신의 은신처에서 독일군을 피해 생활하다가 어느 독일 장교(호젠펠트)에게 발각된다. 호젠펠트는 슈필만이 자신은 피아니스트였다고 말하자, 슈필만에게 피아노 연주를 해 보라고 말한다. 이때 슈필만이 연주하는 곡이 쇼팽의 「발라드 제1번」이다. 피아노를 치는 슈필만의 혼란스러운 감정과 그걸 지켜보는 호젠펠트의 미묘한 감정이 드러난 장면은 긴장감과 감동을 동시에 전달한다. 쇼팽이 나라를 빼앗겨 절망적인 상태에서 작곡한 「발라드 제1번」을 같은 폴란드 출신의 후대 사람이 같은 곡을 연주하는 장면은 '잔인한 운명의 장난' 아닐까? 연주는 무려 4분 이상을 화면에 담아 감독은 이 곡이 가져다주는 의미를 강조하고 있다.

2017년 소니 클래시컬(Music On Vinyl)에서 LP로 첫 발매된 『The Pianist OST』는 2LP로 구성되어 있다. 쇼팽의 음악으로 대부분 채워진 음반은 피아니스트 야누시 올레이니차크(Janusz Olejniczak)와 지휘자 타데우시 스트루가와(Tadeusz Strugała)가 연주하고 있으며, 영화 실제 주인공인 브와디스와프 슈필민(Władysław Szpilman)은 쇼팽의 「마주르카 제4번 A단조 Op.17」를 1948년 녹음으로 들려준다.

아르투르 루빈스타인(Artur Rubinstein)은 이 곡을 녹음할 때 일흔이 넘는 나이였다. 쇼팽의 복잡다단한 감정을 지나침 없이 악보대로 표현하는 그의 연주에는 음악적 연륜이 녹아 있다. 과장된 연주보다는 절제미가 뛰어난 연주로 곡이 가지고 있는 비극적 정서를 끄집어내고 있다. 미국 RCA의 리빙 스테레오 LP 원반은 가격이 비싸지 않아 한 번 노려볼 만하다. 녹음도 훌륭해 좋은 사운드로 감상할 수 있다.

블라디미르 아슈케나지(Vladimir Ashkenazy)의 연주는 다른 연주들에

비해 낭만적이고 아름답다. 쇼팽이 피아노의
시인이라는 별명이 있듯이 아슈케나지 또한 피아노의
시인이라는 별명을 가지고 있을 만큼 이 곡에서도
감성적인 측면을 강조하고 있다. 적절한 루바토의
활용으로 듣기 좋은 연주를 들려주며 낭만적인
연주뿐만 아니라 섬세한 표정까지 갖춰 많은 사람이
좋아할 만한 연주를 들려준다. 데카의 초반 레이블인
와이드밴드는 다소 비싼 편이지만 내로우밴드
발매반은 저렴하고 구하기도 쉽다.

크리스티안 치메르만(Krystian Zimerman)의 연주는
어디 하나 흠잡을 데 없는 깔끔한 연주를 들려준다.
서두르지 않고 한음 한음에 의미를 담아 연주하며,
그가 가진 넓고 다양한 표현력으로 쇼팽의 발라드를
완벽하게 해석하고 있다. LP는 비교적 저렴한
가격으로 구할 수 있으며 음질도 좋기 때문에 적극
추천하고 싶다.

블라디미르 아슈케나지
1964 / DECCA SXL 6143
연주 ★★★★☆
음질 ★★★★

크리스티안 치메르만
1987 / DG 423 090-1
연주 ★★★★☆
음질 ★★★★★

베토벤, 피아노 소나타 제14번 '월광'

Beethoven, Piano Sonata No.14 Op.27-2 'Moonlight'

솔로몬 커트너
Solomon Cutner
1952

His Master's Voice BLP 1051

피아노 선율도 완성한 한 편의 시

솔로몬 커트너가 1952년에 녹음한 음반으로, 1악장부터 한 음 한 음 곱씹게
만드는 연주로 이 곡의 넓은 스펙트럼을 마치 서사시처럼 읽어 간다. 비교적
잘 알려지지 않은 연주이지만, 이 곡을 좋아하는 사람들에게 가장 먼저
추천하고 싶은 연주다. 1952년 모노 녹음임에도 음질이 괜찮은 편이다.

연주 ★★★★★ 음질 ★★★★

청춘, 절망과 열정의 변주

베토벤(Ludwig van Beethoven, 1770~1827)의 「피아노 소나타 제14번」은 베토벤의 피아노 소나타 가운데 가장 대중적으로 잘 알려진 작품이다. 1800년부터 1801년 사이에 작곡한 곡은 음악에 붙여진 별칭 때문에 오늘날 우리에게 더욱 유명하다. 오늘날 '월광'이라고 불리는 이 소나타는 독일의 음악 평론가이자 시인이었던 루트비히 렐슈타브(Ludwig Rellstab)가 1악장을 듣고는 "달빛이 비친 스위스 루체른 호수 위의 조각배" 같다고 묘사한 후 생겨났다고 한다. 비록 많은 음악 비평가들이 작곡가가 붙인 제목이 아니면 그 의미가 왜곡될 수 있으니 사용하면 안 된다고 주장한다. 하지만 곡의 이미지에 잘 부합되는 제목은 음악에 조금 더 집중하게 하며, 상상력을 극대화할 수 있어 곡 감상에 도움이 된다. 그런 의미에서 '월광'은 좋은 작명이다.

이 곡은 독특한 형식을 가지고 있는데, 일반적인 피아노 소나타와 달리 1악장이 소나타 형식이 아닌 자유로운 환상곡풍이라는 점이다. 논리적인 구조나 주제보다는 고요한 호수 위에 아름답고 외로운 달빛이 반짝이는 것처럼 깊은 서정성을 자유로운 방식으로 그려낸다는 점이 다른 피아노 소나타 작품과 다르다. 달빛을 연상시키는 듯한 환상적인 분위기의 1악장이 다소 어둡고 슬픈 느낌이라면, 적당한 빠르기의 2악장은 분위기가 산뜻해 느린 1악장과 빠르고 현란한 3악장을 자연스럽게 연결해 준다. 3악장은 소나타 형식의 빠른 악장으로 시작부터 당당하고 거침없는 질주를 보여 준다. 베토벤의 모든 피아노 소나타의 빠른 악장 중에서도 가장 격정적이다.

이 곡은 베토벤의 제자였던 줄리에타 귀차르디(Giulietta Guicciardi, 1782~1856)에게 헌정된 곡이다. 베토벤은 그녀를 사랑하게 되면서 청혼까지 했지만, 신분 차이 때문에 결국 두 사람은 헤어지게 된다. 그 후 그녀는 오스트리아의 귀족이자 작곡가였던 벤첼 폰 갈렌베르크(Wenzel Robert von Gallenberg, 1783~1839)와 결혼했고, 이에 베토벤은 상실의 아픔을 겪는다. 더욱이 당시 청력 또한 악화되면서 베토벤은 큰 절망감에 빠졌다고 하는데, 이런 일화를 배경으로 열정이나 절망과 같은 청춘기 베토벤의 심경을 공감하면서 듣는다면 이 곡을 더욱 감동적으로 들을 수 있지 않을까 한다.

구스 반 산트 – 엘리펀트 (2003)

1999년, 미국을 충격에 빠뜨린 콜럼바인 고등학교 총기 난사 사건을 모티프로 한 영화 〈엘리펀트〉는 실화를 바탕으로 한 묵직한 침묵의 영화다. 이 비극을 다룬 또 다른 작품으로는 마이클 무어 감독의 다큐멘터리 〈볼링 포 콜럼바인〉(2002)이 있는데, 같은 사건을 조명하면서도 두 영화는 전혀 다른 시선으로 접근한다.

〈볼링 포 콜럼바인〉이 정치·사회 구조적 원인을 파고들며 미국 사회의 병리적 면모를 날카롭게 비판하는 데 초점을 맞춘다면, 구스 반 산트 감독의 〈엘리펀트〉는 조용하고도 섬세한 시선으로 사건의 이면을 들여다본다. 그는 총기를 든 아이들이 그날 아침까지도 평범했던 학생이었음을, 그들의 삶 또한 파편화된 관계와 내면의 고요한 불안 속에 놓여 있었음을 무심한 듯 건조하게, 그러나 깊이 있는 시선으로 그려낸다. 이러한 분위기를 더욱 실감 나게 전달하고자 신인 배우와 비전문 배우를 기용한 점 또한 영화의 현실감을 배가한다.

『Elephant OST』는 캐나다 출신 작곡가 힐데가르드 웨스터캠프(Hildegard Westerkamp)가 맡았다. 그녀의 작품과 베토벤의 「피아노 소나타 제14번」를 포함해 모두 6곡의 베토벤 피아노 소나타 악품이 수록되어 있다. 피아노는 예노 안도(Jeno Jando)가 연주했으며, 2003년 Mk2 레이블을 통해 CD로 발매되었다. LP는 현재까지 발매되지 않았다.

영화의 분위기와 기묘하게 맞물리는 음악, 베토벤의 「피아노 소나타 제14번」 1악장은 특별한 인상을 남긴다. 여러 영화에 쓰인 익숙한 곡이지만, 〈엘리펀트〉만큼 이 음악이 화면과 정서적으로 밀착된 경우는 드물다. 피해자들이 처음 등장하는 장면과 가해자가 총을 들기 직전 피아노 앞에 앉아 이 곡을 연주하는 장면에서 울려 퍼지는 선율은, 마치 꿈속의 메아리처럼 현실과 비현실의 경계를 흐릿하게 한다. 몽환적인 공허감이 스며든 이 음악은, 마치 예고되지 않은 비극의 전주곡처럼 영화 전체를 감싸며 긴 여운을 남긴다.

　이 곡의 추천 베스트 LP는 솔로몬 커트너(Solomon Cutner)가 1952년에 연주한 음반이다. 다른 연주에 비해 긴 호흡으로 연주하는 1악장은 느리고 사색적인 연주를 들려주며, 분위기가 급변하는 3악장은 1악장과 다르게 가슴속에서 맹렬하게 일어나는 감정을 토해 낸다. 1956년 갑자기 찾아온 전신 마비로 연주 활동을 그만두고 끝내 복귀하지 못하다가 1988년에 사망한 커트너는 지금은 우리에게 잊혀진 피아니스트이지만, 그가 남긴 베토벤 피아노 소나타 연주는 소중한 유산이 되어 남아 있다. 이 음반의 최초 발매는 10인치 LP(HMV BLP 1051)로 발매되었고 이후 7LP 컴필레이션 커트너 전집에 포함되어 재발매되었다.

에밀 길렐스
1980 / DG 2532 008
연주 ★★★★★
음질 ★★★★☆

　에밀 길렐스(Emil Gilels)의 연주도 빼놓을 수 없는데, 물 흐르듯이 자연스럽고 유연한 터치로 베토벤의 감정을 표현하는 1악장과 남성적인 기교로 강철 같은 타건을 보이는 3악장까지 어디 하나 흠잡을 데 없는 연주를 들려준다. 적절한 템포와 잘 짜인 구조적인 연주에 낭만성을 덧붙인 연주다. 길렐스의 LP는 음질이 좋고 많은 사람이 찾기에 가격이 높은 편이지만, 베토벤 피아노 소나타를 즐겨 듣는 사람이라면 반드시 들어봐야 하는 연주다. 그래서 이 음반만큼은 LP 랙에 꽂혀 있어야 할 음반이 아닐까 싶다.

빌헬름 박하우스
1958 / DECCA SXL 2190
연주 ★★★★☆
음질 ★★★★

　빌헬름 박하우스(Wilhelm Backhaus)의 연주는 베토벤 피아노 소나타를 거론할 때, 언제나 손꼽는 음반 중 하나다. 1884년 생인 박하우스는 이 녹음 당시 나이로 인해 쇠약하고 기운이 없었지만, 인생을 고요한 마음으로 사물을 보듯이 숭고함과 서정성이 넘치는 연주를 들려준다. 모노 시절 음반이 기교적으로 더 낫지만, 스케일이 크고 울림이 깊은 스테레오 연주가 조금 더 매력적이다. 낭만적 정서를 잃지 않는 연주로 LP로는 낱장과 전집으로 모두 구입할 수 있다.

브람스, 6개의 피아노 소품 Op.118

Brahms, 6 Piano Pieces Op.118

줄리어스 카첸
Julius Katchen
1962

DECCA SXL 6105

브람스의 내적 세계를 이해한 연주
줄리어스 카첸은 작곡가의 고독한 정서가 묻어 있는 작품을 가장 잘 이해하고
연주한다. 작품의 내밀한 부분까지 잘 들추어 감각적으로 풀어낸 가장 뛰어난
연주 중 하나다. 아름다운 연주이며, 계속 듣고 싶어지는 연주다.

연주 ★★★★★ 음질 ★★★★☆

브람스의 고엽(枯葉)

　　요하네스 브람스(Johannes Brahms, 1833~1897)는 노년에 특유의 쓸쓸한 정서를 담은 피아노 소품집을 여러 편 작곡했다. 1892년부터 1893년에 남긴 피아노 소품 「7개의 환상곡 Op.116」, 「3개의 간주곡 Op.117」, 「6개의 피아노 소품 Op.118」, 「피아노 소품 Op.119」는 브람스 피아노 음악의 정점을 보여 주는 작품으로 삶에 대한 회한과 추억을 담고 있다. 특히, 브람스 「6개의 피아노 소품 Op.118」은 많은 사람이 사랑하는 소품곡으로 오늘날 가장 많이 연주되는 브람스의 피아노 작품 중 하나다. 이 작품은 모두 6곡으로 구성되어 있다. 제1곡 ‘Intermezzo in A minor’는 무언가 막혀있던 감정이 한꺼번에 터져 나오듯이 강하고 세차게 연주된다. 2분간 연주되는 곡은 전체적으로 불안한 감정을 나타내지만, 조용히 마무리되며 다음 곡으로 이어진다. 제2곡 ‘Intermezzo in A major’는 브람스 피아노 음악 중에서 가장 유명하고 아름다운 곡이다. 많은 감정이 깃든 이 곡은 함께 늙어 가는 클라라 슈만(Clara Schumann)에 대한 브람스의 연애편지다. 클라라 슈만에게 헌정된 이 곡은 클라라가 죽기 전 브람스와의 마지막 만남에서 이 곡을 연주했다. 브람스는 그녀의 마음을 알고, 고마움을 깊이 느꼈다고 한다. 제3곡 ‘Ballade in G minor’는 발라드라는 제목과 달리 활력이 넘치는 선율로 가득 차 있다. 중간 부분에서 아름다운 선율이 잠시 흐르지만, 기본적으로 생생한 리듬감을 느낄 수 있다. 제4곡 ‘Intermezzo in F minor’는 빠르지만 쓸쓸한 분위기를 연출하며, 제5곡 ‘Romanze in F major’는 로망스 안단테답게 따뜻하고 행복한 감정을 느끼게 한다. 제6곡 ‘Intermezzo in E♭ minor’는 시종일관 어둡고 우울한 분위기로 진행되며, 마지막 소절에서는 대단히 쓸쓸한 분위기로 곡은 마무리된다.

　　브람스는 오페라를 제외한 거의 모든 장르의 곡을 세상에 남겼다. 신중하고 내성적인 기질 때문인지 화려한 오케스트레이션이 돋보이는 교향곡이나 관현악곡보다는 작곡가의 내면을 은밀히 드러내는 실내악이나 소품을 중심으로 작곡했다. 특히, 말년에는 체력의 한계와 창작력의 쇠퇴를 고백하면서도 『피아노 소품집』, 「클라리넷 5중주곡」, 「클라리넷 소나타 제1번과 제2번」, 「4개의 엄숙한 노래」 등 고요하고 사색적인 작품을 주로 남겼다. 이 시기의 곡은 대부분 명상적이고 아름다운 선율을 가지고 있다. 말년에 남긴 20여 곡의 피아노 소품은 브람스의 깊은 내면을 들여다볼 수 있는 좋은 작품이다.

이안 – 색, 계 (2007)

〈색, 계〉는 1979년 장아이링의 소설을 바탕으로 만들어졌으며, 1930년대 정핑루와 딩모춘 등의 실존 인물을 모티브로 제작한 영화다.

1938년 홍콩. 평범한 대학생 왕치아즈(탕웨이)는 평소 마음을 둔 광위민(왕리홍)을 따라 항일 투쟁 공연을 하는 극단에 가입하고, 그곳에서 친일파의 핵심 인물인 정보부 대장 이 선생(양조위)을 암살할 계획에 동참하게 된다. 왕치아즈는 '막부인'으로 신분을 위장하고 이 선생에게 접근한다. 이 선생은 왕치아즈에게 관심을 보이며, 두 사람은 레스토랑에서 사적인 이야기를 나눈다. 이때 흘러나오는 음악이 브람스의 「6개의 피아노 소품 Op.118」의 두 번째 곡이다. 선율이 아름다운 곡으로 두 사람의 알 수 없는 끌림을 표현하기에 꼭 맞는 음악으로 '색'과 '계'가 모두 표현되는 장면이다. 하지만 이 선생이 상하이로 돌아가면서 암살 계획은 실패한다.

『Lust, Caution OST』는 프랑스 작곡가 알렉상드르 데스플라(AlexAndré Desplat)가 맡았으며, 주인공 왕치아즈의 복잡 미묘한 감정과 외로움이 잘 드러난 곡으로 수록되어 있다. 특히 브람스의 피아노곡은 알렉상드르 데스플라가 고심해 넣은 곡이라고 한다. 아쉬운 건 영화의 중요한 신에서 흐르는 저우쉬안(Zhou Xuan)의 「Yellow Leaves Danced In Autumn Wind(가을 바람에 춤추는 노란 나뭇잎들)」가 수록되지 않은 점이다.

몇 년 후, 왕치아즈는 자연스럽게 이 선생에게 다시 접근하며 오랜만에 만난 두 사람은 운명 같은 강렬한 이끌림으로 서로에게 깊이 빠져든다. 왕치아즈는 조국을 배신한 사람을 진심으로 사랑하게 됐다는 사실에 괴로워하며 이 선생을 위험으로부터 탈출시킨다. 모든 사실을 알게 된 이 선생은 왕치아즈를 포함해 자신을 죽이려 했던 항일 저항군을 모두 체포해 총살한다. 영화가 끝난 후 엔딩 크레딧이 올라가는 동안, 두 사람이 설레던 그 순간에 흐르던 브람스의 피아노 곡이 흘러나온다.

절제된 터치로 섬세한 감정을 표현한 줄리어스 카첸(Julius

Katchen)의 연주는 LP 랙에 반드시 꽂혀 있어야 할 음반이다. 제2곡 'Intermezzo in A major'를 들을 때면, 삶과 인간 내면에 대해 깊이 성찰하게 된다. 음악을 듣는 것이 아니라 인간에 대한 근본 원리와 삶의 본질을 생각하게 된다. 43세의 이른 나이에 세상을 떠나 녹음을 미처 못한 브람스의 다른 피아노곡이 아쉽기만 하다. LP는 'Ed.1'이라 불리는 초반 낱장이 상당한 가격에 거래된다. 현실적으로 내로우밴드가 가장 좋은 대안이다. 데카 박스반 LP는 약간 선명하지 않은 음질이 아쉽지만, 가격 대비 좋은 선택이 될 수 있다.

라두 루푸
1976 / DECCA SXL 6831
연주 ★★★★☆
음질 ★★★★☆

라두 루푸(Radu Lupu)는 고요하고 사색적인 곡에 대한 강점이 있다. 음악에 예민한 성격의 소유자로 은둔자적인 성향의 그는 브람스 음악에 뛰어난 해석가로 알려져 있다. 작품이 말년에 접어든 작곡가의 깊은 내면을 담고 있는 만큼 라두 루푸만 한 연주가 없다. 1976년 데카에서 녹음했으며, 또 하나의 훌륭한 연주 「4개의 피아노 소품 Op.119」도 수록되어 있다.

빌헬름 켐프
1963 / DG 138 903
연주 ★★★★☆
음질 ★★★★☆

빌헬름 켐프(Wilhelm Kempff)의 1963년 연주는 전통적인 명연으로 위에 소개한 두 연주에 비해 조금은 빠른 템포와 밝은 느낌의 연주다. 위의 카첸과 루푸의 연주에 비해 밝다는 것일 뿐, 풍부한 낭만주의적 감성은 그대로 간직한 채 연주하고 있다. LP에 수록된 「3개의 간주곡 Op.117」, 「4개의 피아노 소품 Op.119」 역시 추천할 만한 연주다.

드뷔시, 베르가마스크 모음곡 중 '달빛'

Debussy, 'Clair de lune' from Suite Bergamasque

이반 모라베츠
Ivan Moravec
1967

Connoisseur Society CS 1866

영롱함 그 자체

1967년에 드뷔시의 곡으로 구성한 이 음반은 이반 모라베츠가 쇼팽의
「녹턴」에서 보여 준 투명하고 아름다운 사운드를 재현하고 있다. 모라베츠
특유의 소박하고 꾸밈이 없는 피아노 음색이 「달빛」에서 얼마나 아름답게
표현되는지 모른다. 미국 레이블 Connoisseur Society의 녹음이 이
음반의 유일한 단점이다.

연주 ★★★★★ 음질 ★★★★

미묘한 감각의 순간을 음악 속에 담다

「달빛」은 드뷔시(Claude Achille Debussy, 1862~1918)가 이탈리아 베르가모 지방을 여행하면서 느낀 인상과 추억을 담아 작곡한『베르가마스크 모음곡(Suite Bergamasque)』의 세 번째 곡으로, 폴 베를렌의 시 〈달빛〉을 읽고 떠오른 영감으로 작곡한 곡이다. 드뷔시의 초기 작품 중 하나인『베르가마스크 모음곡』은 모두 4곡으로 제1곡「전주곡」, 제2곡「미뉴에트」, 제3곡「달빛」, 제4곡「파스피에」로 구성되어 있다. 특히, 제3곡「달빛」은 대중적으로 잘 알려진 작품으로 밤의 고요함과 달빛의 신비로운 느낌을 떠올리게 한다. 드뷔시 특유의 몽환적인 분위기와 선율이 낭만적인 분위기를 최대한 끌어내며, 클래식 음악을 잘 모르더라도 누구나 좋아할 만한 아름다운 선율을 가지고 있는 작품이다.

『베르가마스크 모음곡』은 드뷔시 초기 작품으로 1890년에 작곡했지만, 자신만의 작곡 기법을 확립하고, 수정을 거치면서 1905년이 돼서야 출판한다. 이 작품에서 제3곡「달빛」만 듣는 것은 작품 일부분만 듣는 것이다. 작곡가가 말하는 전체 이야기를 들으려면 네 곡 모두 감상하는 것이 좋다. 제1곡 「전주곡(Prélude)」은「달빛」처럼 서정적이다. 드뷔시의 내밀한 감정선이 섬세하게 표현된 악장으로 누구나 좋아할 만한 작품이다. 제2곡「미뉴에트(Menuet)」는 장난기 가득한 미소와 익살스러운 표정이 느껴지는 악장이다. 듣고 있으면 기분이 좋아지는 음악이다. 제3곡「달빛(Clair de lune)」은 시대를 초월한 고전으로 달빛 어린 분위기를 서정적인 감성으로 표현한다. 제4곡「파스피에(Passepied)」는 4/4박자의 비교적 빠른 템포로 힘이 넘치고 생기가 가득 찬 모습이다.

드뷔시는 프랑스를 대표하는 인상주의 작곡가다. 인상주의는 19세기 후반에서 20세기 초기에 걸쳐 프랑스를 중심으로 유럽에서 유행하던 예술 경향으로, 보이는 것을 재현하는 것보다 순간적인 감정이나 분위기를 강조하는 것이 특징이다. 드뷔시는 이 시기 다른 예술가처럼 프랑스의 여러 인상주의 예술가와 영향을 서로 주고받았다. 드뷔시는『베르가마스크 모음곡』을 작곡할 당시 유행이던 바그너의 음악에 매료되었지만, 곧 과장되고 과시적이라는 생각에 바그너의 음악을 멀리했다. 그리고 자신만의 작곡 기법으로 새로운 화성과 선율을 구축한다.

'음악으로 그림을 그리는 화가'라는 작곡가답게 드뷔시는 특유의 몽환적인 분위기와 선율을 내세워 작곡한다. 나무와 꽃을 그리기보다는 그 향기의 특성을

그려내는 것처럼 드뷔시는 자신만의 작곡 기법으로 주어진 틀을 벗어나 수많은
걸작을 만든다.

캐서린 하드윅 – 트와일라잇 (2008)

〈트와일라잇〉은 스테파니 메이어(Stephenie Meyer)의 동명 소설을 원작으로
영화한 작품이다. 아름다운 남녀 주인공인 뱀파이어 에드워드(로버트 패틴슨)와
인간 벨라(크리스틴 스튜어트)가 서로 만나 사랑하게 되는 로맨스 스릴러이다. 17세
고등학생 벨라는 집안 사정으로 아빠가 사는 워싱턴주 포크스로 이사한다.
전학 첫날, 벨라는 에드워드를 보고 그에게 마음을 빼앗긴다. 그리고 설명하기
힘든 힘으로 자신을 몇 번이나 위험에서 구해 준 에드워드가 뱀파이어라는 것을
알게 된다. 벨라는 그런 에드워드를 무서워하기보다는 그를 조금 더 이해하고
싶어 하고, 결국 그들은 서로 사랑하는 사이가 된다. 에드워드는 여자친구가 된
벨라를 자기 집으로 초대하고, 그의 방을 구경하는 벨라는 평소 에드워드가 듣던
음악을 재생시킨다. 이때 나오는 음악이 드뷔시의 「달빛」이다. 두 사람은 「달빛」의 선율에 맞춰 춤을 추며 다시 한번 사랑을 확인한다. 하지만 두 주인공의 이루어질 수 없는 사랑을 암시하듯 음악은 아름다우면서도 처연하다.

『Twilight OST』는 영화가 개봉한 2008년에
CD와 LP로 발매되었다. 음반보다는 디지털 음원이
많이 팔린 음반으로 빌보드 앨범 차트에서 1위로
데뷔했다. 주인공 로버트 패틴슨(Rob Pattinson)이
부른 「Never Think」를 포함해 카터 버웰(Carter
Burwell)의 피아노곡, 아이언 앤 와인(Iron & Wine)의
곡이 많은 사랑을 받았다.

드뷔시의 「달빛」은 피아노 독주곡이지만 다양한 악기로 편곡되어 연주된다. 책에서는 피아노 연주를 소개하지만, 다비드 오이스트라흐(David Oistrakh)의 Columbia SAX 2253, 요제프 시게티(Joseph Szigeti)의 'Columbia – ML 4338', 크리스티안 푼케(Christian Funke)의 'ETERNA – 7 25 193' 바이올린 연주도 꼭

들어보기를 바란다.

　　체코 태생의 이반 모라베츠(Ivan Moravec)는 맑고
투명한 피아노 음색으로 사랑을 받는 피아니스트다.
드뷔시의 달빛이 머금고 있는 오묘한 분위기를
그 특유의 아름다운 터치로 채색한다. 단 한 장의
음반을 고른다면 모라베츠의 연주를 가장 먼저 꼽고
싶다. 드뷔시의 곡으로 채워진 1967년 음반은 함께
수록된 「어린이 차지」도 높은 수준의 연주를 보여
준다. 아쉬운 부분은 『베르가마스크 모음곡』 전곡이
아닌 「달빛」만 녹음된 것이다. Connoisseur Society
레이블의 녹음이 선명하지 못한 것도 마찬가지로
아쉬운 부분이다.

미셸 베로프
1979 / La Voix De Son Maîtr 2C
069-73020
연주 ★★★★☆
음질 ★★★★☆

　　프랑스 출신의 미셸 베로프(Michel Beroff)의
1979년 연주도 추천할 만하다. 20세기 작곡가의
음악을 즐겨 연주하고 녹음하는 그는 선명한
음색으로 이 곡을 연주한다. 섬세하고 세밀한
표현력이 곡이 지닌 색채감을 살리고 있으며, 맑고
아름다운 연주를 선호하는 사람들에게 더할 나위
없이 좋은 음반이다. LP는 비교적 쉽게 구할 수
있으며 가격도 저렴하다.

조성진
2017 / DG 479 8336
연주 ★★★★☆
음질 ★★★★☆

　　조성진(Cho Seong-Jin. 1994~)이 2017년에 녹음한
음반도 추천한다. 그는 이 음반에서 『베르가마스크 모음곡』 외에 「영상 1&2」,
「어린이 차지」, 「기쁨의 섬」도 연주한다. 모두 좋은 연주지만, 『베르가마스크
모음곡』은 특히 뛰어나다. 조성진 특유의 정교한 타건과 섬세한 터치로 몽환적인
분위기를 연출하며 섬세한 뉘앙스까지 잘 표현하고 있다. 2LP로 구성된 음반은
적당한 가격과 좋은 음질로 만날 수 있으며, 현재도 꾸준히 발매하는 음반이기
때문에 구입도 어렵지 않다.

쇼팽, 녹턴

Chopin, Nocturnes

이반 모라베츠
Ivan Moravec
1965

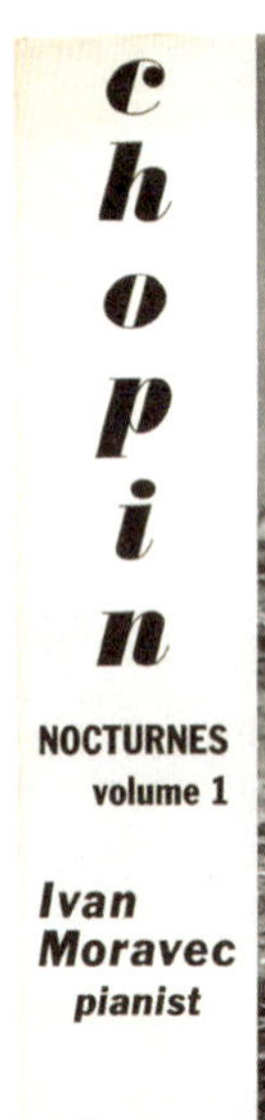

Connoisseur Society CS 1065

쇼팽를 위하여~

티 없이 맑은 터치로 섬세한 연주를 들려주는 이반 모라베츠의 1965년
녹음. 쇼팽의 녹턴이 어디까지 투명해질 수 있을까? 들을 때마다 놀라게
되는 연주다. 마치 꿈을 꾸듯이 펼쳐지는 환상적인 선율과 시적 상상력을
불러일으키는 아름다운 연주는 단연코 이반 모라베츠의 이 연주만 가능하다.

연주 ★★★★★ 음질 ★★★★

아름다운 밤이에요

프레데리크 쇼팽(Frédéric François Chopin, 1810~1849)은 1827년부터 1846년까지 21곡의 녹턴을 작곡했다. 쇼팽 전 생애에 걸쳐 작곡된 녹턴은 피아노의 아름다운 선율이 매력적이며, 쇼팽 특유의 서정성과 예민한 감성을 느낄 수 있다. '녹턴(夜想曲)'은 제목에서 알 수 있듯이 밤 중 명상을 위한 음악으로 그만큼 잔잔하고 서정적이다. 그래서인지 쇼팽 생전에도 큰 인기를 누렸으며 지금까지도 쇼팽의 작품 중에서 가장 큰 사랑을 받고 있다. 특히, 「녹턴 제2번(Op.9-2)」은 쇼팽의 녹턴 중 가장 유명한 곡으로 쇼팽의 시적 상상력이 돋보이는 곡이다. 한 번 들으면 누구나 좋아할 수밖에 없는 선율을 가진 곡으로 쇼팽 녹턴을 대표하는 명곡이다. 투명한 아름다움이 돋보이는 「녹턴 제1번(Op.9-1)」과 때 묻지 않은 자연과 닮은 피아노의 순수함이 느껴지는 「녹턴 제5번(Op.15-2)과 「녹턴 제8번(Op.27-2)」도 많은 사람에게 사랑을 받는 녹턴의 대표곡이다. 특히 「녹턴 제2번」과 함께 가장 널리 알려진 「녹턴 제20번」은 쇼팽이 폴란드를 떠나 오스트리아 빈에 갓 도착해 작곡한 곡이다. 조국 폴란드와 친구들에 대한 그리움이 담긴 곡으로, 작곡된 지 65년이 지난 1895년이 되어서야 출판되었다. 워낙 인기가 많은 곡으로 피아노뿐만 아니라 바이올린 소품으로 편곡되어 자주 연주되는 곡이기도 하다.

쇼팽의 녹턴은 1번부터 18번까지는 생전에 악보가 출판되었고, 19번부터 21번까지는 사후에 출판되었다. 녹턴은 보통 2~3곡씩 묶여 출판되었는데, 1830~1831년 사이에 작곡된 1번~3번(Op.9)을 시작으로 1845~1846년에, 마지막으로 작곡된 17번~18번(Op.62)까지 모두 20년에 걸쳐 작곡됐다. 쇼팽의 녹턴은 존 필드(John Field, 1782~1837)의 「녹턴」에 영향을 받았는데, 감성적이고 자유로운 형식으로 작곡한 존 필드(John Field, 1782~1837)의 「녹턴」은 당시 극찬을 받는 작품이었다. 제자들이 "존 필드만큼 훌륭하다"라고 말하자 쇼팽이 무척 좋아했을 정도로, 당시 존 필드는 매우 영향력 있는 작곡가였다. 하지만 쇼팽의 녹턴은 존 필드의 것을 한 층 더 깊어진 양식으로 발전시켰으며, 자신만의 독특한 형태를 구축했다. 오늘날 쇼팽의 녹턴은 피아노 독주곡 역사에 가장 아름다운 곡으로 평가되며, 많은 작곡가들이 이 곡으로부터 큰 영향을 받았다.

대니 보일 – 127시간 (2010)

〈127시간〉은 모험가 아론 랠스톤(Aron Ralston)의 자서전을 바탕으로 한 실화의 내용을 담고 있다.

2003년 4월, 미국 유타주의 블루 존 협곡에서 홀로 등반에 나선 아론(제임스 프랭코)은 좁은 절벽 사이를 내려가다 떨어진 바윗돌에 팔이 짓눌려 한쪽 팔이 긴 채로 고립된다. 여러 시도를 통해 탈출을 시도하지만, 그는 그곳을 빠져나갈 수 없다는 것을 깨닫는다. 자신이 죽을 수도 있다는 생각에 캠코더를 이용해 그는 유언이 될 메시지를 남기며, 그동안 자신이 겪었던 삶은 영화처럼 흘러간다. 절벽 사이에 고립된 지 며칠이 지나면서 그는 점점 지쳐 갔으며, 여러 환영과 자신의 과거 모습이 주마등처럼 스쳐 지나간다. 어린 시절 여동생 소냐(베일리 미셸 존슨)가 가족들 앞에서 쇼팽의 「녹턴 제2번」을 연주하는 모습은 비록 박자와 음정이 맞지 않는 어린아이의 연주지만, 그 어떤 연주보다 달콤하고 따뜻하다. 가장 힘든 순간에 가족의 모습을 떠올린 아론은 살아남기 위해 마음을 굳게 가지고, 모든 힘을 다해 스스로 팔을 자르고 탈출에 성공한다. 끝까지 삶에 대한 희망을 버리지 않은 아론은 비록 한쪽 팔을 잃었으나 생명과 자유를 얻는다. 영화는 우리 앞에서 벌어지는 사고와 재난 앞에서 희망을 버리지 않는 마음이 중요하다는 것을 일깨워 주며, 평범한 일상의 삶을 살아가는 것이 얼마나 행복한 삶인지 알게 해 준다.

A. R. 라만(A. R. Rahman)이 작곡을 맡은 『127 Hours OST』는 영화와 동시에 발매됐다. 쇼팽의 녹턴을 비롯해 포스트 록을 대표하는 시규어 로스(Sigur Ros), 잘 알려지지 않은 밴드 프리 블로드(Free Blood)까지 다양한 음악을 소개한다. 전체적으로 전자음악과 록 음악으로 구성되어 있으며, 영화 주인공 아론의 심리가 반영된 신나는 음악과 외로운 음악이 적절하게 어우러져 있다.

이반 모라베츠(Ivan Moravec)의 피아노 선율은 그 어떤 꾸밈이나 가식이 없고 맑고 투명한 피아노 음색은 가슴이 멎을 만큼 영롱해 마치 꿈을 꾸는 듯 한 기분마저 들게 한다. 쇼팽 녹턴 연주 최고의

음반이라 해도 손색이 없다. Connoisseur Society
레이블에서 나온 이 음반은 가격이 점점 상승하는
추세다. 녹턴 1~19번을 수록한 2LP 초반은 비싸게
거래되므로 발라드, 전주곡과 함께 커플링된 4LP
박스 세트는 좋은 대안이다.

아르투르 루빈스타인(Artur Rubinstein)이 연주한
1965년 녹음은 오래된 전통의 명연으로 쇼팽의
녹턴을 좋아하는 사람에게 꼭 추천하고 싶은
음반이다. 루빈스타인의 과장되지 않은 담백한
터치가 청명한 음색으로 표현된 연주는 이 곡이 가진
서정성을 극대화한다. 루빈스타인은 쇼팽 녹턴을 여러
번 녹음으로 남겼지만, 연주와 음질의 두 마리 토끼를
함께 잡은 1965년 녹음을 추천한다. 비교적 구하기
쉬운 음반이었으나, 최근에 잘 안 보이는 음반이다.
RCA Red Seal로 발매한 12장짜리 쇼팽 독주곡 박스
세트반도 좋은 선택이다.

쇼팽에 대한 통찰력 있는 해석으로 정평이 난
클라우디아 아라우(Claudio Arrau)의 1978년 녹음도
많은 사람에게 사랑받는 연주다. 앞서 소개한 두
연주 모두 19번까지만 녹음되어 아쉬움을 감출 수
없지만, 이 음반은 녹턴 전곡을 들을 수 있다. 쇼팽과
리스트의 스페셜리스트로 알려진 아라우의 낭만적인 해석이 돋보이는 음반이다.
LP는 비교적 쉽게 구할 수 있으며 좋은 음질로 만날 수 있다.

아르투르 루빈스타인
1965 / RCA LSC-7050
연주 ★★★★☆
음질 ★★★★☆

클라우디아 아라우
1978 / Philips 6747 485
연주 ★★★★☆
음질 ★★★★☆

쇼팽, 24개의 전주곡 중 제15번 '빗방울'

Chopin, 24 Preludes No.15, Op.28

마우리치오 폴리니
Maurizio Pollini
1974

Deutsche Grammophon 2530 550

명료한 음색의 아름다움

곡을 세밀하게 분석하는 마우리치오 폴리니의 연주 성향은 이 음반에서도
잘 나타난다. 정확한 테크닉과 명료한 음색으로 분석적이고 기교적인
연주임에도 선율의 표현은 노래하듯 아름답고 우아하다. 오랜 세월 큰 사랑을
받아 왔고 앞으로 더 오래도록 사랑받을 명연이다.

연주 ★★★★★ 음질 ★★★★☆

연인의 의미

프레데릭 쇼팽(Frédéric François Chopin, 1810~1849)의 수많은 표정이 담긴
피아노 독주 작품집「24개의 전주곡 Op.28」은 일반적인 전주곡과는 다른 형식의
작품이다. 대개 전주곡이란 오페라나 악극 등에서 작품의 도입부 역할을 하는
짧은 형식의 관현악곡을 의미하지만, 이와 달리 쇼팽은 곡마다 개성과 감정을
담아 하나의 독립되고 완성된 음악으로 피아노 독주를 위한「24개의 전주곡」을
작곡했다. 이것은 24개의 각기 다른 조성으로 작곡한 바흐의「전주곡과 푸가」와
닮은 방식인데 쇼팽은 바흐의 곡을 즐겨 듣고 연구해 자기만의 방식으로
서정적이고 감성적인 음악 스타일로 자신의 작품을 완성했다.

「24개의 전주곡」중 가장 널리 알려진 곡으로 '빗방울'이라는 부제가 있는
'전주곡 제15번'은 장조와 단조를 오가는 3부 형식(A-B-A)으로 아름다운 선율과
불안하고 우울한 분위기를 교묘히 조합한 명곡이다.

이 곡과 관련한 에피소드는 흥미롭다. 당시 6년 연상의 소설가 조르주
상드(George Sand, 1804~1876)와 연인 관계였던 쇼팽은 폐결핵을 앓고 있어
추운 겨울을 피해 상드와 그녀의 두 아이와 함께 스페인의 마요르카섬으로
여행을 떠났다. 하지만 그들의 기대와는 달리 그곳은 비도 많이 내리고 날씨도
추웠기 때문에 쇼팽의 건강은 오히려 악화되었다. 어느 날, 상드는 아이들과
함께 외출했다가 갑자기 큰 비가 내리면서 거처로 바로 돌아올 수 없는 상황이
되었는데, 이 상황을 모르고 있었던 쇼팽은 상드가 돌아오지 않자 초조하고
불안해했다. 그 불안한 마음을 달래고자 쇼팽은 피아노 앞에 앉아 이 곡을
연주하며 상드를 기다렸다. 결국 상드가 몇 시간 만에 귀가하자 쇼팽은
어린아이처럼 울음을 터트렸다고 한다. 이 이야기는 쇼팽 사후 상드의 회상록을
통해 후대에 알려졌기 때문에 다소 윤색되었을 여지는 있다. 그러나 음악에 담긴
흥미로운 이야기는 늘 음악 감상과 이해에 도움이 된다. 이 곡에 시종 흐르는
왼손의 반복적인 음은 마치 창가에 떨어지는 빗방울을 연상시킨다. 아름다운
선율의 시작과 달리 어느 순간부터는 어둡고 침울한 감정으로 흐르지만, 그럼에도
따뜻한 사랑의 감정이 엿보인다. 쇼팽의 불안한 마음, 연인에 대한 애틋한 사랑이
투영되어 그날의 상황을 잘 묘사하고 있다.

리들리 스콧 - 프로메테우스 (2012)

2012년에 개봉한 〈프로메테우스〉는 SF 장르의 거장인 리들리 스콧(Ridley Scott)이 연출을 맡은 '에이리언 시리즈'의 프리퀄 영화다. '인간은 외계 존재에 의해 창조되었는가?', '왜 그들은 인류를 파괴하려는가?'에 대한 철학적인 질문을 던지는 작품이다. 인류 기원이 외계에서 왔다는 증거가 발견되면서, 우주 탐사대를 태운 프로메테우스호가 외계 행성에 도착하면서 벌어지는 예측 불허의 이야기를 다루는 영화는 무거운 주제만큼 등장하는 음악도 어둡고 음산하다. 특히, 영화가 끝나면서 엔딩 크레딧과 함께 쇼팽의 '빗방울 전주곡'이 흐르는 장면은 개운치 않은 뒤끝을 남긴다. 아름다운 선율로 고요히 시작되었다가 어느 순간부터 조금씩 우울하고 불안하게 흐르는 이 곡처럼 영화가 말하고자 하는 미래에 대한 불안함은 갑갑하고 무겁게 표현된다. 이 영화의 엔딩곡으로 꼭 맞는 음악으로 영화를 보고 나서 드는 불편한 마음을 잘 표현하고 있다.

『Prometheus OST』는 리들리 스콧(Ridley Scott) 감독과 자주 협업하는 독일 작곡가 마크 스트라이텐펠드(Marc Streitenfeld)가 작곡을 맡았으며, 영국 작곡가 해리 그렉슨 윌리엄스(Harry Gregson Williams)도 참여했디. 전자음악을 사용해 영화의 주제와 분위기를 잘 살리고 있는 OST는 2016년과 2021년에 각각 LP로 출시되었다.

쇼팽 전주곡의 명연으로 오랜 시간 회자되는 마우리치오 폴리니(Maurizio Pollini)의 음반은 가장 먼저 추천하고 싶은 연주다. 작곡가가 남긴 악보를 과장 없이 해석해 전달하는 폴리니의 전형적인 스타일의 연주로 특유의 세련미와 완벽한 기교가 돋보이는 연주다. 건반을 간결하고 명확하게 터치하기 때문에 연수가 악산 차갑게 느껴질 수도 있으나 그의 다른 연주들에 비해 상대적으로 더 따뜻하고 서정적이다. 도이체 그라모폰에서 발매한 이 LP는 비교적 쉽게 구할 수 있으며 가격도 저렴하기 때문에 가장 먼저 추천하고 싶다.

러시아 및 동유럽 작곡가의

음악을 즐겨 연주하는 이고르 주코프(Igor Zhukov)는
그의 날카로운 외모처럼 음악도 정교하고 치밀하다.
'빗방울 전주곡' 같은 경우, 시작 부분에서 소름이
돋을 정도로 섬세하고 세밀한 연주를 들려주는데,
음악이 마치 어두운 우주에서 홀로 유영하는
것처럼 적막하다. 곡이 가지고 있는 불안함도 잘
살려 연주하고 있고 전체적으로 수준 높은 연주를
들려준다. 레코딩 엔지니어로 활동할 만큼 녹음에
관심이 많은 이고르 주고프의 음반답게 녹음이
좋다. 이 연주는 멜로디아와 유로디스크에서 LP로
출시되었으며, 두 음반 모두 음질이 뛰어나고 가격도
저렴하다.

알프레드 코로토(Alfred Cortot)의 오래된 연주를
빼놓을 수 없다. 처음에는 연주의 불안정한 템포와
어눌한 느낌 때문에 어딘지 모르게 어색한 느낌이
들지만, 반복해 들으면 들을수록 깊은 맛이 나는
연주라는 걸 알게 된다. 여러 곡이 마치 한 곡인
것처럼 자연스럽게 연결되는 진행도 이 음반의 매력
중 하나이다. 프랑스 초반인 La Voix De Son Maître
좋지만, 구하기 어렵다면, 독일 다카포도 괜찮은
음질을 들려주기 때문에 좋은 차선이 된다.

이고르 주코프
1983 / Melodia-Eurodisc 206
095
연주 ★★★★☆
음질 ★★★★★

알프레드 코르토
1934 / La Voix De Son Maître -
COLH 38
연주 ★★★★☆
음질 ★★☆

슈베르트, 피아노 소나타 제19번

Schubert, Piano Sonata No.19, D.958

알프레드 브렌델
Alfred Brendel
1972

Philips 6500 415

이름다운 연주

슈베르트 마지막 삶 그 자체를 음반으로 그대로 옮긴 듯한 연주다. 베토벤과
슈베르트를 즐겨 연주한 알프레드 브렌델의 1972년 연주로 이 작품이 가진
슈베르트뿐만 아니라 베토벤의 정신까지도 잘 담긴 명연이다.

연주 ★★★★★ 음질 ★★★★☆

베토벤과 닮은 슈베르트 피아노 소나타

슈베르트(Franz Schubert, 1797~1828) 마지막 피아노 소나타 작품 중 하나인 「피아노 소나타 제19번」은 그의 다른 후기 소나타들과 마찬가지로 슈베르트가 세상을 떠나기 몇 주 전에 완성했다. 자기 몸 상태가 예전과 같지 않다고 느낀 그는 죽음을 인지하고 있었으며, 인생의 마지막 순간을 피아노라는 악기를 통해 예술혼을 불태운다.

슈베르트는 평생 베토벤(Ludwig van Beethoven, 1770~1827)을 존경했다. 어린 시절 모차르트와 베토벤의 음악을 들으면서 음악가의 길을 꿈꾸던 그는 베토벤과 가까운 거리에 살았지만, 그 소심한 성격 탓에 베토벤을 찾지 못했다. 그러던 어느 날 베토벤이 병들고 죽을 날을 기다리고 있다는 소식에 슈베르트는 용기를 내어 베토벤을 찾는다. 베토벤은 슈베르트가 건넨 악보를 보며 크게 칭찬했고, 슈베르트를 조금 더 일찍 만나지 못한 것에 대한 아쉬움을 토로했다고 전해진다. 슈베르트가 방문한 지 일주일 만에 베토벤은 세상을 떠났으며, 슈베르트는 베토벤의 정신을 살려 피아노 작품을 작곡하기로 결심한다.

슈베르트가 남긴 후기 3대 피아노 소나타 작품 중에서 베토벤의 영향을 많이 받은 「피아노 소나타 제19번」은 베토벤의 영향이 짙게 깔린 작품이다. 리드미컬한 템포 위에 격렬함이 잘 드러난 1악장 '알레그로(Allegro)'는 카페에서 배경음악으로 흘러나오면, 이 곡이 베토벤 곡인지 슈베르트 곡인지 헷갈릴 정도다. 고전적인 소나타 형식으로 베토벤의 정신이 드러나 있지만, 슈베르트 특유의 슬프고 불행한 감정도 동시에 느껴진다. 조용히 끝나는 1악장에 이어 아름다운 2악장 '아다지오(Adagio)'는 느린 악장으로 베토벤의 느린 악장을 연상시킨다. 아름다운 선율의 악장으로 눈을 감고 연주에 귀를 기울이면 마음의 평화를 얻기 위한 기도처럼 들리기도 한다. 3악장 '미뉴에트 알레그로(Menuetto. Allegro)'은 밝고 사랑스럽다. 경쾌한 타건으로 활기찬 분위기를 표현하지만, 그렇다고 밝은 분위기만은 아니다. 4악장 '알레그로(Allegro)'는 이 작품 중에서 감성적인 측면과 기술적인 측면 모두에서 가장 복잡하다. 연주는 쉴 새 없이 조바꿈이 일어나며, 연주는 까다롭다. 극적인 피날레가 인상적으로 슈베르트의 복잡한 감정을 담았다.

슈베르트는 이 곡을 당대 유명한 피아니스트이며, 작곡가였던 얀 훔멜(Jan Nepomuk Hummel, 1778~1837)에게 헌정할 계획이었다. 그러나 이 곡은 그가 죽은 뒤 출판되었고, 출판업자에 의해 슈베르트의 작품을 널리 알린 로베르트 슈만(Robert Alexander Schumann, 1810~1856)에게 헌정되었다. 슈베르트는 베토벤이 죽은 일 년 뒤 세상을 떠났으며, 베토벤이 묻힌 빈 벨링크 묘지 바로 옆에 묻혔다.

임상수 – 돈의 맛 (2012)

2012년에 개봉한 영화 〈돈의 맛〉은 대한민국을 돈으로 지배하는 어느 재벌가 집안을 블랙코미디 형식으로 다룬다. 세상을 돈으로 지배하는 재벌 백금옥(윤여정)은 지나치게 욕심이 많은 사람으로 돈이면 안 되는 것이 없다고 믿는 사람이다. 그런 백금옥과 결혼한 윤 회장(백윤식)은 어느 날 이혼을 선언하며, 백금옥에서 벗어나고 싶어 한다. 돈을 실컷 써 보고 싶은 마음에 그녀와 결혼했지만, 돈에 중독된 자신의 삶에 대한 모멸감과 백금옥의 숨 막히는 참견이 그를 지치게 했기 때문이다. 재벌가를 위해 자신처럼 궂은일을 도맡아 하는 젊은 비서 주영작(김강우)에게 돈의 노예가 되지 말라는 충고 장면은, 윤 회장의 진심이 담긴 조언이다. 윤 회장은 결국 백금옥에서 벗어날 수 없다는 사실을 깨달으며 자살을 택한다.

자살할 때 윤 회장이 부르는 슈베르트의『아름다운 물방앗간 아가씨』중 '휴식'도 인상적이지만, 윤 회장이 외로움과 고독의 감정을 느낄 때마다 흐르는 슈베르트의 「피아노 소나타 제19번」 2악장 '아다지오'는 각별하다. 자신의 생이 얼마 남지 않았다고 생각한 슈베르트의 마음을 윤 회장은 동병상련의 마음을 가지고 있었던 것일까? 윤 회장의 장례식에서 흐르는 「피아노 소나타 제19번」은 인생의 허무와 회한이 잘 담겨 있다.

〈바람난 가족〉부터 임상수 감독과 호흡을 맞춘 김홍집 음악감독이 OST 작곡을 맡았다. 영화 장면에 어울리는 18곡이 간결하면서도 극적 긴장감을 잘 살리고 있는 OST는 우리에게 어어부 프로젝트 밴드와 배우, 화가, 행위예술가로 알려진 백현진의 엔딩곡 「그 맛」이 OST 음반 첫 곡으로 삽입되어 있다. CD는 영화 개봉 동시에 발매되었으며, LP로는 발매되지 않았다.

음반을 고를 때부터 가슴이 콩닥콩닥 뛸 정도로 설레게 하는 음반이 있다. 슈베르트를 연주하는 알프레드 브렌델(Alfred Brendel) 음반이 대부분 그렇다. 슈베르트의 마지막 소나타를 물 흐르듯이 자연스럽게 연주하는 1972년 녹음은 일체 군더더기 없이 담백하고 깔끔하며, 모든 부분이 자연스럽다. 슈베르트가 살아서 들었다면 틀림없이 좋아하지 않았을까? 생각되는 연주다. 필립스에서 나온 낱장도 좋지만, 역시 필립스에서 나온 두 장짜리 박스반과 여덟 장짜리 박스반을 적극 추천한다. 구하기도 쉽고 가격도 좋기 때문이다.

디터 체힐린
1976 / ETERNA 8 27 085
연주 ★★★★☆
음질 ★★★★☆

디터 체힐린(Dieter Zechlin)은 주로 옛 동독에서 활동한 피아니스트다. 서방 세계에 그의 이름이 알려진 건 독일 통일 이후로, 그의 베토벤과 슈베르트 연주 등이 알려지면서부터다. 연주에 일체 과장 없이 음악의 본질을 파고드는 그의 연주는 슈베르트 연주에서 빛을 발한다. 섬세한 터치로 뛰어난 서정성을 보이는 그의 연주는 슈베르트의 담백한 아름다움을 느끼게 한다. 에테르나 레이블에서 좋은 음질로 출시되었으며, 오랜 시간 국내에서 찾아보기 힘든 음반이었지만, 최근에 국내에서 판매하고 있다.

마우리치오 폴리니
1985 / DG 419 229-1
연주 ★★★★☆
음질 ★★★★★

마우리치오 폴리니(Maurizio Pollini)의 1985년 연주도 놓칠 수 없는 연주다. 위에서 소개한 두 연주에 비해 다소 건조한 연주지만, 투명하게 연주하기 때문에 슈베르트의 진실한 마음에 조금 더 다가선 느낌이다. 슈베르트의 마지막 피아노 소나타에는 죽음의 그림자가 드리워져 있다. 폴리니는 슈베르트의 복잡한 심정을 냉철하게 바라보고 작곡가의 심정을 헤아리려고 노력한다. 1987년에 출시된 3장짜리 박스반이 초반이며, 발품을 팔아야 구할 수 있다.

바흐, 코랄 전주곡
– '주여 당신을 소리쳐 부르나이다' BWV639

Bach, Choral Prelude 'Ich ruf zu dir, Herr Jesu Christ' BWV639

타티아나 니콜라예바
Tatiana Nikolayeva
1982

바흐를 사랑한 여인

타티아나 니콜라예바는 선 굵은 타건으로 이 작품에서 뛰어난 해석을
보여 준다. 음악의 격렬한 생동감뿐만 아니라, 나긋나긋한 템포로 시적인
서정성까지 전해주는 음반은 바흐에 대한 그녀의 열정을 고스란히 전한다. 첫
곡부터 마지막 곡까지 한자리에서 듣고 있으면 그 인간적인 따뜻함에 미소가
지어진다.

연주 ★★★★★ 음질 ★★★★★

기도의 마음을 담다

'주여, 당신을 소리쳐 부르나이다(Ich ruf zu dir, Herr Jesu Christ)라는 제목이
붙은 바흐(Johann Sebastian Bach, 1685~1750)의 작품으로는 BWV177, BWV639,
BWV1124 모두 세 곡이 있다. 그중에서 BWV639는 오르간을 위한 곡으로,
바흐가 바이마르에서 머물 때 쓴『오르간 소곡집(Orgelbuchein)』의 짧은 코랄
전주곡 중 40번째 곡이다. 기도하는 사람의 간절하고 순결한 마음을 담은 곡으로,
차분하고 평온한 주선율에 맞춰 풍부한 깊이로 표현되는 아름다운 작품이다.
바흐는 독실한 신자였기 때문에 그의 깊은 신앙심을 표현하기 위한 도구로
오르간을 위한 코랄(choral) 전주곡을 세상에 남겼다.『오르간 소곡집』은 교회
예배에서 사용하기 위한 것으로, 바흐 원고 내용 목록에 따르면 모두 164곡을
작곡했다고 하지만, 실제로 악보는 46곡(BWV599~644)만 전해진다.『오르간
소곡집』은 초보 오르간 연주자를 위한 안내서로 학생이 배워야 할 모든 건반
기술 방법이 쓰인 학습서다. 오르간의 모든 기술이 포함되어 있기 때문에 학생은
배우는 데 다소 어려움을 겪었을 것으로 추정된다.

『오르간 소곡집』은 1713년에서 1716년 사이에 작곡했다. 바이마르
시대(1708~1717)에 바흐는 궁정 예배당에서 오르간을 연주했으며, 그의 오르간
작품은 이 시기에 대부분 작곡되었다. 특히 이 시기는 비발디를 포함한 이탈리아
작곡가의 협주곡을 오르간이나 쳄발로 독주용으로 편곡하는 작업을 했었기
때문에, 바흐는 오르간에 대한 음악적 양식을 더 넓어졌고 그 후의 작품에도 깊은
영향을 미쳤다.

이탈리아 작곡가이자 피아니스트였던 페루치오 부조니(Feruccio Busoni,
1866~1924)는 바흐의 코랄 전주곡을 피아노곡으로 편곡했는데, 오르간이 가진
음향적 특성을 피아노로 재해석해 연주하려는 노력을 아끼지 않았다. 물론 보수적
관점에서는 원래 오르간을 위해 작곡된 작품을 악기 성격이 다른 피아노곡으로
편곡해 연주하는 것이 마땅치 않을 수도 있다. 하지만 오늘날에는 바흐의 여러
오르간곡이 피아노뿐만 아니라 기타, 관현악 등 다양한 악기의 편성으로 연주되고
있다.

파벨 파블리코브스키 – 이다 (2013)

2013년에 개봉한 영화 〈이다〉는 '예드바브네 학살' 사건을 바탕으로, 이다의

가족사에 얽힌 비밀을 밝히기 위해 이모인 완다와 동행을 시작하는 내용을 담고 있다.

고아로 수녀원에서 자란 안나는 수녀가 되기 직전, 유일한 혈육인 이모 완다(아가타 쿠레샤)에 대해 알게 되어 그녀를 찾아간다. 완다는 안나가 유대인이며, 본명은 이다(아가타 트르제부초우스카)라고 말한다. 부모님의 죽음에 대해 알고 싶어진 이다는 완다와 함께 부모님을 살해한 사람을 찾아 길을 떠난다. '예드바브네 학살'은 나치 독일이 점령하고 있던 폴란드 예드바브네에서 폴란인들이 그동안 함께 살고 있던 유대인 수백 명을 헛간에 가두고 불을 질러 죽인 사건이다. 이다의 부모님은 이때 죽은 것이다. 두 사람은 결국 가해자를 찾고, 부모님의 유골을 찾아 가족들이 있는 묘지에 매장한다. 얼마 후, 완다는 스스로 목숨을 끊는다. 가슴속에 묻고 살았던 이들의 죽음이 다시 한번 상기되어 그 무거움을 이길 수 없었기 때문이다. 이다는 수녀가 되기 위한 과정을 미루고 완다의 장례식을 치른다. 그리고 알 수 없는 표정으로 길을 걸으면서 영화는 끝난다.

〈이다〉의 마지막 장면에 흐르는 바흐의 코랄 전주곡 「주여 당신을 소리쳐 부르나이다」는 이다의 강한 의지가 느껴지는 장면으로, 이 곡에 담긴 '기도하는 사람의 간절하고 순결한 마음'을 잘 담았다. 영화가 끝나고 검은 화면에 자막이 나오면서 계속 흐르는 바흐의 곡이 잊히지 않는다.

『Ida OST』에는 바흐의 곡뿐만 아니라 존 콜트레인(John Coltrane)이나 닐 세다카(Neil Sedaka), 폴 앵카(Paul Anka)등 재즈와 팝 같은 여러 장르의 음악이 포함되어 있다. 영화에 맞게 적절하게 쓰인 음악은 그 사체만으로 훌륭한 음반이 되고 있다. 음반은 CD로 발매되었으나 LP로는 발매되지 않았다. 국내에서는 구하기 어려운 음반이다.

바흐 스페셜리스트라 불리는 타티아나 니콜라예바(Tatiana Nikolayeva)의 1982년 녹음은 바흐 음악의 피아노 편곡 버전 연주에서 가장 훌륭한 해석을 보이는 연주다. 템포가 약간 느리시만 음 하나하나를 정밀하게 표현해 곡이

가진 무게감을 고급스럽게 표현한다. 과묵하지만
서정성에 강렬함까지 갖춘 연주로 음반에 수록된
모든 곡이 추천곡이다. 일본 빅터 사에서 발매된
음반이 초반으로 음질이 매우 좋다.

　헬무트 발햐(Helmut Walcha)의 1969년 녹음은
오르간이 가진 엄숙함과 경건함을 느끼고 싶다면
가장 먼저 들어야 할 연주다. 앞을 보지 못하는
헬무트 발햐는 바흐의 정신을 꿰뚫어 그 본질을
연주하는 쳄발로 연주자 겸 오르간 연주자다. 그가
녹음한 바흐의 오르간 전집은 연주도 훌륭하고
가격도 저렴하기 때문에 한 번 도전해 볼 만하다.
어쩌면 그 선택으로 천국의 문을 두드릴 수 있기
때문이다.

　에드윈 피셔(Edwin Fischer)의 녹음은 1941년
연주로 녹음된 지 80년이 지났다. 아주 오래된 다른
음반들과 비교해 들어보면 알 수 있듯이 1941년
녹음치고는 꽤 들을 만하다. 연주에서 느껴지는
낭만주의 선율과 인간적인 따뜻함이 LP의 그루브를
타고 그대로 전달되는 느낌이 좋은 음반이다. SP
시절의 음반은 보이지 않고, 1950년대 이후에 LP로
발매된 음반인 La Voix De Son Maitre (프랑스), EMI
Reference(영국) 발매반은 모두 비싸지 않지만 쉽게 보이지 않는다.

헬무트 발햐
1969 / Archive 2565 002
연주 ★★★★☆
음질 ★★★★

에드윈 피셔
1941 / La Voix De Son Maître
COLH 45
연주 ★★★★☆
음질 ★★★

슈베르트, 피아노 소나타 제21번
Schubert, Piano Sonata No.21, D.960

알프레드 브렌델
Alfred Brendel
1971

Philips 6500 285

담백의 미학
물 흐르듯이 자연스럽게 흘러가는 연주다. 유연하고 풍성한 음색으로
슈베르트 특유의 노래하는 성향을 잘 드러내는 알프레드 브렌델의 연주는
예술가로서 마지막 진심을 담은 슈베르트의 마음을 가장 잘 이해하고 있다.

연주 ★★★★★ 음질 ★★★★

아! 슈베르트

슈베르트(Franz Schubert, 1797~1828)가 세상을 떠나기 불과 두 달 전에
완성했다는 「피아노 소나타 제21번 B♭장조 D.960」은 그가 가장 많은 노력을
쏟아부은 생애 마지막 독주 피아노 작품이다. 슈베르트가 삶의 끝자락에서
병마의 고통에 시달리던 시기이지만, 이 곡은 그저 담담히 아름다운 선율로
피아노가 노래할 뿐, 표면적으로는 특별히 고통스럽거나 슬픈 심상을 드러내지
않기 때문에 오히려 더 숙연하게 느껴지게 한다. 이 마지막 피아노 소나타는 전체
4악장의 작품으로, 성격이 다른 4개의 악장이 자연스럽게 유기적으로 연결되어 한
편의 인생 드라마를 완성한다. 누군가 슈베르트의 이 마지막 소나타를 듣고서는
자기 삶의 여정을 되돌아보며, 가슴이 미어지는 스스로의 모습을 발견하게
되더라도 이는 결코 놀랍지 않은 일이다.

1악장 'Molto moderato'는 무겁고 어두운 분위기로 시작되며, 연주 지시어처럼
적당히 빠른 템포로 진행된다. 마치 앞날을 예측할 수 없는 인생처럼, 평온함과
불안함이 교차하며 긴장감 있는 흐름을 형성한다. 2악장 'Andante sostenuto'는
느리고 엄숙한 분위기의 차분한 악장으로, 겉으로는 고요하지만 내면에는 깊은
감정이 깃들어 있다. 아름답지만 밝다고는 할 수 없는, 감정의 여운이 오래 남는
악장이다. 3악장 'Scherzo. Allegro vivace con delicatezza'는 앞선 두 악장에 비해
경쾌하고 빠른 템포로 전환되며, 섬세하면서도 생기 있는 흐름이 인상적이다.
마지막 4악장 'Allegro ma non troppo'는 유쾌하고 활기차게 전개되며, 전체를
밝고 희망적인 정서로 마무리한다. 듣는 이의 마음을 환기시키는 긍정의 에너지가
느껴지는 피날레다.

슈베르트는 31세의 짧은 생애를 살았지만, 바흐나 모차르트에 비견될
정도로 많은 작품을 남겼다. 슈베르트가 그들과 달랐던 것은 바흐나 모차르트가
생계 수단으로 대부분의 작품을 의무적으로 작곡해야 했던 것과 달리, 경제적
목적과 무관하게 순수한 본인의 의지로 많은 작품을 세상에 남겼다는 점이다.
평생 그를 따라다닌 가난과 외로움이라는 물질적, 정신적 고통을 창작으로써
해소했기 때문이다. 슈베르트는 생애 마지막 해인 1828년 봄에 첫 공개 연주회를
성공적으로 치름으로써, 비로소 처음이자 마지막인 자기 소유의 피아노를
마련한다. 그전까지는 상대적으로 저렴한 악기인 기타를 이용해 주로 작곡했다고
한다. 그는 자신의 첫 피아노를 장만하고 새로운 창작욕을 불태워 대곡이라 할

수 있는 19번, 20번, 21번 피아노 소나타를 연이어 작곡했다. 하지만 안타깝게도 그것이 그의 예술가로서의 마지막 여정이었다.

알렉스 가랜드 – 엑스 마키나 (2014)

생성형 인공지능 대화 서비스 챗GPT의 등장 이후, 인공지능에 대한 관심이 뜨겁다. 인공지능 기술이 인류에 미칠 영향을 두고 세계는 갑론을박이 일고 있다. 영화 〈엑스 마키나〉는 자아를 가진 인공지능이 자신의 자유와 욕망을 이루기 위해 인간을 어떻게 이용하는지 교묘하고 은밀하게 보여 주는 영화다.

세계 최대의 검색엔진 기업 '블루북'에서 근무하는 칼렙(도널 글리슨)은 회사에서 주최하는 이벤트에 당첨이 되어 블루북 창업주 네이든(오스카 아이삭)의 연구실로 초대된다. 칼렙은 네이든 회장이 개발하고 있다는 인공지능 에이바(알리시아 비칸데르)가 스스로 자아가 있다고 느끼는지 알아보는 실험을 돕기 시작한다. 여러 실험이 진행되면서 에이바는 칼렙을 유혹하기 시작하고, 칼렙은 에이바에게 사랑을 느낀다. 에이바는 칼렙을 이용해 네이든을 살해하고, 도움을 준 칼렙을 연구실에 가두고 세상 밖으로 나온다. 칼렙이 창업주 네이든이 연구실에 처음으로 들어설 때와 에이바에게 이용당하고 연구실에 갇히는 마지막 장면에서 슈베르트의 「피아노 소나타 제21번」 1악장이 흘러나온다. 낮은 음의 불안한 울림이 반복되는 1악장의 선율은 영화에서 느껴지는 불안함을 잘 표현하고 있다.

『Ex Machina OST』는 Invada 레이블에서 2015년에 두 장의 LP로 발매되었다. 트립합을 대표하는 포티셰드(Portishead)의 저프 배로우(Geoff Barrow)와 영화와 TV 음악을 작곡하는 벤 솔즈베리(Ben Salisbury)가 만나 작곡했다. 영화에 흐르는 긴장감과 복잡한 감정을 전자음악을 이용해 영화에 담아냈다.

알프레드 브렌델(Alfred Brendel)은 이 곡을 모두 네 차례 녹음했다. 1970년대부터 2000년대까지 10년에 한 번씩

녹음할 정도로 그는 이 곡에 대한 애정이 깊었고
발표한 음반은 대중과 평론가에게 모두 호평을
받았다. 슈베르트 스페셜리스트 불리는 그는 여러
책을 저술하면서 슈베르트에 대한 깊은 애정을
드러낸 것으로 유명하다. 책의 많은 부분을 할애해
슈베르트 음악의 진정성과 수많은 감정에 관해
서술할 만큼 그는 슈베르트에 진심이다. 4종의 모든
녹음이 다 뛰어나지만, 특히 1971년에 녹음한 연주를
추천한다. 1980년대 이후의 디지털 녹음보다는 조금
더 부드러운 음색으로 슈베르트 특유의 노래하는
성향이 그대로 드러나기 때문이다. LP는 낱장과
박스반 모두 저렴하고 구하기도 쉽다.

스뱌토슬라프 리흐테르
1972 / Melodia-Eurodisc 86 222
MK
연주 ★★★★☆
음질 ★★★★

슈베르트 마지막 작품을 대하는 스뱌토슬라프
리흐테르(Sviatoslav Richter)의 연주는 상당히
파격적이다. 특히, 1악장이 그렇다. 그 어떤 녹음보다
느리게 연주하며, 느림과 반복이 듣는 이로 하여금
무아지경의 세계로 안내한다. 긴 연주임에도 전혀
지루하지 않다. 2악장은 쓸쓸하면서 아름다운 선율을
잘 표현했으며, 3악장과 4악장은 소박하고 경쾌한
표정으로 곡을 잘 마무리한다. 리흐테르의 개성 있는
연주로 이 곡에 관한 훌륭한 해석 중 하나다. LP
가격이 비싸지 않고, 당장 LP 매장에 달려가면 보일 만큼 쉽게 구할 수 있다.

마리아 유디나
1947 / Melodia M10 42453 4
연주 ★★★★☆
음질 ★★☆

언제나 검은 드레스에 낡은 운동화를 신고 무대에 서는 마리아 유디나(Maria
Yudina)의 연주는 그 외모만큼이나 독특한 연주를 들려준다. 대담하고 격렬한
감정을 표현하면서 낭만적인 해석도 뛰어나다. 특히 1악장에서 보여 주는
음악적 응집력은 최고 수준이다. 잘 알려진 연주는 아니지만, 이 곡을 좋아하는
사람들에게 꼭 추천하고 싶다. 워낙 오래된 녹음이라 녹음 상태가 열악한 것이 이
음반의 유일한 단점이다. 굳이 구하기 어렵고 비싼 초반보다는 1980년에 발매된
음반을 추천한다.

라모, 하프시코드 작품집

Rameau, Pièces de clavecin

트레버 피녹
Trevor Pinnock
1974

CRD Records CRD 1010

참신한 생명력

트레버 피녹은 프랑스 하프시코드 음악 특유의 우아함과 정제된 품격을
탁월하게 구현하는 연주자다. 그는 균형 잡힌 템포와 섬세한 프레이징을 통해
라모의 음악적 언어를 명료하게 전달하며, 작품에 내재한 고전적 형식미를
빛나게 한다. 그의 손끝에서 울려 퍼지는 하프시코드 음색은 때로 그 악기의
한계를 초월하는 듯한 다채로움과 역동성을 지니며, 바로크 음악의 생명력과
상상력을 오늘날까지 생생하게 되살려낸다.

연주 ★★★★★ 음질 ★★★★☆

수식 너머에 깃든 정서의 연금술

장-필리프 라모(Jean-Philippe Rameau, 1683~1764)는 프랑스 바로크 시대를 대표하는 작곡가이자 음악 이론가로, 하프시코드 연주를 통해 그 시대의 음악적 풍경을 풍부하게 채웠다. 그의 하프시코드 음악은 단순한 기술적 정교함을 넘어 장식적인 우아함과 서정성 그리고 개성적인 표현으로 깊은 인상을 남긴다. 라모의 음악은 당대뿐만 아니라 후대 작곡가에게도 큰 영향을 끼쳤으며, 오늘날에도 많은 음악 애호가에게 꾸준히 사랑받고 있다.

라모의 하프시코드 작품은 크게 세 개의 작품집이 있는데, 각각 그의 음악적 성장과 창작 세계의 진화를 보여 주는 중요한 이정표로 평가된다. 첫 번째 작품집 『Premier livre de pièces de clavecin』(1706)은 앨라망드, 쿠랑트, 사라방드 같은 전통적인 춤곡 형식을 따르면서도 정교한 장식과 독창적인 아이디어를 통해 라모만의 개성을 드러낸다. 이 작품들은 단순한 반복을 넘어 음악에 감동과 생명력을 불어넣는 데 기여했다.

두 번째 작품집 『Pièces de clavecin』(1724)에서는 보다 성숙해진 음악 세계를 엿볼 수 있다. 이 시기의 작품은 각 곡이 독립된 성격을 지니는 '캐릭터 피스'의 형태를 취하며, 인물이나 감정, 장면 등을 음악적으로 섬세하게 묘사한다. 「La Favorite」와 「Tambourin」 같은 곡은 프랑스 바로크 음악의 특성을 잘 보여 주며, 감정의 흐름을 따라가는 표현 방식에서 라모의 예술적 혁신이 드러난다.

세 번째 작품집 『Nouvelles Suites de pièces de clavecin』(1728~1730경)은 라모의 하프시코드 작품 중 가장 널리 알려진 모음집으로 그의 음악적 절정을 보여 준다. 「La Poule」와 「L'Enharmonique」 같은 곡은 라모의 창의성과 실험 정신을 잘 드러내며, 독특한 리듬과 화성을 통해 그의 개성적인 음악 세계를 완성한다. 이 작품집은 그가 음악의 기존 경계를 넘어 새로운 가능성을 탐색한 결과물이기도 하다.

이처럼 라모의 하프시코드 음악은 단순한 기교를 넘어 바로크 음악의 정수를 담고 있으며, 오늘날에도 많은 콘서트와 음반을 통해 그 매력을 발산하고 있다. 바흐를 비롯한 수많은 작곡가에게 영감을 준 그의 작품은 여전히 프랑스 바로크 음악의 정전으로 남아 있다.

박찬욱 – 아가씨 (2016)

박찬욱 감독의 영화 〈아가씨〉(2016)는 고딕 로맨스이자 권력과 욕망, 해방의 서사를 다룬다. 사라 워터스의 소설 《핑거스미스》를 일제강점기 조선으로 옮긴 이 영화는 아름다움과 잔혹함이 교차하는 장면으로 구성된다. 특히 인상적인 장면은 히데코의 낭독 장면에서 엉덩이를 매질하는 시퀀스다. 이때 배경으로 흐르는 장-필리프 라모(Jean-Philippe Rameau)의 하프시코드 작품집 중 「탕부랭(Tambourin)」은 장면의 긴장감과 기묘한 분위기를 극대화하며, 마치 잔혹한 의식을 위한 음악처럼 울린다. 박찬욱 감독은 고전 음악과 육체적 폭력의 노골적인 충돌을 통해, 쾌락과 억압, 권력과 욕망이 교차하는 이중의 감각을 섬세하게 포착한다. 짧지만 강렬한 이 시퀀스는 박찬욱 특유의 블랙 유머와 미학적 통찰이 절묘하게 응축된 장면으로, 오랫동안 기억에 남는다.

트레버 피녹(Trevor Pinnock)의 1974년 CRD 녹음은 균형 잡힌 템포 설정과 정교하게 조율된 프레이징을 통해 장-필리프 라모의 음악 언어를 명확하게 전달하며, 작품에 내재된 고전주의적 형식미를 효과적으로 드러낸다. 특히 그의 연주는 단순한 기교를 넘어, 하프시코드라는 악기의 표현 가능성을 한층 확장한다는 점에서 주목할 만하다. 피녹이 만들어 내는 음색은 상상 이상의 다양성과 역동성을 지니면서도 부드럽고 편안한 질감으로 청준에게 다가간다.

케네스 길버트(Kenneth

영화 『아가씨 OST』는 음악감독 조영욱의 섬세하고 감각적인 음악 언어로 완성된 작품이다. 총 38곡으로 구성되어 있으며, 영화의 정서적 깊이를 한층 더해 준다. 이 앨범은 2017년에 2LP로 발매되었다. 특히 엔딩곡인 「임이 오는 소리」는 깊은 인상을 남기며 관객의 여운을 극대화한다. 타이틀곡 「후지산 아래서 온 저 나무」는 극 중 인물의 내면 감정을 감성적으로 포착한다. 이와 함께 라모의 「탕부랭」과 모차르트의 「클라리넷 5중주」 2악장 '라르게토'가 삽입되어 클래식 음악의 고풍스러운 품격을 더하며, 선통과 현대, 동양과 서양의 미학이 정교하게 교차하는 음악적 풍경을 완성한다.

Gilbert)의 1977년 아르히프 녹음은 정확한 음정과
정밀한 터치, 음악적 문법에 충실한 프레이징이
돋보인다. 그는 라모 특유의 화려한 장식음과
유연한 리듬을 자연스럽게 구현하며, 바로크 시대의
우아함과 활기를 동시에 담아낸다. 특히 화성적
혁신과 형식적 엄격성 사이에서 균형을 유지하면서도,
음악 속에 담긴 감정의 깊이를 놓치지 않는 점이
인상적이다. 더불어 녹음 음질 또한 매우 명료해
연주의 섬세한 표현이 생생하게 전달된다.

　　스콧 로스(Scott Ross)의 1976년 텔레풍켄 음반은
라모의 섬세하고 정교한 음악 세계를 탁월한 기교와
깊은 감성의 균형 속에서 우아하게 그려낸다. 그는
프랑스식 장식음을 절제된 세련미로 풀어내며, 바로크
시대의 미학을 현대적 감각으로 품격 있게 되살렸다.
특히 1975년 아사스성(Château d'Assas)에서 녹음된 이
전곡집은 뛰어난 음향과 정밀한 해석 그리고 생동감
넘치는 연주를 통해 라모 특유의 색채와 표현력을
한층 풍부하게 드러낸다.

케네스 길버트
1977 / Archiv 2710 020
연주 ★★★★☆
음질 ★★★★☆

스콧 로스
1976 / Telefunken 6.35346
연주 ★★★★☆
음질 ★★★★☆

쇼팽, 연습곡

Chopin, Etudes Op. 10 & 25

마우리치오 폴리니
Maurizio Pollini
1972

Deutsche Grammophon 2530 291

정교함을 넘다

완벽한 기교로 악보에 충실한 연주를 들려주는 마우리치오 폴리니의 1972년
연주. 테크닉뿐만 아니라, 냉정함을 잃지 않고 뜨거운 열정을 보여 주는
이 전설적인 녹음은 오랜 세월 동안 애호가에게 사랑받아 왔다. 쇼팽을
좋아하는 사람이라면 꼭 들어봐야 할 음반.

연주 ★★★★★ 음질 ★★★★☆

"

무늬만 연습곡

  프레데릭 쇼팽(Frédéric François Chopin, 1810~1849)의 피아노 연습곡(Etudes)은
피아노를 공부하는 학생뿐 아니라 애호가에게 널리 사랑받는 작품이다. 쇼팽은
피아노 연주의 테크닉 연마라는 기능성을 넘어 뛰어난 예술성을 가미함으로써
피아노에서 '연습곡'이라는 형식을 하나의 완성된 작품으로 승화했다. 쇼팽의
연습곡에는 「12개의 연습곡 Op.10」과 「12개의 연습곡 Op.25」에 각각 12곡
그리고 작품 번호가 없는 3곡이 있다. 「연습곡 Op.10」은 1829~32년에 작곡되어
1833년에 출판되었고, 친구 프란츠 리스트(Franz Liszt, 1811~1886)에게 헌정되었다.
「연습곡 Op.25」은 1832~36년에 작곡되어 1837년에 출판되었으며, 리스트와
연인 사이였던 마리 다구(Marie d'Agoult, 1805~1876)에게 헌정되었다. 한편,
1839년에 작곡된 3곡의 새로운 연습곡은 인지도가 그리 높지 않아 오늘날에는
연주와 녹음이 거의 되지 않고 있다.

  쇼팽은 조국 폴란드를 떠나 파리에서 리스트를 만나 서로에 대한 능력을
인정하고 존경하는 친구가 되었다. 큰 무대와 화려한 연주로 돈과 명성을 얻은
리스트는 쇼팽을 여러 인사들에게 소개하는 등 도움을 준 것으로 알려져
있다. 쇼팽은 그런 리스트를 항상 고맙게 생각해 이 작품을 그에게 헌정한다.
소심하고 내성적인 쇼팽은 무대공포증 때문에 큰 무대보다는 작은 살롱 연주를
선호했는데, 부족한 수입은 학생을 지도하면서 채웠다. 자연스럽게 연습곡이
필요했음을 미루어 짐작할 수 있으며, 쇼팽은 피아노 역사에 획을 그은 독창적인
연습곡을 작곡했다. 쇼팽의 연습곡은 「12개의 연습곡 Op.10」이 「12개의 연습곡
Op.25」에 비해 유명하고 연주도 더 많이 되고 있다. 주요 작품으로는 아르페지오
연습을 하기 위한 'Op.10 1번 C장조', 반음계 연습곡인 'Op.10 2번 A단조',
'이별의 곡'이라는 부제가 붙은 'Op.10 3번 E장조', 검은 건반만으로 연주하는
'흑건'이라는 부제가 붙은 'Op.10 5번 G♭장조', 서정적 분위기의 'Op.10 5번
E♭단조', 오른손 훈련을 위한 'Op.10 8번 F장조', '혁명'이라는 부제를 가진 'Op.10
11번 E♭장조' 등이 있다. 「12개의 연습곡 Op.25」의 경우, 양손 모두 아르페지오
연주로 내성부를 섬세하게 연주해야 하는 'Op.25 1번 A♭장조', 오른손의 3도
연습하는 곡으로 손가락이 따로 움직여야 할 정도로 연주하기 어려운 'Op.25 6번
G#단조', '겨울 바람'으로 알려진 'Op.25 11번 A단조', 마지막 곡답게 웅장하고
강렬한 곡인 'Op.25 12번 단조'이 잘 알려져 있고 연주도 많이 된다.

피터 패럴리 – 그린 북 (2018)

〈그린 북〉은 1960년대 인종차별 문제와 흑인과 백인의 우정 이야기를 무겁지 않고 유쾌하게 그린 작품이다. 백악관 초청 공연을 두 번이나 받았을 만큼 뛰어난 흑인 피아니스트 돈 셜리(마허샬라 알리)는 미국 남부 콘서트 투어를 떠나기 위해, 문제 해결 능력이 뛰어난 백인인 토니 발레롱가(비고 모텐슨)를 운전 기사로 고용한다.

1960년대 미국 남부는 인종차별이 심했던 지역으로, 흑인이 여행할 때 안전한 곳을 표시해 둔 여행 가이드북《그린 북》을 이용해야 할 만큼 흑인에게는 위험한 곳이었다. 이탈리아 이민자로 인종차별주의자인 토니와 귀족처럼 자라온 흑인 피아니스트 돈은 서로 성격과 자라온 환경이 달라 처음에는 잦은 충돌을 빚는다. 하지만 콘서트 투어를 다니면서 두 사람은 점차 서로를 이해하고, 성장한다. 토니는 돈을 통해 미국의 인종차별의 심각성을 알게 되고, 돈은 토니를 통해 열린 사고를 갖는다. 클래식 음악에 자부심이 있었던 돈이 흑인들만 이용하는 재즈 카페에서 낡은 피아노로 쇼팽의 연습곡을 연주하는 장면은 영화 속 관객뿐 아니라 시청자까지 설레게 한다. 바로 이어지는 그의 재즈 연주는 새로운 것을 받아들일 준비가 되었음을 암시하는 인상적인 장면이다.

1960년 제6회 쇼팽 국제 피아노 콩쿠르 우승자 이기도 한 마우리치오 폴리니(Maurizio Pollini)가 연주한 1972년 녹음은 단연 돋보인다. 정확하고 강력한 타건으로 악보 그대로 연주하는 폴리니는 연습곡 24곡을 한 치의 오차 없이 연주한다. 압도적인 파워와 견고한 테크닉을 바탕으로 시종일관 냉철하게 밀어붙인다.

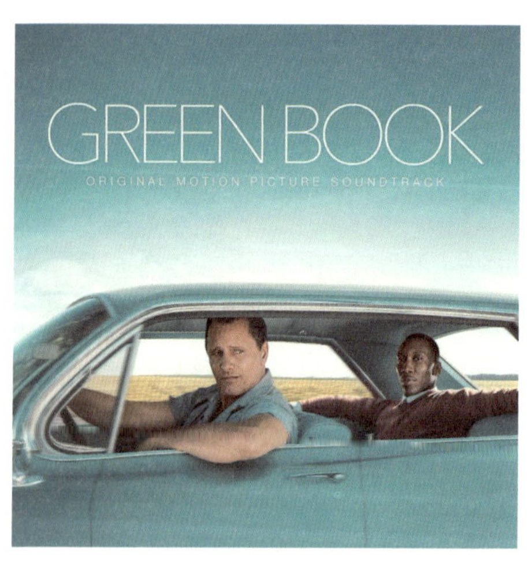

미국의 젊은 작곡가 크리스 보워스(Kris Bowers)가 영화음악을 맡은 『Green Book OST』는 31곡의 짧은 곡으로 이루어져 있다. 재즈 음악이 대부분을 차지하며, 영화의 실제 주인공인 돈 셜리가 연주하는 「The Lonesome Road」도 수록되어 있다. 다만, 영화에서 인상적인 장면에 쓰인 쇼팽 연습곡은 음반에 포함되지 않았다. 2018년에 CD와 LP가 동시에 발매되었다.

기념비적이며 혁신적인 연주다. 도이체 그라모폰에서
발매된 음반은 비교적 쉽게 구할 수 있다.

블라디미르 아슈케나지(Vladimir Ashkenazy)의
1972년 녹음은 폴리니의 완벽한 연주에 부담을
느끼는 사람들이 찾는 연주 중 하나다. 아슈케나지는
여성스럽고 섬세한 연주로 쇼팽 연습곡이 가진
기술적인 요소뿐 아니라 풍부한 감성과 예술성을
갖추고 있다. LP는 가격도 저렴하고 쉽게 구할 수
있다.

상송 프랑수아(Samson Francois)의 1958년
녹음은 위에서 소개한 두 피아니스트의 연주에
비해 잘 알려진 연주는 아니지만, 이 곡을 좋아하는
사람이라면 꼭 들어봐야 할 연주다. 기교적으로
뛰어난 연주라고 볼 수는 없지만, 같은 곡을
연주하더라도 다른 피아니스트와 차별된 해석을 보여
주는 상송 프랑수아의 낭만적이고 자유로운 연주로
들어볼 가치가 있다. 프랑스 컬럼비아(Pathe)에서
발매한 초반은 구하기 어렵기 때문에 영국과
이탈리에서 나온 라이센스반을 추천한다.

블라디미르 아슈케나지
1972 / DECCA SXL 6710
연주 ★★★★☆
음질 ★★★★☆

상송 프랑수아
1958 / Columbia 33 FCX PM
30.247 A
연주 ★★★★☆
음질 ★★★★

브람스, F-A-E 소나타 3악장 '스케르초'

Brahms, F-A-E Sonata 3rd movement 'Scherzo'

볼프강 슈나이더한 / 카를 제만
Wolfgang Schneiderhan / Carl Seemann
1960

Deutsche Grammophon 138 633 SLPM

격조있는 균형미

볼프강 슈나이더한이 피아니스트 카를 제만과 함께 연주한 브람스 「바이올린
소나타 제2번」, 프랑크 「바이올린 소나타」, 「F-A-E 소나타」는 최고는
아니지만, 최소한 가장 지적이고 우아하다는 평가를 받기에는 부족함이 없다.
빈에서 태어난 오스트리아의 바이올리니스트는 과장하지 않는 균형미로
격조 있게 브람스를 연주하고 있다.

연주 ★★★★★ 음질 ★★★★

자유롭지만, 고독하게

요하네스 브람스(Johannes Brahms, 1933~1897)는 작곡을 신중하게 하는 것으로 알려진 인물이다. 그는 작곡한 후 그 곡이 맘에 들지 않으면 폐기하기를 일삼았다. 그렇게 살아남은 4개의 교향곡, 3개의 바이올린 소나타, 2개의 피아노 협주곡 등은 한 작품도 버릴 게 없는 명작으로 평가받고 있다. 41개의 교향곡과 40여 개의 바이올린 소나타, 27개의 피아노 협주곡을 남긴 모차르트의 이력과 대조된다.

브람스는 젊은 시절 바이올린 소나타를 몇 곡 작곡했지만 역시 모두 폐기하고야 말았다. 그의 「바이올린 소나타 제1번」이 완성된 시기는 브람스가 46세가 된 1879년이었다. 2번은 1886년, 3번은 말년에 해당하는 1888년이었으니 브람스의 바이올린 소나타는 모두 원숙기에 접어든 브람스의 음악적 깊이를 느낄 수 있는 베토벤 바이올린 소나타 아홉 곡에 필적할 수 있는 명작이다.

다행히 우리에겐 젊은 시절 브람스의 바이올린 소나타를 한 악장이나마 즐길 기회가 있다. 때는 1853년 의기소침해 있던 브람스의 절친이자 당대 최고의 바이올리니스트 요제프 요아힘(joseph Joachim, 1831~1907)에게 선물을 주기 위해 로베르트 슈만과 그의 제자 알베르트 디트리히 그리고 요하네스 브람스가 의기투합했다. 작곡가들은 모두 요아힘을 위해 바이올린 협주곡을 작곡한 경력이 있을 정도로 그들은 서로를 존중하고 인정하는 사이였다. 슈만은 4악장 바이올린 소나타를 기획했고, 디트리히가 소나타 형식의 1악장을, 브람스가 스케르초 형식의 3악장을 작곡했다. 슈만이 2악장과 4악장을 작곡해 소나타를 완성했다. 소나타에는 'F-A-E'라는 부제를 붙였다. 이는 요아힘의 좌우명 '자유롭지만 고독하게(Frei aber einsam)'의 약어이다. 작곡가들은 이 「F-A-E 소나타」의 악보를 요아힘에게 선물하면서 각 악장을 누가 작곡했는지 맞춰 보라고 했다. 요아힘은 그날 저녁 슈만의 아내 클라라와 작품을 연주한 후 모든 악장의 작곡가를 쉽게 맞춰 냈다.

3명의 작곡가의 컬래버레이션으로 완성된 「F-A-E 소나타」는 작곡가가 모두 사망한 후에도 출판되지 못했다. 브람스 사후 10년 되는 해인 1906년 브람스의 스케르초 악장만이 출판되었고, 1935년에 와서야 네 악장 전체가 출판되었다. 하지만 오늘날 이 네 악장 전곡을 연주하거나 녹음하는 경우는 흔치 않다. 브람스가 작곡한 3악장 '스케르초'만 소품 형식으로 연주할 뿐이다.

브람스의 '스케르초'는 한 악장만으로도 충분한 드라마를 만들어 낸다.
당당하게 시작해 한없이 여려지는 바이올린 그리고 그 뒤를 묵묵하게 따라가지만
때로 앞에서 리드하는 피아노는 젊은 브람스의 낭만이다.

SBS 드라마 - 브람스를 좋아하세요? (2020)

송아(박은빈)는 브람스를 연주하지 않는 쇼팽 콩쿠르 2위 입상자 준영(김민재)과
사랑에 빠진다. 하지만 클라라를 연상시키는 바이올리니스트 정경(박지현),
슈만을 연상시키는 첼리스트 현호(김성철)와 준영의 삼각관계에 상처를 받고
준영에게 이별을 통보한다. 설상가상으로 지도 교수에게서 체임버 오케스트라
입단을 거절당하고, 대학원 진학마저 불투명해진다. 송아는 담담하게 프랑크의
「바이올린 소나타」를 연주해 대학원 입시에 합격했으나 입학을 포기한다. 송아는
바이올리니스트로서 마지막이 될 졸업 연주회 작품으로 브람스 「F-A-E 소나타」를
선택한다. 브람스를 연주하지 않는 준영은 송아에게 반주자를 자청하고, 둘은
처음이자 마지막으로 합주를 한다.

쇼팽 콩쿠르 2위 입상으로 화려한 연주자 생활을 하고 있지만, 집안의 가난과 사람들과의 관계에 지친 준영은 사려 깊은 송아를 만나 새로운 기분을 느꼈다. 늦깎이로 바이올린을 전공해 음악가로서 미래가 불투명한 송아는 준영의 피아노 연주로 많은 위로를 받았다. 송아와 준영이 함께 연주하는 「F-A-E 소나타」는 '자유롭지만, 고독하게'가 아니라 '자유롭지만, 행복한' 재회를 암시했고, 결국 드라마는 해피엔딩으로 마무리된다.

「F-A-E 소나타」를 전곡으로 녹음하는 경우는 흔치 않아 소품집

드라마가 끝난 이듬해 사운드트리에서 『브람스를 좋아하세요? OST』 LP가 발매되었다. 드라마에 삽입된 슈만의 「트로이메라이」, 프랑크의 「바이올린 소나타」, 슈만의 「헌정」 등이 빠짐없이 담겨 있다. 임동혁, 정경화, 장영주 등 국내 연주자 음원을 주로 사용했고, 「F-A-E 소나타」는 르노 카퓌송의 연주를 사용했다. 「브람스 교향곡 제3번」은 카를로 마리아 줄리니의 녹음이다.

또는 브람스 바이올린 소나타 음반에서 브람스가
작곡한 'Scherzo' 악장을 찾아야 한다. 음반에 따라
'Allegro'라고 표기되기도 해 디트리히의 악장과
혼동이 있을 수 있어 작곡가의 이름부터 확인해야
한다.

솔리스트이자 빈 필하모닉의 악장을 역임한
바이올리니스트 볼프강 슈나이더한(Wolfgang
Schneiderhan)은 피아니스트 카를 제만(Carl Seemann)과
함께 스테레오 초기 시절인 1959년부터 60년대
초까지 베토벤 바이올린 소나타 전곡과 브람스
「바이올린 소나타 제2번」, 프랑크 「바이올린 소나타」
등의 녹음을 남겼다. 이 연주는 최고는 아니지만,
최소한 가장 지적이고 우아하다는 평가를 받기에
부족함이 없다. 빈에서 태어난 오스트리아의
바이올리니스트는 과장하지 않는 균형미로 격조 있게
브람스를 연주한다.

이작 펄만(Itzhak Perlman)과 블라디미르
아슈케나지(Vladimir Ashkenazy) 역시 찰떡궁합을
과시하며 베토벤 바이올린 소나타 전곡과 브람스
바이올린 소나타 전곡의 녹음을 남겼다. 이들의
연주는 현대적이면서도 화려한 스타일로 너무 무겁게
듣고 싶지 않은 「F-A-E 소나타」를 즐기기에 손색이 없다. 음반 가격이 저렴한
편이라 접근하기 쉬운 장점도 있다.

독일의 바이올리니스트 예니 아벨(Jenny Abel)은 선이 굵은 연주로 브람스
음악의 진중함을 잘 표현하고 있다. 아벨의 음반은 재반에서 재킷이 변경되어
유의해야 한다. 하지만 브람스가 피아노를 치는 익살맞은 재킷도 예쁘고 초반과
비교해 음질 차이도 미미하다.

나탄 밀슈타인의 소품집 『A Milstein Recital』, 아이작 스턴의 「에네스쿠
바이올린 소나타 3번」 음반에도 「F-A-E 소나타」의 좋은 연주가 담겨 있다.

이작 펄만 / 블라디미르 아슈케나지
1983/ HMV 27 0010-1
연주 ★★★★
음질 ★★★★☆

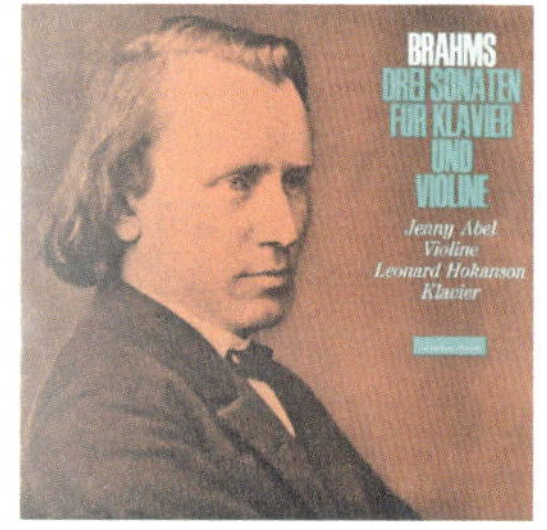

예니 아벨 / 레너드 호칸슨
1971/ Harmonia Mundi HM 30
342
연주 ★★★★
음질 ★★★★

쇼팽, 피아노 소나타 제2번
Chopin, Piano Sonata No.2 Op.35

블라디미르 호로비츠
Vladimir Horowitz
1962

Columbia Masterworks KL 5771

난삽을 통요도 바꾼 미이다스의 손

블라디미르 호로비츠 특유의 감각적이고 매력적인 사운드가 빛을 발하는
명연으로 오랜 시간 사랑받은 연주. 쇼팽이 말하고 싶은 미묘한 감정의
순간을 포착해 연주하는 호로비츠의 연주에 새삼 다시 한번 놀라게 된다.
음악의 깊이와 낭만성을 고루 갖춘 연주.

연주 ★★★★★ 음질 ★★★★☆

행복의 뒤안길

쇼팽(Frédéric François Chopin, 1810~1849)의 「피아노 소나타 제2번」은 그의 모든 피아노 작품 중에서 가장 우울하고 어두운 분위기를 갖는 곡으로, 절정의 기교와 음악성이 요구되는 대곡이다. 4악장으로 구성된 이 곡은 1837년에 3악장이 먼저 작곡된 후, 1839년에 나머지 악장을 추가해 최종적으로 완성되었다. 작품 전반에 걸쳐 '죽음'이라는 주제가 관통한다. 1악장 'Grave'는 비장하고 강렬한 분위기로 음악이 시작된다. 부드러움과 강렬함이 대비를 이루는 음악은 마음속에 불안감이 엄습해 오며 끝을 맺는다. 2악장 'Scherzo'는 불안정한 분위기의 제1주제와 아름다운 선율로 피아노가 노래하는 제2주제가 서로 반복되어 연주된다. 결국에는 불안정한 분위기의 제1주제가 다시 반복되며 끝난다. 이어지는 3악장 'Marche funebre'는 이 곡에서 가장 유명한 '장송 행진곡'이다. 망자를 위해 연주되는 3악장은 쇼팽 자신의 장례식에도 쓰인 곡으로 음침하고 우울하게 진행되며, 장례식장의 무겁고 어두운 분위기를 묘사한다. 이 3악장은 특별히 쇼팽이 나라를 잃은 애통함과 조국에 대한 그리움을 담아 작곡했다는 이야기도 전해진다. 마지막 4악장은 짧은 악장으로 매우 빠른 속도로 연주가 진행된다. 이 곡에서 가장 불안정하고 알 수 없는 분위기를 조성하며, 강렬하고 격렬한 코드로 곡이 끝이 난다.

쇼팽은 친구의 여동생 마리아 보진스카야(Maria Wodzinska, 1819~1896)와 약혼까지 한 상황에서 상대 집안의 반대로 파혼한다. 이 기회를 틈타 소설가 조르주 상드(George Sand, 1804~1876)는 적극적인 구애로 쇼팽과 연인 관계로 발전한다. 상드는 건강 상태가 나쁜 쇼팽을 돌보면서 그녀의 고향인 프랑스 노앙에서 함께 지낸다. 외견상으로는 쇼팽의 인생에서 가장 안정적이고 행복했던 시절로 「피아노 소나타 제2번」은 이 시기에 작곡되었다. 그러나 실연의 아픔, 조국에 대한 그리움으로 늘 쇼팽의 마음 한구석에는 슬프고 어두운 그늘이 자리 잡고 있던 것으로 생각된다. 이 곡은 출판되자마자 큰 인기를 끌었으며, 현재에 이르기까지 대중성과 예술성을 동시에 인정받는 곡으로 사랑받고 있다. 특히 3악장 '장송 행진곡'은 유명 인사의 장례식에 많이 쓰이며, 대중 매체에서 죽음과 관련된 장면을 연출할 때도 많이 사용된다.

김초희 – 찬실이는 복도 많지 (2020)

2020년에 개봉한 영화 〈찬실이는 복도 많지〉는 각본과 연출을 맡은 김초희 감독의 작품으로, 오프닝 시퀀스에 쇼팽의 「피아노 소나타 제2번」 3악장 '장송 행진곡'이 관현악으로 편곡되어 웅장하게 흘러나온다. '장송 행진곡'이 장송 행렬의 무거운 발걸음을 묘사하듯이 앞으로 주인공에게 벌어질 앞날이 순탄하지 않다는 것을 예고하는 장면에서 매우 효과적으로 쓰인다.

영화만 바라보고 살던 영화 프로듀서 이찬실(강말금)은 자신이 따르던 지 감독(서상원)이 술자리에서 급사하자, 영화에 인생을 바친 그녀는 졸지에 백수가 되어 달동네로 이사를 한다. 찬실이는 평생 영화에만 매달렸기 때문에 나이 마흔에 할 수 있는 것이 없었다. 그 흔한 연애도 하지 못한 모습에 인생에 대한 회한이 밀려 왔다.

앞으로의 인생에 대한 선택의 갈림길에 선 순간, 감독이 만든 허상의 인물 장국영(김영민)이 나타난다. 그는 찬실이가 힘들 때마다 나타나 용기와 조언을 주는 인물로, 찬실이의 또 다른 모습이기도 한 귀신이다. 자신의 또 다른 자아 장국영으로 인해 영화가 인생이 전부였던 찬실이는 삶을 잘 살아야 영화도 의미 있는 것이라 생각한다. 그렇게 영화도 결국 삶의 일부라는 것을 깨닫는다. 그리고 앞으로 자신의 인생이 궁금하다고 스스로 말하며 영화는 끝이 난다.

〈찬실이는 복도 많지〉는 OST 음반이 발매되지 않았다. 영화에 등장하는 음악이 많지 않기에 앞으로도 사운드트랙이 나올 가능성은 높지 않을 것 같다. 눈에 띄는 음악은 영화 첫 신에서 등장하는 쇼팽의 「피아노 소나타 제2번」 3악장 '장송 행진곡'이다. 주인공 찬실이 인생이 순탄하지 않다는 것을 예고하는 음악이다. 엔딩곡으로는 김초희 감독이 작사하고, 정중엽 음악감독이 편곡했으며, 소리꾼 이희문이 부른 「찬실이는 복도 많지」라는 흥겨운 곡이다.

　　블라디미르 호로비츠(Vladimir Horowitz)는 먼저
1950년에 뛰어난 연주를 남겼으나 감정 표현이 다소
과한 면이 있다. 그에 비해 1962년 연주는 세련된
감수성과 뛰어난 기교로 곡의 서정성을 부각하면서도
강한 에너지를 잃지 않고 균형을 잘 이룬다. 느리지도
빠르지도 않은 적당한 템포로 누구도 흉내 내기 힘든
자신만의 해석을 보여 준다. 가격이 비싼 음반은
아니지만, 상태 좋은 음반 찾기가 쉽지 않다.

　　마우리치오 폴리니(Maurizio Pollini)는 이 작품에서
슬픔 같은 부정적인 감정부터 열정적이고 긍정적인
감정까지 폭넓고 다양한 감정을 부드러움과 강렬함을
동시에 담아 표현한다. 과한 감정을 배제하고
작곡가의 의도를 섬세하게 전달하는 그의 해석이
돋보이는 연주다. 디지털 녹음 덕분에 뛰어난 음질로
작품을 감상할 수 있다.

　　아르투르 루빈스타인(Artur Rubinstein)의 1961년
녹음은 대가답게 안정된 연주를 바탕으로 다소
복잡하게 여겨지는 음악을 차분하게 풀어나간다.
한결같은 편안함을 느끼게 하는 루빈스타인의
스타일이 얼핏 어울리지 않을 것 같은 이 작품에도
쇼팽의 스페셜리스트답게 좋은 연주를 들려준다.
녹음 연도에 비해 음질은 선명하고 비교적 구하기 쉬운 음반이다.

마우리치오 폴리니
1984 / DG 415 346-1
연주 ★★★★☆
음질 ★★★★☆

아르투르 루빈스타인
1961 / RCA SB-2151
연주 ★★★★☆
음질 ★★★★☆

리스트, 사랑의 꿈 S.541

Liszt, Liebesträume S.541

다니엘 바렌보임
Daniel Barenboim
1980

Deutsche Grammophon 2531 318

아름다운 연주

다니엘 바렌보임이 연주하는 「사랑의 꿈」을 들을 때면 고요히 눈을 감고
깊이 생각하게 된다. 마음이 차분해지는 그의 연주에 마음이 편안해진다.
바렌보임의 유일한 「사랑의 꿈」 녹음은 달콤하고 사랑스럽다.

연주 ★★★★★ 음질 ★★★★☆

사랑을 피아노에 담다

「사랑의 꿈」은 프란츠 리스트(Franz Liszt, 1811~1886)가 작곡한 피아노곡이다. 기본적으로 사랑의 모습을 담고 있는 이 작품은 독일 시인 페르디난트 프라일리그라트(Freiligrath, Hermann Ferdinand, 1810~1876)와 루트비히 울란트(Johann Ludwig Uhland, 1787~1862)의 시를 참고해 먼저 가곡을 작곡하고, 다시 피아노 독주곡으로 편곡해 1950년 세상에 내놓았다. 「사랑의 꿈」은 첫 번째 곡 '고귀한 사랑', 두 번째 곡 '축복의 죽음', 세 번째 곡 '사랑할 수 있는 한 사랑하라'로 구성되어 있다. 첫 번째 곡은 루트비히 울란트의 시에 곡을 붙인 가곡 「고귀한 사랑」(G.307)을 편곡한 것으로, 신이나 초자연적인 절대자에 대한 사랑을 이야기한다. 대중에게 잘 알려진 곡은 아니지만, 그 아름다운 선율은 꿈과 환상을 넘나들며 음악에 빠지게 한다. 두 번째 곡도 루트비히 울란트의 시에 곡을 붙인 가곡 「행복한 죽음」(G.308)을 피아노로 편곡한 것이다. 삶과 죽음 같은 다소 무거운 분위기를 사랑이라는 주제로 이야기한다. 세 번째 곡은 이 작품에서 가장 유명하다. 감미롭고 서정적인 연주로 한 번 들으면 그 아름다움에 푹 빠져드는 곡으로 영화나 광고 등 다양한 미디어에서 등장한다. 프라일리그라트의 시에 곡을 붙인 가곡 「사랑할 수 있는 한 사랑하라」(G.298)는 섬세한 감정으로 조건 없는 사랑을 이야기하고 있다. "사랑할 수 있는 한 사랑하라." 아름다우면서 건강한 제목이다.

리스트는 헝가리 출신으로 지금의 오스트리아에서 태어났다. 어린 시절부터 음악적 재능이 남달랐던 그는 카를 체르니(Carl Czerny, 1791~1857)부터 안토니오 살리에리(Antonio Salieri, 1750~1825)까지 당대 유명한 음악가에게 음악 수업을 받았으며, 청소년기에는 파리로 건너가 슈퍼 스타로서의 면모를 선보인다. 화려한 기교와 테크닉으로 무대를 장악하는 능력은 청중을 압도했고, 수려한 외모로 지금의 아이돌 이상의 인기를 누렸다. 무대에서 실력도 좋았지만, 그는 작곡가로서도 훌륭했다. 피아노곡을 비롯해 관현악, 협주곡, 가곡을 남겼으며, 모두 역사에 남을 작품으로 후대의 음악가에게 큰 유산을 남겼다. 리스트는 화려한 무대 매너와 달리 조용한 성격에 성품까지 좋았다. 위기에 처한 사람이 있으면 누구보다 먼저 나서서 도왔으며, 자신을 비난하는 자에게는 크게 신경을 쓰지 않았다.

리스트 피아노 작품에는 현란한 기교의 작품도 있지만, 감미롭고 서정적인

작품도 많다. 생애 마지막 순간에 작곡한 명상적이며 몽환적인 작품들은 그의
마지막 생애와 많이 닮아 있다.

조현철 – 너와 나 (2023)

　수학여행을 하루 앞둔 세미(박혜수)와 하은(김시은)의 하루를 그린 영화 〈너와
나〉는 조현철 감독의 첫 장편 데뷔작으로 2023년에 개봉했다. 발목 부상으로
수학여행에 가지 못하는 하은에게 세미는 함께 가자고 애원하지만, 하은은 가벼운
교통사고로 제대로 걷지 못하는 데다 반려견을 잃은 슬픔까지 겹쳐 마음을 닫고
거절한다. 그런 하은의 마음을 이해하지 못한 세미는 상처를 남기고, 갑작스레 사라진 하은을 찾아 헤매며 자신에게 얼마나 소중한 존재인지 비로소 깨닫는다. 두 사람은 다시 만나 오해를 풀고, 수학여행이 끝난 뒤 다시 만나기로 약속하며 헤어진다.

　영화의 한 장면, 버스에 홀로 남아 라디오를 통해 사고 수습이 늦어지고 있다는 소식을 듣는 하은과, 같은 시간 가족들과 오붓한 시간을 보내는 세미의 모습이 교차된다. 이 장면에 리스트의 「사랑의 꿈」 1번이 배경음악으로 잔잔하게 흐른다. 「사랑의 꿈」 1번은 3번에 견줄 만큼 아름다운 곡임에도 상대적으로 덜 알려져 아쉬움을 남긴다. 이렇게 뛰어난 음악이 널리 알려지지 않은 점은 안타까운 일이다. 감독의 의도는 명확하지 않지만, 이 곡이 전하는 메시지처럼 우리 모두의 이야기도

〈너와 나〉의 OST는 음반으로 발매되지 않았다.
가수 오혁이 음악감독을 맡아 영화 장면에 어울리는
음악을 들려주고 있으며, 영화 속 세미와 하은
역할을 맡은 박혜수와 김시은이 부른 「너와 나」는
디지털 음원으로 들을 수 있다. 호르헤 볼레트가
연주하는 리스트 「사랑의 꿈」의 제1곡, 에밀
길렐스가 연주하는 그리그의 「서정 모음곡」 5번도
영화에 흐르던 곡으로 디지털 음원으로 감상할 수
있다.

잊히지 않기를 바라는 마음이 담겨 있지 않을까.
감독은 살아남은 하은의 이야기를 통해 누군가에게
위로를 전하고자 하는 뜻으로 영화를 만들었다고
전한다.

호르헤 볼레트
1982 / DECCA 410 115-1
연주 ★★★★★
음질 ★★★★☆

가장 먼저 추천하는 연주는 다니엘
바렌보임(Daniel Barenboim)이 1980년 도이체
그라모폰에서 녹음한 연주다. 전체적으로 느린 템포에
깊은 서정성이 담긴 이 연주는 바렌보임 특유의
낭만적인 감성이 돋보이며, 화려한 기교보다는 작품의
본질적인 아름다움을 차분하게 표현한다. 총연주
시간이 16분이 넘지만, 음악을 듣는 동안 마치 꿈속에
빠진 듯한 몰입감을 제공한다. 1981년에 출시된 LP는
비교적 손쉽게 구할 수 있다.

쿠바 출신의 미국 피아니스트 호르헤 볼레트(Jorge
Bolet)의 연주 또한 주목할 만하다. 만년의 깊이와
노련한 기교가 결합한 그의 「사랑의 꿈」 해석은
매우 완성도가 높다. 1980년대 데카에서 녹음한
『리스트 피아노 전곡 작품집』에는 「사랑의 꿈」을
비롯해 「피아노 소나타 B단조」, 「즉흥적인 왈츠」,
「반음계풍의 대갤럽」 등이 수록되어 있다. 리스트

알도 치콜리니
1971 / La Voix De Son Maître 2C
069-11664
연주 ★★★★☆
음질 ★★★★☆

작품에 대한 섬세하고 심도 있는 해석을 확인할 수 있다. LP 가격도 부담 없는
수준이다.

알도 치콜리니(Aldo Ciccolini)는 고전부터 현대음악까지 폭넓은 레퍼토리를
소화하는 피아니스트다. 그의 연주는 독창적인 시각을 바탕으로 한 해석이
특징이며, 「사랑의 꿈」에서는 다소 빠른 템포로 낭만적인 감정을 효과적으로
전달한다. 이 곡은 기교적인 어려움보다는 미묘한 감정 표현이 중요한데,
치콜리니는 이를 명확하고 친근하게 풀어낸다. 1971년에 녹음된 연주의 음질 또한
우수하다.

4부

실내악곡

여러 독주 악기가 모여 독립적인 성부를 맡아 연주하는 실내악에
서 연주자는 서로의 섬세한 감정을 주고받으면서 연주한다. 등장
인물의 심리적인 교감과 섬세한 감정선을 효과적으로 전달하기도
하지만, 장면의 극적인 상황을 더욱 효과적으로 연출하기도 한다.

브람스, 현악 6중주 제1번
Brahms, String Sextet No.1 in B♭ major, Op.18

아마데우스 4중주단 / 세실 아로노비츠 / 윌리엄 플리트
Amadeus Quartet / Cecil Aronowitz / William Pleeth
1966

Deutsche Grammophon 139 353

규범적 명연

이 연주는 고전적 우아함과 절제된 품격, 완벽한 앙상블의 호흡을 바탕으로
깊은 안정감을 선사한다. 섬세한 해석과 뛰어난 기량은 음악적 깊이를 더욱
풍성하게 드러내며, 탁월한 음질 역시 돋보인다. 그 결과, 이 음반은 오랜 시간
동안 클래식 애호가들 사이에서 표준 레퍼런스로 자리매김해 왔다. 음악성과
기술적 완성도가 조화를 이루는, 진정한 명연이라 할 만하다.

연주 ★★★★★ 음질 ★★★★☆

미완의 사랑… 그리고 눈물

1860년, 브람스(Johannes Brahms, 1833~1897)가 27세의 나이에 완성한「현악 6중주 제1번」은 그가 남긴 7개의 현악 실내악 작품(현악 4중주 3곡, 현악 5중주 2곡, 현악 6중주 2곡) 중에서 가장 널리 사랑받는 작품으로 평가받는다. 특히 제2악장 D단조는 그 비장미와 서정성으로 인해 '브람스의 눈물'이라는 별칭으로 불리며, 그의 내면 세계가 고스란히 투영된 걸작으로 손꼽힌다.

이 작품이 작곡된 시기는 브람스의 음악 인생에서 중요한 전환점이었다. 한창 예술가로서의 입지를 다져가던 시기였지만, 동시에 깊은 상실과 아픔의 시간을 통과하고 있었다. 존경하던 스승이자 정신적 지주였던 로베르트 슈만의 죽음(1856), 심혈을 기울여 작곡한「피아노 협주곡 제1번」의 초연 실패(1859) 그리고 약혼자였던 아가테 폰 지볼트(Agathe von Siebold, 1835~1909)와의 결별(1859) 등은 젊은 브람스에게 깊은 상처를 남겼다. 이 무렵 그는 클라라 슈만을 가장 이상적인 여성상으로 인식하며 현실 너머의 영원한 사랑을 꿈꾸지만, 끝내 이루지 못한 채 평생 독신으로 살아간다. 이러한 배경은 그의 음악 전반에 흐르는 깊은 정서적 층위로 이어지며, 이 작품에도 고스란히 배어 있다.

편성 면에서도 이 곡은 주목할 만하다. 두 대의 바이올린, 두 대의 비올라, 두 대의 첼로로 이루어진 이 구성은 일반적인 현악 4중주 편성에 비올라와 첼로가 각 한 대씩 추가한 것으로 당대 기준으로는 이례적이었다. 그러나 보다 풍성하고 깊이 있는 음향적 스펙트럼을 구현해 이후 차이콥스키의「플로렌스의 추억」, 쇤베르크의「정화된 밤」등에서도 채택됨으로써 현악 6중주의 전형적 형태로 자리매김한다.

작품은 총 4악장으로 구성되며 전체적으로 B♭장조를 중심으로 한 밝고 온화한 정조를 바탕으로, 젊은 브람스 특유의 열정과 생기, 패기가 엿보인다. 그럼에도 전반을 관통하는 정서적 긴장과 우울함은 그의 음악에서 흔히 발견되는 어두운 미학의 한 축을 이룬다. 특히 2악장은 당대 브람스의 심리적 혼란과 내면의 고통을 치밀하게 담아낸 악장으로, 비장미와 아름다움이 절묘하게 조화를 이룬다.

이 악장은 브람스에게 특별한 의미를 지녔던 듯하다. 그는 이를 따로 피아노 독주곡으로 편곡해,「주제와 변주(Thema mit Variationen) Op.18b」라는 제목으로 클라라 슈만의 41세 생일에 헌정했다. 이러한 정황은 그가 이 악장을 통해 전달하고자 했던 정서의 깊이를 짐작하게 하며, 동시에 그의 인간적인 고뇌와 예술적 헌신이 얼마나 밀접하게 얽혀 있었는지를 보여 준다.

루이 말 – 연인들 (1958)

브람스의 「현악 6중주 제1번」은 1950년대 이후 여러 영화의 주제 음악 및 삽입곡으로 사랑받아 왔다. 그중에서도 특히 인상 깊게 손꼽히는 작품은 프랑스 누벨바그의 거장 루이 말(Louis Malle)이 1958년에 선보인 로맨스·멜로 영화 〈연인들(Les Amants)〉이다. 이 영화는 3인칭 보이스오버라는 독특한 서술 방식을 채택해 예술적 완성도를 높였으며, 베네치아 국제영화제에서 심사위원 특별상을 수상하는 영예를 안았다. 그러나 당시 '불륜의 미화'라는 사회적 논란과 선정적인 장면으로 인해 바티칸으로부터 "악마적인 작품"이라는 혹독한 비판을 받았으며, 여러 국가에서 상영 금지 처분을 당하는 등 거센 반향을 불러일으킨 문제작이기도 하다.

이 영화는 결혼 생활에 염증을 느끼던 중년 여성 잔(잔 모로)이 파리에서 우연히 마주친 한 젊은 남자와의 만남을 계기로, 뜨거운 충동에 휩싸이며 남편과 가정을 뒤로한 채 후회 없는 선택을 감행하는 이야기를 담고 있다. 누벨바그 특유의 세련된 심미성과 절제된 에로티시즘 그리고 불합리한 사회 규범에 대한 저항의식이 작품 전반에 깊이 스며들어 있다.

특히 영화 전편을 감싸는 브람스의 「현악 6중주 1번」 2악장은 비극적인 사랑과 불확실한 미래에 대한 암시를 서정적이면서도 격정적인 선율로 절묘하게 그려낸다. 달빛 아래, 보트 위에서 두 연인이 나누는 애정의 순간에 울려 퍼지는 이 비장한 현악의 흐름은 오히려 관능적인

이 영화의 사운드트랙은 프랑스의 오케스트르 드 샹브르 트리아농(Orchestre de Chambre Trianon)이 연주를 맡았다. 특히 브람스의 「현악 6중주 1번」 중 2악장을 영화에 맞춰 별도로 녹음한 것으로 알려져 있다. 이 곡은 영화의 서정적이고 비장한 장면들과 절묘하게 어우러지며, 작품의 몰입도를 한층 끌어올린다. 해당 음원은 당시 7인치 EP 형태로만 발매되어, 현재는 매우 희귀한 음반으로 여겨진다.

정조를 띠며, 관객에게 복합적이고도 미묘한 감정의
파노라마를 선사한다. 이처럼 고전음악과 영화적
서사가 완벽하게 어우러져 하나의 예술적 정수를
이룬 사례는 실로 보기 드문 일이라 할 수 있다.

예후디 메누인 / 로버트 마스터스 /
세실 아로노위츠 / 에른스트 웰피시
/ 모리스 장드롱 / 데릭 심슨
1963 / HMV ASD 587
연주 ★★★★☆
음질 ★★★★

브람스 「현악 6중주 1번」 전곡 음반 중 명반으로
꼽히는 것은 아마데우스 4중주단(Amadeus Quartet)의
1966년 도이체 그라모폰 녹음이다. 고전적 우아함과
완벽한 호흡, 안정감을 자랑하며, 제2비올라 세실
아로노비츠, 제2첼로 윌리엄 플리트가 참여해 음악적
깊이를 더했다. 음질 또한 뛰어나 오랜 시간 표준
레퍼런스로 자리잡았다.

또한 1963년 예후디 메뉴힌(Yehudi Menuhin)
주도의 스튜디오 녹음(HMV)은 각 악기의 명연주자가
개성을 살리면서도 조화로운 해석을 선보여 클래식
애호가들 사이에서 꾸준히 사랑받고 있다.

좀 더 역사적이고 드라마틱한 연주를 원한다면,
1952년 카잘스 페스티벌 라이브 연주(Philips,
1952)를 주목할 만하다. 알렉산더 슈나이더(Alexander
Schneider), 아이작 스턴(Issac Stern), 파블로
카잘스(Pablo Casals) 등 '세대를 초월한' 거장들의
무대로, 모노 녹음의 한계에도 열정과 호흡이 깊은
감동을 전한다. 단순한 연주를 넘어 한 시대의 역사적
기록이자 클래식 팬이라면 반드시 들어봐야 할 명반이다.

아이작 스턴 / 알렉산더 슈나이더 /
밀턴 카팀스 / 밀턴 토마스 / 파블로
카잘스 / 매들린 폴리
1952 / Philips A 01170 L
연주 ★★★★☆
음질 ★★★☆

슈베르트, 피아노 트리오 제2번
Schubert, Piano Trio No.2, D.929

파울 바두라-스코다 / 장 푸르니에 / 안토니오 야니그로
Paul Badura-Skoda/Jean Fournier/Antonio Janigro
1952

Westminster WL 5121

절정의 호흡

웨스트민스터 레이블은 모노 시절 원 포인트 녹음으로 많은 실내악 명반을
남긴 바 있다. 파울 바두라-스코다, 장 푸르니에, 안토니오 야니그로는
웨스트민스터에서 절정의 호흡을 과시하며 많은 녹음을 함께했다. 특히,
「피아노 트리오 제2번」 2악장 에서의 긴장감이 최상이다. 영화감독 스탠리
큐브릭은 녹음을 따로 하지 말고 이 트리오의 연주를 영화에 써야 했다.

연주 ★★★★★ 음질 ★★★

연모, 치정, 살인의 삼중주

프란츠 페터 슈베르트(Franz Peter Schubert, 1797~1828)는 가곡의 왕으로 알려졌지만, 교향곡은 물론이거니와 「피아노 5중주 '송어'」, 「현악 4중주 '죽음과 소녀'」, 피아노 소품 「악흥의 순간」 등 실내악 분야에서도 많은 명곡을 남겼다. 불과 31년의 인생 동안 슈베르트는 많은 곡을 작곡했으나, 살아생전 그 영화를 누리지 못한 불행한 인생이었다. 재정적으로도 풍요롭지 못했고, 작고 못생긴 외모 때문에 결혼도 하지 못한 채 친구와 함께 사창가를 전전하다가 31세의 젊은 나이에 매독으로 사망했다.

슈베르트는 죽기 1년 전인 1827년 11월에 「피아노 트리오 제2번」을 작곡했다. 이 곡은 이듬해 초 이른바 '슈베르티아데'라 칭하는 모임 친구들을 위한 음악회에서 초연되었고, 슈베르트 말년에 작곡한 곡 중에 자신이 직접 실연을 들을 수 있었던 몇 안 되는 곡으로 남았다. 그리고 악보도 꽤 팔려 슈베르트에게 돈을 벌게 해 준 소수의 작품 중 하나이기도 하다.

슈베르트의 업적을 많이 발굴한 것으로 유명한 작곡가 로베르트 슈만은 슈베르트가 남긴 두 개의 피아노 트리오를 "근본적으로 다른" 한 쌍이라고 표현했다. 「피아노 트리오 제2번」은 실내악치고는 형식적으로도 복잡하고 대곡이라서 50분의 연주 시간이 소요되는데, 2악장 'Andante con moto'가 〈배리 린든〉, 〈크림슨 타이드〉 등 많은 영화에 삽입되어 더욱 유명해졌다.

정지우 감독의 1999년 작 〈해피엔드〉에서 커리어 우먼 최보라(전도연)는 남편 몰래 옛 애인과 상습적인 외도를 거듭한다. 실직한 남편 서민기(최민식)는 아내의 불륜을 알고 아내를 살해하기로 한다. 애인과 관계 중인 아내를 처참하게 살해하는 장면에서 등장하는 음악이 슈베르트 「피아노 트리오 제2번」 2악장이다. 피아노의 규칙적인 타건을 뒤로 하고 첼로 독주로 시작하는 2악장은, 사랑보다는 치정과 살인에 더 어울리는 긴장감을 준다. 그래서 2악장 멜로디를 들으면 불륜과 살인이 떠오르고, 반대로 불안정한 사랑을 보면 2악장의 멜로디가 들려오는 착각을 일으킨다.

가장 대표적인 실내악의 편성은 현악 4중주이지만, 단선율 악기 4대가 만들어 내는 앙상블이 초심자에게는 복잡하고 어려울 수 있다. 실내악 입문을 위한 최적의 편성이 피아노, 바이올린, 첼로로 구성된 피아노 트리오이다. 화성 악기 피아노를 등에 업은 바이올린과 첼로가 서로 다른 매력을 발산한다.

스탠리 큐브릭 – 배리 린든 (1975)

명장 스탠리 큐브릭 감독의 1975년 작 〈배리 린든〉은 배리 린든이라는 인물의 흥망성쇠를 7년전쟁 등의 역사와 함께 카메라에 담아냈다. 큐브릭은 역사적인 분위기를 명확하게 하고자 조명을 배제하고 자연광만을 활용해 영화 전체를 촬영했다. 실내 촬영에는 조명 대신 촛불을 사용했다. 당시에는 전기가 없었기 때문이다. 상대적으로 어두운 촛불 조명 촬영 환경에 맞춰 조리개를 최대한 열 수 있도록 특수 제작한 카메라를 사용했다.

영화를 감싸는 주제 음악은 헨델의 「사라방드」이다. 헨델의 「사라방드」가 영화 시작부터 끝까지 전환점마다 울려 퍼진다. 하지만 이 영화의 하이라이트는 주인공 레드몬드 배리(라이언 오닐)와 린든 부인(마리사 베렌슨)이 촛불 조명 아래 카드 게임을 하는 장면이다. 슈베르트「피아노 트리오 제2번」의 2악장은 숨 막히는 미장센을 더 극적으로 만들어 준다.

『Barry Lyndon OST』에는 영화에 사용된 헨델의 「사라방드」가 내셔널 필하모닉 오케스트라의 연주로 여러 가지 버전이 들어 있다. 이외에도 「세비아의 이발사」, 바흐의 「두 대의 하프시코드를 위한 협주곡」, 비발디의 「첼로 협주곡」 등 다양한 클래식 음악을 담고 있다. 슈베르트 「피아노 트리오 제2번」은 2악장만을 영화를 위해 편곡한 버전으로 수록하고 있다. 영국반과 미국반의 재킷이 다른데, 영국반이 좀 더 영화적인 디자인이다..

분칠에 가까운 진한 화장을 한 레이몬드 배리와 린든 부인이 카드와 상대방을 번갈아 바라본다. 촛불 조명 아래 반짝이는 눈빛이 매혹적이다. 슈베르트「피아노 트리오 제2번」2악장 '안단테 콘 모토'가 흐른다. 린든 부인이 일어서고 레이몬드 배리가 따라간다. 그리고 천천히 다가선다. 둘 사이를 막고 있는 카드 테이블은 더 이상 없다. 슈베르트가 계속해 흐른다. 둘은 결국 외도를 시작한다.

피아노 트리오는 말 그대로 피아노가 중심이 되지만, 바이올린과 첼로의 역할이 피아노 못지않게 중요하다. 결국 세 명의 연주자의 테크닉, 음악성 그리고 조화가 곡의 성패를 이루는 관건이 된다. 그런 의미에서 많은 음반을 함께하며 호흡을 맞춘 연주자의 음반을 선택하는 것이 좋다.

파울 바두라-스코다(Paul Badura-Skoda), 장 푸르니에(Jean Fournier), 안토니오 야니그로(Antonio Janigro)의 웨스트민스터 녹음을 먼저 거론할 수밖에 없다. 웨스트민스터는 모노 시절 원 포인트 녹음으로 많은 실내악 명연을 남겼다. 세 명의 연주자는 빈의 향기를 머금은 미국 음반사 웨스트민스터에서 절정의 호흡을 과시하며 많은 녹음을 함께했다. 2악장 '안단테 콘 모토'에서의 긴장감이 최상이다. 큐브릭은 녹음을 따로 하지 말고 이 트리오의 연주를 써야 했다.

모노 음반이 불편하다면, 보자르 트리오(Beau Arts Trio)의 1984년 필립스 녹음을 차선으로 추천한다. 보자르 트리오는 1955년 결성되어 몇 차례 멤버 교체를 겪었지만, 2008년까지 50년 넘게 지속되었다. 발매하는 음반마다 정돈된 앙상블을 선보이며 많은 명연을 남겼다. 이는 슈베르트 녹음에서도 예외가 아니다. 슈베르트 「피아노 트리오 제2번」 녹음 중에서 가장 유명한 음반이다. 아주 섬세하게 짜맞춘 앙상블을 느낄 수 있다. 필립스에서 남긴 두 장의 녹음 중에 디지털 녹음으로 칼 같은 음질을 맛볼 수 있는 1985년 연주가 더 좋다.

러시아의 이고르 주코프(Igor Zhukov)와 페이긴 형제(Grigori Feigin, Valentin Feigin)의 음반은 아는 사람만 아는 명연이다. 이들의 연주는 템포가 느리다. 느리기 때문에 더 극적인 긴장감이 느껴진다. 2악장만이라면 이들의 손을 들어주겠다.

보자르 트리오
1984 / Philips 412 620
연주 ★★★★★
음질 ★★★★★

이고르 주코프 / 그리고리 페이긴 /
발렌틴 페이긴
1978 / Melodia C 10-10183-4
연주 ★★★★☆
음질 ★★★★

슈베르트, 현악 5중주
Schubert, String Quintet in C major, D.956

알반 베르크 4중주단 / 하인리히 쉬프
Alban Berg Quartet / Heinrich Schiff
1982

웅장한 음향, 서늘한 음색

슈베르트 최후의 작품으로 멜로디 라인도 좋지만, 가끔씩 교향곡을 방불케
하는 웅장한 음향이 나오기도 하기 때문에 알반 베르크 4중주단의 서늘한
음색이 적절하다. 함께 연주하는 하인리히 쉬프는 유명한 솔리스트임에도
4중주단과 호흡을 맞춰 제2첼로의 역할을 훌륭하게 소화하고 있다.

연주 ★★★★★ 음질 ★★★★★

현악 4중주가 첼로를 만나면

가장 대표적인 실내악 편성은 현악 4중주일 것이다. 하이든이 완성하고
모차르트가 발전시킨 현악 4중주라는 형식을 최고 수준으로 끌어올린 작곡가는
베토벤이었다. 베토벤은 그의 전 생애에 걸쳐 16곡(대푸가를 포함하면 17곡)의 현악
4중주를 작곡했다. 「라주모프스키」 같은 중기 작품은 이미 최고 수준의 금자탑에
올랐고, 후기 작품은 고전파의 작법을 넘어 현대음악을 방불케 하는 내용을 담고
있다. 베토벤 후대의 작곡가들은 함부로 현악 4중주에 손을 대기가 쉽지 않았다.
애써 작곡한 작품이 선대 작곡가의 것에 비해 새로울 것이 없을지도 모른다는
불안감을 떨칠 수가 없었기 때문이다.

이런 상황에서 프란츠 페터 슈베르트(Franz Peter Schubert, 1797~1828)를 포함한
후대 작곡가는 다양한 편성의 실내악에 손을 댔다. 브람스는 현악 4중주에
비올라, 첼로가 추가된 현악 6중주 1, 2번을 연달아 작곡했고, 멘델스존은 현악
4중주단 두 팀이 연주해야 하는 8중주를 완성했다.

슈베르트는는 베토벤 못지않게 훌륭한 현악 4중주를 많이 작곡했지만, 더불어
다양한 편성의 실내악을 시도한 인물이었다. 그의 실내악 명작 「피아노 5중주
'송어'」는 일반적인 현악 4중주(제1바이올린, 제2바이올린, 비올라, 첼로)의 포맷을
변형해 바이올린은 한 대만 편성하고 더블베이스를 추가했다. 또한, 현악 4중주에
비올라가 아닌 첼로를 추가한 「현악 5중주」를 작곡하는 등 저음부가 풍성한
실내악을 완성했고, 이는 후대 작곡가에게 많은 영향을 주었다.

슈베르트는 「현악 5중주」를 1828년 그가 죽기 두 달 전에 완성했으나,
애석하게도 곡이 연주되거나 출판되는 것을 보지 못했다. 이 곡의 초연은
슈베르트 사후 20년도 더 지난 1850년에 이루어졌고, 출판은 3년 더 지연되었다.
그러나 슈베르트 최후의 실내악곡은 오늘날에 와서 최고의 실내악곡이라는 평을
받았고, 많은 연주자에게 영감을 주고 있다. 피아니스트 루빈스타인은 본인의
장례식에 슈베르트 「현악 5중주」 2악장을 연주해달라고 했다.

첼로 5중주라고도 불리는 「현악 5중주」는 1악장부터 바이올린과 첼로가
격돌하며 아름다운 하모니를 만들어 낸다. 2악장 아다지오는 현악 5중주의
백미이다. 2악장에서 슈베르트는 첼로 두 대를 기용한 이유를 여실히 보여 준다.
제1첼로는 보잉을 하고, 제2첼로가 피치카토로 응수하며 기존의 실내악에 없는
독특한 분위기를 자아낸다. 3악장 '스케르초'에서 빠르게 시작해 느려지면서

격정적으로 곡이 끝났다고 생각한 순간, 4악장이 시작된다. 4악장이 굳이
필요할까 하는 생각도 잠시, 「현악 5중주」는 절정을 향해 달려간다.

짐 자무시 – 리미츠 오브 컨트롤 (2009)

짐 자무시가 연출한 2009년 작 〈리미츠 오브 컨트롤〉은 그 지루한 전개와
의미가 있는지 없는지 모르는 대화로 인해 많은 혹평을 받았다. 하지만 배우들의
호연, 감탄을 자아내는 화면구성과 절묘한 음악 삽입으로 마니아의 지지를 받고
있다.

고독한 킬러(이삭 드 번콜)는 스페인 마드리드의 고층 아파트에 거주하며
미술관이나 카페를 다닌다. 그는 중간중간 사람들과 접촉하고 암호 메시지가 담긴
성냥갑을 교환한다. 카페에서 연락책과 알 수 없는 대화를 하고 암호 메시지를
받은 후 숙소에 돌아온 킬러는 슈베르트의 「현악 5중주」를 들으며 뜬눈으로
밤을 지새운다. 아침에 태극권을 연상시키는 기체조를 하고 다시 외출하는 식이다.

하루는 외출 후 돌아오니 그의 숙소에 여인이 있다. 여인은 킬러를 유혹한다. 작업 중에는 색을 멀리한다는 킬러는 실오라기 하나 걸치지 않은 여인과 소파에 나란히 앉아 슈베르트의 「현악 5중주」 2악장을 감상한다. 여인은 킬러에게 슈베르트를 좋아하냐고 묻는다. 음악을 듣고 난 후 역시 뜬 눈으로 누워 밤을 새운다. 그 옆에는 나체의 여인이 팔베개하고 잠을 자고 있다. 아주 신기한 미장센이 슈베르트의 명곡과 함께 완성된다.

짐 자무시는 2009년에 본인의 영화를 위해 Bad
Rabbit이라는 프로젝트 그룹을 만들고, 본인이
직접 기타를 연주했다. 이 프로젝트는 Squrl이라는
이름으로 지속되었고, 현재진행형이다. Bad
Rabbit은 『The Limits of Control OST』에
3곡을 삽입했다. 슈베르트의 「현악 5중주」는
Ensemble Villa Musica의 연주로 2악장만
실려있다. 연주 시간이 길어 OST 음반에는 5분짜리
편집본이 사용되었다.

알반 베르크 4중주단(Alban Berg Quartett)과 하인리히 쉬프(Heinrich

Schiff)의 1982년 작과 빈 콘체르트하우스
4중주단(Vienna Konzerthaus Quartet)의 1950년
모노 음반을 마지막까지 고민하다가 알반 베르크
4중주단의 손을 들어주었다. 슈베르트 최후의
작품으로 멜로디 라인도 좋지만, 가끔씩 교향곡을
방불케 하는 웅장한 음향이 나오기도 하기 때문에
알반 베르크 4중주단의 서늘한 음색이 오히려
적절해 보인다. 함께 연주하는 하인리히 쉬프(Heinrich
Schiff)는 유명한 솔리스트임에도 4중주단과 호흡을
맞춰 제2첼로의 역할을 훌륭하게 소화한다.

2악장 '아다지오'만큼은 빈 콘체르트하우스
4중주단의 손을 들어주고 싶다. 빈 필하모닉의
멤버로 구성된 빈 콘체르트하우스 4중주단은
2악장의 신비로운 멜로디를 빈 특유의 음색으로 더욱
신비롭게 들리는 연주를 한다. 제2첼로 연주자로는
귄터 바이스(Gunther Weiss)가 협연했다. 이 음반의
경우 초반(그린 라벨)이 별도로 있지만, 슈베르트
그림의 재반(레드 라벨)이 일반적으로 알려져 있고 음반
상태도 감상하기에 적절하다. 이후 시디로 복각할
때도 슈베르트 그림 재킷이 계속 사용되고 있다.

비르투오소 첼리스트 무스티슬라프
로스트로포비치(Mstislav Rostropovich)는 「현악
5중주」 녹음을 두 번이나 남겼다. 두 번째 녹음인 에머슨 4중주단(Emerson String
Quartet)과 함께한 1992년 연주를 높게 평가하지만, LP가 나중에 발매되었기
때문에 LP 듣기에는 멜로스 4중주단(Melos Quartett Stuttgart)과의 1977년 녹음이
더 적절하다.

빈 콘체르트하우스 4중주단 / 군터
바이스
1950 / Westminster
연주 ★★★★☆
음질 ★★★

멜로스 4중주단 / 므스티슬라프
로스트로포비치
1977 / Deusche Grammophon
연주 ★★★★
음질 ★★★★

슈베르트, 피아노 5중주 '송어'

Schubert, Piano Quintet, D.667 'The Trout'

클리포드 커즌 / 빈 8중주단
Clifford Curzon / The Members of The Vienna Octet
1957

/ DECCA SXL 2110

빈의 레퍼런스

영국 피아니스트 클리포드 커즌과 빈 8중주단 멤버의 만남은 오랜 시간
아날로그 애호가의 레퍼런스였다. 녹음을 선호하지 않았던 커즌이 남긴
몇 안 되는 실내악 명연이다. 살롱 연주 장면을 담은 재킷 커버 또한 묘하게
빈스럽다.

연주 ★★★★★ 음질 ★★★★★

숭어가 아니고 송어예요

프란츠 페터 슈베르트(Franz Peter Schubert, 1797~1828)는 1917년에 리트
「송어」를 작곡했고, 그의 절친 성악가 요한 포글이 초연했다. 「송어」는 총 6절로
이루어져 있다. 전반부는 맑은 시냇물에서 뛰노는 송어를 활기찬 느낌으로
묘사했고, 후반부는 어부가 흙탕물을 만들어 송어를 잡는 모습을 안타까운
모습으로 바라본다. 리트의 원곡이 되는 크리스티안 슈바르트(Christian Schubart,
1739-1791)의 시에서 일부분만 인용했다. 송어는 여인을, 어부는 남자를 상징한다.
시의 후반부는 여인에게 남자를 조심할 것을 경고한다. 슈베르트는 시의 후반부를
생략해 남성, 여성 모두가 부를 수 있도록 작곡했다. 한때, 우리나라에서는
이 곡의 제목을 '숭어'라고 잘못 부르는 경우가 적지 않았으나 '송어'가 바른
표기이다.

1819년 슈베르트는 성악가 포글과 함께 여행했다. 여행지에서 만난 광산업자
파움가르트너는 리트 「송어」의 주제가 포함된 실내악곡의 작곡을 의뢰했다.
파움가르트너는 첼로 등의 악기를 연주할 수 있었던 사람으로 슈베르트가 작곡한
곡을 직접 연주하고 싶어 했다. 이에 화답해 슈베르트는 「피아노 5중주」를
작곡했다.

「피아노 5중주 '송어'」는 슈베르트의 실내악 초기 걸작으로 슈베르트 특유의
도전 정신이 함유된 곡이다. 슈베르트는 피아노와 현악 4중주라는 일반적인
피아노 5중주 편성을 따르지 않고, 제2바이올린 대신에 더블베이스를 추가했다.
피아노 4중주에 더블베이스를 추가한 것과 같다. 악곡 편성 또한 3악장 내지
4악장이 아닌 5악장 형식을 취했다. 슈베르트는 이후에도 현악 4중주에 첼로가
추가된 「현악 5중주」를 작곡하는 등 형식에 대한 실험을 계속했다. 바이올린 등의
고음 악기를 줄이고, 첼로나 더블베이스를 추가해 실내악의 풍성함을 살리고자
하는 슈베르트의 의도를 엿볼 수 있다. 그의 의도는 항상 최상의 결과물을 만들어
냈다.

리트 「송어」의 주제는 4악장에서 재현된다. 바이올린이 주제를 연주하고
5번의 변주가 이어진다. 첫 번째 변주는 피아노가 힘차게 시작한다. 바이올린과
비올라가 오블리가토처럼 꾸밈음을 연주하면서 따라온다. 제2변주는 첼로 등
저음 현악기가 주제 선율을 연주하며 바이올린의 솔로를 뒷받침해 준다. 피아노가
빠른 스피드로 솔로를 하는 제3변주는 현악기 군이 스타카토로 주제 선율을

연주하는데, 더블베이스의 묵직한 소리가 전체를 잡아주는 느낌이다. 이어서 모두가 황홀경에 빠지듯 절정으로 달려가는 제4변주가 끝나고 편안한 느낌을 주는 첼로가 연주를 시작한다. 바이올린과 비올라가 번갈아 주제를 연주하고, 피아노는 졸졸 흐르는 시냇물 사이로 헤엄치는 송어처럼 꾸밈음을 연주하며 4악장을 마무리한다.

가이 리치 – 셜록 홈즈: 그림자 게임 (2011)

가이 리치는 2009년 작 〈셜록 홈즈〉를 성공시킨 후 바로 속편 작업에 들어갔다. 배경은 1891년 유럽, 연이은 폭탄 테러로 전운이 감돌고 있다. 무정부주의자의 소행이라는 세간의 예측과 다르게 셜록 홈즈(로버트 다우니 주니어)는 희대의 빌런 모리아티 교수(재러드 해리스)를 의심한다. 모리아티 교수는 셜록 홈즈와의 첫 만남에서 유성기로 슈베르트의 「어부의 노래」를 재생한다.

영화음악의 거장 한스 짐머는 『Sherlock Holmes: A Game of Shadows OST』를 위해 클래식 악기를 대거 활용했다. 영화가 지닌 배경 1890년대를 표현하기 위함이었을 것이다. OST에 포함된 슈베르트의 「송어」는 테너 이언 보스트리지와 피아니스트 줄리어스 드레이크 콤비의 1996년 녹음이다. 영국 출신의 이언 보스트리지는 금세기 최고의 테너로 슈베르트와 슈만에서는 독보적인 영역을 구축해 나가고 있다.

홈즈는 곡의 가사를 읊으며 어리석은 짓 하지 말라고 하지만, 모리아티 교수 역시 곡의 가사를 빗대 본인은 영리한 물고기라고 응수한다.

홈즈는 모리아티 교수의 군수 공장에 잠입했다가 붙잡히고 만다. 모리아티 교수가 이번에는 슈베르트의 「송어」를 유성기 음반으로 재생한다. 송어의 가사를 읊으며 홈즈를 줄에 매달고 고문을 한다. 「송어」라는 아름다운 곡이 그로테스크한 분위기와 맞물리며, 영화는 상반된 긴장감에 휩싸인다. 모리아티 교수는 이야기한다. "우리 중에 누가 송어이고, 누가 어부일까?"

많은 영화가 클래식을 좋아하는 악당을 활용한다. 〈셜록 홈즈:

그림자 게임〉은 아름답지만 슬픈 여운을 가진
슈베르트의 리트와 빌런의 상반된 행동을 절묘하게
사용했다.

　슈베르트 「송어」는 리트로서도 피아노
5중주로서도 슈베르트의 대표곡에 들어가는
명곡이다. 따라서 많은 성악가가 리트를 녹음했고,
많은 실내악단도 필수 레퍼토리처럼 「피아노 5중주」를
녹음했다. 여기에서는 「피아노 5중주」만 소개한다.
성악으로는 디트리히 피셔-디스카우(Dietrich Fischer-
Dieskau), 프리츠 분덜리히(Fritz Wunderlich), 크리스타
루트비히(Christa Ludwig), 리타 슈트라이히(Rita Streich)
등의 음반을 추천한다.

　슈베르트는 빈에서 태어나서 죽을 때까지 빈에서
살았던 인물이다. 따라서 슈베르트의 작품에 빈의
연주자가 만나면 항상 좋은 결과를 가져온다. 영국
피아니스트 클리포드 커즌(Clifford Curzon)과 빈
필하모닉 멤버로 구성된 빈 8중주단(The Members
of The Vienna Octet)의 만남은 오랜 시간 아날로그
애호가의 레퍼런스였다. 녹음을 선호하지 않았던
커즌이 남긴 몇 안 되는 실내악 명연이다. 살롱 연주
장면을 담은 재킷 커버 또한 묘하게 빈스럽다.

　슈베르트 스페셜리스트로 알려진 알프레드 브렌델(Alfred Brendel)과
클리블랜드 4중주단(Cleveland Quartet)의 만남은 예상대로 최상의 연주를
들려준다. 현악 파트는 비단결 같은 화음을 자아내고, 브렌델은 명징한 피아노
연주로 화답한다.

　빈풍이라는 단어에 가장 잘 어울리는 웨스트민스터 레이블의 녹음을 빼놓을
수 없다. 빈 태생의 파울 바두라-스코다(Paul Badura-Skoda)와 빈 콘체르트하우스
4중주단(Vienna Konzerthaus Quartet) 멤버에 더블베이스 주자 요제프 헤르만의
조합이다. 요제프 헤르만(Josef Hermann)은 빈 콘체르트 하우스 4중주단의 제5의
멤버로 불리며, 슈베르트 「8중주」 등의 음반에 참여한 바 있다.

알프레드 브렌델
클리블랜드 4중주단
1977 / Philips 9500 442
연주 ★★★★☆
음질 ★★★★☆

파울 바두라-스코다
빈 콘체르트 하우스 4중주단
1950 / Westminster WL 5025
연주 ★★★★☆
음질 ★★★

베토벤, 현악 4중주 제14번
Beethoven, String Quartet No.14 in C# minor, Op.131

부다페스트 4중주단
Budapest String Quartet
1961

Columbia Masterworks MS 6385

제2 바이올린

프랑크푸르트 교향악단 악장 출신의 알렉산더 슈나이더는 제1바이올린과
비올라, 첼로를 연결해야 하는 제2바이올린의 역할을 기꺼이 수행했다.
부다페스트 4중주단이 남긴 두 번의 베토벤 전곡 녹음 중 슈나이더가 참여한
스테레오 녹음은 오랜 세월 동안 최고의 해석으로 인정받았다.

연주 ★★★★★ 음질 ★★★☆

불균형과 조화

루트비히 판 베토벤(Ludwig Van Beethoven, 1770~1827)은 하이든이 완성한 현악 4중주라는 곡 형식을 최고의 반열에 올려놓았다. 일반적으로 베토벤의 음악은 초기, 중기, 후기로 구분된다. 현악 4중주 역시 시기별로 양식의 변화가 뚜렷하다. 베토벤은 모두 17개의 현악 4중주를 작곡했다. 베토벤의 중기 작품의 마지막 11번과 후기 현악 4중주 여섯 곡(12번, 13번, 14번, 15번, 16번, 대푸가) 사이에는 12년의 간극이 있다. 따라서 초기의 고전적 스타일에서 벗어나 본인만의 스타일을 확립한 중기 작품에 비해 뚜렷한 스타일의 변화를 느낄 수 있다. 베토벤「현악 4중주 제14번」은 후기에 속하는 작품으로, 베토벤 말년의 실험적인 형식미와 숭고한 음악 정신이 발현되어 있다.

베토벤은 통상 4악장으로 구성하는 현악 4중주를 7악장으로 구성했고, 악장 간에 쉼 없이 연주하게 했다. 1악장은 통상적인 소나타 형식이 아니라 푸가 형식이다. 2~6악장도 론도 또는 스케르초 형식이고, 마지막 7악장에서 비로소 소나타 형식이 등장한다. 각 악장의 길이 또한 극단적이다. 3악장 'Allegro Moderato'는 11마디로 구성되어 연주 시간이 45초에 불과하다. 6악장 'Adagio Quasi Un Poco Andante' 또한 2분 내로 연주할 수 있는 짧은 악장이다. 그래서 이 두 악장은 뒤에 따라오는 4악장과 7악장의 서주부로 봐야 한다는 견해도 있다. 이례적인 7악장 구성이고 악장별 구성도 불균형으로 보이지만, 이를 처음부터 끝까지 쉬지 않고 연주했을 때 느껴지는 조화는 그 어떤 작품보다 훌륭하다.

베토벤은 사망하기 1년 전인 1826년에「현악 4중주 제14번」을 완성했다. 프로페셔널 작곡가를 자칭하는 베토벤이 누군가에게 의뢰받지 않고 스스로 곡을 쓴 이례적인 작품이다. 베토벤이 이 시기에 현악 4중주를 위한 음악적 아이디어가 넘쳐흘렀음을 간접적으로 알 수 있다. 형식적으로는 파격이지만 담은 선율은 매우 아름답고 정신은 숭고하다. 베토벤은 그의 후기 현악 4중주 여섯 곡 중 14번을 가장 선호한다고 했고, 베토벤 사후 초연을 들은 슈베르트는 "이 곡 이후 우리에게 작곡할 게 남아 있을까?"라며 탄식했다. 주법 면에서도 '술 폰티첼로(Sul Ponuicello)'라는 브리지 위에서 연주하는 주법이 현악 4중주 최초로 사용되었다. 14번이지만 15번보다 늦게 완성되었으니 17개의 현악 사중주 중에 두 번째로 늦게 작곡된 작품이다. 마지막 16번이 일반적인 4악장 구성을 따랐음을 감안하면, 베토벤의 실험 정신이 최고조로 발현된 최고의 작품으로 볼 수 있다.

야론 질버맨 – 마지막 4중주 (2012)

　창단 25주년 기념 연주회를 앞둔 푸가 4중주단의 첼리스트 피터(크리스토퍼 월켄)는 그의 마지막 연주를 준비하고 있다. 그는 노쇠했고 파킨슨병에 걸려 더 이상 연주를 할 수가 없다. 그런 그의 심정을 모르는 멤버들은 마지막이 될 연주회를 앞두고 그동안 쌓아 왔던 갈등을 표출한다. 제2바이올린이 제1바이올린과 비올라, 첼로를 연결하는 멋진 역할이라고 생각하던 로버트(필립 시모어 호프만)는 조깅 파트너 필라에게 고무되어 다니엘(마크 이바니어)에게 제1바이올린을 양보할 것을 요구하지만 거절당한다. 그 과정에서 다니엘 편을 든 4중주단의 비올라 주자이자 본인의 아내 줄리엣(캐서린 키너)과 싸운 뒤 홧김에 바람을 피워 아내를 실망시킨다. 다니엘은 로버트와 줄리엣의 딸 알렉스와 사랑에 빠지며 쿼텟을 위태롭게 한다.

　피터의 병이 알려지고 알렉스가 사랑을 포기하면서 갈등은 서서히 봉합되고, 푸가 4중주단은 마지막 공연을 시작한다. 하지만 피터는 40분 동안 쉬지 않고 14번을 연주할 기운이 없다. 중간에 연주를 멈춘 그는 새로운 멤버 니나를 관객에게 소개하고 쿼텟이 지속되기를 기원하며 퇴장한다. 다니엘은 모든 악장이 유기적으로 연결되어 6악장에서 준비하지 않으면, 7악장의 강렬한 감흥을 느낄 수 없다며 몇 마디 앞부터 재개하는 것에 대한 양해를 구한다.

　지휘자 레너드 번스타인은 가장 다루기 힘든 악기로 제2바이올린을 꼽았다. 제1바이올린 연주자는 많지만, 그와 함께 아름다운 화음을 이루어 줄 제2바이올린 연주자는 적다고 했다. 부다페스트 4중주단에는 최고의 제2바이올린 연주자로 불리는

『A Late Quartet OST』에는 영화에 삽입된 베토벤 「현악 4중주 제14번」이 담겨 있다. 베토벤이 사랑한 연인의 이름을 따서 만든 브렌타노 4중주단의 연주이다. 이 외의 곡들은 〈블루 벨벳〉, 〈트윈 픽스〉 등 데이비드 린치 감독의 음악감독으로 유명한 안젤로 바달라멘티의 작품이다. 2012년에 영화와 동시에 CD로 발매되었으나 아직까지 LP로 발매된 적은 없다.

알렉산더 슈나이더(Alexander Schneider)가 재직했다.
프랑크푸르트 교향악단의 악장이었던 그는 기꺼이
4중주단의 제2바이올린 연주자 역을 자처했다.
그의 존재만으로 부다페스트 4중주단이 오랜 세월
최고의 4중주단으로 군림할 수 있었다. 부다페스트
4중주단은 베토벤 현악 4중주 전집을 두 번 녹음했다.
1950년대 초반의 모노 녹음과 이후의 스테레오
녹음은 모두 불멸의 금자탑으로 칭송받는다. 하지만
최고의 제2바이올린 주자 알렉산더 슈나이더가
참여했다는 점에서 그리고 4개의 악기를 입체적으로
들을 수 있다는 점에서 스테레오 녹음을 추천한다.

　　1970년 빈 음대의 젊은 교수들 중심으로 조직된
알반 베르크 4중주단은 그룹명처럼 현대음악을 많이
연주했고, 고전파 음악에 대한 해석도 현대적이다.
베토벤의 후기 현악 4중주가 고전주의 전통을 넘어선
혁신적인 음악이라는 점에서 알반 베르크 4중주단이
만드는 서늘한 화음은 통하는 면이 많다.

　　린제이 4중주단의 음반에 대해 혹자는
아는 사람만 아는 명연이라는 표현을 했다.
린제이 4중주단이 들려주는 베토벤은 매우
서정적이다. 이는 4악장 'Andante ma non troppo
e molto cantabile'에서 극명하게 드러난다. 악장의
제목(cantabile)처럼 그들은 베토벤을 노래하고 있다. 린제이 4중주단의 음반은
낱장을 구하기 어려워 초기(Early), 중기(Middle), 후기(Late)로 나눠 발매된 박스반을
추천한다.「현악 4중주 제14번」은 '후기' 박스반에 들어있다.

알반 베르크 4중주단
Alban Berg Quartet
1983 / HMV 1C 067 14-3664-1
연주 ★★★★☆
음질 ★★★★☆

린제이 4중주단
Lindsay String Quartet
1983 / ASV ACA 1014
연주 ★★★★☆
음질 ★★★★☆

아르보 패르트, 거울 속의 거울
Arvo Part, Spiegel Im Spiegel

벤자민 허드슨 / 제바스티안 클링거 / 위르겐 크루제
Benjamin Hudson / Sebastian Klinger / Jurgen Kruse
2006

반복되는 피아노, 이어지는 현

아르보 패르트의『거울 속의 거울』에는 바이올린 버전, 첼로 버전, 비올라
버전 등 3개의「거울 속의 거울」을 만날 수 있다. 이외에도 두 곡의 피아노
솔로곡과 피아노 3중주「Mozart-Adagio」가 수록되어 있다. 2007년 CD로
발매되었고, 2023년 최초로 LP로도 제작되었다.

연주 ★★★★☆ 음질 ★★★★

미니멀리즘의 극한, 시간의 영원함

에스토니아 출신 미니멀리즘 작곡가 아르보 페르트(Arvo Pärt, 1935~)는 러시아 바이올리니스트 블라디미르 스피바코프(Vladimir Spivakov)의 의뢰를 받아 1978년 「거울 속의 거울(Spiegel Im Spiegel)」을 작곡했다. 피아노와 바이올린 독주를 위한 작품이지만, 첼로와 비올라로도 연주된다. 피아노의 오른손이 세 개의 건반을 반복해 치면서 시작하면 바이올린이 아주 긴 프레이즈를 연주한다. 거울 속의 거울이 있으면, 그 안에는 또 거울이 있고, 거울은 무한 반복된다. 피아노와 바이올린은 미니멀리즘의 극한을 향해 달려가며 연주를 듣는 내내 시간의 영원함을 느끼게 한다.

리차드 커티스 - 어바웃 타임 (2013)

시간여행을 할 수 있는 능력을 가진 팀(도널 글리슨)은 그 능력을 이용해 매력적인 여성 메리(레이첼 맥아담스)의 마음을 얻는 데 성공한다. 팀과 메리는 결혼식을 팀의 집에서 조촐하게 치루기로 했다. 야외에 차려진 피로연장으로 이동했을 때 비바람이 몰아쳐서 실내로 피신하는 장면이 〈어바웃 타임〉의 포스터이자 OST의 커버 이미지다. 그 피로연이 끝나면서 흐르는 음악이 아르보 패르트의 「거울 속의 거울」이다. 「거울 속의 거울」은 이후 아기가 태어난 장면에서도 계속 흐른다. 시간을 영원히 사용할 수 있는 팀은 마치 거울 속의 거울처럼 반복되는 삶을 살아간다.

2006년에 영화와 동시에 발매된 『About Time OST』에는 아르보 패르트의 「거울 속의 거울」이 제바스티안 클링거의 첼로 연주로 담겨 있다. 이 OST에는 들을 음악이 많다. 벤 폴즈, 큐어, 에이미 와인하우스, 닉 케이브, 엘리 굴딩 등의 음악이 영화 도처에 흘러나오며 관객을 즐겁게 한다. 로맨틱 코미디 영화지만 마치 음악영화와 같다.

막스 리히터, On The Nature Of Daylight
M. Richter, On The Nature Of Daylight

루이자 풀러 / 나탈리아 보너 / 존 멧갈프
첼로에 크리스 워시 / 필립 셰퍼드
2018

Deutsche Grammmophon 483 5259

초반보다 알찬 구성

『The Blue Notebooks』에는 「On the Nature of Daylight」 실내악
버전과 오케스트라 버전이 모두 수록되어 있다. 그동안 발표되지 않았던
미발표곡들과 많은 사랑을 받는 「Shadow Journal」도 만날 수 있다.
클래식 음악과 전자음악을 적절히 이용해 작곡가의 철학과 가치관을 두 장의
LP에 담은 이 음반은 2018년에 발매되었다.

연주 ★★★★★ 음질 ★★★★★

우리 시대에 꼭 필요한 작곡가

막스 리히터(Max Richter 1966~)의 『The Blue Notebooks』는 2004년에
발표된 그의 대표작이다. 2003년 이라크 전쟁에 대한 반폭력의 메시지를 담고
있는 앨범으로 전쟁의 무의미함을 감각적이고 섬세한 표현으로 그리고 있다.
수록곡 「On the Nature of Daylight」는 느리고 비통한 선율로 진행되는 곡으로
음량이 점차 커지면서 감정의 폭을 섬세하게 쌓아 간다. 사회, 환경, 경제, 정치
등 수많은 문제에 예술이 어떤 역할을 할 수 있는지 항상 고민하는 작곡가답게
리히터는 현실 사회 문제를 다양한 시선으로 접근해 사회적 메시지를 적극적으로
작품에 담았다. 이 작품은 영화 〈Stranger than Fiction〉(2006)을 시작으로 〈The
Last of Us〉(2023)까지 약 24개의 작품에 사용되었다. 특히 2016년에 개봉한
〈컨택트(Arrival)〉에서는 주제를 이끄는 중요 음악으로 사용되어 큰 인기를 누렸다.

드니 빌뇌브 – 컨택트 (2016)

〈컨택트(Arrival)〉는 어느 날
갑자기 지구에 찾아온 외계인과의
소통을 그린 영화이다. 언어학 박사
루이스(에이미 아담스)는 외계인과
소통하는 과정에서 그들의 언어를
이해하면서 과거-현재-미래를 동시에
볼 수 있게 된다. 그 과정에서 아직
태어나지 않은 딸 한나(제이든 말론,
애비게일 프니오브스키, 줄리아 스칼렛
댄)가 청소년이 될 때, 불치병으로
세상을 떠난다는 것을 알게 된다.
루이스는 정해진 미래를 피하지 않고
그대로 받아들인다. 딸과 함께한
짧은 순간은 그녀에게는 소중한 삶의
기억이기 때문이다. 한나가 등장하는
모든 장면에서 「On The Nature Of
Daylight」이 흐른다.

영화에는 실내악 버전이 삽입됐다. 바이올린에
루이자 풀러와 나탈리아 보너, 비올라에 존
멧갈프, 첼로에 크리스 워시와 필립 셰퍼드가
연주했다. LP는 2008년에 최초로 출시됐지만,
「The Blue Notebooks」 출시 15주년을 기념해
2018년 DG에서 나온 2LP 음반을 추천한다.
실내악 연주와 오케스트라 연주가 모두 있으며,
미발매 트랙도 포함되어 있어 작곡가의 음악을
다양하게 들을 수 있다.

하이든, 현악 4중주 제77번 '황제'

Haydn, String Quartet No.77 in C major, Op.76-3 'Emperor'

아마데우스 4중주단
Amadeus Quartett
1963

Deutche Grammophon 138 886

보편적인 명반

아마데우스 4중주단은 아마도 클래식을 듣는 애호가에게 가장 친숙한 현악
4중주단일 것이다. 어떤 곡을 만나도 그들은 보편적인 방식으로 최상의
연주를 들려준다. 최소한의 음악적 소재를 활용해 간결하면서도 치밀한
음악을 만드는 하이든의 대표 실내악을 음악적으로 잘 표현한다.

연주 ★★★★★ 음질 ★★★★

고전 시대 현악 4중주의 대표작

　현악 4중주는 두 대의 바이올린, 비올라, 첼로로 구성된 실내악의 가장 대표적인 음악 형식이다. 통상 4악장으로 작곡하며, 1악장은 소나타 형식, 4악장은 소나타 또는 론도 형식인 경우가 일반적이다. 16세기부터 발현되었으나 독립된 악곡 형식보다는 여러 실내악의 형식 중 하나로 여겨졌다. 사용 빈도 역시 높지 않았다. 오늘날 실내악 하면 현악 4중주가 떠오르지만, 현악 4중주의 형태가 확립된 것은 18세기에 와서였고, 그 중심에는 하이든이 있다.

　프란츠 조제프 하이든(Franz Joseph Haydn, 1732~1809)은 일반적으로 교향곡의 아버지로 알려졌지만. 협주곡과 실내악 등 클래식 음악 전반에 걸쳐 현재의 기틀을 확립한 중요한 작곡가다. 하이든이 있었기에 모차르트, 베토벤, 브람스 등의 위대한 작곡가가 탄생할 수 있었다고 해도 과언이 아니다. 하지만 오늘날에 와서 하이든에 대한 대중의 평가는 지나칠 정도로 박하다. 그것은 하이든이 너무나 많은 곡을 작곡해 중요한 작품마저 방대한 곡에 묻혀 버리기 때문이다. 베토벤과 브람스의 작품이 한 곡도 버릴 것이 없는 정예 부대로 이루어졌다는 것과는 대조된다.

　하이든 「현악 4중주 제77번 C장조 '황제'」가 작곡된 시기는 1797년으로 하이든 나이 예순을 넘긴 노년이었다. 하이든은 젊어서 궁정음악가로 헌신적인 삶을 살면서도 왕성한 창작력을 과시했다. 노년에 와서는 작곡 수를 줄였지만, 오히려 「런던 교향곡」, 오라토리오 「천지창조」, 「현악 4중주 '황제'」와 같은 중요한 작품을 작곡했다. 즉 그동안 쌓아 올린 실내악의 완성 같은 작품으로 나온 곡이 바로 '황제'이다. 이 작품에 '황제'라는 부제가 붙은 것은 「황제 찬가(Kaiserhymne)」가 2악장의 주제로 사용되었기 때문이다. 「황제 찬가」는 하이든이 1797년에 작곡해 '하느님 프란츠 황제를 보호하소서'라는 제목으로 오스트리아제국의 국가로 선포되었고, '독일인의 노래'라는 이름으로 개사되어 현재는 독일의 국가로 사용된다. 일국의 국가로 사용되지만, 그 멜로디가 매우 서정적이고 아름다워 많은 클래식 초심자에게 첫 번째로 추천되는 현악 4중주가 '황제'이다.

　작품은 총 4악장 구성에 1악장과 4악장이 소나타 형식인 전형적인 현악 4중주의 형식을 따른다. 2악장 '포코 아다지오 칸타빌레'가 서정적인 멜로디와 변주로 유명하다. 1악장부터 4악장까지 작품 전반에 걸친 하이든 특유의 정제된

멜로디와 간결한 형식미가 돋보인다. 이 현악 4중주를 하이든의 대표 작품이자
고전주의 시대 현악 4중주의 대표작으로 추천하기에 손색이 없다.

로버트 저메키스, 얼라이드 (2016)

〈백 투 더 퓨처〉, 〈포레스트 검프〉 등 수많은 명작을 연출한 로버트 저메키스
감독의 2016년 작 〈얼라이드〉는 카사블랑카를 배경으로 하는 또 하나의 제2차
세계대전 러브스토리를 완성했다. 캐나다 출신 장교 맥스 바탄(브래드 피트)과
프랑스 레지스탕스 출신의 마리안 보세주르(마리옹 코티아르)는 카사블랑카에서
독일 대사 암살 임무를 하루 앞두고 사랑을 나눈다. 임무 수행을 위해 가짜 부부
역할을 했던 그들은 마지막이 될지 모르는 날에 숨겨 왔던 서로에 대한 마음을
확인하고 살아남으면 영원히 함께하기로 약속한다.

디데이, 독일 장교의 초청을 받아 파티에 간 그들은 독일 대사가 등장하기를
기다리며 불안한 마음으로 사람들과 대화를 나눈다. 이때 나오는 파티 음악이 하이든의 「현악 4중주 ‘황제’」 2악장(황제 찬가)이다. 맥스와 마리안이 처음으로 만난 파티장에서는 당시 유행하던 재즈 음악이 울려 퍼지던 것과 대조적이다. 나지막하게 깔리는 음악이어서 극적으로 사용되지는 않았지만, 감독의 의도를 충분히 엿볼 수 있는 설정이다. 「황제 찬가」가 울려 퍼지는 파티에 등장한 독일 대사는 몇 마디 연설 중 암살당하고, 암살에 성공한 맥스와 마리안은 무사히 탈출해 부부의 연을 맺는다.

『Allied OST』의 오리지널 스코어는 〈백 투 더 퓨처〉, 〈포레스트 검프〉 등 영화감독 로버트 저메키스와 오랜 협력관계를 유지해 온 앨런 실베스트리가 담당했다. OST는 오리지널 스코어와 스윙 재즈곡으로 구성되었다. 영화 전반부를 수놓는 스윙 재즈곡에는 베니 굿맨의 명곡 「Sing sing sing」도 있다. 아쉽게도 음반에는 「하이든 현악 4중주 ‘황제’」는 수록되지 않았다. CD로만 발매되었다.

아마데우스 4중주단(Amadeus Quartett)의 1963년 녹음을 첫

번째로 추천한다. 아마데우스 4중주단은 아마도
클래식을 듣는 애호가에게 가장 친숙한 현악
4중주단일 것이다. 어떤 곡을 만나도 그들은 보편적인
방식으로 최상의 연주를 들려준다. 최소한의 음악적
소재를 활용해 간결하면서도 치밀한 음악을 만드는
하이든의 대표 실내악을 음악적으로 잘 표현한다.
베스트셀러여서 LP를 구하기 쉽고 가격도 저렴한
편이다. 성음 라이선스반으로도 쉽게 구할 수 있다.

부다페스트 4중주단
1954 / Columbia ML 4923
연주 ★★★★☆
음질 ★★★★

　　부다페스트 4중주단(Budapest String Quartet)의
1954년 모노 녹음 역시 보편적인 스탠더드
연주다. 전설의 제2바이올린 주자 알렉산더
슈나이더(Alexander Schneider)가 복귀하기 전
녹음이지만, 완성도는 최상이다. 부다페스트
4중주단이 들려주는 2악장에 주목해 보자.
모노 특유의 고즈넉한 울림이 '황제'의 멜로디를
찬란함보다는 기품 있게 감싸준다. 최소한
2악장만큼은 모노로 계속 듣고 싶은 녹음이다. 블루
레이블이 초반이지만, 음질이 거칠어서 뒤에 나온
6-Eye 레이블을 선호하는 애호가도 많다.

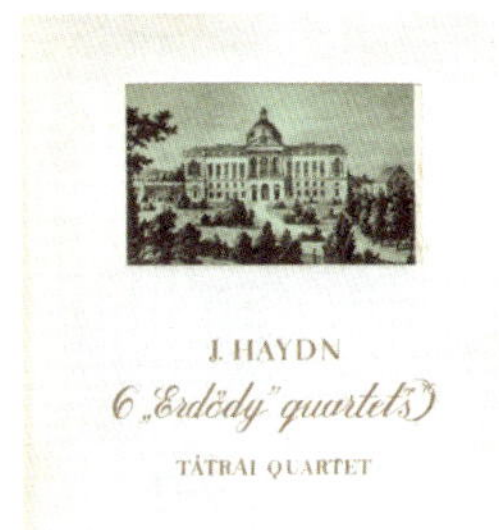

타트라이 4중주단
1964 / Qualiton LPX 1205-7
연주 ★★★★☆
음질 ★★★★☆

　　헝가리의 타트라이 4중주단(Tatrai Quartet)은
1946년 비르모슈 타트라이(Vilmos Tatrai)가 결성했다. 주로 헝가리 국영 음반사
Hungaroton에서 녹음했으며, 고전 음악 레퍼토리에 강점이 있다. 타트라이
4중주단이 들려주는 '황제'는 따뜻하다. 듣고 있으면 실내악이라는 단어가
자연스럽게 연상된다. 소박하고 따뜻한 연주가 실내악의 본질적인 정서라면
타트라이 4중주단이 그에 대한 대답이다. 낱장으로도 있지만, 시중에 유통되는
중고 레코드는 대부분 박스 음반이다. 하이든 현악 4중주 Op.76의 6곡을 모두
담은 박스 세트로 '황제' 외에 다른 연주도 훌륭하다.

드보르작, 현악 4중주 제12번 '아메리카'

Dvorak, String Quartet No.12 in F major, Op.96 'American'

야나체크 4중주단
JANACEK QUARTET
1963

DECCA SXL 6103

노래하는 4중주

LP의 그윽한 맛을 느끼기에는 데카에서 말배윈 아니체그 4중주단이 녹음이
제격이다. 체코 출신 연주자로 구성된 야나체크 4중주단은 야나체크뿐만
아니라, 같은 체코 출신 작곡가인 드보르작의 현악 4중주 역시 훌륭하게
소화한다. 토속적이고 노래하는 느낌이 있는 연주다. 자연스러운 음질 또한
장점이다.

연주 ★★★★★ 음질 ★★★★★

자유의 나라, 기회의 나라

안토닌 드보르작(Antonin Leopold Dvorak, 1841~1904)은 스메타나와 함께
체코의 민속음악을 적극적으로 활용한 국민악파 작곡가이다. 드보르작이
활동했던 19세기는 낭만주의 시대라 불린다. 이 시기는 클래식 음악이 귀족의
유희에서 탈피해 대중 속으로 깊숙하게 침투하던 시기였다. 슈베르트, 쇼팽,
리스트, 슈만, 브람스 등이 이 시기에 활동했다. 낭만주의 음악은 고전주의에
비해 감성적이고 낭만적이며, 작곡가별로 다양한 개성을 발휘하고 있었다. 다른
한편에서는 민족주의 운동의 영향 아래 국민주의 음악이 발현되었다. 러시아의
무소륵스키, 림스키코르사코프, 보로딘 등은 독일, 오스트리아, 이탈리아 등
서양음악의 영향력에서 벗어나 음악에 민족적 색채를 더했다. 체코에서도
스메타나와 드보르작이 국민주의 음악 운동에 참여했다.

민족적 색채가 강한 음악을 작곡하는 드보르작의 3대 명곡이 모두
미국에 체류하던 시절에 나온 것은 일종의 아이러니다. 1892년에 체코
프라하음악원의 교수로 일하던 드보르작은 뉴욕음악원(National Conservatory
of Music of America)으로부터 20배 이상 높은 파격적인 연봉을 제안받고
미국으로 가는 배에 올랐다. 드보르작은 미국에서 흑인영가와 원주민 음악에
매료되었다. 다양한 선율을 채집해 작곡에 활용하던 드보르작에게 미국은
천혜의 작곡 장소였다. 1893년, 드보르작은 바쁜 와중에도 「교향곡 제9번
'신세계로부터'」를 작곡했다. 이듬해 6월, 드보르작은 보헤미아에 있는 가족을
초대해 아이오아주의 스필빌에서 휴가를 보냈다. 이때 탄생한 곡이 바로 「현악
4중주 제12번 '아메리카'」이다. 드보르작은 신대륙의 웅장한 대자연과 아름다운
경치에 매료되어 3일 만에 현악 4중주의 초고를 완성했다. 다만, 그 결과는
미국적이기보다는 민족적인 음악이었다.

드보르작 「현악 4중주 제12번 '아메리카'」는 고전적 형식과 민족적 색채가
잘 융합된 걸작이다. 「교향곡 제9번」, 「첼로 협주곡」과 함께 드보르작의 3대
명곡으로 불린다. 4악장 구성에 1악장은 소나타 형식을 따르는 등 고전적 형식을
취한다. 그러나 그 안에 담긴 멜로디는 체코의 민속음악에서 나타나는 5음
음계를 사용해 향토성을 강조했다. 리듬적인 면에서도 체코의 민속 춤곡인
푸리안트(Furiant)를 사용했다. 이런 형식이나 구성 요소를 떠나, 드보르작의
음악은 멜로디적인 요소가 강해 구조나 화성을 분석하지 않아도 누구나 쉽게

접근할 수 있는 대중성이 있다. 1악장의 유려한 진행, 2악장의 서정적인 아름다움, 3악장의 톡톡 튀는 멜로디와 리듬 등「아메리카」는 드보르작의 3대 명곡이자 국민악파 대표 실내악으로 자리매김하기에 부족함이 없다.

그레타 거윅, 작은아씨들 (2019)

그레타 거윅은 시간의 흐름을 새롭게 편집해 조를 위한, 조에 의한, 조의 주인공 시점으로 영화 〈작은 아씨들〉을 재탄생시켰다. 영화는 조가 성인이 되어 뉴욕에서 글을 쓰며 생활하는 장면에서 시작한다. 중간중간 어린 시절을 회상하며, 마치 조가 소설《작은 아씨들》을 직접 써 내려가는 듯한 현실성을 준다.

조(시얼샤 로넌)는 첫째 메그(엠마 왓슨)와 함께 무도회에 갔지만, 드레스를 태워 먹어 춤을 출 수가 없다. 무대 밖을 서성이던 조는 로리(티모시 샬라메)를 만나게 되고, 로리는 조에게 춤을 신청한다. 조가 드레스 때문에 춤을 출 수 없다고 하자, 로리는 좋은 생각이 있다며 발코니에서 춤을 추자고 제안한다. 이때 드보르작의 「현악 4중주 제12번 '아메리카'」가 흘러나온다. 조와 로리는 자유로운 나라 미국에서 막춤을 추며 친구가 된다.

〈작은 아씨들〉에는 브람스의 「왈츠」, 슈만의「어린이 정경」, 베토벤의「열정」등 많은 클래식 음악이 사용되었다. 그러나 미국에서 3대 명작을 작곡한 드보르작의 현악 4중주에 맞춰 조와 로리가 막춤을 추는 장면은 미국과 드보르작의 만남만큼이나 흥미롭고, 이어질 스토리에 대한 궁금증을 자아낸다.

프랑스 영화음악가 알렉상드르 데스플라의『Little Woman OST』에는「Dance on the porch」라는 곡이 실려 있다. 영화에 나오는 드보르작의 「현악 4중주 제12번」을 모티브로 한 곡인 줄 알았으나 오리지널 스코어이다. 이는 데스플라가 작업한 『King's Speech OST』에 클래식 곡을 실었던 것과는 대조적이다. 전곡이 오리지널 스코어로 구성되어 있다. 2019년에 영화와 동시에 발매되었으며, LP로도 제작되었다.

드보르작이 작곡한 13곡의 현악 4중주 중에서 가장 유명해

많은 연주를 음반으로 만날 수 있다. 알반 베르크
4중주단(Alban Berg Quartett)의 1991년 녹음이
유명하지만 CD로만 발매되었다. 대안으로 하겐
4중주단(Hagen Quartett)의 1986년 녹음이 있다.
1981년 잘츠부르크에서 창설된 하겐 4중주단은 멤버
4명 중 3명이 남매로 찰떡같은 호흡으로 자유로운
'아메리카'를 표현한다. 특히 리듬감이 돋보인다.
템포의 강약과 드보르작 특유의 자유분방한 느낌이
잘 표현된 좋은 연주다. 디지털 녹음이어서 현의
섬세한 소리를 뭉치지 않게 들을 수 있지만, 가끔
차갑게 느껴질 때도 있다.

하겐 4중주단
1986 / DG 419 601
연주 ★★★★☆
음질 ★★★★☆

　　LP의 그윽한 맛을 느끼기에는 데카에서 발매된
야나체크 4중주단(Janacek Quartet)의 녹음이
제격이다. 체코 출신 연주자로 구성된 야나체크
4중주단은 야나체크뿐만 아니라 같은 체코 출신
작곡가인 드보르작의 현악 4중주도 훌륭하게
소화한다. 하겐 4중주단과 비교하면 좀 더 토속적이고
노래하는 느낌을 준다. 자연스러운 음질로 끝까지
지루하지 않게 들을 수 있다.

프라하 4중주단
1966 / Supraphon SUA ST 50816
연주 ★★★★☆
음질 ★★★★☆

　　하겐 4중주단과 야나체크 4중주단의 음반은 둘
다 성음 라이선스반으로도 구할 수 있다. 원반의
음질에는 약간 미치지 못하지만 충분한 대안이 된다. 특히 하겐 4중주단과 같은
디지털 시대 LP의 경우 라이선스 음반과 원반의 차이는 아주 미미하다.

　　프라하 4중주단(Prague Quartet)의 연주는 화려하다. 1악장의 화려한 현악을
아주 잘 살려내 처음부터 귀가 확 열리는 느낌을 준다. 민속적인 느낌도 강하다.
빠를 때 빠르고 느릴 때 느린, 양극단을 달리는 연주지만 멜로디의 아름다움을
놓치지 않는다. 체코 수프라폰 원반보다는 독일반으로 구하기가 수월하며 음질
차이는 크지 않다.

5부

오페라와 성악곡

성악은 사람의 목소리로 음악을 표현하는 형식이며, 오페라는 성악을 중심으로 한 종합 무대 예술이다. 성악곡과 오페라 모두 인간의 목소리와 호흡으로 음악을 만들어 가기 때문에, 등장인물의 생각과 감정을 더 깊이 이해하게 되는 장면에서 사용된다.

바그너, 니벨룽의 반지 중 발퀴레

Wagner, Die Walküre from Der Ring des Nibelungen

카를 뵘 / 바이로이트 페스티벌 오케스트라
Karl Böhm / Orchester der Bayreuther Festspiele
1967

용광로처럼 뜨거운 발할라

신들의 성 발할라를 불태울 만큼 뜨거운 열기로 가득 찬 연주다. 거대한
에너지가 뿜어져 나오는 관현악과 뛰어난 성악진의 호연은 이 작품이 가지고
있는 다양한 요소를 탐구하고 즐기도록 함에 부족함이 없다.

연주 ★★★★☆ 음질 ★★★★☆

신화를 통한 삶의 성찰

리하르트 바그너(Wilhelm Richard Wagner, 1813~1883)가 직접 대본을 쓰고 작곡한 『니벨룽의 반지』는 「라인의 황금」, 「발퀴레」, 「지그프리트」, 「신들의 황혼」의 총 4부작으로 구성되는 '음악극(Musikdrama)'이다. 이 작품을 '오페라'라고 부르지 않고 굳이 '음악극'이라고 부르는 이유는 스케일이 크고 진행 방식에서 일반적인 오페라와는 다소 차이가 있기 때문이지만, 그냥 오페라라고 호칭해도 무방하다. 바그너가 오랜 세월 공들여 작곡한 『니벨룽의 반지』는 오페라 역사상 가장 위대한 작품으로 꼽히고 있으며, 19세기 후반과 20세기 초반에 활약한 음악가에게 많은 영향을 주었다.

전곡 공연 시간이 16시간에 달하는 초대작 『니벨룽의 반지』는 바그너 필생의 역작으로 북유럽 신화를 기반으로 만들어졌다. 니벨룽족의 알베리히가 라인강에서 훔친 황금으로 만든 절대 반지를 둘러싼 탐욕과 집착의 세계를 그린 작품이다. 반지의 저주로 인해 멸망의 길을 걷는 신들의 비극과 함께 권력의 허망함, 인생의 덧없음을 담고 있다. 대본은 「신들의 황혼」이 가장 먼저 쓰였으며, 역순으로 「라인의 황금」이 가장 나중에 쓰였다. 반지의 탄생과 저주를 그린 「라인의 황금」, 인간과 신들의 관계를 담아낸 「발퀴레」, 영웅 지그프리트의 탄생을 그린 「지그프리트」, 영웅의 죽음과 신들의 멸망을 담아낸 「신들의 황혼」으로 구성되었으며, 1848년부터 1874년까지 무려 26년에 걸쳐 작곡되었다. 바이에른의 국왕 루트비히 2세의 요청으로 1869년 9월에 「라인의 황금」을 먼저 초연하고, 다음 해인 1870년에 「발퀴레」를 초연했다. 「지그프리트」와 「신들의 황혼」은 바그너 자신의 작품을 공연하기 위해 세운 바이로이트 축제 극장에서 1876년에 초연됐다.

「발퀴레」는 『니벨룽의 반지』 전곡 중 두 번째에 해당하는 작품으로, 지그문트와 지그린데의 만남부터 이들을 보호해 주는 브륀힐데와 그런 브륀힐데의 행동에 화가 난 보탄이 브륀힐데를 바위산에 가두고 그 주위를 불꽃으로 둘러싸 영웅만이 그녀를 구출하게 한다는 내용이다.

바그너의 음악극은 아리아 중심의 이탈리아 오페라와 다르게 끊임없이 이어지는 무한 선율과 유도동기(어떤 인물이나 소재를 상징하는 짧은 곡조) 기법을 사용해 청자를 무아지경의 세계로 빠져들게 하는 특징이 있다.

프란시스 포드 코폴라 – 지옥의 묵시록 (1979)

〈지옥의 묵시록〉은 조지프 콘래드의 소설 《어둠의 심연》에 영감을 얻어 프랜시스 포드 코폴라 감독이 1979년에 연출한 작품이다. 〈플래툰〉(1986), 〈풀 메탈 재킷〉(1987)과 함께 베트남 전쟁을 다룬 대표적인 작품이다. 미국 공수부대 소속인 윌러드(마틴 쉰)는 캄보디아에서 자신만의 왕국을 건설해 살고 있는 커츠 대령(말론 브란도) 암살 임무를 받는다. 험난한 여정 끝에 커츠 대령을 찾아내지만, 그 과정에서 윌러드는 환각 상태에 빠져 전쟁보다 더 끔찍한 일을 겪는다. 영화는 전쟁이라는 특수한 상황에서 발현되는 인간의 파괴적 본능과 전쟁의 광기에 대한 이야기를 담고 있다. 특히, 서핑을 즐기는 전쟁광 킬고어 대령(로버트 듀발)이 단지 서핑을 즐기기 위한 안전 확보를 위해 베트남 마을을 잿더미로 만드는 장면은 상상하기 힘든 인간 광기의 모습이 고스란히 묘사되어 있다. 미군 헬기가 베트남의 평화로운 마을을 공격할 때, 나오는 음악이 바그너의 「발퀴레」 중 '발퀴레의 기행'이다. 발퀴레는 전쟁터에서 죽은 영혼을 신들의 성 발할라로 옮기는 임무를 띤 전쟁의 여신들이다. 하늘을 날아다니는 발퀴레의 기이한 모습을 연상시키는 헬기에서 흘러나오는 '발퀴레의 기행'은 소름이 끼치도록 무섭고 끔찍하다.

『Apocalypse Now OST』는 프랜시스 포드 코폴라(Francis Ford Coppola)와 카민 코폴라(Carmine Coppola)가 음악을 맡았으며, 월터 머치(Walter Murch)가 사운드 디자인을 맡았다. 영화의 분위기에 맞는 몽롱하고 우울한 음악이 사운드트랙을 채우고 있으며, 짐 모리슨이 낮은 목소리로 노래하는 도어즈의 「The End」도 수록되어 있다. LP는 합리적인 가격으로 판매되고 있으며, 2001년에는 삭제되었던 장면을 편집해 음반에 추가되었다.

가를 뵘(Karl Böhm)이 지휘한 1967년 바이로이트 페스티벌 실황은 마치 활화산이 분출하듯 강렬한 열정을 생생하게 담아낸 연주다. 평소 순수하고 꾸밈없는 모차르트 해석과는 전혀 다른, 같은 지휘자라 믿기 어려울 만큼 뜨겁고 역동적이다. 근육질 같은 탄탄한 사운드와 빠른 템포가 어우러져,

극적인 표현을 선호하는 이들에게 특히 매력적으로
다가선다. 지그문트 역의 제임스 킹(James King)과
브륀힐데 역의 비르기트 닐손(Birgit Nilsson)을 비롯한
성악진의 열연 역시 돋보인다.

헤르베르트 폰 카라얀(Herbert von Karajan)은
1966년부터 1969년까지 『니벨룽의 반지』 전곡을
녹음했다. 그의 해석은 서사의 흐름에 집중하면서도
악보 곳곳의 세밀한 부분을 꼼꼼히 살폈고, 1966년에
녹음한 「발퀴레」에서는 물 흐르듯 자연스러운 음의
전개와 음악적·연극적 요소가 절묘하게 조화를
이루었다. 녹음 시기와 무관하게 뛰어난 음질을
자랑하며, LP 역시 비교적 손쉽게 구할 수 있다.

게오르그 솔티(Sir Georg Solti)가 지휘한 『니벨룽의
반지』는 역사상 최초로 제작된 스테레오 전곡
스튜디오 녹음이다. 데카 레이블이 막대한 자원과
정성을 쏟아 완성한 만큼 연주와 음질 모두에서
탁월함을 보여 준다. 1958년 「라인의 황금」에서
시작해 1965년 「발퀴레」까지 장기간에 걸쳐 녹음된
덕분에 통일성에는 다소 아쉬움이 있으나, 인물의
감정을 섬세하게 포착한 표현력은 단연 돋보인다.
LP는 초기 녹음인 「라인의 황금」이 비교적 고가에
거래되며, 나머지 작품은 좀 더 합리적인 가격에 구할
수 있다.

헤르베르트 폰 카라얀
베를린 필하모닉
1966 / DG SLPM 139 229 / 233
연주 ★★★★☆
음질 ★★★★☆

게오르그 솔티
빈 필하모닉
1965 / DECCA SET 312-6
연주 ★★★★★
음질 ★★★★☆

마스카니, 카발레리아 루스티카나
Mascagni, Cavalleria Rusticana

마리아 칼라스 / 주세페 디 스테파노 / 툴리오 세라핀
Maria Callas/Giuseppe Di Stefano/Tullio Serafin
1953

Columbia 33CX 1182-3

당대 최고의 성악

테너 주세페 디 스테파노와 소프라노 마리아 칼라스는 당대를 대표하는
성악가이자 오페라 가수이다. 둘의 호흡은 시칠리아의 비극을 리얼하게
표현하고 있다. 라 스칼라 극장의 상임지휘자 툴리오 세라핀이 지휘하는
「간주곡」은 처절하게 아름답다.

연주 ★★★★★ 음질 ★★★★

보통 사람들의 노래

'시골 기사'라는 뜻의 오페라 『카발레리아 루스티카나』는 조반니
베르가(Giovanni Verga, 1840~1922)의 원작 소설을 각색한 작품으로,
베리스모(Verismo, 사실주의) 오페라의 효시로 불리는 기념비적인 작품이다.
푸치니와 동문수학한 이탈리아의 작곡가 피에트로 마스카니(Pietro Mascagni,
1863~1945)는 1888년 손초뇨(Sonzogno) 사의 단막 오페라 작곡 공모에
『카발레리아 루스티카나』를 출품해 최고상을 받았다. 그전까지 실적 없이 떠돌던
마스카니는 단번에 스타 작곡가가 되었고, 그 후 총 16편의 오페라를 작곡했다.
공연 시간이 짧은 단막 오페라여서 루제로 레온카발로의 『팔리아치』와 함께
공연하는 경우가 많다.

기존 오페라가 신화, 영웅, 귀족 이야기를 소재로 하는 것과 달리 『카발레리아
루스티카나』는 평민들을 주인공으로 삼는다. 1880년경 부활절, 시칠리아섬 어느
마을. 주인공 투리두는 자신이 군대 간 사이 돈 많은 상인 알피오에게 고무신을
거꾸로 신은 애인 롤라와 밀회를 시작한다. 제대 후 투리두를 위로하며 결혼을
약속한 산투차는 이 사실을 알고 괴로워한다. 산투차는 예비 시어머니에게
하소연하고, 투리두에게 읍소하지만 변화가 없자 결국 알피오에게 이 사실을
알려준다. 아내의 외도에 화가 난 알피오는 술집에서 투리두를 모욕하고 결투를
하게 된다.

『카발레리아 루스티카나』의 또 다른 특징은 아리아보다 합창이, 서곡보다
「간주곡(Intermaezzo)」이 더 유명하다는 점이다. 오페라 서두에서 마을 사람들이
부르는 합창 「오렌지 향기가 바람에 날리고(Gli aranci olezzano)」는 그야말로 오렌지
향기가 그윽한 명곡이다. 결투하기 전 비장하게 흐르는 「간주곡」은 그 자체로
유명해져 오늘날 많은 공연장에서 울려 퍼지고 있다. 하지만 산투차가 애절하게
부르는 아리아 「어머니도 아시다시피」는 베리스모 오페라의 대표곡이라 할 수
있다.

『카발레리아 루스티카나』는 영화 〈대부 3〉를 통해 다시 한번 유명해진다.
이 영화는 패밀리 일을 합법적인 비즈니스로 만들려고 노력하는 노년의 대부
마이클(알 파치노)이 인생을 정리하는 시기를 그린 작품이다. 마이클의 첫째 아들
안소니는 테너 가수가 되어 『카발레리아 루스티카나』의 투리두 역을 연기한다.
장소는 시칠리아의 팔레르모 오페라 하우스. 마이클은 가족들과 함께 오페라를

관람하고, 마이클의 지시를 받은 킬러들은 일사불란하게 피의 복수를 시작한다.
하지만 상대방의 킬러 또한 마이클을 노렸고, 킬러의 총에 딸 메리가 희생되자
마이클은 오열한다. 이때 비극을 암시하는 간주곡이 흐른다. 영화도 오페라도
시칠리아를 무대로 비극이 일어난다.

마틴 스코세이지 – 분노의 주먹 (1980)

마틴 스코세이지 감독의 〈분노의 주먹(The Raging Bull)〉은 미국의 챔피언 복서
제이크 라모타(Jake LaMotta)의 회고록을 원작으로 한 흑백 영화로, 이탈리아계
복서 라모타의 흥망성쇠를 다룬다.

복서 제이크 라모타(로버트 드니로)는 실력은 뛰어나지만, 마피아와 협력해
고의로 패배하는 등 성공을 위해 수단과 방법을 가리지 않는다. 고생 끝에 프랑스
챔피언 마르셀 세르당(에디트 피아프의 연인)을 실력으로 제압하고 미들급 챔피언이
되지만, 아내 비키(캐시 모리어티)에 대한 심한 의처증으로 인해 자기 관리에 실패하고 결국 몰락하게 된다.

영화는 주인공이 사각의 링에서 가운을 입은 채 섀도 복싱을 하는 장면으로 시작한다. 『카발레리아 루스티카나』의 장엄한 「간주곡」과 함께한 섀도 복싱 장면은 마치 알피오와의 결투를 앞둔 투리두처럼 비장하다. 흑백의 영상미가 음악과 함께 장엄한 미장센을 만들어 낸다. 음악을 잘 쓰기로 유명한 스코세이지 감독의 최고의 선택 중의 하나가 이 장면일지도 모른다. 〈분노의 주먹〉은 여러모로 『카발레리아 루스티카나』와 닮았다. 실화에 기반을 두며 비극으로 끝난다는

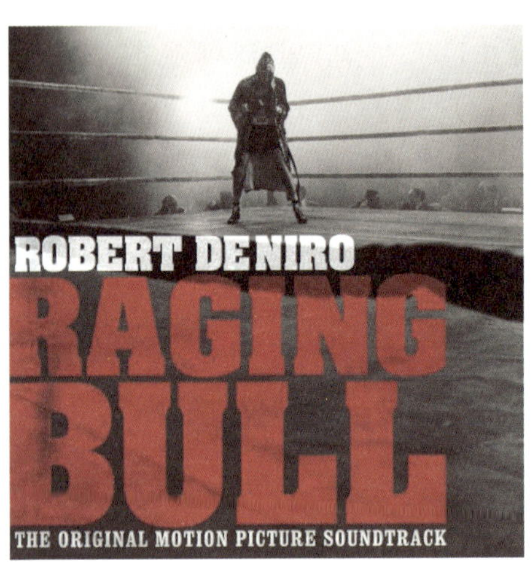

영화가 개봉된 후 25년이 지난 2005년에 지각 발매된 『Raging Bull OST』에는 많은 재즈곡이 담겨 있다. 오래된 78회전 음반에서 주로 선별했으며, 베니 굿맨, 빙 크로스비, 엘라 피츠제럴드, 해리 제임스, 진 크루파, 토니 베넷 등이 엔딩 크레딧에 이름을 올린다. 하지만 2CD로 된 OST 음반의 첫 곡은 마스카니의 「카발레리아 루스티카나」 간주곡이다. OST의 총괄 프로듀서는 더 밴드의 로비 로버트슨이 담당했다.

점에서 그렇다. 스코세이지는 제이크 라모타의
흥망성쇠를 리얼하게 묘사하는데,「간주곡」은 이어질
비극을 암시한다.

　『카발레리아 루스티카나』는 한 시간 남짓한 연주
시간으로 오페라 입문자에게 자주 추천된다. 오페라가
길어서 잘 듣지 않는 클래식 애호가에게도 적절한
선택이다. 테너와 소프라노의 독창도 중요하고,
합창도 중요하고,「간주곡」을 연주하는 오케스트라도
중요하다
　툴리오 세라핀(Tullio Serafin)의 1953년 녹음은
모노 녹음임에도 연주력과 녹음 기술이 무색할
정도로 훌륭한 결과물을 보여 준다. 투리두 역을 맡은
주세페 디 스테파노(Giuseppe di Stefano)와 산투차
역의 마리아 칼라스(Maria Callas)는 당대를 대표하는
성악가이자 오페라 가수이다. 둘의 호흡은 시칠리아의
비극을 리얼하게 표현한다. 세라핀이 이끄는 라
스칼라 극장 오케스트라는「간주곡」을 처절하게
연주한다.
　녹음과 연주가 잘 맞아떨어지는 음반은
카라얀이다. 헤르베르트 폰 카라얀(Herbert Von
Karajan)은 많은 교향곡과 관현악곡을 녹음했지만,
오페라에도 일가견이 있는 지휘자였다. 1965년 카라얀의 밀라노 녹음은 LP
3장에『카발레리아 루스티카나』와 레온카발로의『팔리아치』를 함께 수록했다. 두
오페라는 각각 LP 한 장 반 분량으로 함께 발매하기에도 좋은 세트이다.
　오페라는 호불호가 확실한 장르라 한 시간도 듣기 버겁다면,「간주곡」만
감상하는 것도 좋다. 카라얀이 베를린 필하모닉과 녹음한『Opern-Intermezzi』는
오페라 간주곡을 비단결 같은 현악으로 아름답게 표현한다. 베르디『라
트라비아타』, 마스네『타이스』등 유명한 선율이 A, B면 내내 흘러나온다.
『카발레리아 루스티카나』의 경우,「간주곡」이 특히 뛰어나 그 곡만 놓고 보면
오페라 전곡 음반보다 더 탁월한 연주를 들여준다.

헤르베르트 폰 카라얀
라 스칼라 극장 오케스트라
1965 / DG　139　205
연주 ★★★★☆
음질 ★★★★☆

헤르베르트 폰 카라얀
베를린 필하모닉
1967 / DG 139 031
연주 ★★★★☆
음질 ★★★★☆

페르골레시, 스타바트 마테르
Pergolesi, Stabat Mater

클라우디오 아바도 / 런던 심포니 오케스트라
마가렛 마샬 / 루치아 발렌티니 테라니
Claudio Abbado / London Symphony Orchestra / Margaret Marshall / Lucia Valentini Terrani
1985

Deutsche Grammophon 415 103-1

우아한 悲歌(비가)

소프라노와 알토 두 성악가 모두 뛰어난 기량을 바탕으로 인정적인 균형을
이루며 섬세하면서도 깊이 있는 하모니를 완성한다. 고전적 우아함에 현대적
감각을 절묘하게 더한 오케스트라 반주는 극적이면서도 세련된 분위기를
자아내며, 이상적인 해석으로 곡의 미학을 극대화한다. 거장 클라우디오
아바도의 지휘 아래 런던 심포니 오케스트라가 선사하는 벨벳처럼 부드러운
현악 사운드는, 이 연주를 더욱 풍요롭게 빛내는 또 하나의 아름다운 요소다.

연주 ★★★★★ 음질 ★★★★☆

요절한 천재의 '백조의 노래'

조반니 바티스타 페르골레시(Giovanni Battista Pergolesi, 1710~1736)의 「Stabat Mater」(성모애가 또는 슬픔의 성모)는 '바로크 성악의 꽃'이라 불릴 만한 걸작으로, 소프라노와 알토의 2중창, 통주저음을 수반한 현악 합주로 구성된 총 12곡의 종교음악이다. 전반적으로 경건한 분위기를 유지하는 이 작품은 정교한 가사 묘사, 우아하고 감성적인 선율 그리고 성악과 현악의 조화로운 앙상블이 돋보인다. 12곡 모두 명곡으로 꼽히지만, 특히 마지막 제12곡 'Quando Corpus Morietur, Amen'은 비통하면서도 아름다운 선율과 절묘한 화성으로 구성되어, 듣는 이에게 깊은 영적 카타르시스를 안겨주는 진정한 명곡이다.

페르골레시는 결핵으로 유년기부터 병고에 시달리며 살아야 했고, 결국 26세라는 꽃다운 나이에 세상을 떠난 비운의 천재였다. 그러나 그가 남긴 작품들은 수세기가 지난 지금도 여전히 깊은 감동을 전하며, 예술적 생명력을 잃지 않고 있다. 「Stabat Mater」 외에도 오페라 부파의 선구적 작품으로 평가받는 「마님이 된 하녀」와 다양한 협주곡 그리고 「Salve Regina」와 같은 성악곡이 그의 대표작으로 꼽힌다.

「Stabat Mater」는 페르골레시가 나폴리의 한 수도원에서 병약한 몸을 이끌며 삶의 끝자락에서 써 내려간 마지막 작품이다. 작곡은 약 2년에 걸쳐 이어졌고, 완성된 것은 그가 눈을 감기 불과 몇 달 전이었다. 그는 아마 마지막 숨이 다하기 전까지도, 이 아름답고 고통스러운 선율을 완성하기 위해 온 마음을 다해 펜을 들었을 것이다. 어쩌면 예수의 고난과 부활을 노래하듯, 그 자신도 이 음악을 통해 예술 속에서 다시 태어나기를 꿈꾸었는지도 모른다. 그렇게 탄생한 이 작품은 그의 '백조의 노래'가 되었고, 긴 시간을 건너 오늘을 살아가는 우리에게도 여전히 깊은 울림과 위안을 전해 주는, 시대를 초월한 선물로 남아 있다.

밀로스 포만 – 아마데우스 (1985)

1985년 개봉한 영화 〈아마데우스〉는 페르골레시의 「Stabat Mater」 중 일부를 인상적으로 삽입해 깊은 여운을 남긴다. 이 음악은 영화 초반의 비극적인 장면과 어우러지며 감정의 결을 섬세하게 증폭시키고, 음악이 서사의 핵심 요소로 작용함을 보여 준다.

이 작품은 영국 극작가 피터 셰퍼(Peter Shaffer)의 동명 희곡을 원작으로 하며,

세퍼가 직접 각색을 맡고 밀로스 포만(Milos Forman) 감독이 연출을 맡았다. 영화는 천재 작곡가 모차르트(Wolfgang Amadeus Mozart, 1756~1791)와 그의 재능을 질투한 동시대 작곡가 살리에리(Antonio Salieri, 1750~1825) 사이의 갈등과 심리적 긴장을 중심으로 펼쳐진다.

평범한 재능을 지닌 살리에리(F. 머레이 아브라함)는 모차르트(톰 헐스)의 음악에서 신의 목소리를 듣고 경외심을 느끼지만, 자신에게는 허락되지 않은 은총이라는 사실에 절망하며 점차 내면이 무너진다. 그의 질투는 끝내 증오로 변하고, 결국 모차르트를 파멸로 이끄는 어두운 길에 발을 들인다.

영화 초반, 어린 살리에리(마틴 카비나)가 가족과 함께 예배를 마친 뒤 평화로운 식사 자리에 앉는 장면은, 아버지의 갑작스러운 죽음으로 비극적으로 전환된다. 이어지는 장례식 장면에서 페르골레시의 「Stabat Mater」 마지막 악장 'Quando Corpus Morietur, Amen'이 흐르며, 비통하면서도 숭고한 선율이 어린 살리에리의 내면에 깊은 운명의 낙인을 새긴다. 카메라는 마지막에 천천히 십자가 위 예수상을 비추며, 신에 대한 갈망과 도전의 서막을 암시한다. 이처럼 페르골레시의 음악은 장면과 감정을 정교하게 직조하며, 상실과 집착 그리고 비극의 서사를 정제된 아름다움으로 그려낸다.

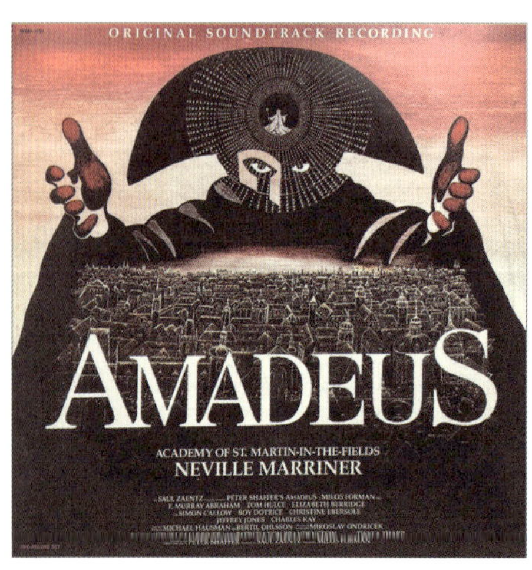

네빌 마리너가 지휘하고 세인트 마틴 인 더 필즈 아카데미(Academy of St. Martin in the Fields) 관현악단이 연주한 『Amadeus OST』는 1984년 그래미상에서 최우수 클래식 앨범상을 수상했으며, 전 세계적으로 650만 장 이상의 음반 판매를 기록했다. 영화에 삽입된 페르골레시의 「Stabat Mater」 중 'Quando Corpus Morietur, Amen'은 사이먼 프레스턴의 지휘로 웨스트민스터 대성당 소년합창단(Choristers of Westminster Abbey)의 연주로 수록되었다.

이 곡의 대표적인 추천 음반은 소프라노 마가렛 마샬(Margaret Marshall)과 콘트랄토 루치아 발렌티니 테라니(Lucia Valentini Terrani)가 노래하고, 클라우디오 아바도(Claudio Abbado)가 런던 심포니 오케스트라를 지휘한 연주(DG 415 103-1, 1985)이다.

현대적인 감각으로 해석된 이 연주는 두 성악가의
뛰어난 가창과 아바도 특유의 절제된 긴장감, 런던
교향악단의 부드럽고 세련된 반주가 조화를 이루며,
디지털 녹음 특유의 선명하고 풍부한 음질도
돋보인다.

주디트 라스킨(Judith Raskin), 모린 리헤인(Maureen
Lehane) 그리고 프랑코 카라치올로(Franco Caracciolo)가
지휘한 오케스트라 로시니 디 나폴리의 연주(Decca
SXL 6153, 1964)는 정통적이고 따뜻한 해석이
특징이다. 다만, 다소 낮은 볼륨 레벨과 선명하지 못한
음질은 아쉽다.

보이 소프라노 세바스티안 헤니히(Sebastian
Hennig)와 카운터테너 르네 야콥스(René Jacobs)가
참여한 Concerto Vocale의 연주(Harmonia Mundi
France HM 1119, 1983)는 원전 연주의 자연스러운
아름다움과 뛰어난 밸런스를 갖춘 음반으로, 시대적
감수성을 살린 해석이 인상적이다.

주디트 라스킨 / 모린 리헤인
1964 / DECCA SXL 6153
연주 ★★★★
음질 ★★★

세바스티안 헤니히 / 르네 야콥스
1983 / Harmonia Mundi France
HM 1119
연주 ★★★★
음질 ★★★★

슈베르트, 겨울나그네
Schubert, Die Winterreise, D.911

디트리히 피셔-디스카우 / 제랄드 무어
Dietrich Fischer-Dieskau / Gerald Moore
1962

His Master's Voice ASD 551-552

명콤비의 겨울나그네

명바리톤 디트리히 피셔-디스카우는 제럴드 무어와 함께 여러 번의
『겨울나그네』녹음을 남겼다. 도이체 그라모폰에서 1971년에 녹음한
가창이 훌륭하고 CD로 추천되는 연주다. 하지만 『겨울나그네』의 주인공이
젊은이라는 것을 감안하면 HMV에서 녹음한 젊은 피셔-디스카우의 힘 있는
가창을 듣는 것이 좋다. 피아노 반주의 거장 제럴드 무어의 연주에도 귀를
기울여 보자.

연주 ★★★★★ 음질 ★★★★★

예술가곡의 최고봉

리트(Lied)는 서양 고전음악의 성악곡을 뜻하는 독일어이다. 직역하면 '가곡'이지만, 우리나라를 포함한 많은 나라에서 '리트'를 번역하지 않고 원어 그대로 사용한다. 독일 고유의 정서를 담고 있는 리트만의 개성을 존중하는 의미가 담겨 있다고 볼 수 있다. 리트의 정의를 "시에 곡을 붙인 음악의 형식"이라고 한다면, 그 근원은 한참 전으로 올라가지만 18세기 이후 독일 음악가에 의해 형식이 완성되었다.

베버, 모차르트, 베토벤 등을 거쳐 리트의 예술성을 한 차원 높은 수준으로 끌어올린 작곡가가 바로 프란츠 페터 슈베르트(Franz Peter Schubert, 1797~1828)이다. 슈베르트는 31세로 단명했지만 600곡이 넘는 리트를 작곡해 우리에게는 '가곡의 왕'으로 알려져 있다. 슈베르트는 10대 때부터 천재성을 발휘하며 「물레 잣는 그레첸」을 작곡했다. 그는 리트의 전통을 예술가곡의 경지로 승화시켰고, 이는 후대의 로베르트 슈만과 요하네스 브람스에 의해 계승된다.

연작시에 곡을 붙여 완성한 음악을 '연가곡집'이라고 한다. 슈베르트는 1823년부터 1828년까지 『아름다운 물방앗간 아가씨』(1823), 『겨울나그네』(1827), 『백조의 노래』(1828)를 작곡했다. 이 곡들은 슈베르트의 3대 연가곡집(단, 『백조의 노래』는 슈베르트의 14개의 미발표 가곡을 묶어 그의 사후에 출판된 가곡집으로서 연작시의 형태가 아니고 주제도 일관성이 없어 정상적인 연가곡집이라 볼 수는 없다)이라 불리며, 많은 성악가의 대표 레퍼토리로 자리 잡았다. 그중에서 가장 많이 연주되는 작품이 『겨울나그네』이다. 슈베르트는 빌헬름 뮐러(Wihelm Muller, 1794~1827)의 연작시에 곡을 붙여 『겨울나그네』를 완성했다. 『겨울나그네』의 원제 'Die Winterreise'를 직역하면 '겨울여행'이지만, '겨울나그네'라는 의역이 그럴듯하다. 연작시가 사랑에 실패한 청년이 연인의 집 앞에서 이별을 고하고 정처 없이 떠도는 내용이기 때문이다.

총 24곡으로 구성된 『겨울나그네』에는 1곡 「잘 자요(Gute Nacht)」, 5곡 「보리수(Der Lindenbaum)」, 24곡 「거리의 악사(Der Leiermann)」 등이 중요하다. 특히 5곡 「보리수」는 피아노와 노래가 조화로운 민요풍의 곡으로 재즈처럼 자유롭게 연주하는 피아노 인트로에 아름다운 멜로디의 성악이 이어진다. 사진작가 겸 음악가 남궁요설은 「보리수」를 우리말로 번역해 널리 알리는 데 기여했다.

"성문 앞 우물 곁에 서 있는 보리수 / 나는 그 그늘 아래 단꿈을 보았네 /
가지에 희망의 말 새기어 놓고서 / 기쁘나 슬플 때나 찾아온 나무 밑"

곽지균 - 겨울나그네 (1987)

소설가 최인호는 슈베르트의 『겨울나그네』에서 영감을 얻어 1984년
동명 소설을 완성했다. 최인호의 다른 작품 〈별들의 고향〉, 〈바보들의 행진〉,
〈고래사냥〉처럼 〈겨울나그네〉 역시 영화로 제작되어 대성공을 거두었고,
1990년 드라마로도 제작되었다. 의대생 민우(강석우)는 캠퍼스에서 우연히 만난
음대생 다혜(이미숙)를 보고 첫눈에 반한다. 선배 현태(안성기)의 도움으로 다혜의
마음을 얻는 데 성공하지만, 아버지의 죽음으로 가족이 분해되고, 홀로 된
민우는 기지촌에서 사업을 하는 이모를 찾아간다. 기지촌에서 범죄를 저지른
민우는 자수하기 전, 다혜를 찾아가 선물을 하고 근사한 레스토랑에서 식사하며
슈베르트의 「보리수」를 연주해 줄 것을 주문한다. 「보리수」는 다혜가 즐겨
듣고 부르던 곡이었다. 하지만 민우가 주문한 「보리수」는 왠지 1곡 「잘 자요」를
의미하는 것 같기도 하다. 민우는 말 없이 다혜를 떠나기 때문이다. 기지촌
여자와 아이를 갖게 되어 영원히
다혜에게 돌아갈 수 없게 된 민우는
밀수 현장에서 경찰에 포위된다.
자수하지 않고 차를 몰아 죽음을
택하는 장면에서 다시 「보리수」가
흐른다. 이 「보리수」는 24곡
「거리의 악사」처럼 '겨울나그네'
민우의 최후를 함께한다.

영화와 드라마에서 슈베르트의 「보리수」와 박목월
작시, 김순애 작곡의 한국 가곡 「4월의 노래」가
교차되며 등장한다. 영화 〈겨울나그네〉는 별도로
OST를 발매하지 않았다. 드라마 역시 마찬가지여서
아쉬움이 남는다.

독일 리트의 장인 디트리히
피셔-디스카우(Dietrich Fischer-
Dieskau)는 『겨울나그네』를 9번
녹음했다. 다수의 녹음 중 1962년
HMV 녹음과 이후 1971년 도이체
그라모폰 녹음이 특히 유명하다.
두 녹음 모두 제럴드 무어(Gerald

Moore)와 함께했다. 어느 것을 선택해도 훌륭하지만,
『겨울나그네』가 실연한 젊은이의 방황을 그린
작품이라는 점을 고려할 때, 젊은 피셔-디스카우의
HMV 녹음을 우선 추천한다. 피아니스트 제럴드
무어에 주목할 필요가 있다. 그는 최고의 반주자로
일생을 반주에 전념한 스페셜리스트이다. 특히
「보리수」 앞부분의 피아노 도입부를 연주할 때 무어는
튀지도 않고, 그렇다고 묻히지도 않는 절묘한 세기로
성악가를 받쳐 준다. 예술가곡에서는 성악만큼
피아노 반주도 중요하다.

한스 호터 / 에릭 베르바
1961 / DG 138 778-9
연주 ★★★★☆
음질 ★★★★

　　베이스바리톤 한스 호터(Hans Hotter) 역시
『겨울나그네』를 2번 이상 녹음한 최고의 성악가 중 한
명이다. 그의 육중한 베이스 음색은 『겨울나그네』의
쓸쓸한 느낌을 표현하기에 최적이다. 피아노 반주자
에릭 베르바(Erik Werba) 역시 제럴드 무어만큼이나
반주자로서 많은 녹음을 남긴 베테랑 중 한 명이다.
1954년 영국 컬럼비아의 모노 녹음이 조금 더
훌륭하다고 평가받지만, 도이체 그라모폰의 1961년
녹음 역시 만만치 않다. 스테레오 음질로 즐길 수
있다는 점에서 1961년 녹음을 추천하지만, 모노
녹음에 거부감이 없는 애호가라면 컬럼비아 녹음도
좋다.

권터 라이프 / 발터 올베르츠
1971 / ETERNA 8 26 255/256
연주 ★★★★☆
음질 ★★★★

　　서독에 피셔-디스카우가 있었다면, 동독에는 권터 라이프(Gunther Leib)가
있다. 바리톤 권터 라이프는 『겨울나그네』에 자아를 함께하지 않고 3인칭 관찰자
시점처럼 노래한다. 겨울의 스산함을 느끼기에 좋은 가창이다.

말러, 뤼케르트 가곡 중 '나는 세상에서 잊혀졌네'

Mahler, Rückert-Lieder, 'Ich bin der Welt abhanden gekommen'

디트리히 피셔-디스카우 / 다니엘 바렌보임
Dietrich Fischer-Dieskau / Daniel Barenboim
1978

말러 가곡의 교과서

「뤼케르트 가곡」 피아노 반주 버전 중에서 가장 먼저 들어봐야 할 연주로
〈젊은 시절로부터〉, 〈어린이의 이상한 뿔피리〉, 〈방랑하는 젊은이의
노래〉, 〈뤼케르트 가곡〉이 3LP에 담겨있다. 피셔-디스카우와 바렌보임은
고독하면서도 충만한 곡의 내적 감성을 완벽한 하모니로 그려낸다. 말러
가곡의 교과서와 같은 연주이다.

연주 ★★★★★ 음질 ★★★★☆

인생의 무상함을 노래하다

『뤼케르트 가곡』은 프리드리히 뤼케르트(Friedrich Rückert, 1788~1866)의
시를 바탕으로 구스타프 말러(Gustav Mahler, 1860~1911)가 작곡한 작품이다.
뤼케르트가 쓴 다섯 편의 시에 선율을 붙여 1901년 여름부터 1902년 여름에 걸쳐
작곡했는데,「나는 세상에서 잊혀졌네」,「당신이 아름다움을 사랑한다면」,「내
노래를 엿듣지 마세요」,「나는 부드러운 향기를 맡았네」,「한밤중에」로 구성되어
있다. 말러는 이 작품을 통해 인생에 대한 자신의 허무주의적 세계관을 여실히
드러낸다. 다섯 곡 중에서「나는 세상에서 잊혀졌네」는 깊은 고독감이 느껴지는
작품으로, 말러 최고의 가곡으로 손꼽힌다. 말러 스스로 자신의 이야기라고 말한
이 노래는 번잡한 세상에서 멀리 떠나 자신만의 평화로운 세상에서 음악을 하며
살고 싶다는 간절한 마음을 담고 있다.

나는 세상에서 잊혀졌네. Ich bin der Welt abhanden gekommen,

내 많은 세월을 보냈던 곳에서 Mit der ich sonst viele Zeit verdorben;

이제 어느 누구도 내게 귀 기울여주지 않으니 Sie hat so lange nichts von mir vernommen,

나는 죽은 것이나 다름없구나! Sie mag wohl glauben, ich sei gestorben!

그런 것은 내게 상관없네. Es ist mir auch gar nichts daran gelegen,

내가 죽은 것으로 생각한다면, Ob sie mich für gestorben hält.

나는 부정할 생각이 없네. Ich kann auch gar nichts sagen dagegen,

나는 이 세상에서 정말로 죽은 것이니, Denn wirklich bin ich gestorben der Welt.

혼잡한 세상에서 나는 죽고 Ich bin gestorben dem Weltgetümmel

조용한 곳에 누워 있네. Und ruh' in einem stillen Gebiet.

나만의 천국에서 홀로 사노니, Ich leb' allein in meinem Himmel,

내 사랑 안에서 내 노래 안에서. In meinem Lieben, in meinem Lied.

아이러니하게도 말러가 이 작품을 작곡한 시기는 그의 생애에서 가장
행복했던 시절로 교향곡 4번, 5번, 6번 '비극적', 7번, 8번, 연가곡집『죽은
아이를 그리는 노래』등을 연이어 작곡했을 만큼 말러의 창작력이 정점에 다다른
시기였다. 말러는 가곡 작품에 자신이 직접 가사를 쓰기도 했지만, 뤼케르트의
시를 인용해 작곡하는 경우가 많았는데, 참척(자식을 먼저 저세상으로 보냄)의 아픔을

경험한 뤼케르트와 정서적으로 공감했기 때문이라 여겨진다. 『뤼케르트 가곡』은
1905년 말러의 지휘로 초연되었으며 『죽은 아이를 그리는 노래』도 이때 함께
초연되었다. 이 작품은 여러 개의 곡이 내용에 따라 체계적으로 엮은 연가곡과
달리 서로 연관성이 없는 곡으로 채워져 순서가 따로 정해져 있지 않고, 상황에
따라 곡의 순서를 바꿔 연주한다.

제라르 코르비오 – 가면 속의 아리아 (1988)

〈가면 속의 아리아(The Music Teacher)〉는 죽음을 준비하는 어느 성악가의
마지막 공연 장면으로 시작한다. 삶이 얼마 남지 않은 성악가 조아킴(호세 반담)은
마지막 연주에서 은퇴를 선언한다. 그의 아름다운 노래에 환호하던 관객석은
놀라움을 감추지 못하고, 조아킴은 은퇴 이유를 밝히지 않고 쓸쓸한 표정으로
무대를 퇴장한다. 이때 흘러나오는 음악이 말러 『뤼케르트 가곡』 중에서
「나는 세상에서 잊혀졌네」다.
잉글리시호른의 아련한 선율로
시작되는 곡이 조아킴의 쓸쓸한
감정을 잘 표현하고 있는 이 곡은
조아킴이 고독을 깊게 느끼는
장면마다 흘러나오며, 영화
마지막 장면인 조아킴의 죽음이
전해지는 장면에도 흘러나온다.
젊은 시절 조아킴의 라이벌이었던
스코티(패트릭 바우소)가 개최한
콩쿠르에 승리한 주아킴의 제자
소피(안네 로우셀)와 장(필립페 볼터)은
스승이 죽었다는 소식을 듣고
마차를 타고 스승의 집으로 향한다.
이때 바리톤 가수이자 영화의
주인공인 호세 반담이 이 곡을
어둡고 무거운 목소리로 노래한다.
평생 예술과 함께해 온 한 예술가의
고독한 마음을 대변하는 말러의

『The Music Teacher OST』는 1988년 CD와
LP로 각각 발매되었다. 영화 주인공이자 바리톤
가수인 호세 반담(José van Dam)이 직접 부른
말러의 「나는 세상에서 잊혀졌네」를 비롯해, 영화에
쓰인 많은 클래식 곡이 수록되어 있다. 영화에서
소피의 노래를 맡은 디나 브라이언트(Dinah
Bryant)와 장의 노래를 맡은 제롬 프루엣(Jérôme
Pruett)의 노래도 음반에서 직접 들을 수 있다.

음악은 영화의 엔딩 크레딧이 올라가는 동안에도
계속 흘러나와 깊은 여운을 남긴다.

디트리히 피셔-디스카우(Dietrich Fischer-Dieskau)와
다니엘 바렌보임(Daniel Barenboim)의 1978년 녹음은
피아노 반주 버전으로 실내악적 집중력과 섬세함이
돋보인다. 가사에 담긴 고독을 어느 연주보다 무겁고
어둡게 표현하고 있으며, 노래가 끝나고 1분여 동안
이어지는 바렌보임의 피아노 연주는 쓸쓸함의 극치다.
『젊은 시절로부터』, 『어린이의 이상한 뿔피리』,
『방랑하는 젊은이의 노래』, 『뤼케르트 가곡』이
담긴 3LP 박스는 말러 가곡을 이해하기 위한 좋은
선택이다. 더불어 카를 뵘(Karl Böhm)과 함께한
1963년 연주도 추천한다.

캐슬린 페리어(Kathleen Ferrier), 브루노 발터(Bruno
Walter)의 1952년 녹음은 전곡은 아니지만 꼭
들어야 할 명반이다. 페리어의 낮고 깊은 음성은
말러의 가곡에 잘 어울리며 음색이 어둡기 때문에
작품이 가진 어두운 면을 효과적으로 표현하고
있다. 말러와 오랜 시간을 함께 보낸 브루노 발터는
말러를 잘 이해하는 지휘자로 이 작품의 허무한
감정을 누구보다 잘 끄집어 낸다. 70년이 지난 오래된 모노 녹음이지만 데카 LXT
초반부터 1970년대 나온 재발매 음반까지 무난한 음질을 들려준다.

메조소프라노 자넷 베이커(Janet Baker)와 지휘자 존 바비롤리(John Barbirolli)는
1967년과 1969년 두 차례 녹음을 함께했다. 어느 연주를 선택하더라도 좋은
선택이다. 할레 오케스트라와 함께한 1967년 녹음은 조금 더 차분하고 뉴
필하모니아와 함께한 1969년 녹음은 조금 더 호소력이 짙다. 자넷 베이커의
음색은 어둡거나 낮게 깔리지는 않지만, 특유의 맑은 느낌으로 곡의 쓸쓸한
정서를 독특하게 표현한다.

캐슬린 페리어 / 브루노 발터
1952 / DECCA LXT 2721
연주 ★★★★☆
음질 ★★★☆

자넷 베이커 / 존 바비롤리
1967 / HMV ASD 2338
연주 ★★★★☆
음질 ★★★★☆

베르디, 라 트라비아타
Verdi, La Traviata

일레아나 코트루바스 / 카를로스 클라이버 / 바이에른 국립 오페라단
Ileana Cotrubas / Carlos Kleiber / Bayerisches Staatsorchester
1976

Deutsche Grammophon 2740 192

최고의 비올레타
루마니아 태생의 소프라노 일레아나 코트루바스를 최고의 비올레타 숭
한 명으로 각인시켜 준 명반이다. 카를로스 클라이버의 명확하고 섬세한
오케스트라 지휘도 음반의 성공에 크게 기여했다.

연주 ★★★★★ 음질 ★★★★☆

사랑은 눈물의 씨앗

주세페 베르디(Giuseppe Verdi, 1813~1901)는 같은 시대를 살았던 바그너와 전혀 다른 음악적 길을 걸었던 오페라 작곡가였다. 바그너가 시대를 앞서간 작곡가였다면, 베르디는 낭만주의 오페라의 걸작을 쏟아내며 동시대와 호흡하는 오페라의 제왕으로 군림했다. 1851년 걸작 오페라「리골레토」를 발표한 베르디는 알렉상드르 뒤마 피스(Alexandre Dumas fils, 1824~1895)의 실제 경험을 바탕으로 한 소설《춘희》의 오페라화에 착수했다.《춘희》의 원제는 'La Dame aux camélias'로, 이를 직역하면 '동백 아가씨'이지만 일본의 영향으로 우리나라에서는 '춘희'라는 제목이 일반화되었다.《춘희》를 모태로 한 베르디 오페라『라 트라비아타』역시 '춘희'라는 이름으로 불리던 시절이 있었다.

『라 트라비아타』는 '방황하는 여자'라는 뜻으로, 파리 사교계의 코르티잔(courtesan, 고급 매춘부) 비올레타와 순진한 청년 알프레도의 신분을 넘어선 사랑을 그린다. 비올레타는 처음에는 알프레도의 사랑을 거절하지만, 그의 진심을 알고 사교계 생활을 정리한다. 행복한 미래를 꿈꾸는 이때, 알프레도의 아버지 제르몽이 나타나 비올레타에게 아들과 헤어질 것을 당부한다. 비올레타는 어쩔 수 없이 알프레도를 떠나고 화류계에 복귀한다. 이러한 사정을 모르는 알프레도는 비올레타에게 심한 모욕을 준다. 시간이 흐르고 오해가 풀린 알프레도가 비올레타를 다시 찾지만, 그녀는 오래된 지병이 깊어져 결국 운명하고 만다.

『라 트라비아타』는 '춘희'라는 제목으로 1948년 한국에서 초연되었다. 이는 국내 첫 오페라 공연이었으며, 지금까지도 가장 많이 공연된 오페라는 『라 트라비아타』이다. 신파적 텍스트를 담고 있는 이 작품은 유럽뿐만 아니라 일본이나 한국에서도 많은 사랑을 받았다. 한국 초연은 많은 악조건 속에서도 10회 공연 모두 매진을 기록했다. 전국 각지에서 많은 사람들이 '춘희' 공연을 보기 위해 구름처럼 몰려왔다.

『라 트라비아타』는 음악적으로도 대중적이다. 첫 번째 아리아「축배의 노래」는 오페라 역사상 가장 유명한 아리아 중 하나로 손꼽힌다. 비올레타가 알프레도에 대한 사랑을 느끼는「아, 그대였던가」, 자신의 신세를 깨닫고 절망하는「꽃에서 꽃으로」, 죽음을 눈앞에 두고 절망하는「잘 있거라 지나간 날들이여」등 비올레타의 아리아가 오페라 내내 이어진다. 공연 시간이 비교적 짧고 아름다운 아리아가 가득해 오페라 초심자에게 안심하고 추천할 수 있다.

『라 트라비아타』는 통속 소설을 오페라화한 작품으로 후에 베리스모 오페라를 유행시키는 푸치니 등에게 영향을 미쳤다는 점도 주목할 만하다.

게리 마샬 – 귀여운 여인 (1990)

에드워드(리처드 기어)는 M&A 기업 사냥꾼으로 기업 인수를 위해 할리우드에 방문한다. 그는 콜걸 비비안(줄리아 로버츠)에게 매력을 느끼고 하룻밤을 함께 보내게 된다. 인수합병을 부드럽게 진행하기 위해 에드워드는 그녀와 일주일 3천 달러 계약을 맺는다. 비비안은 에드워드에게 어울리는 파트너가 되기 위해 호텔 지배인의 도움으로 드레스업을 하고 인수합병 미팅에 참여한다. 인수합병 과정에서 도덕적 상실감을 느끼는 에드워드와 사랑하지 않는 남자에게 몸을 파는 비비안은 서로에게 호감을 느낀다.

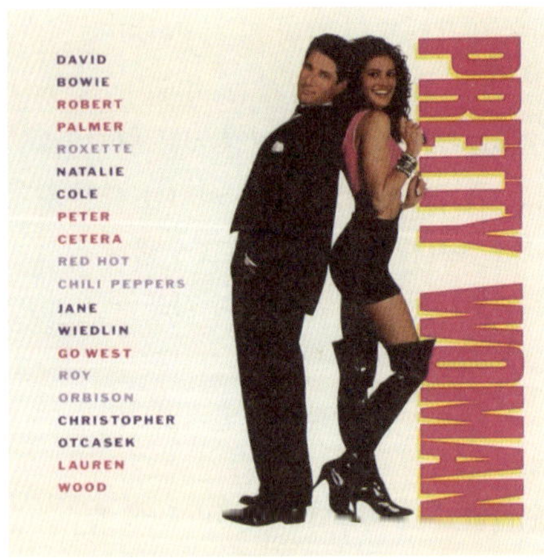

1990년에 영화와 동시에 발매된 『Pretty Woman OST』에는 팝의 명곡이 다수 삽입되어 있다. 타이틀곡 「Oh, Pretty Woman」은 로이 오비슨의 1964년 빌보드 싱글 차트 1위 곡으로 영화에 삽입되어 다시 히트했다. 록시트의 「It must have been love」는 반대로 1987년 발매 당시에는 크게 히트하지 못하다가 영화 〈귀여운 여인〉에 삽입되며 국제적인 인기를 모았다. 아쉽게도 영화에 쓰인 『라 트라비아타』의 아리아는 수록되지 않았다.

에드워드는 비비안을 오페라 극장에 데려가 『라 트라비아타』를 관람한다. 이탈리아어를 모르는데 어떻게 오페라를 보냐며 걱정하던 비비안은 이내 오페라에 빠져들어 알프레도와 비올레타의 애절한 사랑에 눈물을 흘린다.

비비안은 결국 신분의 차이를 극복하지 못하고 상처를 받은 채 에드워드를 떠난다. 공항으로 가던 에드워드는 차를 돌려 비비안의 집으로 가서 프로포즈한다. 이때 나오는 음악이 아이러니하게도 비올레타가 알프레도의 행복을 위해 떠나는 장면에서 부른 아리아 「나를 사랑해 주세요, 알프레도」이다.

『라 트라비아타』는 여주인공이

가창에서 맹활약해야 하는 프리마돈나 오페라이다.
따라서 비올레타 역의 소프라노 캐스팅이 공연 및
음반 성공의 핵심적인 요소라고 할 수 있다.

카를로스 클라이버(Carlos Kleiber)의 1976년
녹음에서는 소프라노 일레아나 코트루바스(Ileana
Cotrubas)가 비올레타 역을 훌륭하게 소화했다.
루마니아 태생의 코트루바스는 1965년 네덜란드
헤르토겐보슈 성악 콩쿠르에서 우승하면서 본격적인
활동을 시작했다. 유럽의 주요 오페라 무대에서
『피가로의 결혼』의 수잔나, 『돈 조반니』의 체를리나,
『라 보엠』의 미미 역 등을 연기했다. 이 음반은
코트루바스를 최고의 비올레타 중 한 명으로
각인시켜 준 명반이다. 클라이버의 명확하고 섬세한
오케스트라 지휘도 음반의 성공에 크게 기여했다.

1950년대 최고의 비올레타는 마리아 칼라스(Maria
Callas)였다. 그리스 혈통의 미국인 마리아 칼라스가
이탈리아인이 가장 사랑하는 국민 오페라의 주인공을
맡는 데는 많은 방해 공작이 있었지만, 결국 그녀는
카를로 마리아 줄리니(Carlo Maria Giulini)의 지휘로
라 스칼라 극장에서 비올레타 역을 연기했다. 음반은
20년이 지나서야 발매되었다. 음질로만 보면 그리
추천할 만한 음반은 아니지만, 마리아 칼라스를
좋아하는 애호가에게는 특별한 선택이 될 수 있다.

이탈리아 오페라의 명지휘자 툴리오 세라핀(Tulio Serafin)은 1955년 안토니에타
스텔라, 주세페 디 스테파노 등 이탈리아 출신 성악가를 기용해 훌륭한 녹음을
남겼다. 모노 녹음이지만, 세라핀이 라 스칼라 오페라에서 남긴 녹음은 모두
걸작으로 인정받고 있다. 세라핀은 1960년 HMV에서 다시 한번 녹음했는데,
청아한 목소리를 가진 빅토리아 데 로스 앙헬레스가 비올레타 역을 맡아
열창했다. 스테레오 녹음을 원한다면 HMV에서 나온 음반을 선택하는 것이 좋다.

마리아 칼라스 / 카를로 마리아
줄리니
라스칼라 오페라 오케스트라
1955 / Cetra LO28
연주 ★★★★☆
음질 ★★★

스텔라 / 세라핀
라스칼라 오페라 오케스트라
1955 / Columbia 33CX 1370-71
연주 ★★★★
음질 ★★★☆

모차르트, 피가로의 결혼

Mozart, Le Nozze Di Figaro, K.492

에리히 클라이버 / 빈 필하모닉
Erich Kleiber / Wiener Philharmoniker
1955

DECCA SXL 2087-90

전통의 명연

에리히 클라이버는 빼어난 성악진으로 배역을 꾸렸고, 빈 필하모닉이
함께했다. 특히 리사 델라 카사(백작 부인)와 힐데 귀덴(수잔나)이 함께하는
편지의 이중창은 서로를 보완하며 아름답게 어우러지는 최고의 순간이다.
1955년 데카의 초기 스테레오 녹음을 경험할 수 있다.

연주 ★★★★★ 음질 ★★★★

아름다운 선율로 가득 찬 18세기 막장 드라마

볼프강 아마데우스 모차르트(Wolfgang Amadeus Mozart, 1756~1791)의 오페라 『피가로의 결혼』은 프랑스 극작가 피에르 보마르셰(Pierre-Augustin Caron de Beaumarchais, 1732~1799)의 희극 '피가로 3부작'을 모체로 한다. 이 3부작은 〈세비야의 이발사〉(1775), 〈피가로의 결혼〉(1784), 〈죄 있는 어머니〉(1792)로 구성되며, 모두 주인공 피가로를 중심으로 이야기가 전개된다. 첫 번째 작품 『세비야의 이발사』는 1782년 조반니 파이지엘로가 오페라로 발표했고, 그 성공에 영감을 얻은 모차르트는 극작가 로렌초 다 폰테(Lorenzo Da Ponte, 1749~1838)와 함께 속편에 해당하는 『피가로의 결혼』을 작곡해 1786년에 완성했다.

『피가로의 결혼』은 당시 귀족 계층을 풍자하는 내용을 담고 있어 보마르셰의 원작 자체가 상연되지 못하기도 했다. 파리에서 초연을 본 루이 16세는 이 작품의 공연을 금지해 자칫 오페라로 되지 못할 위기에 처하기도 했다. 이를 해결하고자 극작가 다 폰테는 풍자성보다는 코믹성에 중점을 두어 오페라 대본을 완성했다.

피가로는 『세비야의 이발사』에서 이발사로 등장해 알마비바 백작과 로진의 사랑을 돕는다. 그 공로를 인정해 백작은 그를 하인으로 고용한다. 세월이 흘러 피가로는 약혼녀 수잔나와 결혼을 앞두고 있다. 백작 부인 로진과 열렬히 사랑했었지만 권태기가 온 백작은 수잔나에게 초야권을 행사하려 한다. 백작의 의도를 눈치챈 피가로는 백작 부인(로진), 수잔나와 함께 계략을 꾸민다. 백작 부인과 수잔나는 백작을 유혹하는 편지를 써서 밀회 장소로 백작을 유인한다. 밀회 장소에는 수잔나가 아니라 백작 부인이 하녀복을 입고 나간다. 자기의 부인을 수잔나로 착각한 백작은 사랑을 고백하고 반지를 주지만, 상대는 수잔나가 아니라 백작 부인이다. 그리고 이 상황을 하인들이 다 지켜보고 있다. 골탕을 먹은 백작은 부인에게 무릎 꿇고 사죄한다.

이 오페라는 코믹 요소가 가득한 희극이지만, 모차르트 특유의 유려한 선율과 아름다운 아리아로 인해 지금까지도 무대에 자주 오르는 대표적인 오페라다. 오페라의 시작을 알리는 서곡은 기승전결이 완벽한 소나타 형식으로 오케스트라 공연의 1부 순서에 자주 채택되는 등 서곡 그 자체로 명곡으로 인정받고 있다. 영화 〈킹스 스피치〉에서 왕의 말더듬증을 치료하는 장면에 사용되기도 했다. 백작 부인이 선창하고 수잔나가 후창하며 편지를 쓰는 장면에 나오는 아리아 「산들바람은 불어오고」는 '편지의 이중창'으로도 불리며 갈라 콘서트 등에서 공연되는 모습을 자주 볼 수 있다. 희극의 코믹 요소에 웃지만, 결국 아름다운 선율에 감동하게 된다.

프랭크 다라본트 – 쇼생크 탈출 (1994)

아내를 죽인 누명을 쓰고 종신형을 선고받은 은행원 앤디(팀 로빈슨)는 쇼생크 교도소에 수감된다. 그는 교도소 도서관에 필요한 자금을 후원해달라는 편지를 주 정부에 매일 보낸다. 그의 끈질긴 노력에 지친 주 정부 복지 담당자는 다시는 편지를 보내지 말라는 회신과 함께 책과 레코드를 교도소로 보낸다. 앤디가 방송실에서 레코드를 재생하자 「산들바람은 불어오고」가 교도소 전체에 울려 퍼진다. 문을 열라고 화를 내는 소장과 간수들에도 아랑곳하지 않고 앤디는 의자에 기대어 몸을 젖히며 음악을 만끽한다. 죄수들은 하던 일을 멈추고 일제히 스피커만 바라본다. 신분의 자유를 노래하는 『피가로의 결혼』과 자유를 갈망하는 쇼생크 수감자들이 자연스럽게 하나가 되는 순간이다.

동료 죄수 레드(모건 프리먼)는 음악을 들으며 다음과 같이 회상한다. "나는 지금도 그때 두 이탈리아 여자들이 무엇을 노래했는지 모른다. (중략) 노래가 말로 표현할 수 없을 정도로 아름다웠다. 그래서 가슴이 아팠다. 이렇게 비천한 곳에서는 상상도 할 수 없는 높고 먼 곳으로부터 새 한 마리가 날아와 우리가 갇혀 있는 삭막한 새장의 담벽을 무너뜨리는 것 같았다. 그 짧은 순간, 쇼생크에 있는 우리 모두는 자유를 느꼈다."

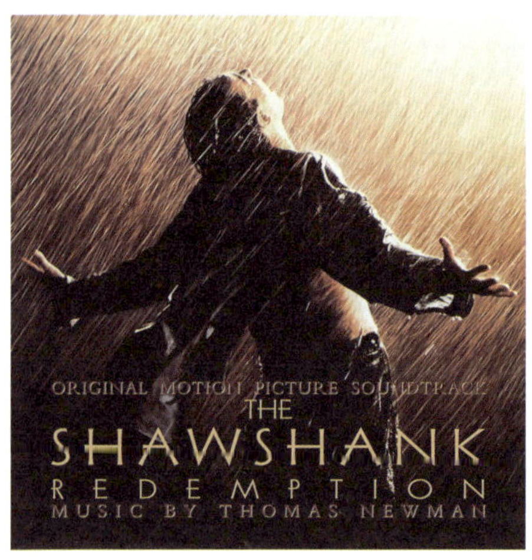

1994년에 영화와 동시에 발매된 『The Shawshank Redemption OST』에는 영화에 삽입된 『피가로의 결혼』 중 「산들바람은 불어오고」가 포함되어 있다. 영화에 삽입된 녹음은 카를 뵘 지휘의 명반에서 채택했다. 오리지널 스코어 대부분은 영화음악 작곡가 토마스 뉴먼의 작품이다. 원래는 CD로만 발매되었으나, LP 붐에 힘입어 2016년 정식으로 LP가 발매되었다.

전통의 명연은 에리히 클라이버(Erich Kleiber)의 1955년 데카반이다. 빼어난 성악진으로 배역을 꾸렸고, 빈 필하모닉이 함께했다. 특히 리사 델라 카사(백작 부인)와 힐데 귀덴(수잔나)이 함께하는 「산들바람은 불어오고」는 서로를 보완하며 아름답게 어우러지는 최고의 순간을 선사한다. 오래된 녹음이라서 음질에는 약간의 아쉬움이 있지만, 초기 스테레오 녹음을 맛볼 수 있다는 점에서 의미가 있는 작품이다. 초반에 대한 욕심을 버린다면 재반이나 성음 라이선스반 등을 아주 저렴하게 구할 수 있다.

카를 뵘
베를린 도이체오퍼 오케스트라
1968 / DG 104 962-65
연주 ★★★★☆
음질 ★★★★

카를 뵘(Karl Bohm)의 1968년 도이체 그라모폰 녹음도 최고의 성악진을 자랑한다. 군둘라 야노비츠(백작 부인)와 에디트 마티스(수잔나)가 함께하는 「산들바람은 불어오고」는 영화 〈쇼생크 탈출〉에 사용된 바로 그 녹음이다. 피가로 역과 알마비라 백작 역에는 명가수 헤르만 프라이와 디트리히 피셔-디스카우를 캐스팅해 주인공 배역만으로는 최고의 초호화 캐스팅을 이뤄 냈다. 이들이 만들어 내는 아름다운 아리아는 동 음반을 최고 중의 하나로 꼽기에 손색이 없다.

카를로 마리아 줄리니
필하모니아 오케스트라
1959 / Columbia SAX 2381-84
연주 ★★★★☆
음질 ★★★★☆

전통의 명연을 하나 더 꼽자면 데카와 쌍벽을 이루는 영국 컬럼비아 SAX반으로 발매된 카를로 마리아 줄리니(Carlo Maria Giulini)의 녹음이다. 역대급 미모를 자랑하는 소프라노 안나 모포와 엘리자베트 슈바르츠코프가 각각 수잔나와 백작 부인을 연기했다. 이탈리아 출신 지휘자 줄리니는 1953년에서 1956년까지 3년간 라 스칼라 극장의 음악감독으로 재직하면서 주요 오페라를 섭렵했다. 그가 1950년대 후반 영국 컬럼비아에서 녹음한 『돈 지오반니』와 『피가로의 결혼』은 모차르트 오페라 명반에 빠짐없이 거론되는 수작이다. 줄리니는 순수 관현악곡 지휘에 집중하겠다는 이유로 1968년부터 10년 이상 오페라를 지휘하지 않았지만, 1982년에 다시 오페라계에 복귀했다.

베토벤, 장엄 미사

Beethoven, Missa Solemnis

존 엘리엇 가디너 / 몬테베르디 합창단 / 잉글리시 바로크 솔로이스트
John Eliot Gardiner / The Monteverdi Choir / English Baroque Soloists
1989

Archiv Produktion SEL RG3136

투명한 사운드가 만든 엄숙함

오케스트라와 합창단의 어울림이 뛰어나며, 투명한 사운드로 사람의 마음을
흔드는 연주이다. 제5곡 「아뉴스 데이-베네딕투스」에서 연주되는 솔로
바이올린 선율은 감동 그 이상이며, 전체적으로 다이내믹하면서도 디테일이
좋은 동 곡 최고의 녹음이다.

연주 ★★★★★ 음질 ★★★★★

한 음악가의 고뇌와 희망을 담다

베토벤(Ludwig van Beethoven, 1770~1827)이 스스로 최고 작품으로 꼽은『장엄 미사』는 1818년 작곡에 착수해 1823년에 완성되었다. 처음에 이 작품은 베토벤이 창작 활동에만 전념할 수 있도록 재정적인 도움을 준 루돌프 대공의 대주교 즉위식(1819)에 사용할 목적으로 계획되었다. 베토벤은 작곡 초기에는 의욕적으로 작곡에 매달렸으나 시간이 지날수록 커지는 규모 때문에 예정된 시간에 완성하지 못하고 착수 후 5년이 지난 1823년에서야 곡을 완성한다. 그만큼 이 곡은 베토벤의 혼신의 노력 끝에 완성된 작품이라 할 수 있으며, 자신만의 의도와 철학에 의거한 대작을 창작하겠다고 하는 의지의 결과물로서 베토벤이 청력을 완전히 상실한 상태에서 작곡한 만년의 걸작 중 하나다.

'장엄 미사(Missa Solemnis)'는 가톨릭에서 행하는 전례 의식을 말하는 '미사(Missa)'와 장엄하게 연주하라는 의미의 'Solemnis'을 결합한 용어로, 말 그대로 성대하게 '미사'를 거행한다는 뜻의 대형 미사곡을 말한다. 선배 작곡가인 하이든도 다장조의『장엄 미사』를 작곡한 바 있으나『장엄 미사』작품을 대표하는 것은 베토벤의 작품이다.

베토벤『장엄 미사』의 구성은 미사 통상문에 따라, 제1곡「Kyrie(자비송)」, 제2곡「Gloria(대영광송)」, 제3곡「Credo(신경)」, 제4곡「Sanctus(거룩하시도다)」, 제5곡「Agnus Dei(하느님의 어린 양)」다섯 곡으로 이루어지며, 소프라노, 알토, 테너, 베이스 독창과 혼성 4부 합창, 2관 편성에 바탕을 둔 관현악과 오르간에 의해 연주된다. 그야말로 대규모 편성을 가진 작품으로 교향곡을 연상케 할 만큼의 관현악과 전례 미사곡이 혼합된 작품이라고 할 수 있다.

베토벤은「올리브 산의 그리스도 Op.85」,「미사 C장조 Op.86」등 종교음악 작품이 손에 꼽을 정도로 많지 않다. 베토벤은 선배 작곡가에 비해 궁정이나 교회에서 일한 적이 없었고, 프리랜서 작곡가로서 생계를 유지할 수 있었기 때문이다. 그렇기에『장엄 미사』를 쓰기 위해 그가 들인 노력과 시간은 특별했다. 선배 작곡가의 저서를 연구하고, 철저한 고증을 거쳐 교회음악의 전통을 지키면서 단순한 성악곡의 한 장르를 넘어서는 위대한 음악 작품으로 만들었다.

베토벤의『장엄 미사』는 표면적으로는 미사 집전을 위한 작품이지만, 비슷한 시기에 작곡된 그의「교향곡 제9번」처럼 인생의 고뇌와 슬픔을 극복하고 마음의 안식을 얻고자 했던 베토벤 자기 내면의 고백이기도 하다.

버나드 로즈 – 불멸의 연인 (1994)

〈불멸의 연인〉은 베토벤(게리 올드만)이 사망하자, 그의 유품에서 3통의
편지와 마지막 유언장이 발견되면서 시작된다. "나의 천사이며, 나의 전부이며,
나의 분신"이라는 열렬한 사랑 고백이 담긴 편지는 수취인과 연도가 적혀 있지
않았기에, 베토벤의 비서 안톤 쉰들러(제로엔 크라베)는 '불멸의 연인' 앞으로
남겨진 유언장을 보고 베토벤의 진정한 연인을 찾아 나선다. 그는 차례대로
줄리에타 귀차르디(발레리아 골리노), 안나 마리 에도디 부인(이사벨라 로셀리니)을
만나면서, 그녀들이 '불멸의 연인'이 아니었다는 사실을 알게 되며, 베토벤의 죽은
동생 카스파(크리스토퍼 풀포드)의 아내이자 베토벤과 양육권을 문제로 소송을
벌였던 요한나 레이스(조한나 테어 스티지)가 베토벤의 '불멸의 연인'이었다는 것을
알게 된다. 요한나는 카스파와 결혼하기 전에 한때 베토벤과 연인 사이였지만,
운명의 장난으로 서로를 오해하며 헤어지게 되었던 것이다. 요한나는 안톤이 건네준 베토벤의 편지를 읽으면서 오열하며 영화는 끝이 난다. 베토벤의 이야기를 다룬 영화인 만큼 베토벤의 수많은 명곡이 흘러나온다. 베토벤의 장례를 치르는 영화의 오프닝 신에 『장엄 미사』 제1곡 '키리에'가 장엄하게 울려 퍼진다.

처음부터 마지막까지 베토벤의 음악으로 채워져
있다. 교향곡은 게오르그 솔티(Georg Solti)와
런던 심포니 오케스트라(London Symphony
Orchestra)가 연주했으며, 피아노곡은 머레이
페라이어(Murray Perahia), 바이올린 곡은 기돈
크레머(Gidon Kremer)가 연주를 맡았다. 앤
머레이(Ann Murray)와 브린 터펠(Bryn Terfel), 르네
플레밍(Renee Fleming) 등 당시 가장 활발하게
활동하는 성악가도 함께했다. CD는 1994년에
발매되었으며, LP로는 아직 발매되지 않았다.

존 엘리엇 가디너(John Eliot Gardiner)가 지휘한 1989년 녹음은, 종교적 엄숙함은 물론, 작품이 가지고 있는 에너지를 격조 있게 표현하고 있다. 투명한 관현악 사운드와 섬세한 합창은 사람의 마음을 흔들기에 충분하며, 성악 발성은 매우 선명하게 포착된다. 음악의 시대적 고증과 통찰력을

발휘한 음반으로, 가장 먼저 추천하고 싶은 연주다. LP는 한국에서만 발매되었으며, 녹음의 질이 매우 훌륭하다.

오토 클렘페러(Otto Klemperer)의 1965년 녹음은 무겁고 엄숙하지만 전혀 지루하지 않다. 큰 스케일과 치밀한 구성력이 돋보이는 연주로 장엄하고 감동적인 연주를 들려준다. 그의 여러 녹음 중에서 음질과 연주 모두 가장 뛰어난 편에 속하며 HMV(EMI) White Angel 라벨의 초반도 비싸지 않은 가격에 구할 수 있다.

카를 뵘(Karl Böhm)의 1974년 녹음은 상당히 무겁고 느리게 연주되기 때문에 호불호가 갈리는 연주지만, 깊이 있는 음악적 해석을 원하는 사람에게 꼭 추천하고 싶다. 세밀한 관현악과 수준 높은 독창과 합창이 이 작품의 높은 예술적 가치를 전해 주기 때문이다. 카를 뵘은 1955년에 모노 녹음으로 음반을 출시한 적이 있지만, 연주와 음질 면에서 1974년 녹음이 더 뛰어나다. LP로 구하기 어렵지 않고 가격이 저렴해 접근하기 쉬운 장점이 있다.

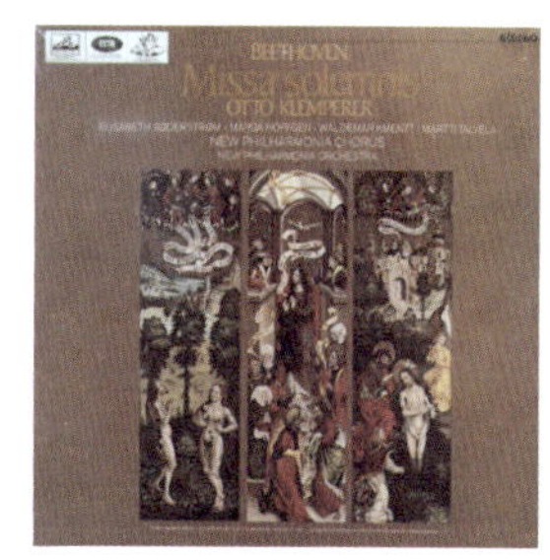

오토 클렘페러
뉴 필하모니아 오케스트라
1965 / HMV SAN 165-6
연주 ★★★★☆
음질 ★★★★☆

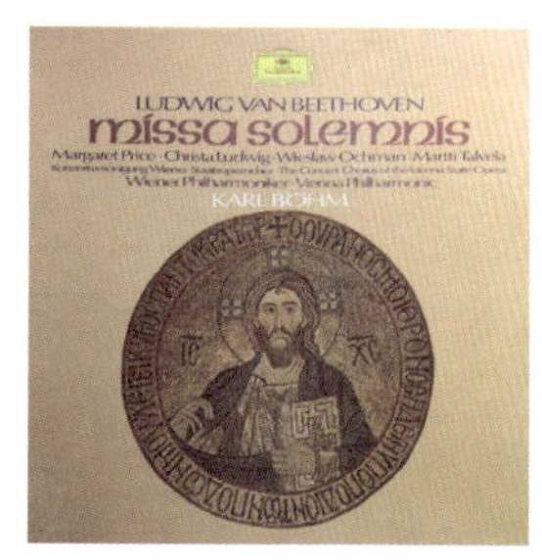

카를 뵘
빈 필하모닉
1974 / DG 2707 080
연주 ★★★★☆
음질 ★★★★

오펜바흐, 호프만 이야기
Offenbach, Les Contes d'Hoffmann (The Tales of Hoffmann)

앙드레 클뤼탕스 / 파리음악원 오케스트라
André Cluytens / Orchestre de la Societe des Concerts du Conservatoire
1965

초호화 배역진

니콜라이 게다, 빅토리아 데 로스 앙헬레스, 엘리자베트 슈바르스고프 등
초호화 성악진이 참여해 오페라를 빛낸다. 올림피아 역의 지아나 단젤로는
콜로라투르 소프라노로서 툴리오 세라핀 지휘의 푸치니 녹음에도 참여했다.
그녀는 마치 인형이 된 듯 올림피아 역을 맡아 노래한다. 이 한 장으로
충분하다.

연주 ★★★★★ 음질 ★★★★★

덧없는 사랑을 노래한 기괴한 오페라

오페라『호프만 이야기』는 「캉캉」으로 유명한 프랑스 작곡가 자크 오펜바흐(Jacques Offenbach, 1819~1880)의 유작이다. 100편의 오페레타를 작곡한 오펜바흐는 마지막으로 대작 오페라를 만들고자 했으나 결국 완성하지 못했다. 제목이 '호프만 이야기'인 이유는 〈고문관 크레스펠〉과 같은 에른스트 호프만(Ernst Hoffmann, 1776~1822)의 단편소설을 활용해 옴니버스 형태로 대본을 작업했기 때문이다. 총 3막으로 구성되었으며, 주인공 호프만의 덧없고 기괴한 사랑 이야기를 담고 있다.

시인 호프만은 뉘른베르크의 주점에서 친구 니클라우스에게 본인이 경험한 세 명의 여인에 대해 이야기를 시작한다. 첫 번째 여인은 로마의 과학자 스팔란차니가 만든 인형이다. 자동인형 올림피아는 등 뒤의 태엽을 돌리면 걷고 노래한다. 올림피아가 부르는 아리아 「새들은 나뭇가지 사이에」는 엄청난 기교를 요구한다. 일반적으로 콜로라투라 소프라노가 부르며 로봇이 부르는 듯한 연기를 한다. 이른바 '인형의 노래'라 불리는 이 아리아는 「뱃노래」와 함께『호프만 이야기』를 유명하게 만든 두 곡의 아리아 중 하나다. 굳이 오페라가 아니어도 성악가들이 공연에서 자주 부르는 곡이다. 오케스트라가 준비를 마치면 남성이 인형처럼 움직이지 않는 소프라노 가수를 들고 무대로 올라온다. 그리고 태엽을 돌리면 가수는 노래를 시작한다. 중간에 태엽이 다 돌아 노래를 멈추고 다시 태엽을 돌려주는 코믹한 요소가 함께하지만, 아리아 자체는 아름답다.

두 번째 여인은 베네치아에서 코르티잔(고급 매춘부)을 하는 줄리에타이다. 줄리에타는 2막의 첫 부분에서 니클라우스와 함께 곤돌라를 타고 등장해 유명한 아리아 「아름다운 밤, 사랑의 밤」을 부른다. '뱃노래'라고 불리는 이 아리아는 소프라노 두 명이 갈라 콘서트에서 자주 부른다. 「인형의 노래」가 초인적 기교를 맛보는 곡이라면, 「뱃노래」는 아름다운 멜로디에 젖어 들게 하는 사랑스러운 곡이다.

세 번째 여인은 뮌헨의 고문관 크레스펠의 딸 안토니아로 그녀는 성악가지만 병을 앓고 있어 노래를 부를 수 없다. 미라클 박사의 계략에 빠져 노래를 부르다 결국 운명한다.

호프만의 현재 여인 스텔라는 올림피아, 줄리에타, 안토니아를 현실에 집약해 놓은 여인이다. 올림피아처럼 아름답고, 줄리에타처럼 관능적이며, 안토니아처럼

헌신적이다. 하지만 니클라우스는 호프만에게서 스텔라마저 떼어놓으며 그가
작품을 계속하기를 바란다. 알고 보니 그는 호프만의 친구 니클라우스로 분장한
뮤즈였던 것이다.

로베르토 베니니 – 인생은 아름다워 (1997)

때는 제2차 세계대전이 발발한 1939년. 호텔에서 웨이터로 일하는 시골
총각 귀도(로베르토 베니니)는 도라(니콜레타 브라스키)를 보고 첫눈에 반하며
"공주님"이라고 부른다. 하지만 도라에게는 약혼자가 있다. 귀도는 도라를
만나려고 오페라 극장에 간다. 『호프만 이야기』의 아름다운 아리아 「뱃노래」가
흘러나오지만, 오페라에는 관심이 없는 귀도. 그는 2층의 도라만을 바라보며
자신을 보라고 주문을 외운다. 도라의 약혼식장에서 영화처럼 백마를 타고 나타난
귀도는 결국 도라의 마음을 얻어 결혼에 성공한다.

귀도는 꿈꿔 왔던 서점을 열고 사랑하는 도라와 함께 아들 조슈아를 키우며
행복한 삶을 살아간다. 하지만 이들에게 불행이 닥친다. 독일군이 귀도와 아들을 유대인 수용소로 데려간 것이다. 도라는 유대인이 아니지만, 남편과 아들을 따라 수용소로 간다. 남녀가 격리되어 수감되는 수용소에서 그들은 만날 수가 없다. 귀도는 호텔에서 일할 때 친하게 지내던 독일인 의사의 도움으로 부역 대신 다시 웨이터를 한다. 독일 장교들의 식사가 끝나자, 귀도는 유성기로 「뱃노래」를 틀고 확성기를 여성 수감소 쪽으로 돌린다. 귀도의 도라를 향한 사랑이 「뱃노래」와 함께 수용소에 울려 퍼진다. '아름다운 밤, 사랑의 밤'이다.

1997년에 영화와 동시에 발매된 『La vita e bella
OST』의 주제 음악이 매우 아름답다. 이탈리아
작곡가 니콜라 피오바니가 작곡한 곡으로 연주
버전, 노래 버전 등 다양하게 OST를 수놓고 있다.
『호프만 이야기』중 「뱃노래」역시 삽입되어 있다.
뉴 필하모니아 오케스트라의 반주에 메조소프라노
셜리 베렛과 소프라노 몽세라 카바예가 열창한다.
CD로만 발매되었다.

초호화 배역진으로 무장한 앙드레 클뤼탕스(André Cluytens)의 1965년 음반이 군계일학이다. 니콜라이 게다(Nicolai Gedda), 빅토리아 데 로스 앙헬레스(Victoria De Los Angeles), 엘리자베트 슈바르츠코프(Elisabeth Schwarzkopf) 등 당대 최고의 성악진이 참여해 오페라를 빛낸다. 올림피아 역의 지아나 단젤로(Giana D'Angelo)는 미국 출신 콜로라투라 소프라노로서 툴리오 세라핀 지휘의 푸치니 녹음에 참여했다. 그녀는 마치 인형이 된 듯 올림피아로서 역을 맡아 노래한다. 성악과 관현악이 섬세하게 조화되어 음질마저 출중한 음반이다. 이 한 장으로 충분하다.

리차드 보닝
스위스 로망드 오케스트라
1972 / DECCA SET 545-7
연주 ★★★★☆
음질 ★★★★☆

조안 서덜랜드(Joan Sutherland)는 그녀의 남편이자 지휘자 리차드 보닝(Richard Bonynge)과 함께한 데카반에서 『호프만 이야기』의 소프라노 3역을 모두 소화했다. 일반적으로 남자 조연의 역할은 1인이 모두 하는 편이지만, 각기 성향이 다른 여주인공 역할을 모두 하는 경우는 극히 드물다는 점에서 들어봐야 할 음반이다. 호프만 역은 플라시도 도밍고(Placido Domingo)가 노래했다.

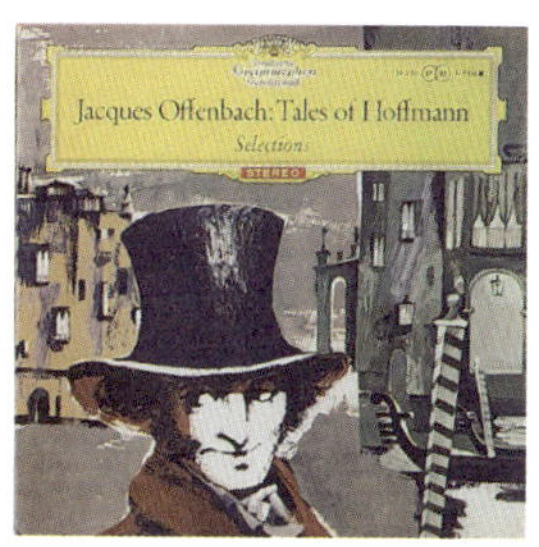

리하르트 크라우스
베를린 심포니 오케스트라
1960 / DG 136-230
연주 ★★★★☆
음질 ★★★★

리하르트 크라우스(Richard Kraus)의 1960년 도이체 그라모폰의 녹음은 'Tales of Hoffmann Selections'라는 제목으로 하이라이트반으로만 발매되었다. 독일이 자랑한 꾀꼬리 콜로라투라 소프라노의 대명사 리타 슈트라이히(Rita Streich)가 올림피아 역을 맡아 노래했다. 그녀가 노래하는 「새들은 나뭇가지 사이에」만 들어도 음반을 살 가치가 있다. 오페라 녹음이 아니라 선별곡이다 보니 노래를 멈추고 태엽을 감는 소리는 들리지 않는다.

퍼셀, 디도와 아이네이아스
Purcell, Dido and Aeneas

제시 노먼 / 레이몬드 레파드 / 잉글리시 체임버 오케스트라
Jessye Norman / Raymond Leppard / English Chamber Orchestra
1985

Philips 416 229

오페라의 블랙 퀸

잉글리시 체임버 오케스트라는 이미 여러 차례 농 오페라를 녹음한
악단이기에 연주는 자신감과 확신에 차 있다. 디도 역의 제시 노먼은 「디도의
비가」를 노래하기에 최적의 소프라노였다. 그녀가 노래하는 아리아는 그
누구의 노래보다 절망으로 가득 차 있다.

연주 ★★★★★ 음질 ★★★★★

바로크 오페라에 대한 영국의 대답

『디도와 아이네이아스』는 그리스-로마 신화에 기초한 오페라 작품이다.
트로이 전쟁이 끝난 후 아프로디테의 아들이자 트로이의 장군 아이네이아스는
트로이를 탈출해 이탈리아로 향한다. 아이네이아스 일행은 지중해를 항해하던
중 북아프리카의 카르타고에 도착한다. 아이네이아스는 디도 여왕을 보고 한
눈에 반한다. 디도 여왕 역시 아이네이아스에 반해 둘은 사랑에 빠진다. 하지만
디도 여왕을 싫어하는 마법사는 둘을 갈라놓을 계략을 꾸민다. 마법사는
제우스 신으로 분해 아이네이아스의 꿈에 나타나 어서 이탈리아로 가서 국가를
재건하라고 명한다. 본분을 깨달은 아이네이아스는 떠날 준비를 하고 디도는
슬픔에 잠긴다. 아이네이아스가 떠나지도 머무르지도 못하는 상황에서 디도는
체념하며 떠나라고 말한다. 그리고 마지막 아리아「내가 죽거든(When I'm laid in
earth)」을 부르며 자진한다. 이 아리아는 '디도의 비가(Dido's lament)'라 불리며
바로크 시대를 빛내는 최고의 아리아로 자리매김했다.

헨리 퍼셀(Henry Purcell, 1659~1695)은 오랜 시간 영국의 자랑이었다. 들을
줄은 알지만 만들 줄은 모른다는 영국 클래식계를 향한 조롱에 대한 대답은 항상
퍼셀이었다. 바흐와 헨델보다 26년 먼저 태어난 퍼셀은 1677년 10대의 나이로
웨스트민스터 성당의 상임 작곡가로 임명받았다. 퍼셀은 안정된 환경 속에서
다양한 작품을 작곡하던 중 오페라에 관심을 두었고, 결국 영국 최초의 오페라
『디도와 아이네이아스』를 작곡했다. 이후『아서왕』와『요정의 여왕』등 37편의
오페라 또는 극음악을 작곡했다.

『디도와 아이네이아스』는 여러 면에서 오페라 사에 획을 그은 작품이다.
한 시간도 안 되는 연주 시간에도 서곡, 합창, 아리아 등 웅장한 멜로디에서
처절한 슬픔까지 다양한 감정을 표현한다. 작품은 1689년 영국 첼시의 조시아스
신학교에서 귀족 부인을 위해 초연되었다. 이후 19세기에 와서는 영국 왕실에서
가면극으로 공연했다는 기록도 있다.

바로크 시대 작품인 만큼 하프시코드의 통주저음이 매력적이다. 작품 전체를
흐르는 하프시코드의 통주저음은 바로크 오페라의 정체성을 확실하게 보여
준다. '디도의 비가'라 불리는 마지막 아리아가 유명하지만, 서곡 역시 훌륭하다.
이 서곡은 빈을 무대로 한 영화 〈비포 선라이즈〉의 도입부에 삽입되어 영화의 첫
장면을 매력적으로 수놓기도 했다.

　19세기 프랑스의 낭만주의 작곡가 엑토르 베를리오즈(Louis Hector Berlioz, 1803~1869)는 오페라 『트로이 사람들』을 작곡했다. 베를리오즈는 퍼셀의 오페라를 확장해 트로이 전쟁부터 시작한 4시간이 넘는 대작을 완성했다.

HBO 미니시리즈 – 밴드 오브 브라더스 (2001)

　HBO에서 2001년에 방영한 〈밴드 오브 브라더스〉는 10부작 미니시리즈로 전쟁영화의 정점을 찍은 작품으로 평가받는다. 〈라이언 일병 구하기〉를 합작한 스티븐 스필버그와 톰 행크스가 공동 작업했다.

　영화는 제2차 세계대전 당시 노르망디에 상륙한 연합군 제101사단 506연대 2대대 이지 중대의 활약상을 담고 있다. 전쟁에 참여하기 전 훈련부터 독일을 점령하는 과정까지를 빠짐없이 담고 있어 제2차 세계대전 영상물로서는 독보적인 위치를 다지는 최고의 작품이다.

　『Band of Brothers OST』는 미국의 영화음악 작곡가 마이클 케이먼의 작품이다. 케이먼은 영화를 위해 「Band of Brothers Suite 1&2」 외에도 에피소드별로 오리지널 스코어를 별도로 작업했다. 대부분 오리지널 스코어지만, 9화 'Why we fight'에는 베토벤 「현악 4중주 제14번」과 함께 퍼셀의 「내가 죽거든」이 삽입되었다. 케이먼은 퍼셀의 이 아리아를 편곡해 「Nixon's Walk」라는 곡으로 재탄생시켰다

　평소에 술에 절어 사는 작전장교 닉슨 대위(론 리빙스턴)는 아내의 이혼 요구에 괴로워한다. 닉슨은 이지 중대가 독일 란츠베르크에서 발견한 유대인 수용소를 다시 방문한다. 수용소 곳곳에 쌓인 수많은 시신 그리고 시신을 수습하러 모인 민간인들. 닉슨이 수용소를 순찰하며 바라보는 비장한 풍경이다. 『디도와 이이네이아스』 중 마지막 아리아 「내가 죽거든」의 통주저음이 닉슨 대위를 따른다. 버건디 색상의 외투를 입은 여인과 눈이 마주친다. 닉슨은 배트69 위스키를 찾으려고 방문한 독일 군인 집에서 그녀를 본 적이 있다. 'Why We Fight'라는 제목이 계속 머릿속에 아른거린다.

잉글리시 체임버 오케스트라(English Chamber Orchestra)는 『디도와 아이네이아스』를 여러 번 녹음했다. 지휘자와 솔리스트를 막론하고 잉글리시 체임버 오케스트라를 고르면 최소한 실패는 없다.

지휘자 레이몬드 레파드(Raymond Leppard)는 잉글리시 체임버 오케스트라를 이끌고 1977년 에라토에서 첫 번째 녹음을 진행했고, 디도 역에 메조소프라노 타티아나 트로야노스(Tatiana Troyanos)를 기용했다. 트로야노스는 이미 아르히프에서 녹음 경력이 있는 베테랑이었고, 절창으로 화답했다. 음질도 무척 생생하다. 하지만 레파드가 두 번째로 녹음한 필립스 음반을 첫 번째로 추천한다. 이미 여러 차례 동 오페라를 녹음한 악단이기에 연주는 자신감과 확신에 차 있다. 디도 역의 제시 노먼(Jessye Norman)은 「내가 죽거든(디도의 비가)」를 노래하기에 최적의 소프라노였다. 그녀가 노래하는 아리아는 그 누구의 노래보다 절망으로 가득 차 있다.

영국의 명지휘자 존 바비롤리(John Barbirolli) 역시 잉글리시 체임버 오케스트라를 이끌고 『디도와 아이네이아스』를 녹음했다. 1965년 LP 전성기에 녹음된 바비롤리의 HMV 녹음은 아날로그 애호가를 위한 최적의 선택이다. 마지막 아리아는 빅토리아 데 로스 앙헬레스(Victoria De Los Angeles)가 절규한다. 앙헬레스는 노먼의 노래만큼 절망에 가득 차 있지는 않으나, 여인의 슬픔이라는 주제에 어울리는 열창이다.

바로크 오페라인 만큼 원전 연주로 감상해 보는 것도 작품을 이해하기에 좋은 방법이다. 트레버 피녹의 아르히프 녹음, 윌리엄 크리스티의 에라토 녹음이 대표적이지만, 뒤늦게 발매된 탓에 LP가 없다. LP 발매를 기대해 본다.

타티아나 트로야노스 / 레이몬드 레파드
잉글리시 체임버 오케스트라
1977 / ERATO STU 71091
연주 ★★★★☆
음질 ★★★★☆

빅토리아 데 로스 앙헬레스 / 존 바비롤리
잉글리시 체임버 오케스트라
1965 / HMV SAN 169
연주 ★★★★☆
음질 ★★★★★

말러, 죽은 아이를 그리는 노래
Mahler, Kindertotenlieder

캐슬린 페리어 / 브루노 발터 / 빈 필하모닉
Kathleen Ferrier / Bruno Walter / Wiener Philharmoniker
1949

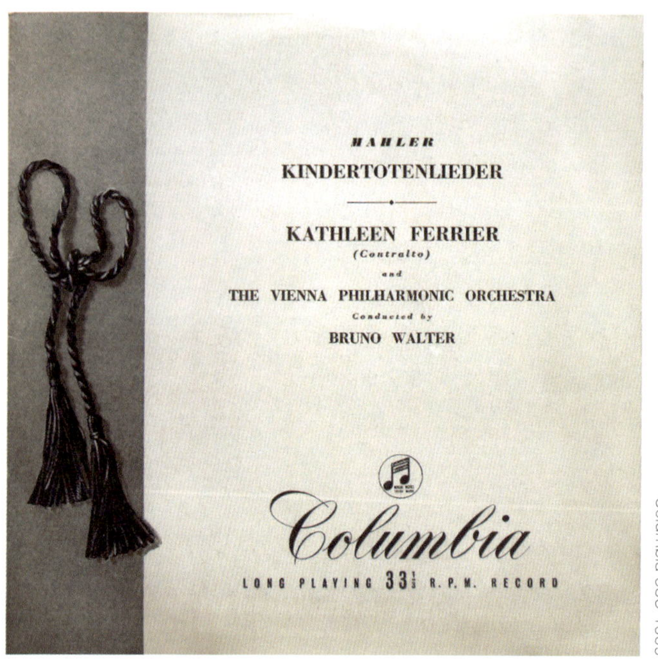

깊은 소리, 깊은 감동

캐슬린 페리어의 깊고 풍성한 보이스가 놀모이녀, 브루노 발디기 이끄는 빈
필하모닉의 관현악 반주도 일품이다. 애써 슬픔을 억누르며 요동치는 감정을
고스란히 드러내는 캐슬린 페리어의 절창이 가슴을 아프게 한다. 여성이 부른
녹음 중에서 단연 최고의 연주다.

연주 ★★★★★ 음질 ★★★

죽은 자식을 가슴에 묻다

구스타프 말러(Gustav Mahler, 1860~1911)의 연가곡『죽은 아이를 그리는 노래』는 프리드리히 뤼케르트(Friedrich Rueckert, 1788~1866)의 시에 곡을 붙인 것으로 아이를 잃은 부모의 슬픔을 담아냈다. 다섯 곡으로 이루어진 이 작품은 1곡「Nun will die Sonn' so hell aufgeh'n(이제 태양이 떠오른다)', 2곡「Nun seh' ich wohl, warum so dunkle Flammen(이제 나는 알겠네. 왜 그리도 어두운 눈동자로 나를 바라보았는지)」, 3곡「Wenn dein Mütterlein tritt zur Tür herein(네 엄마가 문을 열고 들어설 때)」, 4곡「Oft denk' ich, sie sind nur ausgegangen!(아이들은 잠깐 밖에 나갔다고 생각해)」, 5곡「In diesem Wetter, in diesem Braus(이런 날씨에 몰아치는 폭풍우 속에는)」으로 구성된다. 작품은 아이를 잃은 부모가 현실을 부정하는 것부터 아이를 밖으로 보내지 말았어야 했다는 자책 그리고 스스로를 위로하는 내용 등을 담고 있다.

독일 시인 뤼케르트는 자신의 어린 두 아이를 잃고, 그 슬픔을 400여 편의 시로 남겼다. 뤼케르트의 시집을 읽은 말러는 그중 5편을 골라 1901년『죽은 아이를 그리는 노래』라는 제목의 연가곡집으로 만든다. 먼저 1곡, 3곡, 4곡을 1901년에 작곡했고, 3년 뒤인 1904년에 2곡, 5곡을 마저 작곡했다. 이 당시 말러는 스무 살이 어린 알마 쉰들러(Alma Schindler, 1879~1964)와 결혼했는데, 1곡과 3곡, 4곡은 결혼 전에 그리고 2곡, 5곡은 결혼 후에 완성했다. 곡의 완성 시기가 둘째 딸을 낳고 얼마 지나지 않은 때라 알마 말러는 이 작품을 매우 못마땅하게 생각했다고 하는데, 그녀의 불길한 예감이 맞았는지 1907년 큰딸 마리아 안나 말러(Maria Anna Mahler, 1902~1907)가 뤼케르트의 아이들과 똑같이 디프테리아(diphtheria)로 세상을 떠났다. 크게 상심한 말러는 그해 심장에 큰 문제가 생긴 것을 알게 되고, 불과 몇 년 뒤 세상을 떠나고 말았다.

"부모가 죽으면 땅에 묻지만, 자식이 죽으면 가슴에 묻는다"라는 말이 있듯 자식을 잃은 부모의 심정이 어떠할지 자녀를 낳고 키워 본 사람들이라면 누구든 짐작할 수 있을 것이다. 이 작품은 자식을 잃은 뤼케르트의 절절한 심정과 그에 공감한 말러의 심경이 고스란히 투영되어 듣는 이의 가슴마저 애절한 슬픔에 젖게 하는 명작이다.

알폰소 쿠아론 – 칠드런 오브 맨 (2006)

〈칠드런 오브 맨〉은 더 이상 아기가 태어나지 않은 미래 사회를 그린다. 전 세계 모든 여성이 임신할 수 없는 시대로 인류는 종말의 길을 걷고 있다. 한때 사회운동가로 활약했던 테오(클라이브 오웬)는 어느 날 이혼한 아내 줄리안(줄리안 무어)을 만난다. 그녀는 흑인 소녀 키(클레어 홉 애시티)를 해안가로 이동하는 통행증을 만들어 달라고 부탁한다. 테오는 키가 임신한 사실을 알게 되며, 키를 데리고 친구 제스퍼(마이클 케인)의 집으로 향한다. 제스퍼는 인간의 멸종을 막으려는 과학자로 구성된 '인류 프로젝트'에 키를 데리고 가려고 키와 테오를 도와준다. 여러 사람의 도움으로 마침내 키는 '인류 프로젝트'로 가는 희망의 배에 승선한다.

더 이상 아이가 태어나지 않는 어두운 미래를 그리는 이 영화에 말러의 『죽은 아이를 그리는 노래』 중 제1곡 「Nun will die Sonn' so hell aufgeh'n(이제 태양이 떠오른다)」의 일부가 삽입되었다. 테오가 키와 함께 제스퍼의 은신처에 머물 때, 제스퍼는 테오와 줄리안의 첫 만남과 둘 사이에 태어난 딜런에 관한 이야기를 키에게 들려준다. 이때 흐르는 곡이 제1곡이다. 2008년, 독감이 전세 세계를 휩쓸면서 딜런이 죽었다는 이야기는 말러의 『죽은 아이를 그리는 노래』와 잘 어울린다. 영화와 음악 모두 회색빛으로 물들어신 섯처럼 우울하나.

『Children Of Men OST』는 2006년 CD로 발매되었다. 영국의 작곡가 존 태버너(John Tavener)가 음악을 맡았으며, 딥 퍼플, 존 레논, 킹 크림슨, 도노반 등 대중음악 신에서 영향력 있는 가수들의 음악들이 삽입되었다. 영화 분위기에 맞춰 그들의 음악도 어두운 곡으로 선곡되었다. 사운드트랙에 에이펙스 트윈과 디지털 미스틱즈의 노래가 포함되지 않은 부분은 아쉽다.

성악가로서 가장 빛나던 시절에 갑자기 암으로 세상을 떠난 캐슬린 페리어(Kathleen Ferrier)의 절창은 이 곡이 가진 애절함을 극대화한다. 저음을 내는 콘트랄토(contralto) 성악가답게 무겁고 차분한 분위기로 자식을

잃은 슬픔을 표현하고 있다. 말러의 제자이자 친구인
브루노 발터(Bruno Walter)는 작곡가를 가장 잘
이해하는 음악가 중 한 명이다. 그는 절제된 템포로
오케스트라를 이끌며, 말러의 의도를 정확히 짚어
연주한다. 75년이 지난 오래된 연주지만 음질이
나쁘지 않다. 이렇게 오래된 녹음은 CD보다는 확실히
LP로 듣는 것이 더 나은 선택이다.

디트리히 피셔-디스카우(Dietrich Fischer-Dieskau)와
루돌프 켐페(Rudolf Kempe)의 1955년 녹음은 아이를
잃은 아버지의 슬픔을 노래하는 연주로서는 최고의
연주다. 피셔-디스카우는 이 곡을 카를 뵘(Karl Böhm),
로린 마젤(Lorin Maazel) 등 여러 지휘자와 함께
녹음했지만, 이 연주를 가장 높게 평가한다. 피셔-
디스카우의 애절하고 슬픈 노래가 가슴을 울리는
명연이다. 초반 LP는 잘 안 보이지만, 음질이 괜찮은
재발매반은 비교적 쉽게 구할 수 있다.

크리스타 루트비히(Christa Ludwig)와 헤르베르트
폰 카라얀(Herbert von Karajan)의 1974년 녹음은
크리스타 루트비히 특유의 깊고 무게감 있는 음색이
돋보인다. 그녀는 안정감 있는 목소리로 아이를 잃은
어머니의 괴로움과 슬픔을 노래한다. LP는 카라얀이
지휘하는 말러「교향곡 제5번」이 함께 수록되어 있으며, 위에서 소개한 두 연주에
비해 음질이 뛰어나다.

피셔-디스카우 / 루돌프 켐페
1955 / Electrola E 70 004
연주 ★★★★☆
음질 ★★★☆

크리스타 루트비히 / 헤르베르트 폰
카라얀
1974 / DG 2707 081
연주 ★★★★☆
음질 ★★★★☆

바흐, 나는 만족하나이다
Bach, Cantata 'Ich habe genug', BWV82

한스 호터 / 앤서니 버나드
Hans Hotter / Anthony Bernard
1950

Columbia Masterworks

절제된 경건함

독일의 위대한 바리톤 가수 한스 호터는 이 곡이 지향하는 모든 면을 적절하게 표현한다. 감정의 과잉 없이 절제된 발성으로 곡의 경건함을 잘 살리고 있다. 메시아의 탄생으로 자신의 긴 삶의 여정을 마무리하는, 절절한 시므온의 목소리가 바로 여기 있다.

연주 ★★★★☆ 음질 ★★★

진심을 다하다

바흐(Johann Sebastian Bach, 1685~1750)가 작곡한 칸타타(교성곡) 작품은 그의
모든 작품 중에서 대단히 중요한 위치를 차지하고 있다. 그중에서 「칸타타 제82번
‘나는 만족하나이다’ BWV82」는 루카 복음 2장에 나오는 시므온의 이야기를
배경으로, 바흐가 1727년에 성모 마리아의 정화 축일을 위해 작곡한 작품이다.
칸타타는 17~18세기 바로크 양식 시기에 성행했던 악곡 형식으로, 어떠한 주제의
내용을 오케스트라 반주에 맞춰 부르는 다악장 형태의 성악곡이다. 대개 몇 곡의
아리아(노래)와 레치타티보(대사를 노래하듯이 말하는 형식)를 교대로 연주하는 것이
특징이다. 바흐의 「칸타타 제82번」은 모두 다섯 곡으로 구성되어 있으며, 세 곡의
아름다운 아리아와 두 곡의 레치타티보가 번갈아 가며 노래한다. 경건하면서 깊은
울림을 주는 곡들은 진지하고 장엄한 분위기로 노래된다. 바흐는 이 곡을 처음에
베이스 독창용으로 작곡했지만, 몇 년 뒤 소프라노 독창용(BWV82a)으로도 편곡해
지금은 모든 음역대의 성악가가 부르고 있다.

1악장 아리아 ‘나는 만족하나이다(Aria Ich habe genug)’

2악장 레치타티보 ‘나는 만족하나이다. 내 희망은 단지 이것뿐(Recitative Ich habe genug! Mein

Trost ist nur allein)’

3악장 아리아 ‘피곤함에 지친 눈이여, 이제 잠들라(Aria Schlummert ein, ihr matten Augen)‘

4악장 레치타티보 ‘하느님이시어, 죽음의 시간은 언제 옵니까(Recitative Mein Gott! wann kommt

das schöne Nun!)’

5악장 아리아 ‘저는 이제 죽음을 기다리고 있습니다(Aria Ich freue mich auf meinen Tod)‘

바흐는 뮐하우젠 시대(1707~1708)부터 라이프치히 시대(1723~1750)까지 전
생애에 거쳐 칸타타를 작곡했다. 세월이 지나면서 소실된 자료까지 합하면 300여
곡을 작곡했다고 하니 바흐에게 칸타타라는 장르는 가장 중요하고 본질적인
음악이었던 셈이다. 바흐가 활동했던 1700년대 초반에는 칸타타를 중심으로 종교
음악을 연주하는 경우가 많았기 때문에, 그의 명성이 높아질수록 그는 늘 과중한
업무에 시달렸다고 한다. 그런 와중에도 바흐는 교회 이외에서 연주하는 세 곡의
세속 칸타타도 작곡했으니 칸타타에 그가 얼마나 진심이었는지 알 수 있다.

박찬욱 – 박쥐 (2009)

〈박쥐〉에는 바흐의 칸타타 「나는 만족하나이다」가 영화 첫 장면과 마지막 장면에 나온다. 특히, 죽음을 통해 고된 삶에서 해방되고 싶은 상현(송강호)과 그런 그와 마지막까지 함께하는 태주(김옥빈)가 죽음을 함께 맞이하는 장면에서 흘러나오는 바흐의 칸타타는 매우 인상적이다. 순수한 마음을 가진 신부 상현은 해외에서 백신 개발 실험에 참여했다가 정체불명의 피를 수혈받고 뱀파이어가 된다. 타인을 위해 위험한 실험에 참여할 정도로 다른 사람에 대한 사랑과 연민의 마음을 가진 상현은 뱀파이어가 된 후, 피를 원하는 원초적인 갈증과 살인을 원치 않는 신앙심 사이에서 크게 갈등한다. 게다가 친구 부인에 대한 성적 갈망은 그를 더 괴롭힌다. 상현은 태주에게 욕정을 느끼고, 그들은 서로 사랑하게 된다. 상현이 뱀파이어라는 사실을 알게 된 태주는 상현을 이용해, 남편을 죽이고 자신도 뱀파이어가 된다. 상현은 끝내 돌이킬 수 없는 상황에서 신앙심과 인간성을 포기하지 않으려고 끝까지 자신과 싸운다. 마침내 상현은 신의 구원과 영원한 안식을 얻기 위해 태주와 함께 죽음을 선택한다. 바흐의 칸타타 「나는 만족하나이다」는 죄악의 속박에서 벗어나 죽음을 맞아 영원한 안식의 소망을 품게 하는 내용을 가지고 있다. 이 곡은 영화 속 상현의 모습을 잘 표현한다.

이 곡의 추천 베스트 LP는 한스 호터(Hans Hotter)와 앤서니 버나드(Anthony Bernard)의 1950년 녹음이다. 한스 호터 특유의 낭만적인 바리톤 음색은 이 곡이 가진 경건함을 잘 표현하며, 아름답게 절제된 노래와 균형 잡힌 오케스트라 연주는 이 곡이 가진 섬세한 감정을 잘 드러낸다. 오래된 모노 녹음으로 음질은

『박쥐 OST』는 박찬욱 감독과 오랜 시간 함께 작업하고 있는 조영욱 음악감독이 맡았다. 바흐의 칸타타 「나는 만족하나이다」를 편곡했으며, 상현과 태주의 감정을 자연스럽게 표현한 음악으로 음반을 채우고 있다. 이난영의 「선창에 울러왔다」와 남인수의 「고향 그림자」는 영화의 감정과 분위기를 더욱 깊게 전달한다. CD는 발매되었지만, LP로는 발매되지 않았다.

다소 아쉽지만 감상하는 데 지장 없다. 1950년에
영국 컬럼비아에서 SP 음반으로 처음 발매되었고,
LP로는 1954년 미국 컬럼비아 마스터웍스에서 나온
게 초반이나 일단 구하기 어렵다. EMI Reference,
Dacapo 등 모노 재발매반은 가격도 적당하고
구하기도 쉽다.

디트리히 피셔-디스카우(Dietrich Fischer-Dieskau)와
카를 리히터(Karl Richter)의 음반은 감정의 진폭이
크지 않지만, 가슴을 잔잔히 울리는 해석이 돋보인다.
피셔-디스카우의 뛰어난 표현력과 카를 리히터가
지휘하는 뮌헨 바흐 오케스트라(Münchener Bach-
Orchester)의 풍성한 울림에 마음이 움직인다. 이 곡을
들어보고 싶은 사람에게 부담 없이 추천할 수 있는
연주다. 역시 LP로 쉽게 구할 수 있으며, 가격도 높지
않기 때문에 추천한다.

안드레이 히올스키(Andrzej Hiolski)가 노래하고
보흐단 보디츠코(Bohdan Wodiczko)가 지휘한
음반도 꼭 들어봐야 할 명연이다. 폴란드의 위대한
바리톤인 히올스키는 잘 알려진 가수는 아니지만,
깊은 표현력으로 사람의 마음을 감동시키는 노래를
들려준다. 아름다운 목소리로 그는 이 곡에서 영원의
안식을 찾는 감미로운 정서를 그 누구보다 잘 표현하고 있다. 폴란드 대표 레이블
MUZA에서 발매된 LP는 그다지 높지 않은 가격에 거래되고 있지만, 눈에 잘 띄지
않는다.

디트리히 피셔-디스카우 / 칼 리히터
1968 / Archiv 198 477
연주 ★★★★☆
음질 ★★★★

안드레이 히올스키 / 보흐단
보디츠코
1965 / Muza SX 0519
연주 ★★★★☆
음질 ★★★☆

바그너, 니벨룽의 반지 중 라인의 황금
Wagner, Das Rheingold from Der Ring des Nibelungen

게오르그 솔티 / 빈 필하모닉
Georg Solti / Wiener Philharmoniker
1958

기념비적 레고딩

오케스트라의 뛰어난 음향은 독보적이며, 성악진의 뛰어난 가창력도
눈부시다. 대부분의 다른 음반과 달리 스튜디오 레코딩으로 제작되었다.
압도적인 스케일과 에너지로 뜨거운 연주를 들려주는 기념비적인 연주로
대중성과 예술성을 동시에 인정받는 「라인의 황금」 최고작이다.

연주 ★★★★★ 음질 ★★★★☆

바그너가 창조한 거대한 신화의 시작

리하르트 바그너(Wilhelm Richard Wagner, 1813~1883)의 대표작 『니벨룽의 반지』는 라인강의 황금으로 만든 절대 반지를 중심으로 신들의 세계가 몰락하고 지그프리트로 대표되는 인간들의 세계가 새롭게 탄생하는 과정을 그린 초대형 음악극이다. 총 4부작 중에서 첫 번째 작품인 「라인의 황금」은 반지의 탄생과 저주를 그린다. 라인강에서 황금을 훔친 난쟁이 알베리히가 황금을 이용해 세상을 지배하는 반지를 만든다는 내용으로 시작하는 「라인의 황금」은 신들의 왕 보탄에게 속아 반지를 빼앗긴 알베리히가 반지에 저주를 걸면서 비극이 시작된다. 이 반지를 소유한 자는 신이든 인간이든 죽음의 저주를 피할 수 없다는 것이다. 잠시 반지를 얻었던 보탄은 반지에 욕심을 내지만, 지혜의 여신 에르다가 나타나 "저주를 피하려면 반지를 포기하라"라고 충고한다. 보탄은 새로운 성을 얻는 조건으로 빚을 진 거인 형제 파프너와 파졸트에게 반지를 넘기고, 반지를 받은 순간 이성을 잃은 파프너는 파졸트를 죽이고 용으로 변해 반지와 함께 사라진다. 저주가 실현된 것이다. 큰 대가를 치르고 얻은 새로운 성 발할라로 입성하는 보탄과 신들이 무지개 다리를 건너면서 「라인의 황금」은 막을 내린다.

『니벨룽의 반지』는 황금으로 만든 반지를 소유한 자는 절대 권력을 얻을 수 있다는 설정을 가지고 있다. 하지만 지나친 권력욕과 억제되지 않은 물욕은 파멸을 불러온다는 교훈도 담겨 있다. 반지를 손에 넣게 되는 자는 모두 비참한 최후를 맞게 되는데, 이는 통제되지 않는 욕심이 인간이든 신이든 파멸을 부르기 때문이다. 오페라 역사상 가장 규모가 크고 긴 시간을 요구하는 작품인 『니벨룽의 반지』는 프롤로그에 해당되는 「라인의 황금」을 전야제 작품으로 공연하고, 첫째 날에 「발퀴레」, 둘째 날에 「지그프리트」, 셋째 날에 「신들의 황혼」을 4일간 공연한다.

바그너는 야망이 대단히 큰 인물이었다. 그는 바이에른의 국왕 루트비히 2세의 지원을 받아 자신의 작품을 공연할 바이로이트 축제 극장을 1876년에 세웠으며, 이는 오로지 『니벨룽의 반지』만을 연출하기 위해서다. 돔형으로 만들어진 무대는 최상의 음향을 구현하도록 설계되었는데, 오케스트라 연주석이 무대 밑으로 들어가 연주하는 구조는 관객이 무대에만 집중할 수 있게 했다. 바그너는 평생 성숙하지 못한 성품으로 만인에게 지탄받았지만, 그 결점을 뛰어넘는 엄청난 예술적 감각과 능력으로 당시 음악계에 막강한 영향력을 행사했다.

리들리 스콧 – 에이리언: 커버넌트 (2017)

〈에이리언: 커버넌트〉는 SF 장르의 거장이자 '에이리언' 시리즈의 창시자인 리들리 스콧(Ridley Scott)이 연출한 작품이다. 2012년에 개봉한 〈프로메테우스〉의 후속작으로 에이리언 프리퀄 시리즈의 두 번째 작품이다. 새로운 우주 식민지를 개척하기 위해 우주 탐사 대원과 2,000명의 이주민을 태운 커버넌트호는 오리가에-6 행성으로 향하던 중이었지만, 예기치 못한 사고를 당해 낯선 미지의 행성에 도착한다. 미지의 행성에 도착한 탐사 대원은 10년 전 실종된 프로메테우스호에 탑승했었던 인공지능 로봇 데이빗(마이클 패스벤더)과 조우한다. 하지만 데이빗과 똑같은 인공지능 로봇 월터(마이클 패스벤더)는 데이빗이 인간을 멸망시려고 끔찍한 실험을 하고 있다는 것을 알게 된다. 데이빗의 끔찍한 계획을 알게 된 다니엘스(캐서린 워터스턴)와 월터는 데이빗을 제거하고 남은 팀원과 함께 이 행성을 탈출한다. 하지만 월터가 데이빗으로 위장했다는 사실을 알게 된 다니엘스는 절망하면서 동면에 들어간다. 이 충격적인 장면에서 바그너의 「라인의 황금」 중 '신들의 발할라 입성과 무지개 다리'가 흘러나오는데, 이는 영화가 이야기하고자 하는 주제를 적절히 수식한다.

『니벨룽의 반지』, 특히 「라인의 황금」을 이야기할 때, 게오르그 솔티(Georg Solti)가 1958년 영국 데카에서 지휘한 녹음은 반드시 언급되어야 할 명반이다. 데카의 전설적인 프로듀서 존 컬쇼(John Culshaw)는 당시 최고의 성악진과 데카의 대표 지휘자 솔티를 한데 모아 라이브가 아닌 스튜디오에서 전곡을 완성하는 대작을 탄생시켰다. 포효하는 관현악과 탁월한 성악진 그리고 섬세하면서도 강렬하게

『Alien: Covenant OST』는 호주 출신 작곡가 제드 커젤(Jed Danyel Kurzel)이 맡았다. 리들리 스콧은 제드 커젤과 영화에 관해 이야기를 나누면서 외계 문명과 위협적인 대상의 소리에 대해 의논했다. 결과는 성공적이었다. 심혈을 기울여 만든 미지 세계의 신비로운 음악은 영화의 주제를 효과적으로 포착하고 있다. 2017년 CD와 LP가 동시 발매됐다.

오케스트라를 이끄는 솔티의 지휘가 완벽하게
어우러진 이 음반은 바그너 녹음사에 길이 남을
걸작으로 평가받으며, 65년이 지난 지금도 뛰어난
음질을 자랑한다.

거대하고 강렬한 「라인의 황금」을 갈망하는
이들에게 카를 뵘(Karl Böhm)의 연주는 가장 완벽한
선택이라 할 만하다. 지휘자의 섬세한 손길에 따라
폭풍처럼 몰아치는 오케스트라와 뛰어난 성악가들이
바그너 음악의 깊은 매력을 온전히 구현한다. 카를
뵘이 지휘한 『니벨룽의 반지』 전곡은 팽팽한 긴장감과
뜨거운 열정이 응축되어 있으며, 오래된 라이브
녹음의 음질 한계에도 현장 특유의 생생함이 더해져
바그너 음악의 진수를 깊이 체험할 수 있게 한다.
따라서 음반을 선택할 때는 「라인의 황금」(3LP 구성)
단독반보다는 『니벨룽의 반지』 전곡 박스반(16LP
구성)이 더 가치 있는 선택일 수 있다.

헤르베르트 폰 카라얀(Herbert von Karajan)의
1967년 녹음은 서사적 전개에 집중해 극의 긴장감과
감정을 탁월하게 살려냈다. 각 배역을 맡은 성악진은
섬세한 연기력과 풍부한 표현력으로 작품의 완성도를
한층 높였으며, 베를린 필하모닉은 작품의 미세한
부분까지 정교하게 구현했다. 카라얀 특유의 치밀하고
정제된 지휘는 높은 완성도를 자랑하며, 입체감을 살린 뛰어난 녹음은 듣는 이를
작품 속으로 깊이 몰입하게 한다.

카를 뵘
바이로이트 페스티벌 오케스트라
1967 / Philips 6747 037
연주 ★★★★☆
음질 ★★★★☆

헤르베르트 폰 카라얀
베를린 필하모닉
1967 / DG 104 966/68
연주 ★★★★☆
음질 ★★★★☆

베르디, 레퀴엠
Verdi, Messa da Requiem

카를로 마리아 줄리니 / 필하모니아 오케스트라와 합창단
Carlo Maria Giulini / Philharmonia Orchestra and Chorus
1963

His Master's Voice SAN 133-34

인간적인, 너무나 인간적인
따뜻한 인간미가 느껴지는 연주로 적극적인 감정이입을 시도하고 있나.
뛰어난 성악진의 절창이 돋보이며, 엄숙함과 기품을 잃지 않은 명연이다.
인간의 삶과 죽음에 대해 깊이 성찰하게 하는 연주다.

연주 ★★★★★ 음질 ★★★★☆

오페라를 닮은 진혼곡

오페라 작곡가로 유명한 주세페 베르디(Giuseppe Verdi, 1813~1901)의 최고 걸작 중 하나인 『레퀴엠』(Messa da Requiem)은 그가 남긴 종교음악 중에서 가장 규모가 큰 작품이다. 이 곡은 소프라노, 메조소프라노, 테너, 베이스 등 네 명의 독창자와 더불어, 대규모 합창단과 오케스트라가 장대한 스케일로 드라마틱하게 연주되는 곡이다. 제1곡 「Kyrie」을 시작으로, 제2곡 「Sequenz」, 제3곡 「Offertorio」, 제4곡 「Sanctus」, 제5곡 「Agnus Dei」, 제6곡 「Lux aeterna」, 제7곡 「Libera me」로 구성된다. 특히 제2곡 「Sequenz」에는 부속곡으로 'Dies irae(진노의 날)'이 나오는데, 폭발하는 팀파니 소리에 맞춰 절규하는 듯한 합창단의 포효가 공포감을 안겨준다. 심판의 날에 대한 강한 두려움이 잘 표현된 곡으로, 베르디 음악에 대해 잘 모르는 사람이라도 한 번쯤은 들어봤을 법한, 강렬하고 압도적인 사운드를 뿜어내는 곡이다.

베르디는 1868년 세상을 떠난 선배 작곡가 조아키노 로시니(Gioacchino Rossini, 1792~1868)를 추모하고자 여러 작곡가와 합작으로 『레퀴엠』을 기획했다. 베르디는 『레퀴엠』의 마지막 곡 「Libera me」를 맡아 작곡했으나, 여러 문제로 기획이 무산되어 「Libera me」 악보를 오랜 시간 책장 속에 방치했다. 그로부터 5년 뒤인 1873년에 이탈리아 낭만주의 시대를 대표하는 시인 알렉산드로 만초니(Alessandro Manzoni, 1785~1873)가 세상을 떠난다. 만초니를 존경했던 베르디는 큰 슬픔에 빠졌고, 그를 기리고자 『레퀴엠』을 작곡하기로 결심한다. 베르디는 로시니를 위해 썼던 「Libera me」를 다시 꺼내 『레퀴엠』 전곡을 그해 완성한다. 1874년, 베르디 자신의 지휘 아래 밀라노의 성 마르코 성당에서 이 작품을 초연했으며, 사흘 뒤에는 라 스칼라 극장에서 공연해 큰 성공을 거둔다. 레퀴엠은 죽은 사람의 영혼을 위로하는 미사용 음악이다. 기본적으로 엄숙한 분위기에서 고인에 대한 애도와 진혼을 기원하기 때문에 음악도 엄격하면서 정숙하다. 하지만 베르디의 레퀴엠은 종교음악이면서 극적인 박력과 화려함까지 갖추고 있다. 음악사에서 빼놓을 수 없는 오페라 작곡가 베르디의 모든 작곡 노하우가 고스란히 담긴 유일무이한 스타일의 작품이다.

한재림 – 더 킹 (2017)

영화 〈더 킹〉은 정치 풍자를 담은 블랙코미디로, 검사들의 이야기를 그린다.

주인공 태수(조인성)는 학교에서 싸움만 일삼던 문제아였다. 어느 날, 건달인 아버지(정성모)가 작은 체구의 한 남자 앞에서 무릎을 꿇고 쩔쩔매는 모습을 보고 충격을 받는다. 그 남자는 검사였고, 태수는 그때부터 검사가 되기로 결심한다. 열심히 공부해 서울대 법학과에 진학한 그는 마침내 검사가 된다. 하지만 현실은 과도한 업무와 피로에 시달리는 나날의 연속이었다. 자신이 꿈꿨던 검사 생활과는 다른 현실에 절망하던 중, 검사 한강식(정우성)을 만나 권력의 맛을 보게 된다. 그러나 결국 한강식에게 배신당해 친구도 권력도 모두 잃고 과거를 후회하며 복수를 다짐하는 태수의 이야기가 영화의 중심이다.

이렇게 무소불위의 권력을 누리다 나락으로 떨어지는 주인공과 그 모습을 극복하려는 열린 결말을 그린 영화 속에 베르디 『레퀴엠』 중 'Dies irae'가 흐른다. 블랙코미디 특유의 아이러니와 결합한 이 곡은 권력과 운명의 모순된 면모를 한층 선명하게 드러내며, 영화의 메시지를 더욱 깊이 있게 전한다.

〈더 킹〉의 OST는 음반으로 발매되지 않았다. 영화에는 자자의 「버스 안에서」, 클론의 「꿍따리샤바라」 같은 1990년대 중반에 히트한 가요뿐만 아니라, 베르디의 『레퀴엠』을 포함해 바흐의 「2대의 바이올린 협주곡 BWV 1043」 1악장, 베토벤의 「교향곡 7번」 2악장 같은 클래식 음악도 흘러나온다. 트립합의 대표 그룹 매시브 어택(Massive Attack)의 「Teardrop」을 호세 곤잘레스(Jose Gonzalez)가 편곡해 부른 버전도 눈길을 끈다.

카를로 마리아 줄리니(Carlo Maria Giulini)는 1963년부터 1964년에 걸쳐 이 작품을 녹음했다. 느린 템포로 노래하듯 흐르는 그의 해석은 작품에 깃든 엄숙함과 비장미를 더욱 깊고 섬세하게 드러낸다. 웅장한 스케일과 풍부한 관현악의 결이 어우러지고, 이름만으로도 심장이 뛰는 뛰어난 성악진이 장엄한 울림을 완성한다. His Master's

Voice(EMI)에서 발매된 LP는 오늘날까지도 비교적
합리적인 가격에 구할 수 있다.

클라우디오 아바도(Claudio Abbado)가 지휘한
2001년 녹음은 예술가가 삶의 고통과 열정을
온몸으로 담아낸 기록이다. 위암 투병으로 수척해진
그의 몸은 한없이 연약했지만, 지휘봉을 잡은
손끝에서는 불꽃처럼 타오르는 뜨거운 열정이 뿜어져
나왔다. 안젤라 게오르규(Angela Gheorghiu)가 부르는
「Libera me」는 절규에 가까운 애절함으로 가슴을
파고든다. 다만, 다소 독특한 창법으로 인해 듣는 이에
따라 호불호가 갈릴 수 있다. 이 연주는 2023년에
LP로 발매되었으며, 2002년에 출시된 DVD 또한
감동을 눈과 귀로 함께 느낄 수 있는 소중한 자료다.

아르투로 토스카니니(Arturo Toscanini)의 1951년
연주는 '베르디 레퀴엠의 헤비메탈 버전'이라 불릴
만큼 격정적이고 강렬하다. 불같은 에너지와 박력
넘치는 해석 속에서도 작품이 지닌 종교적 엄숙함을
놓치지 않는 균형감이 돋보인다. 70년이 넘은 모노
녹음임에도 그 긴장감과 극적인 호흡은 오늘날까지도
생생히 살아 숨 쉰다.

클라우디오 아바도
베를린 필하모닉
2001 / Warner Classics
B0C83S6H54
연주 ★★★★☆
음질 ★★★★☆

아르투로 토스카니니
NBC 오케스트라
1951 / RCA LM-6018
연주 ★★★★☆
음질 ★★★☆

바그너, 탄호이저 서곡
Wagner, Tannhäuser Overture

헤르베르트 폰 카라얀 / 베를린 필하모닉
Herbert von Karajan / Berliner Philharmoniker
1974

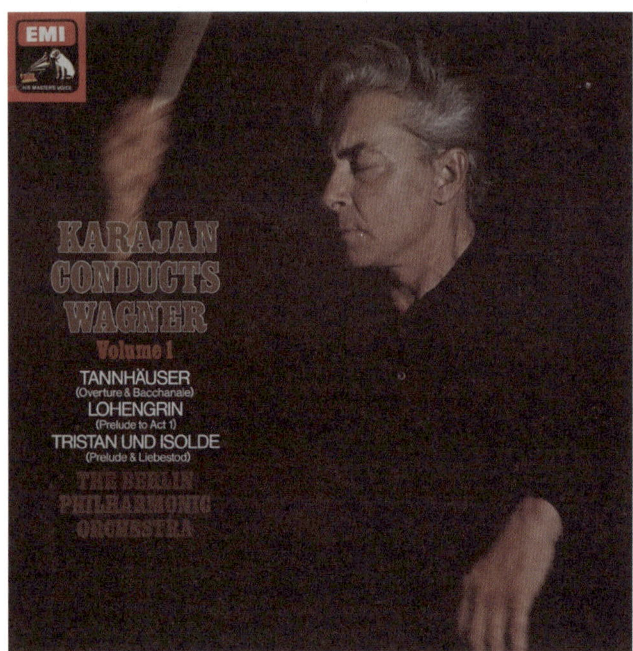

아름다운 바그너 서곡집

오케스트라를 완벽에 가깝게 상악 통제해, 힌 치의 빈틈도 없는 완벽한
연주를 들려주는 바그너 서곡집. 『탄호이저』뿐만 아니라 수록된 모든 곡이
치밀하고 훌륭하다. 1974년에 녹음된 서곡집은 Volume 1과 Volume 2 두
장의 LP로 구성되었다.

연주 ★★★★★ 음질 ★★★★☆

엘리자베트의 희생

　　리하르트 바그너(Wilhelm Richard Wagner, 1813~1883) 음악극 중에서 비교적
길이가 짧고 친해지기 쉬운『탄호이저』는 그의 중기작에 해당되는 작품이다.
이탈리아 오페라 형식을 갖춘 그의 초기작과 기존의 오페라 스타일에서
탈피하고자 하는 바그너식의 웅장하고 드라마틱한 전개의 오페라로 난해하다는
평가를 받는 후기작 사이에 위치한다. 오페라『탄호이저』의 정식 이름은
‘탄호이저와 바르트부르크 성의 노래 경연’이다.『탄호이저』의 전체적인 줄거리는
구원받기 힘들 정도로 타락한『탄호이저』를 위해 헌신과 희생을 내세운
엘리자베트가 그를 구원한다는 내용이다. 베누스 여신과 방탕한 생활을 하던
탄호이저가 노래 경연에서 자신의 타락한 삶을 말하자, 영주와 기사들은 그를
저주하며 추방한다. 이때 그를 사랑한 여인 엘리자베트는 지금의 탄호이저에게는
영혼의 구원이 필요할 때라고 말하며, 그에게 구원의 기회를 줘야 한다고
설득한다. 순결한 사랑을 말하는 엘리자베트의 태도에 감동을 한 기사들은
물러서며 참회를 위해 탄호이저를 로마로의 순례길로 떠나보낸다. 시간이 흘러
순례자들과 함께 돌아온 탄호이저는 교황에게 용서를 구했으나 교황은 “내가
들고 있는 썩은 지팡이에서 푸른 싹이 돋아날 수 없듯이 너는 구원을 받을
수 없다”라고 말한다. 크게 낙심한 탄호이저는 자포자기해 베누스의 산으로
돌아가겠다고 한다. 이때 탄호이저는 자신을 위해 엘리자베트가 죽었다는
소식을 듣는다. 엘리자베트의 장례 행렬이 서서히 다가오면서 탄호이저는 자신이
용서받았음을 깨닫고 엘리자베트를 외치며 죽는다. 그때 순례자의 일행이 가져온
교황의 지팡이에 푸른 싹이 돋아나 있었다. 엘리자베트의 희생으로 탄호이저가
구원을 받은 것을 알리는 합창으로 음악극은 끝이 난다. 사회적인 규범에서
벗어나는 일이 잦았던 바그너의 독백을, 음악극을 통해 스스로를 구원하기 위한
것이 아닐까 하는 생각이 들 만큼 바그너 음악극에서 자주 연출되는 방탕한
남자를 구원하는 순결한 여성의 희생을『탄호이저』에서도 만날 수 있다.

　　『탄호이저』는 1845년에 작곡되어 1845년 드레스덴의 궁정 극장에서
바그너의 지휘로 초연되었다. 오늘날 연주되는『탄호이저』는 1847년 바그너
자신에 의해 개정되었으며, 1861년에는 한 번 더 크게 개정되었다. 파리오페라
극장 무대에서『탄호이저』공연을 하고 싶었던 바그너는 극장의 요구대로
발레곡을 삽입하는 등 곡을 개정한다. 오늘날 드레스덴 판본과 파리 판본이

홍상수 – 풀잎들 (2018)

홍상수 감독의 스물두 번째 장편 영화인 〈풀잎들〉은 2018년에 개봉했다. 이 영화에서 아름(김민희)은 한정된 공간에서 여러 사람의 대화를 엿듣고 그들을 제멋대로 평가하는 인물로 등장한다. 이는 마치 홍상수 감독의 2009년 작품 〈잘 알지도 못하면서〉의 제목처럼, 상황을 제대로 알지도 못한 채 쉽게 판단하고 단정 짓는 태도를 보여 준다. 예를 들어, 홍수(안재홍)와 미나(공민정)가 카페에서 나누는 짧은 대화를 들은 아름은 승희의 죽음을 두고 미나가 "홍수, 너 때문이야"라고 말하자, 홍수가 "사실이 아니야"라고 답했을 뿐인데도, "저 남자, 저런 잘못을 저지르고 앞으로 어떻게 살까?" 하며 쉽사리 단정 짓는다. 또, 선후배 사이로 보이는 중년 남녀의 대화를 엿들은 뒤에는 "비참한 남자구나. 젊은 여자 후배에게 얹혀살며 의지하고 싶었던 거구나" 하고 섣부르게 해석한다. 이런 장면은 아름의 독선적인 시선을 여실히 드러낸다.

어디선가 본 듯한 인물 경수(정진영)가 아름에게 다가와 작가라면 열흘 정도 함께 지내며 시나리오 작업을 하자고 제안한 일도 있었다. 하지만 아름은 이 짧은 만남을 곧바로 친동생과 그의 여자 친구에게 "경수가

〈풀잎들〉의 오리지널 사운드트랙은 CD나 LP로 발매되지 않았다. 영화에 클래식 음악을 잘 사용하는 홍상수 감독은 바그너의 『로엔그린』 1막 전주곡, 『탄호이저』 서곡, 슈베르트의 「즉흥곡 D.899 No. 3」, 오펜바흐의 『지옥의 오르페우스』 서곡 중 '캉캉', 파헬벨의 「캐논 변주곡」을 영화에 사용했다. 가요는 유일하게 김아림의 「우리 둘 사이에서」라는 곡이 영화에 삽입되었다.

나한테 대시했다"라고 왜곡해 전하며 경수를 우스운
사람으로 만든다.

　아름은 자신에게는 관대하지만, 타인에게는
지나치게 엄격하다. 그런 모습은 현대 사회 속
인간관계를 보는 듯해 씁쓸한 마음을 남긴다. 반면,
영화 속에 흐르는 『탄호이저』의 엘리자베트처럼
헌신과 희생의 마음을 지닌 사회를 꿈꾸게 된다.

오토 클렘페러
필하모니아 오케스트라
1960 / Columbia SAX 2347-2348
연주 ★★★★☆
음질 ★★★★☆

　1974년에 Volume 1과 Volume 2로 나눠 발매된
헤르베르트 폰 카라얀(Herbert von Karajan)의
바그너 관현악곡집은 모든 부분에서 완벽에 가까운
음반이다. 오케스트라를 완전히 장악해 일사불란한
연주를 이끌어 내는 카라얀은 바그너 음악이 가지고
있는 거대한 스케일의 음악을 마치 현미경으로
음악을 들여다보듯 치밀하고 섬세하게 그려낸다.
음질도 좋기 때문에 오디오적 쾌감도 뛰어나다. LP는
쉽게 구할 수 있고 가격도 저렴하다.

볼프강 자발리시
바이로이트 페스티벌 오케스트라
1962 / Philips 835 178/180 AY
연주 ★★★★★
음질 ★★★★

　오토 클렘페러(Otto Klemperer)가 필하모니아
오케스트라를 이끌고 1960년에 녹음한 음반은 독일
특유의 중후함이 돋보이는 명반이다. 유장한 템포
설정으로 음악이 가진 근원적인 요소들을 드러내
무게감 있게 표현하고 있다. 카라얀의 바그너 관현악곡집과 함께 우선적으로
들어봐야 할 연주다. 콜롬비아 Blue/Silver가 초반이며, Color dog stamp까지
준수한 음질을 들려준다.

　볼프강 자발리시(Wolfgang Sawallisch)의 1962년 녹음은 바이로이트 실황
녹음이다. 위에서 소개한 두 음반은 관현악곡 모음집이지만, 이 연주는 전곡
녹음이다. 드레스덴 판본과 파리 판본을 혼합해 연주하고 있으며, 서곡을 듣게
되면 자동으로 끝까지 듣게 될 정도로 음악의 흐름이 자연스럽다. 성악진도
볼프강 빈트가센(Wolfgang Windgassen), 안야 실랴(Anja Silja) 등 바그너 곡을
잘하는 가수로 채워져 있다. CD는 다소 음질이 메마르지만, LP는 음향이
풍성하다.

비제, 카르멘
Bizet, Carmen

테레사 베르간사 / 클라우디오 아바도 / 런던 심포니 오케스트라
Teresa Berganza / Claudio Abbado / London Symphony Orchestra
1977

Deutsche Grammophon 2740 192

지적인 카르멘

메조소프라노 테레사 베르간사는 관능적인 여인 카르멘을 지적으로 소화해
화제가 되었다. 그녀가 연기하는 지적인 카르멘은 팜 파탈로서의 또 다른
카르멘의 면모를 보여 줬고, 아리아 「하바네라」를 완벽하게 소화했다. 돈
호세 역의 플라시도 도밍고가 부르는 「꽃의 노래」는 누구보다 애처롭다.

연주 ★★★★★ 음질 ★★★★

신화가 된 나쁜 여자

조르주 비제(Georges Bizet, 1838~1875)는 1875년에 오페라 『카르멘』의 초연을 하고 3개월 후 사망했다. 아직 마흔도 되지 않은 나이라는 이른 죽음의 직접적 사인은 급성 심근경색으로 알려져 있지만, 걸작 오페라를 작곡하고도 초연에서 얻은 혹평으로 인한 커다란 상심이 원인이 되었을 것이라는 추측은 설득력이 있다. 비제의 오페라 『카르멘』은 그가 모든 것을 쏟아부은 필생의 역작이기 때문이다. 지금은 이 작품이 프랑스 오페라를 대표하는 걸작이자 오페라 역사상 최고 명작 중 하나로 손꼽히지만, 아쉽게도 비제는 살아생전 『카르멘』의 걸작으로서의 위상을 체감하지 못했다.

전체 4막 구성의 오페라 『카르멘』은 집시 여인 카르멘이 자신의 치명적인 매력을 이용해 남자들을 농락하지만 결국 남자에게 죽임을 당하는 비극 오페라이다. 이야기의 배경은 1820년대 스페인 남부 지방 세비야 담배 공장. 여직공 카르멘은 뛰어난 미모로 많은 남성의 사랑을 받는다. 오페라의 첫 장면에서 카르멘 역을 맡은 소프라노는 노래뿐 아니라 온몸으로 자신의 치명적인 매력을 발산해야 한다. 실제로 『카르멘』 공연을 보면 소프라노가 다양한 방법으로 매력 발산을 한다. 이탈리아 소프라노 안나 카테리나 안토나치는 공연에서 가슴이 파인 드레스를 입고 몸을 씻으며 남자들을 유혹한다. 그녀는 카르멘 연기를 위해 치마를 걷어 올리며 요염한 동작을 하는 것도 서슴지 않았다. 유명한 소프라노 마리아 칼라스는 『카르멘』을 녹음하기는 했지만 공연장에 서는 것은 꺼렸다고 한다. 여성적인 성격의 칼라스에게 집시 여인 카르멘 역할이 쉽지 않았기 때문이다.

『카르멘』은 매력적인 선율이 가득해 대중에게 가장 많은 사랑을 받는 오페라 중의 하나이다. 카르멘이 부르는 '사랑은 길들지 않는 새'라는 부제의 아리아 「하바네라(Havanera)」는 단일 곡으로도 자주 불리는 대중적인 곡이다. 카르멘에게 유혹당해 인생을 망치는 돈 호세가 열창하는 「꽃의 노래」도 아름다운 곡이다. 스페인의 배경과 어울리는 호쾌한 서곡 및 막간에 연주되는 아름다운 간주곡까지 『카르멘』은 보는 재미와 듣는 재미를 모두 가지고 있는 종합선물세트와 같은 오페라이다.

『카르멘』은 스토리가 선정적이더라도 음악이 매우 매력적인 오페라라서 다양한 편곡으로 변형되었다. 「카르멘 조곡」은 카르멘의 주요 테마를

오케스트레이션으로 편곡한 버전이다. 스페인 작곡가 파블로 데 사라사테는
『카르멘』 주제를 활용해 「Carmen Fantasie」라는 바이올린 환상곡을 작곡했다.
이 곡은 오늘날 바이올리니스트에게 필수 레퍼토리로 자리 잡았다. 미국의 재즈
기타리스트 바니 케셀은 1959년 『Modern Jazz Performance from Bizet's Opera
Carmen』을 발표했다.

브라이언 싱어 – 보헤미안 랩소디 (2018)

2018년, 영국의 록 밴드 퀸의 음악이 전 세계를 강타했다. 브라이언 싱어
감독의 영화 〈보헤미안 랩소디〉가 히트하자, 극장에서는 '싱어롱'이라는 상품을
출시해 관객들은 떼창을 하며 영화를 즐길 수 있었다. 그동안 개봉되었던 어떤
음악영화보다 〈보헤미안 랩소디〉는 보편적인 인기를 끌었고, 퀸의 음악은 차트를
역주행했다.

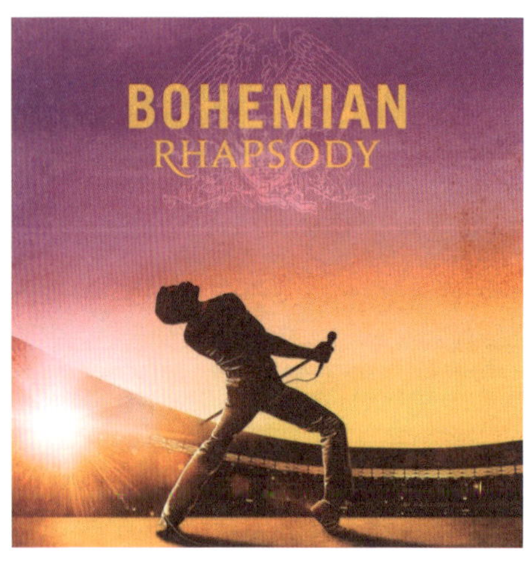

영화와 동시에 발매된 『Bohemian Rhapsody
OST』에는 퀸의 명곡이 가득하다. 중요한
「보헤미안 랩소디」 등의 곡은 영화의 주요 장면인
'라이브 에이드' 실황으로 담겨 있다. 퀸의 음악에
입문하고자 하는 팬에게는 쉽게 접근할 수 있는
선물 같은 음반이다. 아쉽지만 영화에 나오는
「하바네라」는 없다. 2018년 영화 개봉과 동시에
CD로 발매되었고, 높은 인기로 이듬해 LP로도
제작되었다.

퀸의 보컬 프레디 머큐리는
EMI 음반사 프로듀서의
사무실에서 가라드 턴테이블에
음반을 올린다. 오페라 『카르멘』의
아리아 「하바네라」가 사무실에
울려 퍼진다. 확신에 찬 표정으로
프로듀서의 주변을 맴돌며
지휘자처럼 손을 휘젓는 프레디
머큐리. 그는 다음 음반의 제목을
이미 'A Night At The Opera'라고
지어둔 것 같았다. "오페라?"
프로듀서는 말리지만 프레디
머큐리는 아랑곳하지 않는다.
다성부 보컬, 서정적인 피아노,
오페라 합창 같은 간주, 치명적인
기타 솔로가 모두 포함된 타이틀곡
「Bohemian Rhapsody」는 6분에
달하는 러닝 타임으로 프로듀서의
공격을 받는다. "이렇게 길면

라디오 방송국에서 틀어주지 않잖아"라고. 결국 첫
싱글은 「Your are my best friend」로 결정이 난다.

메조소프라노 테레사 베르간사(Teresa Berganza)는
관능적인 여인 카르멘을 지적으로 소화해 화제가
되었다. 그녀가 연기하는 지적인 카르멘은 팜
파탈로서의 또 다른 카르멘의 면모를 보여 줬고,
아리아 「하바네라」를 완벽하게 소화했다. 돈 호세
역의 플라시도 도밍고(Flacido Domingo)가 부르는
「꽃의 노래」는 누구보다 애처롭다. 이탈리아 지휘자
클라우디오 아바도(Claudio Abbado)는 런던 심포니
오케스트라와 호흡을 맞춰 『카르멘』의 선율을
완벽하게 구현하고 있다.

마리아 칼라스 / 조르주 프레트르
파리 국립 오페라 오케스트라
1964 / HMV SAN 140-142
연주 ★★★★★
음질 ★★★★☆

마리아 칼라스(Maria Callas)가 노래하는
카르멘은 요염하다. 『카르멘』 공연 자체는 꺼렸지만,
목소리만으로도 완벽한 관능미를 선사한다. 오페라
스페셜리스트 조르주 프레트르(Georges Pretre)의
지휘 역시 완벽하다. 혹자는 칼라스의 목소리는 한번
들으면 잊을 수가 없다고 했다. 칼라스의 『카르멘』을
추천에서 배제할 수 없는 이유다. 아바도의 음반이
나오기 전까지는 『카르멘』 녹음에서 가장 인기 있는
녹음이었고, 지금도 애호가들이 사랑하는 『카르멘』의
대표 음반이다.

앙드레 클뤼탕스
파리음악원 오케스트라
1964 / Columbia SAX 2566
연주 ★★★★★
음질 ★★★★★

비제의 절친 에르네스트 기로(Ernest Guiraud)가 오페라 『카르멘』의 주요곡을
오케스트라 연주 버전으로 편곡한 「카르멘 조곡」은 많은 지휘자가 녹음을
남겼지만, 아직까지도 앙드레 클뤼탕스(André Cluytens)의 1964년 녹음은 절대
명반의 지위를 내려놓지 않고 있다. 함께 수록된 「아를의 여인 모음곡」 또한 비제
관현악의 대표작이랄 수 있는 명곡이다. 프랑스계(벨기에 태생) 지휘자의 지휘봉에
맞춰 파리음악원 오케스트라의 단원들은 힘차게 『카르멘』의 선율을 노래하듯
연주한다. 프랑스 연주 단체답게 오케스트라의 색채감이 그림을 그리는 듯
요염하다.

슈베르트, 마왕
Schubert, Erlkönig, D.328

디트리히 피셔-디스카우 / 제랄드 무어
Dietrich Fischer-Dieskau / Gerald Moore
1968

Deutsche Grammophon 2530 229

최고의 파트너

디트리히 피셔-디스카우는 그의 단짝 제럴드 무어와 함께 이 작품을 여러 번
녹음했다. 1968년 녹음은 여러 해 동안 쌓은 경험을 토대로 가장 능숙하고
숙련된 솜씨로 노래한다. 죽음을 접하는 불안한 감정을 잘 표현한 연주로
앞으로도 오랜 시간 기억에 남을 음반이다.

연주 ★★★★☆ 음질 ★★★★☆

죽음을 바라보는 괴테의 시선(視線)

　　슈베르트(Franz Schubert, 1797~1828)의 「마왕」은 삶과 죽음의 경계에 놓여있는 아이를 유혹하는 마왕과 그런 아들을 지키려는 한 아버지의 이야기를 담고 있다. 연주 시간이 4분 정도 되는 이 곡은 모두 4명의 인물이 등장한다. 전반적인 상황을 설명해 주는 해설자, 아픈 아들을 데리고 마왕의 공포로부터 지켜 주는 아버지, 삶과 죽음의 경계에 놓인 아들, 마지막으로 아픈 아이를 유혹해 영혼을 뺏으려는 마왕이 그들이다. 「마왕」은 시작부터 끝까지 말의 질주하는 모습을 피아노 연주로 표현하고 있다. 빠르게 달리는 말발굽 소리를 셋잇단음표로 표현하면서 아버지의 다급한 마음을 표현한다. 1인 4역을 맡아 대화체 형식으로 노래하는 독창자는 4명의 상황 묘사를 잘 표현해야 하는 어려움이 있다. 이 작품은 글로 설명하는 것보다 가사를 직접 읽으면서 음악을 듣는 것이 효과적이다.

[해설자] 어둠 속 바람을 가르며 말을 타고 달리는 자가 누구인가? 그는 아이를 안고 있는 아버지다. 아버지는 아이를 품에 안고 간다. 안전하고 따뜻하게 품고 말을 달린다.

[아버지] 아들아, 무엇이 무서워 얼굴을 숨기니?

[아들] 아버지, 아버지는 마왕이 보이지 않으세요? 관을 쓰고 긴 옷자락을 날리는 마왕이요.

[아버지] 아들아, 그건 그냥 안개 모양일 뿐이란다.

[마왕] 사랑스러운 아가야, 나와 함께 가자! 나와 재미있는 놀이를 하자꾸나. 아름다운 꽃들이 해변이 피어 있단다. 우리 어머니는 금으로 된 옷이 많이 있단다.

[아들] 아버지, 아버지 저 소리가 들리지 않으세요? 마왕이 제게 속삭이는 소리를?

[아버지] 진정해라 아들아. 걱정 말아라. 그건 그저 바람에 나뭇잎이 흔들리는 소리란다.

[마왕] 착한 아가야, 나와 함께 가자! 내 딸들이 너를 기다리고 있단다. 내 딸들이 너를 위해 춤을 추고 노래도 불러 줄 거란다.

[아들] 아버지, 아버지 보이지 않으세요? 저 어두운 곳에 있는 마왕의 딸들이요.

[아버지] 아들아, 그것 아무것도 아니란다. 그것은 잿빛의 오래된 버드나무 가지일 뿐이란다.

[마왕] 네가 정말 좋구나. 너의 사랑스러운 모습에 눈을 뗄 수 없단다. 만약 내 말을 듣지 않으면 강제로 너를 데려가야겠다.

[아들] 아버지, 아버지 그가 내 팔을 잡고 나를 아프게 해요.

[해설자] 아버지는 공포에 질려 급히 말을 달린다. 아파서 신음하는 아이를 팔에 안고서. 있는

힘을 다해 집에 도착했을 때, 사랑하는 아들은 이미 죽어 있었다.

우민호 – 마약왕 (2018)

2018년에 개봉한 영화 〈마약왕〉은 1970년대 마약으로 한 시대를 풍미했던 이두삼(송강호)의 삶을 따라가는 형식으로 〈내부자들〉을 연출한 우민호 감독이 메가폰을 잡은 작품이다. 1970년대의 독재 정권과 부정부패가 만연했던 혼란의 시대를 그리면서, 이두삼이 어떤 방식으로 마약왕이 되었고, 어떻게 몰락하는지 상세히 보여 준다. 법이나 제도가 확립되지 않은 무질서 시대에 머리 좋고 눈치 빠른 이두삼의 승승장구하는 모습이 불편하지만, 마지막에 모든 것을 잃은 그의 모습으로 영화는 권선징악으로 마무리된다. 〈마약왕〉에는 시대적 배경이 녹아든 가요와 팝송이 흘러나온다. 김정미의 「바람」, 정훈희의 「꽃길」은 1970년대 우리나라에서 큰 인기를 얻은 곡이며, Shocking Blue의 「Venus」, Jigsaw의 「Sky High」도 우리에게 익숙한 곡이다. 그중에서 슈베르트의 「마왕」이 특히 눈길을 끈다. 몰락하는 이두삼이 마약으로 인해 환각 증상을 보이며 허공에 소리를 지를 때, 흘러나오는 슈베르트의 「마왕」은 영화의 압도적인 분위기를 선사한다. 마치 삶과 죽음의 경계에 놓인 아이가 마왕을 보는 환각 증상처럼 말이다. 이렇게 적재적소에 배치된 음악은 연기만큼이나 강렬한 인상을 남긴다.

디트리히 피셔-디스카우(Dietrich Fischer-Dieskau)는 많은 녹음을 남겼을 정도로 이 곡에 대한 애착이 강하다. 이지적인 풍모와 발성으로 오페라 무대뿐 아니라 특히 독일 가곡 연주로 많은 활동을 했던 그는 특히 슈베르트 「마왕」을 좋아하는

『마약왕 OST』는 우리나라 범죄 영화에서 빠질 수 없는 조영욱 음악감독이 맡았다. 슈베르트, 도니체티, 비제 등의 클래식 음악도 적극 활용되고 있으며, 시대에 맞게 1970년대 대중가요와 팝 음악을 적절히 활용해 영화가 가진 분위기를 잘 살리고 있다. 영화에는 나오지만, 음반에는 김정미의 「바람」이 빠진 것이 아쉬운 부분이다.

작품으로 손꼽는다. 또 하나의 명연으로 회자되는
1951년 녹음이 혈기가 왕성할 때 노래를 불렀다면,
1968년 녹음은 원숙하게 무르익은 연륜이 느껴진다.
제럴드 무어(Gerald Moore)의 안정되고 입체적인
피아노 연주도 이 작품의 완성도를 높여 준다.

헤르만 프라이(Hermann Prey)의 1962년 녹음도
반드시 들어봐야 할 명연이다. 그는 밝고 따뜻한
음색을 가진 바리톤 가수로서 서정적 중저음이
돋보이는 성악가지만, 「마왕」이라는 작품이 가진
불안함과 허무함을 그 어떤 가수보다 잘 소화한다.
특히 등장인물마다 알맞은 감정이입으로 네 사람이
같은 무대에서 노래하는 것 같은 효과를 낸다.

우리 시대 뛰어난 녹음을 많이 남긴 크리스타
루트비히(Christa Ludwig)가 제프리 파슨스(Geoffrey
Parsons)와 함께한 1961년 녹음도 잊지 말아야 할
훌륭한 연주다. 「마왕」의 등장인물이 아버지에서
어머니로 바뀐다고 부모님의 태도나 감정은 다를
수 없다. 크리스타 루트비히는 어머니의 심정으로
노래를 부르고 있으며, 다른 역할도 충실히 연기하며
노래한다.

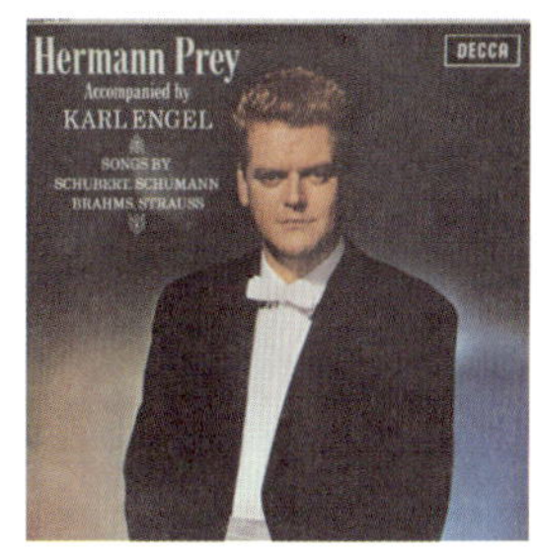

헤르만 프라이, 카를 엥겔
1962 / DECCA SXL 6037
연주 ★★★★☆
음질 ★★★★☆

크리스타 루트비히, 제프리 파슨스
1961 / Columbia SAX 5272
연주 ★★★★☆
음질 ★★★★☆

포레, 레퀴엠
Fauré, Requiem, Op.48

앙드레 클뤼탕스 / 파리음악원 오케스트라
André Cluytens / Orchestre de la Societe des Concerts du Conservatoire
1962

His Master's Voice SAN 107

앙헬레스의 절창

앙드레 클뤼탕스의 1963년 녹음에는 소프라노 빅토리아 데 로스 앙헬레스와
바리톤 디트리히 피셔-디스카우가 참여하고 있다. 특히 앙헬레스의 절창이
돋보이는 명연이다. 앙헬레스의 청아한 목소리는 누구보다 'Pie Jesu'를
아름답게 묘사하고 있으며, 듣는 이의 마음에 안식을 주는 편안함이
공존한다

연주 ★★★★★ 음질 ★★★★★

산 자를 위한 레퀴엠

레퀴엠(진혼곡)은 가톨릭의 위령 미사에서 연주하는 곡이다. 『레퀴엠』의
첫 번째 곡 「Introitus(입당송)」의 첫 구절이 'Requiem aeternam dona eis
Domine(주여, 그들에게 영원한 안식을 주소서)'로 시작되기 때문에 붙여진
이름이다. 가톨릭의 미사곡은 일반적으로 「Kyrie(자비송)」, 「Gloria(대영광송)」,
「Credo(신경)」, 「Sanctus-Benedictus(거룩하시도다)」, 「Agnus Dei(하느님의 어린
양)」으로 구성되는데, 레퀴엠은 위령 미사인 만큼 「Gloria」와 「Credo」를
제외하고, 작곡가에 따라 「Dies Irae(진노의 날)」, 「Lacrimosa(눈물의 날)」 등의
부속가(Sequentia)와 「Libera me(구원해 주소서)」 등을 추가하는 것이 특징이다.

가브리엘 포레(Gabriel Fauré, 1845~1924)는 프랑스 태생의 낭만주의 작곡가로
교향곡이나 협주곡보다 실내악과 가곡 중심으로 작품을 남겼다. 교회
오르가니스트로 일하기도 했던 그는 『레퀴엠』 작곡을 1877년에 시작했다.
모차르트는 완성하지 못했고, 브람스 역시 완성하는 데 상당히 많은 시간이
걸렸던 만큼 포레 역시 10년이 넘는 시간이 걸린 끝에 『레퀴엠』을 완성했다. 그
사이 포레는 양친을 잃기도 했다. 처음에는 소규모 오케스트라로 작곡했으나,
나중에 대규모 오케스트라로 편곡했다. 하지만 그의 『레퀴엠』은 기존의
레퀴엠의 내용과 판이한 구성을 취함으로써 정통성 문제에 휘말리며 가톨릭
미사에 사용되지 못했다. 그럼에도 시간이 흘러 그 작품성을 인정받았고, 21세기
현재에는 가장 자주 사용되는 『레퀴엠』 중 하나가 되었다.

포레의 『레퀴엠』이 구성상 특이한 것은 선배 작곡가인 모차르트와 베르디
등의 『레퀴엠』과 달리, 불문율이라 할 수 있는 부속가 「Dies Irae」가 빠지고
「Pie Jesu(자비로운 예수)」가 추가되었다는 점이다. 「Pie Jesu」는 주님에게 영원한
안식을 간구하는 내용으로, 슬픈 느낌보다는 마음의 평안을 얻게 하는 청아하고
아름다운 선율의 곡이다. 그래서 포레의 『레퀴엠』은 단지 죽은 이를 위한 것이
아니라 산 자를 위한 『레퀴엠』으로 이해되기도 한다.

포레는 죽음을 "고통스러운 경험이 아닌 행복으로 가는 구원"이라는 말을 한
적이 있다. 그는 『레퀴엠』을 통해 죽음에 대한 두려움을 표현하지 않았다. 그래서
그의 『레퀴엠』이 '산 자를 위한 레퀴엠'이 되기를 바랐을지도 모른다. 지금도 그의
『레퀴엠』을 통해 많은 '산 자'들이 위로와 안식을 느끼고 있다.

우연한 기회에 위령 미사에 참여했다. 성가대의 여학생은 떨리는 목소리로

포레의 레퀴엠 중 「Pie Jesu」를 불렀다. 아마추어의 불안한 음정은 오히려 따뜻하게 성당에 모인 이들을 감싸주었다. 왠지 이날의 레퀴엠은 죽은 자를 위하기보다는 산 자의 슬픔을 치유해 주는 것 같았다. 레퀴엠은 죽은 자를 위해 작곡되지만, 그것을 듣는 것은 산 자이다.

넷플릭스 시리즈 더 글로리 (2022)

철봉에 거꾸로 매달린 아이에게 엄마와 같은 구두를 신은 여인이 다가간다. 여인은 아이에게 끔찍한 이야기를 들려주었고, 아이는 동화 같다고 한다. 여인은 아이에게 말한다. "이 이야기는 동화가 아니라 우화거든."

코로나가 끝나 가는 2022년 말 방영된 넷플릭스 시리즈 〈더 글로리〉는 학폭을 당한 여고생 동은(송혜교)의 18년에 걸친 치밀한 복수를 그려냈다. 동은을 괴롭혔던 주가해자 연진과 알고 보면 가장 나쁜 놈이었던 재준 그리고 주변 인물 명오, 혜정, 사라는 모두 동은이 치밀하게 짜 놓은 덫에 걸렸고, 서로의 손에 살해되거나 회복할 수 없는 치명상을 입는다. 이런 살인 복수극 곳곳에 음악감독은 어떤 의도로 포레의 『레퀴엠』을 흘려보냈을까?

『레퀴엠』은 동은과 연진의 딸이 만나는 장면부터 등장한다. 동은이 복수해야 할 또 하나의 방관자 담임선생님과의 재회 장면에도 「레퀴엠」이 흐른다. 심지어 또 다른 복수를 시작하는 지산교도소에 동은과 그의 조력자 여정이 첫 출근하는 장면에서 가장 선명하게 「Pie Jesu」의 선율이 흐른다. 어쩌면 첫 번째 『레퀴엠』은 아무 죄가 없는 연진의 딸 예솔에 대한 미안함이었을 것이다. 자애로운 예수가 예솔의 상처받은 영혼을 감싸 주기를 바란 것은 아니었을까.

『더 글로리 OST』는 2025년까지 음반으로는 발매되지 않았다. 디지털 음원은 Part 1과 Part 2로 나눠 발매되었고, 포레 『레퀴엠』 중 「Pie Jesu」는 파트 2에 속해 있다. 음악감독 구본춘은 「Pie Jesu」를 편곡해 「이 이야긴 동화가 아니라, 우화거든」이라는 곡을 만들었다. 보이 소프라노 정민기가 노래했고, 구본춘(키보드), 정덕근(바이올린), 이희수(첼로) 등이 연주했다.

　　가브리엘 포레의 『레퀴엠』은 오케스트라, 오르간, 합창단으로 편성되지만, 「Pie Jesu」에서는 소프라노가 독창하고 「Libera me」에서는 바리톤 솔리스트가 등장한다.

　　LP로 첫 번째로 추천하는 앙드레 클뤼탕스(André Cluytens)의 1963년 녹음에는 소프라노 빅토리아 데 로스 앙헬레스(Victoria De Los Angeles)와 바리톤 디트리히 피셔-디스카우(Dietrich Fischer-Dieskau)가 참여하고 있다. 특히 앙헬레스의 절창이 돋보이는 명연이다. 앙헬레스의 청아한 목소리는 누구보다 「Pie Jesu」를 아름답게 묘사하고 있으며, 듣는 이의 마음에 안식을 주는 편안함이 공존한다. 화이트 엔젤이라 불리는 초반을 구하면 좋지만, 블랙 엔젤이라 불리는 재반도 충분히 좋다.

　　엘리 아멜링(Elly Ameling)이 불러주는 「Pie Jesu」를 듣고 있으면, 말 그대로 자애로운 예수가 연상된다. 마음이 편안해지고 위로가 된다. 프랑스 태생의 장 푸르네(Jean Fournet)는 프랑스 음악의 에스프리를 잘 표현하는 지휘자로 알려져 있다. 푸르네의 지휘에 맞춰 로테르담 필하모닉 오케스트라와 네덜란드 라디오 합창단이 아름답게 노래한다.

　　미셸 코르보(Michel Corboz)의 1972년 음반에는 소프라노가 아니라 보이 소프라노가 독창을 한다. 〈더 글로리〉에 삽입된 「Pie Jesu」 역시 보이 소프라노 녹음이다. 합창단 지휘에 강점이 있는 코르보의 지휘 역시 놓칠 수 없는 포인트다. 저렴하고 좋은 음반이지만, 우리나라에서는 원반이 잘 보이지 않는다. 서울레코드에서 발매한 라이선스반을 구하는 것이 대안이다.

장 푸르네
로테르담 필하모닉 오케스트라
1975 / Philips 6500 968
연주 ★★★★☆
음질 ★★★★☆

미셸 코르보
베른 심포니 오케스트라
1972 / Erato STU 70735
연주 ★★★★☆
음질 ★★★★☆

A-Z

BBC 심포니 오케스트라 37, 74, 77, 85
LA 필하모닉 34, 37, 143
NBC 심포니 오케스트라 35

ㄱ

가브리엘 포레 343, 345
게오르그 솔티 324
겐나디 로제스트벤스키 73
구스타브 홀스트 59, 60
구스타프 말러 91, 95, 291, 315
권터 라이프 289
그리고리 페이긴 247
글렌 굴드 7, 169, 174, 177
길 샤함 173

ㄴ

나르시소 예페스 104, 107
네빌 마리너 77, 89, 107, 284
뉴욕 필하모닉 37, 45, 47, 79, 94, 96, 97
뉴 필하모니아 오케스트라 58, 93, 305, 308
니카노르 자발레타 135
니콜라이 게다 306, 309
니콜로 파가니니 114, 171

ㄷ

다니엘 바렌보임 234, 237
다비드 오이스트라흐 115, 196
돈 코사크 합창단 53

드레스덴 슈타츠카펠레 119
드미트리 시트코베츠키 177
디누 리파티 131
디터 체힐린 209
디트리히 피셔-디스카우 255, 286, 288, 289,
      290, 293, 301, 317, 321, 338, 340, 342,
      345

ㄹ

라두 루푸 128, 130, 193
라우린두 알메이다 106
라이프치히 게반트하우스 66, 69
라파엘 쿠벨릭 46, 49
라파엘 푸야나 169
랄프 그리브스 87
랄프 본 윌리엄스 87, 89
런던 심포니 오케스트라 17, 29, 38, 41, 69, 73,
      89, 96, 103, 127, 128, 131, 138, 143, 144,
      145, 146, 147, 282, 284, 304, 334, 337
런던 필하모닉 오케스트라 147
레너드 로즈 169
레너드 번스타인 140, 143
레오폴트 루트비히 139
레오폴트 블라흐 116, 118
레오폴트 스토코프스키 16, 102
레이몬드 레파드 310, 313
로베르트 슈만 129, 208, 227, 241, 245, 287
로브로 폰 마타치치 131
로열 콘세르트헤바우 오케스트라 77
로열 필하모닉 오케스트라 69, 85
로잘린 투렉 157
루돌프 켐페 317
루이 엑토르 베를리오즈 30, 31, 32, 312
루치아 발렌티니 테라니 282, 284

루트비히 판 베토벤 55, 63, 137, 257
르네 야콥스 285
리사 델라 카사 298, 301
리차드 보닝 309
리카르도 드리고 71, 72
리타 슈트라이히 255, 309
리하르트 바그너 275, 323, 331
리하르트 슈트라우스 22, 23, 24
리하르트 크라우스 309
린제이 4중주단 259
릴리 라스킨 132, 134

ㅁ

마가렛 마샬 282, 284
마르칼 세르베라 169
마리아 유디나 217
마리아 칼라스 278, 281
마리클레르 알랭 153
마우리치오 폴리니 139, 222, 224
마이클 머레이 153
마이클 틸슨 토마스 143
막스 리히터 262, 263
막심 쇼스타코비치 115
말콤 사전트 61
머레이 페라이어 181, 304
멜로스 4중주단 251
모리스 라벨 59, 79, 141
모린 리헤인 285
모스크바 라디오 오케스트라 73
몬테베르디 합창단 302
몬테카를로 국립오페라 오케스트라 131
뮌헨 바흐 오케스트라 321
므스티슬라프 로스트로포비치 145, 241
미네아폴리스 오케스트라 50, 52
미샤 마이스키 177
미셸 베로프 197
미셸 코르보 345

ㅂ

바르샤바 필하모닉 오케스트라 124
바이로이트 페스티벌 오케스트라 57, 274,
    325, 333
바이에른 국립 오페라단 294
바츨라프 노이만 66, 69
반다 란도프스카 177
밤베르크 심포닉 111
베르나르트 하이팅크 56, 103
베를린 도이체오퍼 오케스트라 301
베를린 필하모닉 17, 21. 25. 29, 33, 41, 46,
    49, 53, 57, 119, 146, 227, 281, 325, 329,
    330
벤자민 허드슨 260
보스턴 심포니 오케스트라 81
보자르 트리오 247
보호단 보디츠코 321
볼프강 빈트가센 333
볼프강 슈나이더한 226, 229
볼프강 슐츠 135
볼프강 아마데우스 모차르트 117, 299
볼프강 자발리시 333
부다페스트 4중주단 256, 258, 259, 267
브란카 무슐린 111
브루노 발터 45, 96, 97
블라디미르 아슈케나지 56, 103, 127, 184,
    185, 225, 229
블라디미르 호로비츠 230, 233
빅토르 피카이젠 165
빅토리아 데 로스 앙헬레스 297, 306, 313,
    342, 345
빈 8중주단 252, 255
빈 콘체르트하우스 4중주단 251, 255
빈 필하모닉 18, 22, 25, 42, 45, 49, 62, 65,
    93, 116, 118, 135, 136, 139, 229, 251,
    277, 298, 300, 3305, 314, 322
빌헬름 박하우스 136, 139
빌헬름 켐프 161, 181, 193
빌헬름 푸르트벵글러 21, 57

ㅅ

상송 프랑수아 225
새뮤얼 바버 34, 35, 37
샤를 뒤투아 61
샤를 뮌슈 30, 32, 81
세르게이 라흐마니노프 101, 125, 141
세바스티안 헤니히 285
세실 아로노비츠 240, 243
세이지 오자와 127
세인트 루크 체임버 앙상블 123
세인트 마틴 인 더 필즈 아카데미 관현악단
    89, 107, 284
소나토리 데 라 조이오사 마르카 123
소냐 프룬바우어 170, 172, 173
솔로몬 커트너 186, 189
스뱌토슬라프 리흐테르 124, 127, 131, 217
스위스 로망드 오케스트라 70, 72, 309
스코틀랜드 국립 오케스트라 61
스콧 로스 221
스타니슬라브 비슬로츠키 124
스페인 국립 오케스트라 104, 107
시카고 심포니 오케스트라 25, 112, 115
신시내티 심포니 오케스트라 53
신포니아 오브 런던 86

ㅇ

아델레 스톨테 66, 69
아돌프 브로드스키 113
아르보 패르트 260, 261
아르투로 베네데티 미켈란젤리 139
아르투로 토스카니니 35, 79, 329
아르투르 루빈스타인 100, 103, 182, 184, 201,
    233
아마데우스 4중주단 240, 264, 266, 267
아이작 스턴 229, 243
아타울포 아르헨타 104, 107
안나 모포 301
안드레스 세고비아 107, 163
안드레이 히올스키 321
안야 실랴 333

안탈 도라티 50, 52
안토니오 비발디 121
안토니오 야니그로 244, 247
안토닌 드보르작 47, 269
안톤 세이들 47
안톤 파울 슈타들러 117
알도 치콜리니 237
알렉산더 가우크 115, 131
알렉산더 깁슨 61
알렉산더 슈나이더 256, 259, 267
알반 베르크 4중주단 259, 271
알프레드 브렌델 158, 161, 206, 209, 214, 216,
    255
알프레드 코르토 205
앙드레 클뤼탕스 306, 309
앙드레 프레빈 17, 73, 143
앤서니 버나드 318, 320
야나체크 4중주단 268, 271
야닉 네제 세갱 96
야샤 하이페츠 112
어네스트 러시 166, 168
에드바르 그리그 67
에드워드 엘가 35, 83
에드윈 피셔 157, 213
에르네스트 기로 337
에르네스트 앙세르메 70, 72
에리히 클라이버 298, 300
에릭 베르바 289
에릭 쿤젤 53
에밀 길렐스 139, 189, 236
에이드리언 볼트 58, 59, 61, 82, 85, 89, 147
엘리 아멜링 345
엘리자베트 슈바르츠코프 9, 301, 306, 309
예니 아벨 229
예후디 메뉴힌 243
오르페우스 체임버 오케스트라 107
오슬로 필하모닉 69
오시안 엘리스 135
오토 클렘페러 54, 57, 65, 333
외란 쇨셔 88, 107, 173
외이빈 피엘슈타트 69
요요 마 147
요제프 시게티 165, 196

요하네스 브람스 19, 191, 227, 287
요한 제바스티안 바흐 175, 176
위르겐 크루제 260
윌리엄 플리트 240, 243
유럽 체임버 오케스트라 29
유진 오먼디 115
이고르 주코프 205, 247
이 무지치 37, 120, 122
이반 모라베츠 194, 197
이스트반 케르테스 49
이작 펄만 173, 229
일레아나 코트루바스 294, 297
일제 홀베그 69
잉글리시 바로크 솔로이스트 302
잉글리시 체임버 오케스트라 310, 313
잉글리시 콘서트 41

ㅈ

자넷 베이커 293
자비네 마이어 119
자크 랜슬롯 132
자크 오펜바흐 307
자클린 뒤 프레 144, 145, 147
장 마르티농 33, 81
장 푸르네 345
장-피에르 랑팔 134
장-필리프 라모 219, 220
정경화 123, 228
제라르 코세 177
제랄드 무어 286, 338
제바스티안 클링거 260, 261
제시 노먼 310, 313
제임스 레바인 17
제프리 파슨스 341
조르주 비제 335
조르주 프레트르 337
조반니 바티스타 페르골레시 283
조성진 197
조아키노 로시니 27, 327
조안 서덜랜드 309
조지 거슈인 141

조지 셀 38, 41
조지 프리데릭 헨델 39
존 바비롤리 86, 89, 93, 293
존 엘리엇 가디너 41
죄르지 테레베시 170, 172
주디트 라스킨 285
주세페 디 스테파노 278, 281
주세페 베르디 114, 295, 327
주세페 시노폴리 45, 90
줄리아노 카르미뇰라 123
줄리어스 카첸 190, 192
지아나 단젤로 306, 309

ㅊ

체코 필하모닉 오케스트라 49

ㅋ

카를 라이스터 119
카를로 마리아 줄리니 301, 326, 328
카를로스 클라이버 42, 45, 62, 65, 294, 297
카를 리히터 321
카를 뵘 305
카를 수스케 162, 164
카를 제만 226, 229
캐슬린 페리어 293, 314, 316
컬럼비아 심포니 오케스트라 140
케네스 길버트 220, 221
크리스타 루트비히 54, 57, 255, 317, 341
크리스티안 치메르만 108, 111, 127, 185
크리스티앙 페라스 115
클라라 슈만 191, 241
클라우디아 아라우 201
클라우디오 아바도 29, 57, 282, 284, 329,
    334, 337
클리블랜드 4중주단 255
클리포드 커즌 252, 255

ㅌ

타마슈 바사리 103
타트라이 4중주단 267
타티아나 니콜라예바 210, 212
타티아나 트로야노스 313
테레사 베르간사 334, 337
토마스 비첨 69
토마스 시퍼스 37
툴리오 세라핀 278, 281, 297, 306, 309
트레버 피녹 41, 218, 220, 313

ㅍ

파리 오케스트라 30, 81
파리음악원 오케스트라 81, 337
파블로 카잘스 243
파울 바두라-스코다 244, 247, 255
파이야르 실내 오케스트라 132
페루치오 부조니 163, 211
페르 드라이어 68
페터 뢰젤 161
페페 로메로 107
펠릭스 아요 120, 122, 123
폴 뒤카 15
폴리시 페스티벌 오케스트라 108
폴 토틀리에 147
표트르 차이콥스키 51
프라하 4중주단 271
프란츠 리스트 114, 223, 235
프란츠 소제프 하이든 265
프란츠 콘비츠니 65
프란츠 페터 슈베르트 43, 245, 249, 253, 287
프랑스 국립 오케스트라 33
프랑코 카라치올로 285
프레데리크 쇼팽 199
프리드리히 니체 23
프리츠 라이너 25, 112, 115
프리츠 분덜리히 255
플라시도 도밍고 309, 334, 337
피에르 푸르니에 166, 168
피에리노 감바 29

피에트로 마스카니 279
필라델피아 오케스트라 16, 102, 115
필하모니아 오케스트라 26, 29, 54, 57, 65, 90,
    97, 103, 301, 326, 333

ㅎ

하겐 4중주단 271
하인리히 쉬프 248, 250, 251
한스 슈미트-이세르슈테트 136, 139
한스 폰 뷜로브 95
한스 퐁크 119
한스 호터 54, 57, 289, 318, 320
해밀턴 하티 38, 39, 41
헤르만 프라이 301, 341
헤르베르트 폰 카라얀 21, 22, 25, 26, 29, 33,
    53, 61, 77, 115, 131, 277, 325, 330, 333
헨리 퍼셀 75, 311
헬무트 발햐 150, 153, 213
호르헤 볼레트 236, 237
호아킨 로드리고 16, 105
휴버트 바르와서 135
힐데 귀덴 298, 301

서사에 신뢰를 부여하는 음악의 힘

Re-클래식 명반 가이드북
ⓒ 류동성 이재승 문형식, 2025

초판 1쇄 인쇄 2025년 11월 28일
초판 1쇄 발행 2025년 12월 5일

지은이: 류동성·이재승·문형식
펴낸이: 김영훈

표지 디자인 & 본문 포맷: 이재민
본문 디자인: 문성미

ISBN 979-11-86559-95-6 (03670)
펴낸곳: 안나푸르나
출판신고: 2012년 5월 11일
주소: 경기도 고양시 덕양구 꽃내음 3길 33 천변풍경
전화: 070-4799-5150
팩스: 0504-849-5150
전자우편: idealism@naver.com

✻ 저자와의 협의로 인지는 붙이지 않습니다.
✻ 이 책은 저작권법에 따라 보호받는 저작물이므로 무단 전재와 복제를 금하며, 이 책의 내용 전부 또는 일부를 이용하려면 반드시 저작권자와 안나푸르나의 서면 동의를 받아야 합니다.
✻ 유통 중에 파손된 책은 구입하신 서점에서 바꾸어 드리며, 책값은 뒤표지에 있습니다.